中国博物馆职业资格认证制度研究

张 昱 著

A Study on
Museum
Vocational
Qualifications
in China

上海社会科学院出版社
SHANGHAI ACADEMY OF SOCIAL SCIENCES PRESS

编审委员会

主　　编　张道根　于信汇
副 主 编　王玉梅　朱国宏　王　振　张兆安
　　　　　　干春晖　王玉峰
委　　员　（按姓氏笔画顺序）
　　　　　　王　健　方松华　朱建江　刘　杰
　　　　　　刘　亮　杜文俊　李宏利　李　骏
　　　　　　沈开艳　沈桂龙　周冯琦　赵蓓文
　　　　　　姚建龙　晏可佳　徐清泉　徐锦江
　　　　　　郭长刚　黄凯锋

总　序

当代世界是飞速发展和变化的世界,全球性的新技术革命迅速而深刻地改变着人类的观念形态、行为模式和社会生活,同时推动着人类知识系统的高度互渗,新领域、新学科不断被开拓。面对新时代新情况,年轻人更具有特殊的优越性,他们的思想可能更解放、更勇于探索,他们的研究可能更具生命力、更富创造性。美国人类学家玛格丽特·米德(Margaret Mead)在《文化与承诺——一项有关代沟问题的研究》一书中提出,向年轻人学习,将成为当代世界独特的文化传递方式。我们应当为年轻人建构更大的平台,倾听和学习他们的研究成果。

上海社会科学院自1958年建院以来,倾力为青年学者的成长提供清新空气和肥沃土壤。在此环境下,青年学者奋然崛起,以犀利的锐气、独到的见识和严谨的学风,向社会贡献了一批批令人振奋的研究成果。面对学术理论新人辈出的形势,上海社会科学院每年向全院40岁以下年轻科研人员组织征集高质量书稿,组织资助出版"上海社会科学院青年学者丛书",把他们有价值的研究成果推向社会,希冀对我国学术的发展和青年学者的成长有所助益。

本套丛书精选本院青年科研人员最新代表作,内容涵盖经济、社会、生态环境、文学、国际贸易、城市治理等方面,反映了上海社会科学院新一代学人创新的能力和不俗的见地。年轻人是上海社会科学院最宝贵的财富之一,是上海社会科学院面向未来的根基。

上海社会科学院科研处
2020年3月

序

进入 21 世纪以来,党和政府高度重视博物馆事业建设,我国博物馆迎来前所未有的发展机遇,步入了快速发展时期,平均每年以二三百座的速度增长。截至 2019 年年底,全国博物馆总量已达到 5 535 座。同时,随着社会的发展和博物馆的进步,21 世纪博物馆与社会的关系正在发生深刻的变化,即从过去的保管和研究文物为主要使命转向知识传播和公共文化服务。

博物馆是知识技术密集型的文化教育设施,要求其从业人员必须具备相应的专业素养和技能,才能胜任保存、保护和利用人类自然和文化遗产的重任。但是,目前我国博物馆从业人员总量严重不足,专业素质和技能较低,培养后劲乏力,不仅跟不上我国博物馆专业化水平提升的需求,且已成为阻碍博物馆事业健康发展的主要瓶颈之一。

人才是我国博物馆事业发展和兴旺的基本保障和强大支撑,是博物馆事业发展和进步的重要推动力量。加强人才队伍建设,不仅是我国博物馆事业快速发展的迫切要求,也是提升我国博物馆专业化水平的必然要求。新时代博物馆将承担保护、弘扬中华优秀传统文化,推动自身创造性创新性发展,以及促进不同文化间交流合作的使命,迫切需要造就一大批专业人才,加强博物馆人才职业化建设迫在眉睫。

从世界范围内看,博物馆人才职业化需求早在 19 世纪 80 年代就已经被提出。到了 20 世纪 80 年代,藏品管理、社会教育等工作成为专业性岗位,馆长、研究岗位、文物保护岗位的能力要求得到了更清晰的认知。进入 21 世纪后,信息技术的发展、社会资源的融合改变了博物馆的人员配置模式——原有的职业出现了角色转换,又催生了新型的和更细化的职业类型,如观众研究和博物馆营销等。博物馆职业化开始向职业道德准则、职业分类、职业能力标准、职业能力评估,以及教育与培训等方向发展。其中的一个重要抓手就是建立和完善博物馆职业资格认证制度,如日本的学艺员职业资格认证制度、英国的文物保护-修复人员的职业资格评估制度等。

为提升我国博物馆从业人员队伍的专业化水平,迫切需要建立并推行博物馆职业资格认证制度。国家文物局在《国家文物事业发展"十三五"规划》中就已明确提出制定文博行业相关职业标准,完善职业能力评价和人才考核评价体系。2019年年底,国家人力资源和社会保障部又发布了《关于深化文物博物专业人员职称制度改革的指导意见》,将设文物博物馆研究、文物考古、文物保护、文物利用四个专业类别的职称序列。建立博物馆职业资格认证制度,将以"准入型"标准规范博物馆从业人员的职业能力,与职称评定共同构建起博物馆从业人员职业能力评价体系,但目前这一方面的研究支撑和实践探索仍显不足。

张昱博士的这本书聚焦于我国博物馆职业资格认证制度研究,在以下几方面有独到的创见:其一,形成了对我国博物馆从业人员现状的系统性认知,把握住了现存问题和发展方向。其二,明确了博物馆职业类型,深化对各岗位工作性质及范畴的理解,并提炼出了我国博物馆的核心业务岗位。其三,集合了国内外关于博物馆职业资格认证制度已有的实践经验和研究成果,重点分析了我国博物馆核心业务岗位从业人员所需的职业能力,进一步指导高校及职业院校进行文博相关专业的教育改革以及行业组织的职业能力培训。其四,制定了博物馆人才职业能力评价与考核的多元化及规范化流程,以求优化博物馆人才资源配置,并提升人才流动的合理性。本书所形成的博物馆核心业务人员职业资格认证制度框架将为我国博物馆人才队伍的职业化、专业化建设提供卓有意义的参考。

复旦大学文物与博物馆学系主任,教授、博士生导师
陆建松
2019 年 11 月 18 日

目 录

绪 论 1
  第一节　研究缘起与意义 1
  第二节　国内外研究述评 5
    一、国内博物馆职业资格认证相关的研究与实践综述 5
    二、国内职业资格认证制度研究与实践综述 14
    三、国外博物馆职业资格认证研究与实践综述 19
    四、小结 27
  第三节　研究内容与创新点 29
    一、我国博物馆从业人员的现状及存在问题的系统性分析 29
    二、国际博物馆职业资格认证的理论研究和实践经验探讨 30
    三、我国职业资格认证制度研究 30
    四、我国博物馆的职业类型及核心业务岗位明确 30
    五、我国博物馆核心业务岗位人员职业资格分析 30
    六、我国博物馆职业资格认证制度及推进实施体系的建立 31
  第四节　本书架构 31

第一章　我国博物馆从业人员的现状分析 33
  第一节　我国博物馆从业人员的构成分析 33
    一、从业人员的数量分析 34

二、从业人员的学历水平分析　　　　　　　　　　　　39
　　三、从业人员的专业能力水平分析　　　　　　　　　42
　　四、以博物馆从业人员现状对认证制度适用对象的分析　50
第二节　资格评估与入职方式分析　　　　　　　　　　　52
　　一、资格评估　　　　　　　　　　　　　　　　　　52
　　二、入职方式　　　　　　　　　　　　　　　　　　56
第三节　存在的问题及其原因分析　　　　　　　　　　　58
　　一、博物馆从业人员整体现状问题　　　　　　　　　59
　　二、博物馆从业人员的资格评估和入职晋升问题　　　64
　　三、造成的影响　　　　　　　　　　　　　　　　　66
　　四、原因分析　　　　　　　　　　　　　　　　　　68
第四节　建立我国博物馆职业资格认证制度的必要性与迫切性　71
　　一、保存知识　　　　　　　　　　　　　　　　　　72
　　二、吸收知识和创造知识　　　　　　　　　　　　　73
　　三、传播知识　　　　　　　　　　　　　　　　　　74

第二章　构建博物馆职业资格认证制度的理论基础　　81
第一节　相关概念的厘清　　　　　　　　　　　　　　　81
　　一、职业资格　　　　　　　　　　　　　　　　　　81
　　二、资格制度　　　　　　　　　　　　　　　　　　83
　　三、人才测评　　　　　　　　　　　　　　　　　　84
第二节　跨学科研究　　　　　　　　　　　　　　　　　86
　　一、"胜任素质理论"与博物馆专业人才职业胜任素质考察　87
　　二、职业选择理论与博物馆职业资格标准设立原则分析　91
　　三、真分数理论与博物馆职业资格认证方法的检验　95
　　四、人才资本理论与博物馆专业人才的认知与管理　97

五、小结　99
　第三节　博物馆职业分类及核心业务岗位分析　100
　　一、各国有关博物馆职业分类的探讨　101
　　二、我国博物馆职业分类的考察　108
　　三、我国博物馆的核心业务人员　111

第三章　博物馆馆长职业资格分析　115
　第一节　社会环境变革引发博物馆经营管理理念转变　115
　　一、社会环境变革　115
　　二、博物馆经营管理理念的转变　118
　第二节　博物馆馆长的重要性及其职责范围　123
　　一、博物馆馆长的角色演变　123
　　二、现代博物馆馆长的重要性　126
　　三、现代博物馆馆长的职责范围　128
　第三节　博物馆馆长的职业资格分析　131
　　一、博物馆馆长职业资格的国际探讨　131
　　二、博物馆馆长职业资格的国内探讨　144
　　三、我国博物馆馆长职业资格分析　150

第四章　博物馆藏品保管人员职业资格分析　154
　第一节　社会环境的变革引发博物馆藏品保管理念的转变　155
　　一、社会环境的变革　155
　　二、博物馆藏品保管理念的转变　158
　第二节　博物馆藏品保管人员的重要性及其职责范围　161
　　一、博物馆藏品保管人员的角色转变　161
　　二、现代博物馆藏品保管人员的重要性　162

三、现代博物馆藏品保管人员的职责范围　　165

　第三节　博物馆藏品保管人员的职业资格分析　　168

　　一、博物馆藏品保管人员职业资格的国际探讨　　168

　　二、博物馆藏品保管人员职业资格的国内探讨　　179

　　三、我国博物馆藏品保管人员职业资格分析　　189

第五章　文物保护与修复人员职业资格分析　　193

　第一节　社会环境变革引发文物保护理念的转变　　194

　　一、社会环境变革　　194

　　二、现代文物保护与修复的理念　　198

　第二节　文物保护与修复人员的重要性及其职责范围　　204

　　一、现代文物保护与修复人员的重要性　　204

　　二、现代文物保护与修复人员的职责范围　　207

　第三节　文物保护与修复人员的职业资格分析　　209

　　一、文物保护与修复人员职业资格的国际探讨　　209

　　二、文物保护与修复人员职业资格的国内探讨　　226

　　三、我国文物保护与修复人员职业资格的分析　　235

第六章　博物馆展览设计人员职业资格分析　　239

　第一节　社会环境变革引发博物馆展览设计理念的转变　　240

　　一、社会环境与博物馆环境的变革　　240

　　二、博物馆展览设计理念的转变　　243

　第二节　博物馆展览设计人员的重要性及其职责范围　　249

　　一、现代博物馆展览设计人员的重要性　　249

　　二、现代博物馆展览设计人员的职责范围　　252

　第三节　博物馆展览设计人员的职业资格分析　　257

一、博物馆展览设计人员职业资格的国际探讨　　　257
　　　二、博物馆展览设计人员职业资格的国内探讨　　　266
　　　三、我国博物馆展览设计人员职业资格分析　　　275

第七章　博物馆教育人员职业资格分析　　　281
第一节　社会环境变革引发博物馆教育理念的转变　　　282
　　　一、社会环境的变革　　　282
　　　二、博物馆教育理念的转变　　　284
第二节　博物馆教育人员的重要性及其职责范围　　　288
　　　一、博物馆教育人员的角色演变　　　288
　　　二、现代博物馆教育人员的重要性　　　290
　　　三、现代博物馆教育人员的职责范围　　　292
第三节　博物馆教育人员的职业资格分析　　　296
　　　一、博物馆教育人员职业资格的国际探讨　　　296
　　　二、博物馆教育人员职业资格的国内探讨　　　311
　　　三、我国博物馆教育人员职业资格的分析　　　320

第八章　我国博物馆职业资格认证标准体系的建立　　　324
第一节　标准体系的构建要素　　　324
　　　一、认证目的与立足点　　　324
　　　二、认证原则　　　325
　　　三、认证主体与对象　　　327
　　　四、认证的环境因素　　　328
第二节　认证方式　　　330
　　　一、认证方式的多元化需求　　　330
　　　二、学历认证　　　332

    三、资格考试认证　　　　　　　　　　　　　　　　*342*

    四、资格评估认证　　　　　　　　　　　　　　　　*355*

    五、博物馆职业资格认证流程　　　　　　　　　　　*368*

  第三节　认证标准的设立　　　　　　　　　　　　　　*371*

    一、博物馆馆长职业资格认证标准　　　　　　　　　*372*

    二、藏品保管人员职业资格认证标准　　　　　　　　*374*

    三、文物保护与修复人员职业资格认证标准　　　　　*377*

    四、展览设计人员职业资格认证标准　　　　　　　　*380*

    五、博物馆教育人员职业资格认证标准　　　　　　　*384*

第九章　推进与实施体系的配套建立　　　　　　　　　　*387*

  第一节　政策与法律体系　　　　　　　　　　　　　　*387*

    一、我国职业资格认证制度的政策与法规体系　　　　*387*

    二、境外的政策与法律体系　　　　　　　　　　　　*392*

    三、我国博物馆职业资格认证制度政策与法律体系的发展对策　*395*

    四、政策与法律体系的框架模型　　　　　　　　　　*396*

  第二节　培养与培训体系　　　　　　　　　　　　　　*397*

    一、专业教育培养系统　　　　　　　　　　　　　　*398*

    二、职业培训系统　　　　　　　　　　　　　　　　*417*

    三、人才培养与培训体系的框架模型　　　　　　　　*426*

  第三节　管理与保障体系　　　　　　　　　　　　　　*427*

    一、组织与管理系统　　　　　　　　　　　　　　　*427*

    二、我国博物馆职业资格认证制度的组织与管理系统的发展对策　　　　　　　　　　　　　　　　　　　　*430*

    三、质量保障与反馈系统　　　　　　　　　　　　　*431*

    四、我国博物馆职业资格认证制度的质量保障与反馈系统的发展对策　　　　　　　　　　　　　　　　　　*433*

五、技术支持与服务系统　　434

　　六、我国博物馆职业资格认证制度的技术支持与服务系统的

　　　　发展对策　　437

　　七、管理与保障体系的框架模型　　438

结　语　　439

附　录　　441

　　1.《博物馆馆长专业资格条件（试行）》　　441

　　2.《文物保护工程施工资质管理办法（试行）》（部分）　　443

　　3. 国家职业标准——陈列展览设计人员　　446

　　4. 我国台湾地区公务人员高等考试三级考试命题大纲　　456

　　5. 我国台湾地区公务人员普通考试命题大纲　　462

　　6. 2015年日本学艺员资格考试试题（择选）　　467

　　7. 英国文物保护-修复人员职业认证标准　　472

　　8. 英国PACR"熟悉度"各级别要求　　475

　　9. 英国PACR评估表　　476

　　10.《日本博物馆法》中与学艺员相关的条款　　477

参考文献　　479

绪 论

第一节 研究缘起与意义

博物馆收藏、展示、利用和保护着具有艺术、文化、历史或科学价值的藏品,这些藏品是人类和自然向前演进过程中的重要遗产,也是为世代记录和展现过去、现在和未来的原始凭证。守护这些遗产,并将遗产及其背后的信息为更广泛群体所尊重和了解是博物馆的重要使命。然而,完成如此的承载并非易事,需要汇集博物馆自身和社会各领域的综合资源,并妥善配置。因此,博物馆在本质上就与其他文化机构有明显差异,即博物馆的机构特殊性体现在博物馆既是知识的保存者和记录者,也是知识的传播者和创造者,进而决定了博物馆工作是理论结合实践、传统结合创新、思想结合操作的知识聚集体。在文化遗产事业和博物馆相关研究日益发展成长的当下,世界各国越来越重视"人才"在实现博物馆使命中所起到的不可替代的作用,将博物馆人才队伍建设列为博物馆事业发展的重点工作之一,并对博物馆从业人员提出了更高的职业资格要求,敦促其能够掌握博物馆各项工作所需具备的职业道德与伦理、专业知识、专业技能和综合职业能力。各国结合本国国情,陆续建立了博物馆从业人员职业资格认证制度、博物馆从业人员资格评估体系、博物馆从业人员职业资格考核等制度化手段,推动博物馆从业人员整体专业水平的提升。

我国现有不可移动文物 77 万处,可移动文物 1.08 亿件/套,文物保护与修复压力巨大。截至 2019 年年底,全国共有 5 535 座博物馆,并且近几年始终保持年均 200 座的速度递增。① 此外,传统的田野考古也正转变为多学科参与的新型考古,尤以科技考古为代表,博物馆内的考古人员队伍也在不断扩大。这些变化表明我国文化遗产事业繁荣发展,但也面临保护和利用好我国丰富的文化遗产,延续和传承我们国家和民族精神血脉的重大使命与挑战,因而迫切需要大批具有创新能力和实践能力的专门人才。为此,近年来我国文博行业逐步加强了博物馆人才队伍建设工作的力度,愈发关注我国文博行业从业人员的现状,并直面其中存在的主要问题。具体涉及以下几方面:

第一,人才队伍结构不合理。博物馆专业人才的总量不足,无法满足博物馆事业快速发展的实际需求;博物馆专业人才的类型不足,尤其是高层次文博领军人才、科技型专业技术人才、技能型职业技术人才和复合型管理人才等,亟待培养;博物馆专业人才职业素养和能力水平有待进一步提升,包括职业道德水平、学历水平、专业技术水平、科研能力水平等;博物馆专业人才比重不合理,包括专业人才总量占从业人员总量的比重、中高级职称人才总量所占比重等。

第二,专业人才培养体系不合理。不仅高校和职业院校中文博相关专业设置的数量不足,课程大纲相对陈旧,教学内容脱离博物馆事业发展实际,授课形式相对单一,教学资源匮乏等;而且针对博物馆从业人员的职业培训体系不完善,所针对的博物馆岗位相对有限,参与培训的人员数量还需进一步增加,培训形式和内容还需进一步丰富。

第三,人才评价考核体系不合理。博物馆从业人员的考核方式相对单一、评价标准不清晰且略显落后、考核内容与博物馆实际工作需求相关度较

---

① 国家文物局:《2020 年"5·18 国际博物馆日"中国主会场活动开幕式在南京博物院举行》,载国家文物局网,http://www.ncha.gov.cn/art/2020/5/18/art_722_160585.html,2020 年 5 月 18 日。

低。在入职前,除部分博物馆设立独立考核外,许多博物馆的考核都纳入了事业单位考试之中,博物馆工作导向性较弱。同时,许多博物馆对应聘者的职业能力的判断主要依据的是学历水平和专业背景,缺乏对应聘者综合职业能力的考察,不符合博物馆工作对从业者专业应用能力的要求。在入职后,博物馆从业人员的评价体系包括职业晋升路径和绩效考评路径,但前者长期参考的是20世纪80年代设立的标准,与当下博物馆运营管理实际已有诸多不适应,直至2019年年末才由国家人力资源和社会保障部推出新的文博职称序列和新的评价标准。后者的绩效考核标准还处在各馆自行设立和管理的阶段。

第四,博物馆人才队伍建设的外部管理和监督体系不合理。例如,缺乏专门的法律法规予以保障和规范、监管部门体系建立尚不完善、管理部门在实施监管工作时缺乏明确的工作标准,使得博物馆相关的就业市场较为混乱、博物馆选人用人的标准存在争议、博物馆从业人员的职业发展缺乏明确的指导等。

上述问题严重抑制了我国博物馆的发展动力,其主要原因在于我国尚未建立博物馆职业资格认证制度,对博物馆各岗位,尤其是核心业务岗位的从业人员尚未设立准入"门槛",尚未进行职业道德、专业知识和实践技能要求的界定和评估。近年来,我国博物馆业界的专家学者对博物馆职业资格认证制度开始关注,并以会议提案、战略规划、工作报告、研究论著、实践探索等形式表达了对建立这一制度的期望。

因而,本书具有十分重要的现实意义,通过建立我国博物馆职业资格认证制度:

第一,有助于加强博物馆行业规范。一方面,博物馆职业资格认证制度能够为博物馆人员的聘用提供较为客观和权威的审查依据,降低博物馆选人用人的风险成本,进一步避免缺乏专业素养的人员进入博物馆工作;另一方面,便于管理机构对文博行业的就业市场和各个博物馆的人员选聘工作进行监管,维护机构和应聘者双方的权益。

第二,有助于优化博物馆的人力资源配置。博物馆职业资格是博物馆从业人员职业能力和专业特长的证明。一方面,从业人员"凭证入职"能够帮助博物馆更高效地甄别与之匹配的岗位和工作,量才使器;另一方面,从业人员在获得更合适的岗位后,也能够得到更好的职业规划和后续职业发展,激发其工作热情。

第三,有助于强化我国博物馆人才队伍建设。一方面,能够强化博物馆人才培养,针对认证制度中所提到的各项标准和认证方式,加大对从业人员的培训力度,提升院校博物馆专业人才的培养水平;另一方面,也能够促进人才队伍建设的其他工作进一步向前发展,包括政府和行业层面的资金支持、人才发展环境的完善、人才队伍结构的调整、人才发展的激励与保障等。

第四,有助于提升博物馆从业人员的整体水平。对在职人员而言,推行资格认证制度能够促使他们审视自身专业知识和能力水平,对应资格认证的具体标准而进一步学习予以提升。对尚未入职的人员而言,这一制度也为他们接受更具针对性的培养与培训明确了方向,严以律己,以达到博物馆的入职要求。内外两方面的共同强化必然会促使我国博物馆从业人员整体水平的提升,打破因人员专业水平低下而形成的博物馆事业的发展瓶颈。

第五,有助于推动我国博物馆事业更好更快地发展。博物馆职业资格认证制度的最终目的和作用就是要推进我国博物馆事业的发展。"人是生产力的第一要素",博物馆从业人员整体水平的提升将极大地增强我国博物馆的创造力和生命力,为推进我国博物馆领域的各项工作提供强大动力。

我国博物馆职业资格认证制度尚处于起步阶段,相关理论研究十分薄弱。本书将对我国建立博物馆职业资格认证制度做系统性研究,为博物馆职业资格认证提供全方位、多维度的审视和研究,本书的理论意义包括:

第一,有助于建立博物馆职业资格认证的方法论基础。通过结合人力资源管理、职业发展管理和博物馆学等跨学科理论,为我国博物馆职业资格认证制度的建立、论证、实施和完善等环节形成方法论自觉建立理论基础,以更有效的途径进行制度设计研究。

第二,有助于提升对博物馆职业的认知水平,完善博物馆管理体制。通过对目前我国博物馆职业的构成要素和实质特性以及我国博物馆人才队伍的现状和问题的研究分析,形成对博物馆职业,尤其是核心业务岗位的属性和客观规律有更深入的认知和掌握,也为我国博物馆人力资源管理、博物馆人事制度改革、博物馆人才培养和培训等方面的研究提供理论依据。

第三,有助于为我国博物馆职业资格认证制度的建立提供参考性模型。为我国博物馆职业资格认证制度的建立构建理论体系,并在此基础上提出适合于我国博物馆职业资格认证的制度模型和支持系统体系,提供适合于实际操作的路径模式和执行策略的参考。

第二节 国内外研究述评

一、国内博物馆职业资格认证相关的研究与实践综述

在2010年全国政协十一届三次会议上,国家文物局原局长单霁翔提交了《建议设立博物馆职业资格认证制度》的提案,明确提出建立我国博物馆职业资格认证制度的迫切性和必要性。作为我国博物馆业界的一个新兴议题,博物馆职业资格认证制度的建立尚处于草创阶段,直接相关的研究和实践较为缺乏,但是围绕博物馆从业人员职业素养、博物馆人才培养和博物馆人事管理的探讨却早已有之,随着我国博物馆事业的发展,对这些内容的研究也更为深入和全面。目前,国内与博物馆职业资格认证制度相关的研究可分为下述几个方面:

（一）与博物馆职业资格认证制度相关的政策和法律规范

1979年，国家文物局制定了《文物、博物馆工作科学研究人员定职升职试行办法》（简称《办法》），经国务院批准予以执行。《办法》从专业技术职称的角度将博物馆科研人员分为研究员、副研究员、助理研究员、研究实习员四级，并分别进行了业务标准的划定。而为了进一步加强对博物馆从业人员的培养和管理，鼓励他们不断扩充专业知识和技能，激发他们的文化创造力，1986年，原文化部制定并试行《文物博物馆专业职务试行条例》和《关于〈文物博物馆专业职务试行条例〉的实施意见》，对文博管理员、助理馆员、馆员、副研究馆员和研究馆员等岗位及其职责和任职条件进行了一定程度上的明确。

1981年，国家文物局颁布实施《文物工作人员守则》，所提出的10条守则是当时文物工作人员的基本职业道德，也是需要遵守的最重要的纪律守则。同年，在《文物商店工作条例（试行）》中也提到文物商店工作人员所应当具备的基本职业素养和资格要求。

1982年，我国《文物保护法》颁布实施，后又经多次修订；2003年，《文物保护法实施条例》颁布实施，两者共同规范了文物保护工作，并在国家法律层面明确了文物保护工作者的职责和工作要求。

1997年，国家文物局颁布了《国家文物局机关工作人员守则》（简称《守则》）和《中国文物、博物馆工作人员职业道德准则》（简称《准则》）。2002年，两者经修订后重新发布，更明确了博物馆从业人员的基本职业道德，以及应该遵循的良好的博物馆行业作风。《守则》和《准则》所规定的内容是评估博物馆从业人员职业资格的重要方面，也是博物馆职业资格认证制度建立的基础。

1998年，国家文物局通过实行《考古发掘管理办法》，此后又发布了《考古发掘资格审定办法》，对考古发掘的团体资格和个人领队资格进行了详细的规定，并明确了申报要求和审查方式及程序，而只有具备资格证书的团队和个人才有资格申报考古发掘项目。

2000年,国家文物局发布《文物系统安全保卫人员上岗条件暂行规定》,对文物系统的安全保卫人员其职业道德、专业知识和工作能力等任职条件进行了规定。

2001年,国家文物局发布《博物馆馆长专业资格条件(试行)》,明确规定了博物馆馆长所应具备的学历水平、职称水平、职业能力和素养水平、工作经历和职业培训经历等要求,以此作为管理机构决定博物馆馆长人选的重要参考。

2003年,国家文物局发布了《文物保护工程勘察设计资质管理办法》和《文物保护工程施工资质管理办法(试行)》;2007年,国家文物局又发布了《文物保护工程监理资质管理办法》,规定相关人员可在达到一定要求,并接受过国家文物局规定的专业培训后获得《文物保护工程监理工程师资格证书》和《文物保护工程监理员证书》。持有相关证书的人可以负责和参与文物保护工程的监理工作。

2005年,原文化部发布《博物馆管理办法》,并于2006年1月1日施行,对博物馆具体的管理工作进行了规范。其中第9条规定,申请设立博物馆的条件之一是具有符合博物馆需求的专业技术和管理人员,对博物馆办馆的人才条件提出了要求。

2008年,国家文物局发布了《博物馆评估暂行标准》,其中对各级博物馆所应达到的人力资源标准进行了明确的规定,具体要求包括在编人员的专业资质、学历水平、管理制度、支持经费等项目。此外,在评分细则中也对博物馆的人员结构制定了细化评分的标准,强调博物馆人员应兼具多元化和专业化等特点。2009年12月,国家文物局、财政部联合发布《中央地方共建国家级博物馆管理暂行办法》,其中有关于博物馆馆长人选的要求,以及博物馆人事管理的相关规定。

2015年3月20日起,《博物馆条例》正式施行,其中规定了建立博物馆应具备的专业人员条件;博物馆专业人员应当根据国家相关要求进行专业技术职称的评定。①

2017年2月,国家文物局发布了《"十三五"文博事业发展规划》,其中对文博专业人才队伍建设工作提出了5年发展目标,主要以"金鼎工程"为基础,持续强化文博专业人才的培养工作。

2019年12月,国家人力资源和社会保障部发布了《关于深化文物博物专业人员职称制度改革的指导意见》,把文博系列专业统一调整为文物博物馆研究、文物保护、文物考古和文物利用四个专业类别,并进行分类评价,推行代表作制度。

此外,各地也陆续发布过相关的政策和法律规范,例如:北京市《图书资料系列(科学传播)专业技术资格评价试行办法》、安徽省《关于核定省博物馆内设机构及中层干部职数的通知》、四川省《成都市民办博物馆管理办法》、江苏省《江苏省文物博物馆专业馆员资格条件(试行)》、江西省《关于加强全省博物馆人员管理的意见》等。

上述政策和法律规范实质上是从各个侧面厘清了博物馆各岗位工作的性质和职业能力的需求条件,为建立我国博物馆职业资格认证制度奠定了基础。然而这一"准入型"制度的建立将是一个长期的过程,目前距离真正意义上的在国家及地方层面对博物馆职业资格认证制度予以法律规范保障还有很大的发展空间,相关尝试和探索还在不断进行。

(二)明确提出建立我国博物馆职业资格认证制度的文件及研究

我国博物馆职业资格认证制度的探索虽然才刚刚起步,但是对于这一制度建立的目标、方式,以及需注意的问题,一些专家学者已经做过一定的论述。2005年12月,文物修复师资格考试大纲、标准讨论会在北京举行,会议上探讨了文博职业资格的规范化管理。而在2005年前后,国家文物局

---

① 国务院:《中华人民共和国国务院令第659号〈博物馆条例〉》,载中国政府网,http://www.gov.cn/zhengce/content/2015-03/02/content_9508.htm,2015年3月2日。

批准中国文物信息咨询中心成立"文博行业资质资格认证中心",专门负责文博行业不同的资格认证事宜,国家层面和部分地区的文物行政部门也逐步落实针对不同文博岗位从业人员的职业资格认证工作。[1] 2007年,国家文物局开展了"博物馆陈列展示设计资格资质管理办法"的课题研究,并在2009年全国两会上提交了相关提案。在2010年全国政协十一届三次会议上,国家文物局原局长单霁翔提交了《建议设立博物馆职业资格认证制度》的提案,对我国建立博物馆职业资格制度提出了一些建议,包括明确博物馆职业资格认证制度的设立和组织主体;设立博物馆职业资格标准和职业技能标准;明确博物馆职业资格认证的认证方式;提出制度实施过程中的注意点;建立制度实施的支持系统[2]。此后,姚安根据这一提案内容,在其所著的《博物馆12讲》一书中提到了未来博物馆业务的重点之一就是建立博物馆的职业资格认证制度。2015年,国家文物局以强化职业教育发展为出发点,针对文博职业资格相关问题进行了预研究。[3]

国家文物局原局长励小捷也在多次的工作报告中提到要建立、健全博物馆职业资格认证制度。例如,在《2012年全国文物局长会议工作报告》[4]和《2013年全国文物局长会议上的讲话》[5]中都提到了有关文博行业职业资格认证工作、提升文博相关职业法律地位、推进博物馆职业资格标准化等方面的工作目标。

《全国文博人才发展中长期规划纲要(2014—2020)》中也明确提出,在未来几年中应当加快推进博物馆职业资格的改革工作,建立新型的职业能

---

[1] 金瑞国:《文博职业资格规范管理的探索——文物修复师资格考试大纲、标准讨论会侧记》,载汉唐网,http://www.wenwu.gov.cn/contents/259/4887.html,2005年12月20日。
[2] 单霁翔:《博物馆应设立职业资格认证制度》,《中国文化报》2010年3月10日。
[3] 岁寒石:《完善文博人才培养体系 助力文物事业蓬勃发展》,载国家文物局网,http://www.sach.gov.cn/art/2015/12/24/art_1865_127263.html,2015年12月24日。
[4] 励小捷:《文化部副部长、国家文物局局长励小捷在2012年全国文物局长会议上的工作报告》,载国家文物局网,http://www.nach.gov.cn/art/2012/12/27/art_1585_69719.html,2012年12月27日。
[5] 励小捷:《励小捷局长在2013年全国文物局长会议上的讲话》,载国家文物局网,http://www.nach.gov.cn/art/2014/1/3/art_1585_139576.html,2014年1月3日。

力评价体系,更为注重对博物馆从业人员实际工作情况的评判。[①] 其对博物馆人才评价体系建设、对各类博物馆从业人员评价的侧重点,以及对博物馆职业资格认证制度都提出了具体要求。

2015年,国家文物局全面部署和实施文博人才培养"金鼎工程"。"金鼎工程"是大力推进全国文博人才培养和队伍建设的工程,以培养文博领军人才、科技人才、职业技能人才及复合管理人才为主要内容。[②]

(三) 有关博物馆人才的讨论

苏东海提出,21世纪里博物馆事业的命运决定于博物馆的人才状况,人才是博物馆事业发展的关键。[③] 随着我国博物馆事业的发展,这一论点越来越得到业界的共识,而围绕博物馆人才的探讨和研究也十分丰富,涉及博物馆人才的界定与分类、构成要素、培养培训、人事管理、国内的现状及问题分析等方方面面。这是博物馆职业资格认证制度建立的间接基础。

关于博物馆人才的界定和分类,牛继曾将博物馆人才分成三级,包括馆长和副馆长、中层管理干部以及各个岗位的具体工作者[④]。陈恭提到,2005年上海制定《上海市重点领域人才开发目录》,将文博人才分成8种,但是随着文博事业的快速发展,文博人才的类型已在此基础上产生了巨大转变。[⑤] 黎巍巍针对博物馆信息化建设提出了相关的人才需求,包括信息主管、网络管理员、数据库建设和维护人员、网站设计与维护人员及其他专业人员。[⑥] 尽管对博物馆人才的界定和分类已有上述相关的研究和论述,但仔细来看,这些分类仍属于"粗放型",而博物馆的人才和职业类别也远远不止于此。

[①] 国家文物局:《关于印发〈全国文博人才发展中长期规划纲要(2014—2020)〉的通知》,载国家文物局网,http://www.sach.gov.cn/art/2014/6/3/art_1330_98901.html,2014年6月3日。
[②] 张硕:《全国"金鼎工程"联络员工作会议在京召开》,载国家文物局网,http://www.sach.gov.cn/art/2015/3/30/art_722_117900.html,2015年3月30日。
[③] 钱进:《博物馆人才培养是事业发展的关键——从吉林省博物院工作实践谈起》,《中国文物报》2012年3月21日。
[④] 牛继曾:《谈谈博物馆管理人才的重要性》,《中国博物馆》1985年第2期。
[⑤] 陈恭:《国际文化大都市建设语境下上海文博人才发展战略思考》,《科学发展》2013年第4期。
[⑥] 黎巍巍:《现代博物馆信息化建设的人才需求》,《科学咨询:科技·管理》2010年第31期。

有关博物馆各类人才的构成要素和素养要求的研究,主要集中在如下两方面:

一是博物馆职业道德建设的探讨。蔡琴对国内外的博物馆职业道德建设研究进行了论述,并提出博物馆的职业道德应贯穿于博物馆的各项活动与工作之中,并且不仅仅关乎藏品本身,也关乎文化环境的动态发展。[①] 这是未来一段时间内博物馆职业道德与伦理研究的新方向和新目标。宋向光分析了国内和国外有关博物馆职业道德的相关研究,并对我国博物馆职业道德建设提出了若干重要的建议。[②] 马砚祥分析了社会主义制度下博物馆道德建设的特点;朱晓秋结合自己所在地区和所在博物馆的实际情况,提出在加强博物馆职业道德方面应更注重理解职业精神和求实创新;陈福云认为我国博物馆职业道德建设的客观条件已经具备,但关键仍在于专业人才的培养;苏东海多次探讨博物馆职业道德建设的相关问题,强调结合国外已有经验及国内实情,建设适用于我国博物馆的职业道德标准。此外,黄艳的《职业道德在博物馆陈列中的实践》(2005),李慧君的《博物馆可及性职业道德规范——英国博物馆协会关于博物馆可及性的思考》(2013),朱军、刘海龙的《当代中国博物馆职业道德建设初探》(2014),程皓的《试论当代博物馆职业道德建设》(2014),杨帆的《文化大发展大繁荣背景下再谈博物馆职业道德》(2014),曹晋的《基于博物馆工作特殊性谈如何进行博物馆职业道德构建》(2015),安来顺的《职业道德语境下博物馆的公共服务功能》(2017),王云霞和胡姗辰的《〈国际博物馆协会博物馆职业道德准则〉的法律意义》(2018)等都对目前国内外博物馆职业道德与伦理的现状及问题和发展对策进行了阐述。

二是对博物馆各个岗位从业人员的素养和资质的探讨。徐湖平提出,博物馆人才的知识结构不仅要达到"博"的要求,而且要有主次关系,工作涉

[①] 蔡琴:《博物馆职业道德研究的若干问题》,《中国博物馆》2014年第2期。
[②] 宋向光:《博物馆职业道德是博物馆发展的思想保障》,《中国博物馆》2014年第2期。

及要以专业知识为重,同时需兼具博物馆学知识、业务专业知识、管理知识等[1];吕建昌也曾提出博物馆从业人员所应具备的基本素质和基本知识结构[2];许振国为提升博物馆人员素质提供了三条可行的路径,包括开展职业道德教育、鼓励在职人员参加学校教育、优化人员的结构配置等[3]。此外,还有专门针对某一类博物馆从业人员职业素养的讨论,例如,北京博物馆学会保管专业委员会出版了《博物馆藏品保管工作指引》一书,基于北京经验,对博物馆藏品保管人员的职业要求进行了论述;吕军将藏品管理人员的业务素质概括为"博学精专"并具备"综合工作能力";凌琳认为中小博物馆的保管人员需掌握安全移动和搬运藏品的技能,同时也要成为藏品研究专家[4];周丽婷和贺丽莉概括了博物馆陈列设计师所应具备的7点专业素养,包括室内设计、平面设计、多媒体设计、人体工程学、力学、照明设计、心理学等相关知识;王新生从思想素质、业务素质和形象素质等方面对博物馆讲解员职业修养进行了论述。

关于博物馆专业人才的培养和培训,励小捷、单霁翔在多次讲话中都提到博物馆人才培养和培训的重要性和迫切性,并介绍了国家文物局开展相关工作的情况;张柏对博物馆的专业培养提出"四个适应"的要求,即适应时代发展和社会进步,适应专业人员自身发展的要求,适应加强文博队伍建设的要求,适应借助社会力量提高专业化水平的要求[5];陆建松提出目前博物馆专业人才的情况对文化遗产事业发展存在的不足及问题,并针对博物馆专业学科发展提出了建议;牛继曾认为人才的培养是在实际工作中形成的,同时需要注重人才未来的发展;钱进提到吉林省博物院对在职人员的培训

---

[1] 徐湖平:《博物馆人才问题散论》,《东南文化》1989年第Z1期。
[2] 吕建昌:《试论博物馆人员的基本素质和知识结构》,《中国博物馆》1988年第1期。
[3] 许振国:《简论博物馆人员素质》,《东南文化》1992年第Z1期。
[4] 凌琳:《中小博物馆保管人员的业务素质》,载《博物馆藏品保管学术论文集——北京博物馆学会保管专业第四—八届学术研讨会论文选编》,中国林业出版社2009版,第246—247页。
[5] 张柏:《创新培训机制 努力适应博物馆事业建设发展的需要》,《中国文物报》2010年1月12日。

方式包括"在职培训",设立"导师制""继续教育",院里提供"出资培训""脱产培训",参加委托培训,建立项目负责人制度,定期开展学术交流活动等;吕济民对1990年前国内博物馆专业人才的培训情况进行了梳理;安蔷和老夯介绍了1990年之前国外博物馆人才培养的发展历程;陈国宁和陈恭也在各自的论著中介绍了国外博物馆从业人员的培养和培训情况。实践探索方面,目前国内有130余所高校在本科和研究生培养阶段开设了文博相关的专业,设有学士、硕士和博士点,同时,近年来不少院校也开始探索设立文博专业硕士,旨在培养学生的理论知识和实践技能,以更好地适应博物馆实际工作的需求。此外,国家文物局对文博急需人才培养的工作方案已经形成。国家文物局及各级文博单位多次组织和举办文博专业人员培训班,例如省级博物馆馆长培训班、博物馆公众服务高级培训班、博物馆管理培训班等,授课形式包括专家授课、实地考察、实践操作等,为博物馆相关人员提供了提升专业知识和技能的平台以及交流和学习的机会。

关于博物馆人员管理问题,不少专家学者都结合博物馆实际,将管理学理论运用于其中。侯八五提出了博物馆"职业生涯管理",即将博物馆的发展目标同博物馆从业人员的职业发展联系起来,呈同向式发展[①],同时强调"人文关怀",建立"激励机制";钟萍也认为"以人为本"是博物馆人才管理的关键;李念红提出要引入新型的人力资源管理办法,例如"上下级关系理论""组织结构设计""绩效考核"等;肖冠雄认为博物馆人力资源管理需要转变观念,并在资源配置、人力资源管理、激励制度、人员培训等方面加强科学化程度,同时注重组织文化建设;陈文和赵晨提出在博物馆人力资源管理理念方面要始终坚持"以人为本",要将人力作为"资源",而非"成本";孙霄提出引进人才竞争机制,建议通过市场手段建立文博人才交流调配中心;刘洪对博物馆加强人力资源开发与管理的意义进行了阐述,他认为博物馆人力资

---

① 侯八五:《博物馆职业生涯管理的理论探索》,《文物世界》2004年第3期。

源管理有利于提升劳动者整体素质、推动博物馆自身发展、促进博物馆人事制度改革、发挥职员积极性和创造性、建立优胜劣汰和公平竞争的机制、激励人的主动进取精神、实现博物馆的整体发展目标[①]。

关于我国博物馆从业人员现状及问题分析,上述诸多专家学者在相关论述中都有过研究和探讨。除此之外,徐湖平、安廷山、吴晓明、王睿、沙晓芸等专家学者也都对各个时期我国博物馆从业人员的学历水平、专业背景、年龄构成、职称结构等情况进行了调查和研究,而孙文英、凌琳、项朝晖、严晶晶等专家学者则分别对具体的某一座博物馆进行了人员情况分析。

二、国内职业资格认证制度研究与实践综述

虽然我国尚未对博物馆从业人员建立职业资格认证制度,但在其他行业,职业资格认证制度却已走过数十年。对我国职业资格认证制度研究进行梳理,一方面可以了解我国职业资格认证的整体情况,以及在目前的大环境下建立博物馆从业人员职业资格认证制度的条件和基础,另一方面也能够从这些年的实践和研究中总结经验,可供博物馆从业人员职业资格认证制度的建立所借鉴,同时也在一定程度上避免其他行业在实行职业资格认证方面所遇到的问题。

1994年,国家劳动部和人事部联合制定《职业资格证书规定》,这被视作我国建立职业资格认证制度的发端。至今,我国的职业资格认证制度已历经20余年。在这一制度的制定、实行、发展和完善的过程中,凝聚着相关研究者从不同角度进行的深入研究与分析,具体可归述为以下几个方面:

(一) 政策引导下的职业资格认证制度发展

中华人民共和国成立后的职业资格认证制度可以追溯到20世纪50年代的学徒工转正定级考核,此后,随着劳动工资制度的建立与完善,技术资

---

① 刘洪:《博物馆人力资源开发与管理的若干思考》,《博物馆研究》2007年第1期。

格证书制度、国家公务员制度和职业技能鉴定制度等也相继建立,这可算作我国职业资格认证制度的雏形。[①] 80 年代是我国职业资格认证制度形成重要发展的发端,1983 年,《工人技术等级考核暂行条例》颁布实行。1993 年,中共中央在《关于建立社会主义市场经济体制若干问题的决定》中提出要制定各行业的职业资格标准,使得学历证书和职业资格证书并行,并明确了建立职业资格认证制度的需要。同年,原国家劳动部发布《职业技能鉴定规定》。1994 年,《劳动法》正式颁布,其中"职业资格证书制度"被首次列入,为制度的实行提供了法律保障。[②] 同年,国家劳动部、人事部联合制定《职业资格证书规定》,提到通过学历认定、资格考试、专家评定、职业技能鉴定等方式进行评价,对合格者授予国家职业资格证书。《职业资格证书规定》颁发之后,各个行业纷纷根据自身特点针对不同职业岗位制定了相应的职业资格证书制度。1999 年,《国家职业分类大典》颁布,明确了我国各行业主要的职业类型,也为明晰职业资格证书类型提供了依据。

2003 年,《中共中央国务院关于进一步加强人才工作的决定》中提出要全面推行职业资格认证制度,探索不同的资格认证方式,并逐渐与国际标准实现互认。在这一决定的引导下,我国的职业资格认证制度建设有了飞速发展。[③] 同年,《行政许可法》颁布实施,为需要实行就业准入制度的职业划定了明确的范围。从 2003 年后,我国的职业资格认证制度经过 90 年代建立初期的探索,慢慢走上了不断改革和完善的过程。

2007 年发布的《国务院办公厅关于清理规范各类职业资格相关活动的通知》对职业资格相关活动进行了进一步的管理和整顿。2014 年,国务院印发《关于取消和调整一批行政审批项目等事项的决定》,取消部分职业资格认证事项,以后国家将着重建立与公众利益和公共安全直接相关的准入

---

① 张雄:《我国职业资格证书制度的变迁与路径依赖》,《商业时代》2010 第 27 期。
② 吕忠民:《职业资格制度概论》,中国人事出版社 2011 版,第 32 页。
③ 同上,第 33 页。

类职业资格,逐步改善职业资格认证中所存在的乱象。[①]

(二)职业资格认证制度的概念及意义

与职业资格认证制度相关的概念有很多,对这些概念的厘清有助于明确研究对象、制定研究方法、达到研究目的。因此,不少研究者在他们的论述开篇都会对相关概念进行理解与界定。对于"职业资格制度"和"就业准入制度"这两个概念而言,徐国庆、高卫东等认为职业资格制度就是就业准入制度,是劳动者可以进入劳动市场从事相关工作所必需的知识和技能的最低标准。而吕忠民、石金涛、李红卫等认为职业资格制度与就业准入制度有联系,但也有一定的区别,就像吕忠民在《职业资格制度概论》一书中所论述的:职业资格类型多样,而就业准入资格制度是其中的一个组成部分。此外,肖鸣政的《职业资格考评的理论和方法》和陈宇的《职业资格考试概论》等书中则对"资格考评"和"资格考试"的概念进行了论述,并介绍了职业资格认证的具体实施方式。

推行职业资格认证在各层次各角度上都有着深远的意义。李伯勇、王竞、石金涛、田大洲、陈宇等专家学者都对此有过相关阐述。概括而言,职业资格认证制度的意义从宏观上来说是劳动力市场本身对于劳动力要素的质量存在着不同要求,职业资格认证制度是界定这种质量清晰而有效的方式,以达到知识经济时代对专业人才需求的标准,既有利于管理部门的统筹监管,也有利于人才的流动,优化劳动力资源分配,使得劳动力市场更有效地运行。此外,职业资格认证制度还可以在很大程度上减少生产事故的发生,维护公众利益和公共财产安全。从微观上讲,职业资格证书是对求职者自身职业能力的认定,在其个人职业发展、求职工作中都是重要的凭证。

(三)国外职业资格认证制度的比较研究

发达国家的职业资格制度产生较早,日本早于 19 世纪后期就逐步建立

---

① 顾卓敏:《今后将建目录式职业管理方式》,《青年报》2014 年 10 月 15 日。

了资格制度,而欧洲也在中世纪就有了职业资格认定的雏形。[①] 时至今日,国外的许多职业资格认证制度已相对完善和成熟,在我国的专家学者中也有不少对各个国家职业资格认证制度进行比较分析的论著,这些论著的研究对象包括英国职业资格证书制度、荷兰职业资格制度、德国职业资格制度、日本职业资格制度、加拿大职业资格制度等。其中包括对一个国家整体的职业资格制度进行研究,也包括对某一行业的职业资格证书进行研究,并且涉及职业资格认证制度建设的各个环节,包括管理机构、认证主体、评估标准、申请程序、证书更新等。

针对英国职业资格认证制度的研究较为丰富。相关专家的论著中重点介绍了英国职业资格认证制度(NVQ),这既是一种反映职业知识和技能的证书,也是英国不同层级的职业教育"文凭",是教育与职业资格相结合的典型代表。1994 年,我国劳动与社会保障部与英国文化委员会合作,以"中英职业资格证书合作项目"命名,开始了英国国家职业资格认证制度的引进工作。[②] 不少研究者对此进行了研究分析,主要侧重于英国经验的本土化,以及引进后的管理和实施工作等内容。

对英国职业资格认证制度的研究只是诸多国际经验研究分析的缩影。在对国外职业资格认证制度进行研究后,可归纳出能为我国所借鉴的一些经验。国外职业资格认证的管理主体一般为经过一定筛选而产生的证书机构;各个岗位的考评都有国家标准;评估更注重于实际工作能力,而非书面考试;进行缜密的质量管控,保障资格证书的"含金量";职业资格一般分为若干个认定级别,以适应各地区、各岗位的要求等。

(四) 对我国职业资格认证制度相关问题的反思及对策研究

在 20 余年的实行过程中,我国职业资格认证制度已发展到一定的成熟

[①] 周耀华:《国外的职业资格制度》,《教育与职业》1994 年第 6 期。
[②] 黄日强、邓志军:《英国国家职业资格证书制度在我国的引进》,《中国职业技术教育》2004 年第 24 期。

阶段,却也随之涌现出不少问题。对于这些问题相关学者也进行了探讨,并提出了一定的整改措施。

首先,职业资格认证制度需要更紧密地与职业教育和高等教育相衔接,同时实现学历证书与职业资格证书互通。部分学者分析了职业资格认证与职业教育之间的对应关系,其中,以马叔平、刑晖提出的"互动关系说"和以刘春兰、王霞晖提出的"唯物辩证说"为代表。[①] 同时,李红卫、张炳耀、刑晖等分别针对目前存在的问题提出对策,具体包括支持层面的法规政策和管理机构间的合作;教育层面的教材、课程、专业设置与职业需求的对应;认证层面的定向考试和证书互通等。

其次,职业资格认证制度在管理上还存在不足。蒋晓旭、郭伟萍等认为相关法律法规无法适用于当下高速发展和新要求不断涌现的新环境,导致管理失效;对推行职业资格认证制度缺乏总体规划,未评估各个岗位设立职业资格认证制度的必要性;管理主体过多,没有统一的监管部门,造成重复审核;认证主体假借主管部门的名义,有的将认证权承包给第三方公司,甚至出现证书交易的现象;职业资格培训越来越倚重经济利益,而偏离了各个岗位的实际需求。

再次,针对职业资格认证制度的现存问题需要有切实可行的对策。制度改革是对策的基本立足点,而政府和市场是推进职业资格认证制度改革的两大原动力,所以协调好两者关系,使它们发挥更大的配置效用显得尤为重要。在这一点上,王竞认为应进一步优化市场资源调配,田大洲认为应加强政府主导的市场化运作。[②] 加强监管、设立统一有效的资格认证标准、规范认证方式、提升鉴定质量,则是具体制度改革的方向。此外,也需要处理好职称认定和职业资格认证两者间的关系,王凌认为职称制度虽有可鉴之处,但职称认定缺乏统一标准、标准要素构成不合理、管理模式单一等弊端

[①] 李红卫:《我国职业资格证书制度与职业教育关系研究综述》,《职教论坛》2012年第7期。
[②] 李红卫:《国内学者职业资格证书制度研究综述》,《教育与职业》2012年第6期。

需要由职业资格认证制度配合改进。①

三、国外博物馆职业资格认证研究与实践综述

国外一些国家对于博物馆职业资格认证的研究已经经历了数十载，形成了相对成熟的体系和较为丰富的理论与实践成果。梳理和分析国外的情况在一定程度上会对我国博物馆职业资格认证制度的建立起到借鉴和参考作用。对于国外博物馆职业资格认证相关的研究和实践分析，可归纳为下述几个方面：

（一）确立博物馆职业的法律地位

为了更有效地提升博物馆从业人员的专业化水平，推行相关的资格认证方式，确立博物馆职业的法律地位显得尤为重要。不少国家都早已有专门的博物馆法律法规，并在具体条款中对博物馆从业人员资质要求进行了相关规定。这是博物馆职业资格规范的基本保障，也是建立和实施相关标准的行动指南。例如，《波兰博物馆法案》第五章"博物馆工作人员"第 32 条规定："1. 为博物馆基本活动的开展构成一支专业的博物馆工作人员队伍……2. 第一节中所涉及的人员应具有博物馆任职资格……4. 为确保博物馆工作人员在履行职责时具备专业水平，负责文化和国家遗产保护工作的部长应通过法规对第一节中的特定博物馆职位的任职资格要求和候选人的法定资格加以规定。"②《日本博物馆法》规定："博物馆应设置学艺员和专业人员。"③《法国博物馆法》第 7 条款规定："每个法国博物馆均应设置专门负责公众接待、传播、集体活动组织以及文化解说的服务处。这些服务需由具有资质的专业人员提供。"④《爱沙尼亚博物馆法案》第 6 条规定："国家博物

---

① 王凌：《从职称制度的弊端论职业资格认证制度的实施》，《图书与情报》2009 年第 6 期。
② 中国国家文物局、中国博物馆协会编：《博物馆法规文件选编》，科学出版社 2010 年版，第 202 页。
③ 同上，第 179 页。
④ 同上，第 171 页。

馆馆长应当通过公开竞聘选举产生,任期五年,国家博物馆馆长职位申请人的要求以及公开竞聘的程序和条件应获得批准……"①这些博物馆法律法规中一部分明确规定了博物馆整体从业人员都需要具备一定的专业资质,另一部分又对一些专门岗位的职员资质和任职办法进行了规定。法律对博物馆从业人员资质的描述一般起指导性作用,详细的要求则会出现在其他形式的细则中,例如,相关机构、行业协会和就业服务部门的相关文件等。

此外,将博物馆职业纳入国家职业体系也是确立博物馆职业法律地位的重要体现。在新加坡人力资源部门所罗列的职业类别中有"遗产大类",其中包括了博物馆馆长、策展人/助理策展人、文物保护员/助理文物保护员、档案管理员/助理档案管理员、遗产教育和外延项目经理/助理经理。英国国家就业服务处的职业分类中也包括了博物馆助理、博物馆策展人、美术馆策展人、展览设计师、文物保护员等。纳入国家职业资格体系,一方面有助于明确博物馆各职业具体的工作内容,以便建立合适的标准,并在实施过程中更好地统筹各相关部门,促使机构间的协调合作,为博物馆职业资格认证提供系统保障;另一方面也为有意愿进入博物馆各岗位工作的人提供就业指导,了解相关的职业资格要求,进行有针对性的准备。

在国家法律规范中做出相关规定,一方面能够提升博物馆职业的法律地位,保障了博物馆职业的相应权益;另一方面也促进了博物馆职业资格认证制度的有序实施。

(二) 博物馆职业资格的探讨

有关博物馆职业资格的探讨最初是由博物馆职业化(museum professionalism)意识的觉醒而逐渐产生的。19世纪晚期至20世纪初,受科学思潮和个人身份认同思想的影响,业界就已经萌生了将博物馆工作人

---

① 中国国家文物局、中国博物馆协会编:《博物馆法规文件选编》,科学出版社2010年版,第186页。

员作为一个专门职业的想法,并且要求他们具备必要的技能。诞生于此时的英国博物馆协会和美国博物馆协会(现名美国博物馆联盟)即旨在以专业组织的姿态推动博物馆专业化的进程。[1] 不过当时博物馆仍然是"藏品"中心的收藏机构,其职业被简单分为公立博物馆专员和私立机构研究员,并认为学识和鉴赏能力是根本。真正意义上的博物馆职业化始于20世纪80年代。当时,博物馆的关注点由"物"转向"人",自20世纪早期产生的对博物馆社会教育职能的关注在此时已经成为普遍被认可的博物馆核心职能之一。同时,博物馆组织结构和财务管理制度发生变革,数量、规模和类型急速增加,对职业化人才有大量需求。这一阶段职业化特征表现在:博物馆职业进一步细分,藏品管理、社会教育等工作成为专业性岗位[2];各职业的岗位属性和工作范畴进一步明确,馆长、研究岗位、文物保护岗位的能力要求获得更清晰的认知[3];学校博物馆相关专业的培养方向更为多样化,并同职业资格建立了衔接[4]。进入21世纪后,尤其在信息技术的影响下,博物馆的社会职能再一次转变,由"学术型"转变为"社区型",成为集图书馆、社区中心、幼儿园、公园、礼拜堂、医疗中心等功能为一体的综合性社会服务机构。[5] 由此改变了博物馆的人员配置模式,原有的职业出现了角色转换,同时观众体验、博物馆营销等工作也出现了职业化的需求。博物馆职业化开始从职业道德准则、职业分类、职业能力标准、职业能力评估,以及教育与培训等更细化的方向发展。下文将具体阐述博物馆职业道德与伦理、博物馆职业资格认证评估等方面的既有研究与实践。

---

[1] Hannah Freece, "*A New Era for Museums*": *Professionalism and Ideology in the American Association of Museums 1906 - 1935*, Wesleyan University, 2009, p.9.
[2] Graeme Talboys, *The Museum Educator's Handbook*, Aldershot: Ashgate Publishing Co., 2005, p.19.
[3] Gaynor Kavanagh, *Museum Provision and Professionalism*, London: Routledge, 2005, p.145.
[4] Stan Lester, *Qualifications in Professional Development: A Discussion with Reference to Conservators in the United Kingdom and Ireland*, *Studies in Continuing Education*, No.2, 2003.
[5] [美] Adam Rozan,《博物馆畅想 2040》,粟佳文,译,载湖南省博物馆网,http://www.hnmuseum.com/zh-hans/aboutus/博物馆畅想 2040,2018 年 1 月 31 日。

1. 博物馆职业道德与伦理

在博物馆事业快速发展的进程中，应当更为重视对博物馆本质属性、博物馆价值观、博物馆行为导向和博物馆从业人员职业道德的思考，使得博物馆的各项工作能够依照合法、健康、有序和可持续性的方向施行。

博物馆领域的第一部职业道德规范于 1925 年由美国博物馆协会发布，初步明确了博物馆从业人员所应遵循的道德标准。自 20 世纪 70 年代起，博物馆伦理与职业道德的相关议题受到了业界越来越广泛的关注。以国际博协为首，陆续颁布了《征集道德》(1970)、《ICOM 藏品租借指南》(1974)、《职业伦理规范》(1986)、《博物馆藏品信息的国际指导原则》(1995)，以及目前作为博物馆职业道德范本的《国际博协博物馆职业道德准则》和《国际博协自然历史博物馆职业道德准则》等，这些都成为引领各国践行博物馆伦理与职业道德相关研究和实践的重要参考。随之，各国也纷纷出台了博物馆伦理与职业道德的相关标准，包括英国博物馆协会的《博物馆职业道德准则》、加拿大博物馆协会的《职业道德指南》、澳大利亚博物馆协会的《伦理与来源联合声明》等，而其中又以美国为代表。美国不仅由博物馆协会出台了《博物馆职业道德准则》《研究员伦理道德规范》《博物馆发展与管理企业支持的指导原则》《博物馆发展与管理个人捐赠的指导原则》等标准，同时又由州和地方历史协会、艺术博物馆馆长协会、博物馆动物园和水族馆协会、博物馆商店协会、登录员委员会、中西部露天博物馆协调委员会、保护自然历史藏品协会教育委员会等组织机构分别针对各自的管理与服务对象制定了职业行为标准和职业道德准则，形成了针对不同类型的博物馆和不同职业的博物馆从业人员进行职业行为约束的标准体系。

国外的专家学者对博物馆伦理与职业道德有过十分重要的研究论著，这些论著不仅在理论层面形成了较成体系的成果，同时也密切结合了博物馆的工作实际，提出了切实的操作指南。主要包括：

Gary Adson 的《博物馆伦理》(*Museum Ethics*, 1997)在理论与实践层

面,从伦理引导的角度探讨了当代博物馆作为一个道德实体所面临的问题,是目前有关博物馆伦理理论与实践研究的重要研究成果。

Elaine A. King 所编的《伦理与视觉艺术》(*Ethics and the Visual Arts*, 2006)集结了19篇论文,其中包含了博物馆职业伦理和艺术创作伦理的相关问题。

Janet Marstine 主编的《洛特利奇博物馆伦理》(*The Routledge Companion to Museum Ethics*, 2011)是基于理论所形成的对博物馆伦理概念的重建,并与博物馆所处的社会实践变化相结合。

Sally Yerkovich 的《博物馆伦理实践指南》(*A Practical Guide to Museum Ethics*, 2016)涉及了博物馆工作的方方面面,从藏品征集收藏,到筹资、藏品保护和博物馆外部压力等。

2. 博物馆职业素养和资格要求

博物馆职业的准入标准是对博物馆各个工作岗位划定的最低标准,是从大量的专业实践中得出的一系列原则。在一些国家,博物馆职业的准入标准是由法律或政府制定的。有些情况下,同一国家内的不同地区为使当地博物馆系统的发展战略更好地满足当地社会经济发展的需求,划定的标准也不尽相同,通常地方标准由各地区专家所制定,但是博物馆的专业技术标准在全国范围内应该是一致的。其目的在于通过共享方法、技能和目标为博物馆和文化遗产的发展提供一个科学化的共同体。因此,往往一个国家会有一个全国统一的最低标准,并具有法律效力,如日本学艺员的资格认定条件。另外在丹麦,新的国家博物馆法也规定,博物馆必须有一名全职的"具备职业资格"的领导者。丹麦博物馆理事会负责制定学术资格和博物馆工作经验水平标准,由此构成与每一座博物馆相关的"职业资格"。此外,在挪威或法国的自然历史博物馆中,优秀的学术和研究能力及表现也都有国家的评判标准。挪威博物馆的最低准入标准是要拥有全日制的学士学位。如果要晋升到高层博物馆岗位,诸如负责重要藏品的高级策展人,职业水平晋升标准也随之提高，例如，至少要有博士学位，如果没有博士学位，则需附加相关领域成功的研究成果和发文记录。①

而在另一些国家，最低职业标准的指南或评估可能是以"认证""注册"或类似的评估形式出现的。这些标准往往是参考性的，制定主体可能是行业协会、组织或特定的博物馆等。英国文物保护协会就对文物保护员和保护技术员制定了相关的职业资格要求，并用职业判断、职业道德、必修和选修三部分内容对申请者的资格进行评估。而美国史密森尼博物馆协会也对协会内各个岗位工作内容和任职要求进行描述，涉及藏品管理、策展、保护、教育、行政、财务等30余种岗位。

目前，国际上对博物馆从业人员的职业资格考评基本从申请者的学历和研究能力、工作经历，以及职业道德三个方面进行，考评形式有笔试、面试、实务操作、资格审查等。在上述三方面中，学历是最易界定也是最普遍的评判方式。在英国，教育体系分为学术导向的教育和职业导向的教育，学生可以根据自己的意愿二中选一。若是按学术教育发展则获得的相应学历是GCSEs（普通中等教育证书）、A levels（普通中等教育证书考试高级水平课程）、Diplomas（大学文凭）等；若是按职业教育发展则获得的相应学历是NVQs（国家职业资格）1—5级证书。在学术资格方面，英国博物馆协会规定博物馆从业人员需要有GCSEs和A Levels资格，若想成为一名文物保护员，那么需要获得化学学科的A Levels资格。若想专门研究一个领域，那么至少需要相应的大学学位证明。大多数在英国博物馆从事专业或管理工作的人员都具有研究生资质。在职业资格方面，要求从业人员达到NVQs 2级—5级，在观众服务岗位上2级和3级最为常见，但也有要求达到4级和5级的。此外，在丹麦，与博物馆工作相关领域的学科硕士学位是博物馆专业岗位的最低准入资格。然而，相关的博士学位对于晋升至更高

---

① Gaynor Kavanagh, *Museum Provision and Professionalism*, London: Routledge, 2005, p.145.

级别岗位而言也是必要的,例如在规模更大、地位更高的博物馆中担任部门主任或馆长。在瑞典,相关专业的大学学位是从事博物馆专业工作的最低要求,而博士学位也是担任更大型的国家、地区和地方博物馆所应具备的必要条件之一。[1] 此外,相关人员的研究能力一般通过研究成果来评判,包括参与过的项目、发文和著作情况等。例如,新加坡规定博物馆馆长、策展人和文物保护员都需要有一定的发文能力,甚至与其收入水平的高低挂钩。除学历之外,工作经历也是博物馆中专业岗位任职的必备条件之一。因为博物馆的许多工作都涉及实践操作,往往又与遗产直接相关,工作经历的积累是衡量主观经验的重要参考,所以不少国家对于工作经历也有相应的要求,这些要求包括工作时间的长短和工作领域的相关性。例如,新加坡要求文物保护员的申请者具有至少 5 年的相关工作经历,少于 5 年则需要从助理文物保护员做起。英国国家就业服务指南中提到博物馆策展人需要有从事过助理策展人、教育人员或藏品部门主任的经历。

而在进入博物馆工作之后,各个国家也有自己的人员职业发展和晋升路径。例如,在新加坡,大型博物馆或机构中馆长的职业发展路径一般为助理策展人—策展人—高级策展人—主策展人—博物馆馆长;策展人的职业发展路径一般为助理策展人—策展人—高级策展人—主要策展人—首席策展人/博物馆馆长;文物保护员的职业发展路径一般为助理文物保护员—文物保护员—高级文物保护员—主要文物保护员—主任。[2] 日本大型博物馆中对学艺员设立的职业发展路径为助理学艺员—学艺员—主任学艺员—专门学艺员—上席学艺员—课长—副馆长—馆长等。而在挪威,国立博物馆的馆长不是被任命的,取而代之的是一个博物馆领导者的轮岗系统,他们定期由博物馆的专业人员在具备合适资格的高级策展人中选举产生,其任期

---

[1] Gaynor Kavanagh, *Museum Provision and Professionalism*, London: Routledge, 2005, p.145.
[2] *Heritage Sector*,载新加坡人力资源部门就业指南网,http://www.careercompass.gov.sg/Pages/OccupationDetail.aspx?OccupationName=Museum+Director,2014.

一般是5年,最多连任一次。任期满之后,他们会回到博物馆策展人或研究岗位上。[①] 合理的晋升路径一方面使得博物馆从业人员逐级拥有更丰富的经验,保证了各岗位人员的资质,另一方面也是对博物馆从业人员职业发展的激励。

除实践经验的积累外,国际博协和各国的博物馆协会,以及相关的专家学者都对博物馆各职业所需的素养和资格要求有过不同程度的探讨。Kevin Moore 的《博物馆管理》(Management in Museums,1999)一书从博物馆经营管理的角度探讨了相关问题,其中涉及了有关博物馆人员管理和博物馆领导力的探讨。Gaynor Kavanagh 主编的《博物馆供给与职业化》(Museum Provision and Professionalism,2005)一书从剖析博物馆的职能和管理变革入手,研究了博物馆不同职业的工作性质与工作范畴,并在职业化、职业道德准则和机构标准等层面对博物馆从业人员的职业能力标准和评价方式进行了分析。Blythe Camenson 的《博物馆职业机遇》(Opportunities in Museum Careers,2007)一书介绍了不同类型的博物馆职业及各职业相应所需的职业资格,并进一步分析了不同类型博物馆中博物馆职业的情况。N. Elizabeth Schlatter 的《博物馆职业》(Museum Careers,2008)一书详细论述了现代博物馆的职业类型,以及不同博物馆职业的工作实质和职责范围,为相关专业的学生提供了职业发展的指导。Greg Stevens 和 Wendy Luke 于 2012 年出版了《博物馆人生——管理你的博物馆生涯》(A Life in Museums: Managing Your Museum Career)一书,其中对博物馆从业人员的职前专业培养和在职职业发展提出了具体的建议,并探讨了博物馆的职业类型、从业人员所需具备的专业素质,以及在当下的社会环境中博物馆职业所产生的变化。Yi-Chien Chen 博士的论文以《艺术博物馆专业人才教育:美国博物馆学项目的现状》(Educating Art Museum Professionals:

[①] Gaynor Kavanagh, *Museum Provision and Professionalism*. Routledge, 2005, p.145.

The Current State of Museum Studies Programs in The United States,2004)为题,一方面研究分析了美国博物馆专业教育的相关情况,另一方面也对不同的博物馆职业进行了职业资格的分析,为专业教育的发展提供了博物馆工作实际需求的研究基础。

四、小结

从目前国内情况来看,直接针对建立博物馆职业资格认证制度的研究还十分欠缺,多数讨论是通过会议提案和讲话稿等形式被提及,内容也较为笼统,但都是重要的统领性和指导性文件,为我国博物馆职业资格认证制度的建立明确了发展方向和操作要求。实践层面,还局限于在某些地区和某一类博物馆从业人员之中建立职业资格和评价体系,这些体系也都起步不久,尚需要不断地完善和提升,但作为制度建立的一个个环节却也是探索过程中不可或缺的宝贵经验。由此可窥见以下几方面信息:第一,博物馆职业资格认证制度在国内是一个新兴的议题,但规范博物馆从业人员的职业资质却是我国博物馆界长久以来的期冀,也是当前我国博物馆界的一个热点议题,博物馆职业资格认证制度亟待建立,具有十分重要的理论和实践意义。第二,我国博物馆职业资格认证制度已经逐步迈向实质性发展阶段,通过对现有研究的了解可以掌握我国博物馆职业资格认证制度的推进情况,以及目前所获得的阶段性成果和所遇到的问题,这是本书研究过程中重要的分析依据。第三,博物馆职业资格认证制度尚处在草创阶段,一方面国内可供借鉴和参考的研究和实践十分有限,另一方面也使得研究有许多可以发挥和首创的空间。这既是难点,也是创新点和亮点,若能平衡利弊,将对本书研究产生诸多裨益。

与此同时,围绕博物馆职业资格认证制度的间接研究却并不少见,其中不乏基于作者多年实际工作的经验和理论研究的积累所得出的真知灼见。相关政策法规的发布、博物馆职业道德的探讨、对博物馆各类从业者职业资格和素养的分析,以及对博物馆人事管理的研究,既加深了对博物馆各岗位工作实质和职责范围的认知,也为本书提出各岗位的职业资格要求和标准、制度推行方式和配套系统的建立提供了依据,从各个侧面为建立我国博物馆职业资格认证制度夯实了基础。而研究我国职业资格认证制度有助于了解我国职业资格认证制度的特点、设计过程、认证方式、管理体系,以及需要规避的问题;对于一些概念的厘清有助于更好地界定研究对象;对某些行业已有的职业资格认证制度的经验分析,如图书馆、档案馆等,有助于为我国博物馆职业资格认证制度的建立提供有价值的参考。

从国外情况来看,国外博物馆事业起步较我国更早,对博物馆许多议题的探讨也相对更丰富和成熟,就职业资格认证而言亦是如此。瑞士、法国、意大利等国都通过重要的国家项目和理论著作对博物馆职业的分类予以了界定,不少学者结合实际考察和自身经验针对不同博物馆职业的素养要求进行了深入的分析,并做出了归纳性和符合时代特性的提炼和总结。同时,英国、法国、意大利、瑞士、美国、日本、新加坡、澳大利亚、新西兰等国的博物馆专家、博物馆协会、国家人力资源部门、就业指导部门也经过反复讨论和论证,对博物馆各个职业的准入标准,涉及职业道德、学历背景、专业知识和操作技能等进行了研究和设定。而推行这些准入标准,各国则根据本国国情和行业情况实行不同的做法,就标准的设定性质而言,可分为强制性标准和参考性标准,就资格的获取渠道而言,可分为学历型、考试型、评估型和培训型等,就评价形式而言,可分为单一型和分级型等。对于各种推行方式,不同的专家学者进行了比较研究,分析利弊。此外,配套的人才培养和培训机制、监督保障机制也在不断发展和完善,包括政策法规的发布、与学校教育的衔接、培训体系的构建等在内的许多内容也得到了深入研究。虽然许多国家在制度、国情和行业情况等方面都与我国的情况有所不同,在博物馆从业人员的岗位设置、博物馆人事管理制度、博物馆专业培养、职业资格认证方式等方面都与我国存在显著差异,但是对于博物馆从业人员的基本素养、专业知识和工作技能的要求从根本上有许多相似和共通之处。这些多样化的博物馆职业资格认证制度为我国这一制度的建立提供了极为重要的参考,部分做法甚至可以在依据我国国情进行调整后予以引进。通过深入了解国外的理论研究和实践经验,可以夯实立论的基础,使得研究的可行性得到提升。

第三节 研究内容与创新点

博物馆职业类型繁杂,涉及博物馆工作的方方面面。本书将在对我国博物馆从业人员整体情况进行了解和考察的基础上,提炼博物馆核心业务岗位,重点对博物馆核心岗位业务人员的工作边界和任职资质进行分析研究,提出与之对应的博物馆职业资格。同时,对博物馆职业资格认证制度配套的推进与实施体系进行研究。由此,建立起全方位、多维度的我国博物馆职业资格认证制度的参考性框架模型。根据这一思路,本书的研究内容,也是本书的研究创新点主要包括:

一、我国博物馆从业人员的现状及存在问题的系统性分析

作为本书重要的基础性研究,对我国博物馆从业人员情况形成充分的了解和把握显得尤为关键。具体包括对我国博物馆从业人员的构成进行分析,诸如学历水平和学科背景、工作经历、职称结构、年龄结构、地区差异等要素;对目前我国博物馆从业人员的资格评估和入职方式进行分析,包括审查、考核、评定,以及招聘制、任命制、晋升制等形式。通过对上述内容的研究,提出目前存在的问题及其带来的影响,并分析产生这些问题的原因。从而认识到建立我国博物馆职业资格认证制度的必要性与迫切性。

二、国际博物馆职业资格认证的理论研究和实践经验探讨

对国际上有关博物馆职业资格认证的理论研究和实践经验进行搜集、整理和分析,包括认证标准的设立、认证方式的变化、组织管理的筹备等内容,从中提取可为我国所借鉴的经验与做法,结合我国国情,适当地运用于本书所欲建立的制度模型之中。

三、我国职业资格认证制度研究

虽然目前我国博物馆行业尚未建立职业资格认证制度,但是职业资格认证制度在我国已有数十年的发展基础,许多行业也已有了较为成熟的做法和经验。研究我国职业资格认证制度可以进一步了解博物馆职业资格认证制度在我国建立的环境基础及其可行性,以及结合其他行业的经验以规避一些在建立和实行阶段可能面对的问题。

四、我国博物馆的职业类型及核心业务岗位明确

对博物馆作为知识形态的文化设施其特殊性,以及我国博物馆的机构设置进行充分的了解,并结合国外对于博物馆职业分类的探讨,对比国内外的共同点和差异,厘清我国博物馆的职业类型,进一步理解博物馆各职业的工作性质和职责要求,对博物馆的职业本质形成更深层次的了解。并在此基础上提炼出核心业务岗位及对应的工作实质和职责范围,作为后续研究的对象。

五、我国博物馆核心业务岗位人员职业资格分析

我国博物馆职业资格认证制度的认证对象主要是我国博物馆的核心业务岗位人员。因此,基于我国博物馆核心业务岗位的提炼,将对相应岗位的职业类型进行职业资格分析,涉及的内容主要包括:社会环境对不同岗位

工作理念转变的影响;相应职业的角色重要性和职责界定;国内外的职业资格探讨;建立相应职业的职业资格框架。从而为实际工作起到指导和参考的作用。

六、我国博物馆职业资格认证制度及推进实施体系的建立

我国博物馆职业资格认证制度的建立首先需明确制度的立足点与目标、认证原则、认证流程和认证的环境因素等构建要素,其次是对资格认证标准的设立,最后在多种认证方式之中分析研究出合适的认证方式。与认证制度配套,需要进一步建立推进与实施体系,具体包括政策与法规体系、培养与培训体系、管理与保障体系等。

最后,在上述内容得到充分研究的基础上,构建我国博物馆职业资格认证制度的框架模型,并在我国博物馆的实际工作和职业资格认证制度的建立过程中发挥积极作用。

第四节 本书架构

本书将着眼于对我国博物馆职业资格认证制度进行针对性研究,着重分析博物馆核心业务人员所应具备的职业资格。在搜集分析国内外一二手数据、已有研究成果和实践经验的基础上,初步建立我国博物馆职业资格认证制度的框架模型,即明确我国博物馆核心业务人员所应具备的职业资格,以及明确制度建立所需的组织框架。

本书由绪论、正文九章和结语三部分构成,基本依照"问题的提出""研究基础的构建""具体分析""研究结论的提炼"和"研究总结"的思路行文。

"问题的提出"指"绪论"章,阐明选题的缘由及意义、研究的理论和实践基础、研究内容与创新点等基本信息,引出正文。

"研究基础的构建"指第一、第二章。第一章"我国博物馆从业人员的现状分析"将对我国博物馆从业人员的队伍构成和资格评估的现状及问题进行全面分析，从而提出建立我国博物馆职业资格认证制度的必要性和迫切性。第二章"构建博物馆职业资格认证制度的理论基础"将具体阐述本书的理论基础，涉及对博物馆机构特性的认知、相关概念的厘清、跨学科理论方法的分析等。

"具体分析"指第三章"博物馆馆长职业资格分析"、第四章"博物馆藏品保管人员职业资格分析"、第五章"文物保护与修复人员职业资格分析"、第六章"博物馆展览设计人员职业资格分析"、第七章"博物馆教育人员职业资格分析"。将分别对博物馆馆长、博物馆藏品保管人员、文物保护与修复人员、博物馆展览设计人员、博物馆教育人员的职业资格进行分析。各章的行文思路基本相似，遵循层层递进的逻辑脉络，首先阐述社会环境变革对博物馆各项核心业务工作理念转变的影响，其次阐述核心业务人员的重要性及其职责范围，最后分析核心业务人员的职业资格要求。

"研究结论的构建"指第八、第九章。将基于前文的分析探讨，由资格标准体系、推进与实施体系组建我国博物馆职业资格认证制度的框架模型。第八章"我国博物馆职业资格认证标准体系的建立"将首先阐述认证标准体系的构建要素，随后就学历认证、资格考试认证和资格评估认证三种资格认证方式分别针对上述五类博物馆核心业务人员建立认证标准。第九章"推进与实施体系的配套建立"将由政策与法规体系、培养与培训体系及管理与保障体系三个子体系构成，建立制度的组织管理框架。

"研究总结"指"结语"，主要对研究成果和局限，以及未来研究的发展方向进行阐述。

第一章
我国博物馆从业人员的现状分析

近年来,我国文化遗产事业呈现了快速发展的态势,许多方面都获得了显著成就。其中,博物馆从业人员的整体水平也在不断提升,包括学历水平、专业背景与工作岗位的契合度和多元性、人才队伍的结构、工作经验的积累,以及从业人员个人综合素养都越来越趋于合理,同时国家和地方层面的博物馆人才培养和培训力度也在持续增强,为当前和未来我国文化遗产事业的发展积累了专业人才储备。尽管如此,我国博物馆人才队伍仍然存在着诸多问题,尤其与文化遗产事业较为发达的国家和地区相比差距明显。对我国博物馆从业人员的现状和当前的文博人才评价体系的全面掌握是建立我国博物馆职业资格认证制度的重要基础性研究,也是设定博物馆职业资格标准的参考依据。

第一节 我国博物馆从业人员的构成分析

我国文化遗产事业正处于大发展阶段,博物馆总数呈现高速增长的态势,近几年以约每年新建200座博物馆的速度在扩展,据2020年"国际博物馆日"国家文物局公布的数据,我国博物馆总数已达5 535家;博物馆的类型也得到进一步丰富,数字博物馆、生态博物馆和社区博物馆等新型博物馆陆续出现。同时,各个博物馆也积极举办各类展览和教育活动,当前全国博物馆平均举办展览逾 20 000 个/年,2019 年达到 2.86 万个;平均举办教育活动 20 万次/年[①];2019 年接待观众 12.27 亿人次,比上年增加 1 亿多人次。此外,2018 年年末,我国博物馆文物藏品共有 3 754.25 万件/套,占文物藏品总量的 75.7%,面临着大量保管、保护、展示、利用等方面的工作。[②] 这些数据显示出当前我国博物馆工作对于专业人员有巨大需求,无论是对人员总量和类型的新要求,还是学历水平和素养能力的新要求,都在影响着我国博物馆从业人员队伍构成的变化。

一、从业人员的数量分析

对我国博物馆从业人员总数的统计,各个机构会因标准的差异而呈现不同的统计结果。2014—2018 年《中国文化文物统计年鉴》[③]显示,我国文物行业从业人员总数基本呈逐年增长的态势(见图 1-1),所涉及的机构包括文物科研机构、文物保护管理机构、博物馆、文物商店和其他文物机构。2013 年,我国文物行业从业人员总数为 13 万余人,至 2017 年达到 16 万余人。其中,文物科研机构的从业人员总数自 2014 年后逐年递减,文物保护管理机构和文物商店的从业人员总数也有下降趋势,只有博物馆从业人员总数的涨势明显,已从 2013 年的 7 万余人增长至 2017 年年底的 10 万余人,涨幅达到了 32.89%,尤其是 2017 年较 2016 年增长了 12.47%。

---

① 刘玉珠:《刘玉珠在 2016 年"5.18 国际博物馆日"中国主会场活动开幕式上的讲话全文》,载文化产业网,http://cnci.sznews.com/content/2016-05/19/content_13377460.htm,2016 年 5 月 19 日。
② 中华人民共和国文化和旅游部:《中华人民共和国文化和旅游部 2018 年文化和旅游发展统计公报》,载中华人民共和国文化和旅游部网,http://zwgk.mct.gov.cn/auto255/201905/t20190530_844003.html?keywords=,2019 年 5 月 30 日。
③ 图 1、2、3、4、5、6、7、14、15、16、17、18、19、20、21、22、23、24、25 的数据均来自中华人民共和国文化部:《中国文化文物统计年鉴》(2014—2018)各年的统计数据。

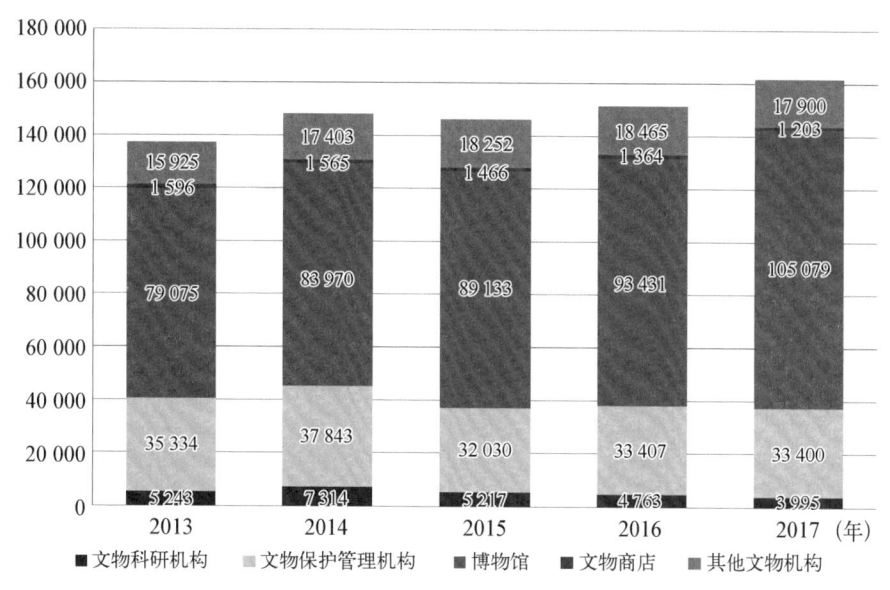

图 1-1 2013—2017 年我国文物行业从业人员数

从不同的地区来看,我国各省、自治区、直辖市(简称省份)在 2013—2017 年间,博物馆从业人员数量的变化可见图 1-2。总体趋势上,自 2013—2017 年,各地博物馆从业人员基本都在逐年增长,但是博物馆从业人员总体数量的多寡与博物馆所处区域的社会与经济发展水平没有直接关系,而传统的文物大省和博物馆建设数量较多的地区相对而言人员数量更多。不过,博物馆从业人员的总体数量只是各地博物馆从业人员数量发展现状的一个方面,而各地馆均从业人员数量的情况,以 2014 年和 2017 年为例,可见图 1-3 和图 1-4。两年的数据显示馆均人数的地区排名变化较大。尤其是北京,从 2014 年的馆均 30 人上升至 2017 年的馆均 50 余人,但从具体统计数据来看,北京博物馆从业人员的数量是在 2016 年的 1 000 余人突然增长至 2017 年的 4 000 人,这恐怕与统计口径与统计方法的变化相关,在此不详述。从其他省份的情况来看,馆均人员数量较高的地区,2014 年为辽宁、天津、河北、上海、陕西、重庆、四川、山西和河南等,2017 年为辽宁、河北、陕西、上海、山西、重庆、湖南、四川、西藏等;从区域差异来看,中东部地区的博物馆馆均人员拥有量相对较多,西部、西南部和东北部地区的博物馆馆均人员拥有量相对较少,尤其是青海、云南、新疆等省份。但从折线图的趋势来看,2014—2017 年,除北京的数据外,各地区的馆均人员数量慢慢趋于平均,差距逐渐缩小。至 2017 年,馆均人员数量已没有明显的区域差距拐点,馆均人员数量梯队状呈现已没有 2014 年显著。

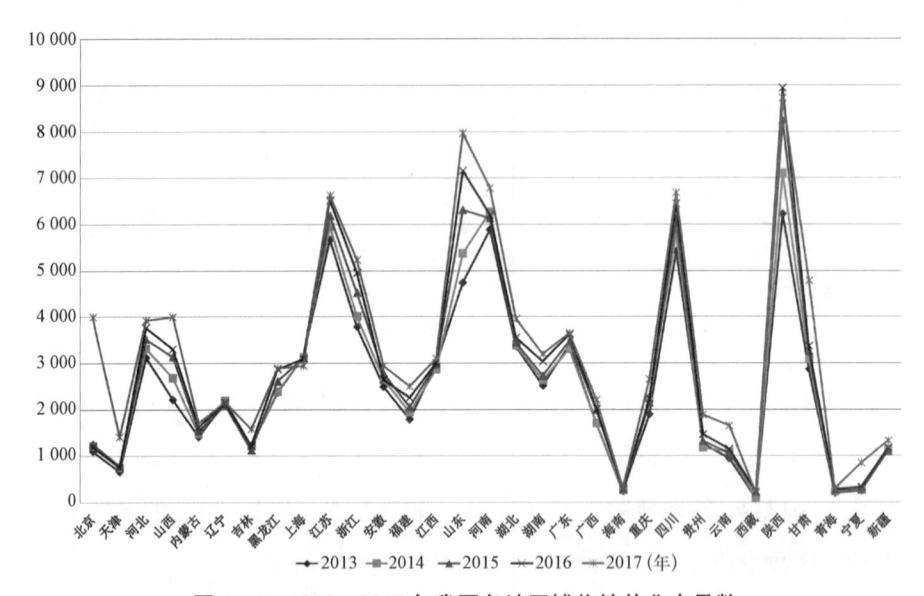

图 1-2　2013—2017 年我国各地区博物馆从业人员数

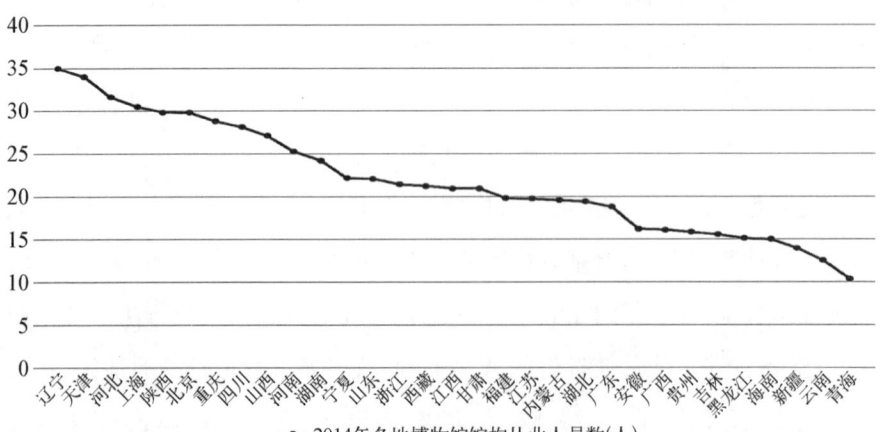

图 1-3　2014 年各地博物馆馆均人员数

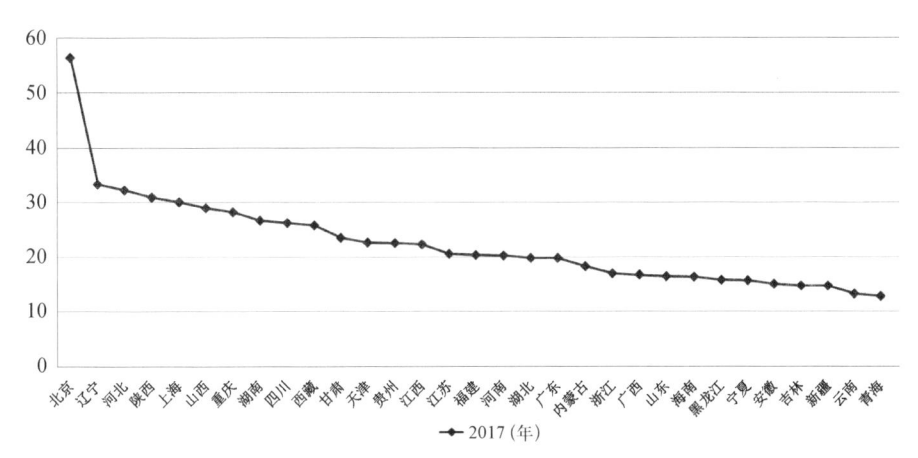

图 1-4　2017 年各地博物馆馆均人员数

依照博物馆的类型划分，2013—2017 年，我国综合类、历史类、艺术类、自然科技类和其他类型的博物馆从业人员数量都在总体上呈现增长趋势，综合性、历史类和其他类博物馆从业人员数量的增长幅度较大，尤其是其他类博物馆从业人员数量的快速增长与我国行业类博物馆的发展息息相关。但艺术类和自然科技类博物馆从业人员数量增长幅度有限，有几年还出现了负增长（见图 1-5）。此外，从人员总量来看，综合性和历史类博物馆从业

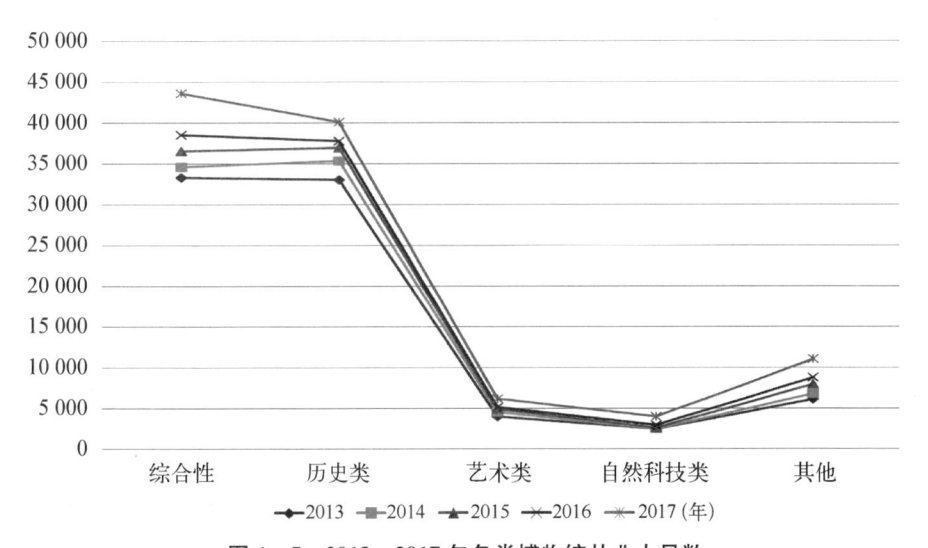

图 1-5　2013—2017 年各类博物馆从业人员数

人员总数占据了我国博物馆从业人员总数的80%以上，而艺术类和自然科技类博物馆的从业人员数量比重则较少，尤其是自然科技类博物馆的从业人员数量与当前国家文物局和我国博物馆领域呼吁加快发展自然科技类博物馆的趋势不相符合，这也说明我国自然科技类博物馆总数不够，仍有巨大的增幅空间。

从博物馆的隶属关系来看，近年来，随着国家和地方政府对县级博物馆发展扶持力度的增加，县级博物馆的从业人员数量得到显著提升，2013—2017年增加了近20 000人，尤其在2016—2017年增幅显著（见图1-6）。同时，地市级博物馆的从业人员数量也有明显增加，而中央隶属的博物馆从业人员的数量变化则不明显，这与中央隶属的博物馆数量相对稳定有关。从人员总量来看，从中央、省区市、地市，到县市区，博物馆从业人员的总数呈梯形状态，即中央层面的博物馆从业人员数量较少，县市区级的博物馆从业人员数量最多，并且逐层递增。

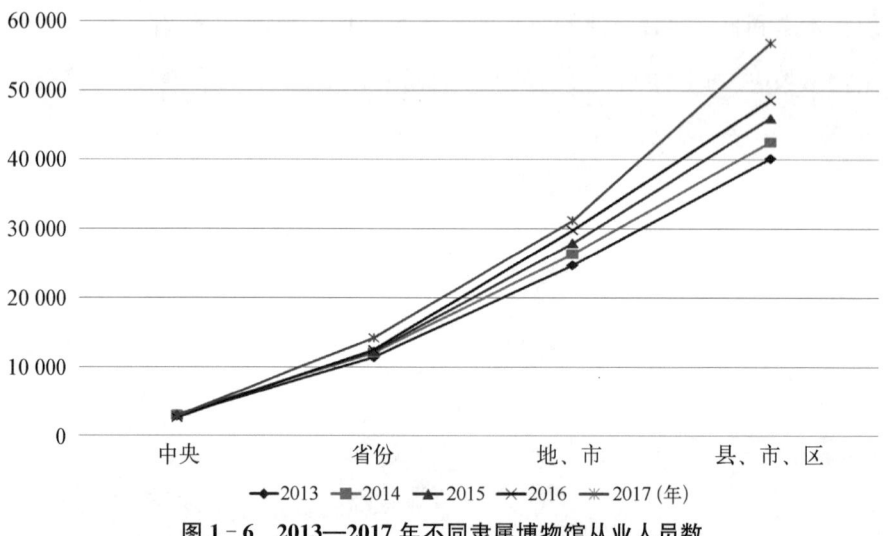

图1-6　2013—2017年不同隶属博物馆从业人员数

从博物馆所属系统来看，2013—2017年，无论是文物部门所属的博物馆，还是其他部门所属的博物馆或民办博物馆，从业人员的总数基本都在逐年增长,文物部门所属博物馆的从业人员数量增长较快,并且占了博物馆从业人员总量的80%以上(见图1-7)。相对而言,其他部门所属的博物馆和民办博物馆的从业人员数量增长较为缓慢,并且在博物馆从业人员总量中所占的比重也较低,但就2016年和2017年而言,民办博物馆从业人员数量也出现了明显增长的势头,与民办博物馆的发展情况相吻合。

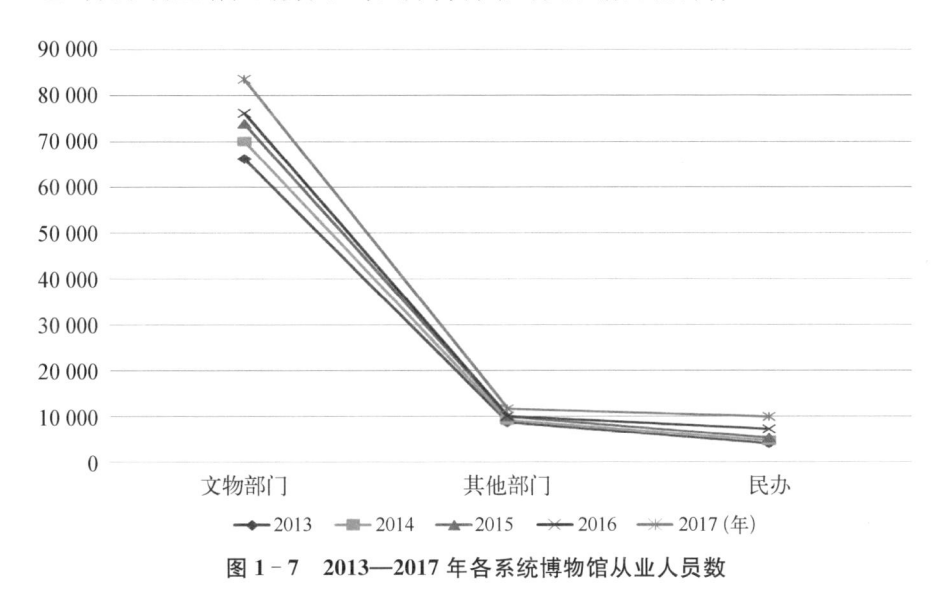

图 1-7 2013—2017 年各系统博物馆从业人员数

二、从业人员的学历水平分析

我国博物馆从业人员的学历水平目前尚未有较为完整的统计数据,只能从一些侧面数据来审视这一现状。其中,新华网曾经报道,根据国家文物局的一项调查问卷显示,2009年,我国博物馆从业人员中具备大学本科及以上学历的人员只占总人数的一成左右,而具备博物馆学或相关专业背景的人员比重则更低。就不同省份的具体情况而言,这项调查所涉及的上海地区博物馆中,近三成的从业人员拥有大学本科及以上学历,已是各省份中占比最高的。[①]

[①] 赵颖、吉哲鹏:《调查显示:中国博物馆从业人员专业素质普遍偏低》,载新华网,http://news.xinhuanet.com/politics/2009-07/29/content_11793731.htm,2009年7月29日。

而另一项针对北京市区(县)博物馆的调查显示,所调查的41家博物馆中共有在职人员2 331人,专业研究人员171人,其中,研究生及以上学历者57人,占总人数的2.4%。[①]再看陕西省的情况,截至2012年6月,全省文博系统在编人数6 032人,这些人员的学历水平可见图1-8。由图可知,超过六成的博物馆从业人员拥有大专及以上学历,其中博士研究生占比0.4%、硕士研究生占比2.2%、本科生占比37.3%。陕西省文物局直属系统的博物馆在编人数1 063人,近八成的博物馆从业人员拥有大专及以上学历,其中博士研究生占比2%、硕士研究生占比8.4%、本科生占比40.1%(见图1-9)。[②]从陕西省的数据来看,文物系统所属博物馆的从业人员学历水平要高于陕西省博物馆从业人员的整体水平,尤其具有研究生学历的高端人才比重明显更高。

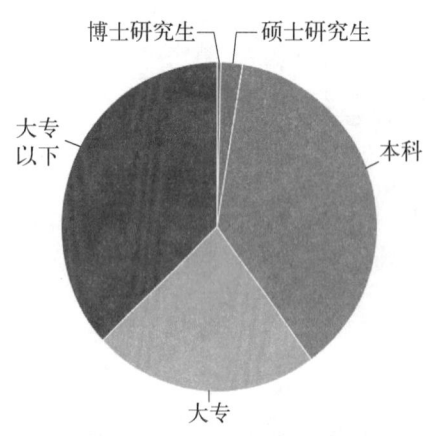

图1-8　陕西省博物馆从业人员学历比重

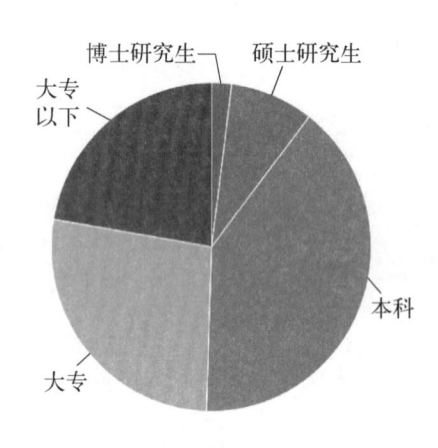

图1-9　陕西省文物局直属博物馆从业人员学历比重

除博物馆从业人员的整体学历水平情况之外,某一类型博物馆的从业人员情况以及博物馆某一岗位的从业人员情况,也能够更深入地反映我国

---

① 北京区(县)博物馆调研课题组:《北京区(县)博物馆的现状、问题和对策》,载《北京博物馆学会·百年传承 创新发展——北京地区博物馆第六次学术会议论文集》,中国书籍出版社2013年版,第551页。
② 孙婧、谢艳春:《陕西公共文化服务体系现状与发展研究》,陕西人民出版社2014年版,第366页。

博物馆从业人员学历水平的现状。根据一项针对国内42家自然科技类博物馆的调查结果显示,在这些博物馆的从业人员之中,博士占2%、硕士占9%、本科占57%、专科占23%、专科以下占9%(见图1-10);专业背景为人文社科类的占60%、理工科类的占38%、农科类的占1%、医科类的占1%(见图1-11)。[①] 上述数据反映出,所调查的自然科技类博物馆的从业人员中本科及以上学历占总人数的七成左右,拥有与自然科技相关专业背景的从业人员在四成左右。

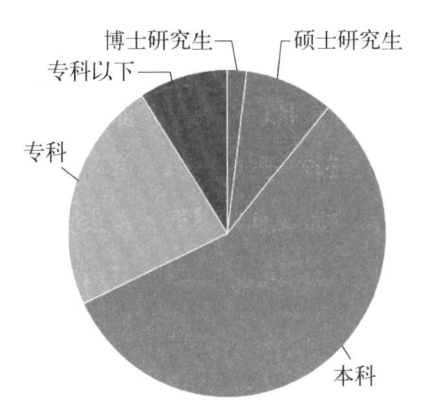

图1-10 自然科技类博物馆从业人员学历比重

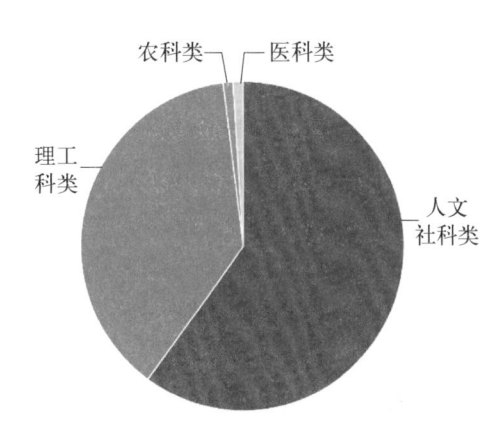

图1-11 自然科技类博物馆从业人员专业比重

另外,单就我国博物馆馆长的情况来看,根据一项针对我国省份三级以上博物馆馆长的调查显示,截至2015年年底,在所调查的312所博物馆的1 563位馆长中,他们的学历水平可见图1-12。[②] 从图中可知,这些博物馆馆长的学历有近九成是硕士及以上学历,并且有近三成的馆长是博士研究生学历,由此反映出目前我国三级及以上博物馆馆长的学历水平整体较高。而馆长的专业背景情况可见图1-13,约有六成的馆长其专业背景为博物馆

[①] 庄智一、王欣、胡芳、王小明:《自然科学类博物馆人才队伍培养方案实践研究报告》,《自然科学博物馆研究》2016年第1期。
[②] 王丽娟:《我国公共博物馆馆长的现状分析》,载今日头条网,http://www.toutiao.com/i6293678269820568065/,2016年6月8日。

相关学科,超过两成的馆长其专业背景为教育相关学科,另有部分馆长属于其他专业背景。总体而言,馆长的专业背景和学历水平基本能够满足当下我国文化遗产事业发展的要求,但是由于所调查的对象都来自三级及以上博物馆,而更多的地方中小型博物馆的情况还不得而知,因此,这些统计数据尚不足以完全反映我国博物馆馆长的职业素养和能力水平的现状。

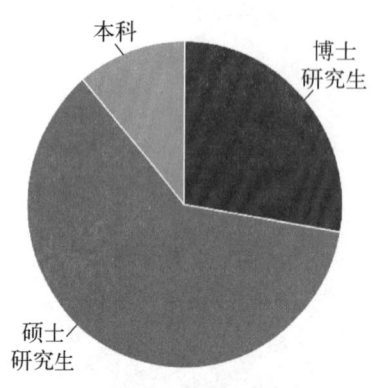

图 1-12　博物馆馆长学历比重 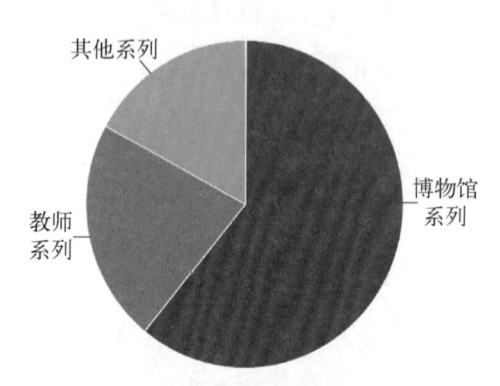　　图 1-13　博物馆馆长专业系列

三、从业人员的专业能力水平分析

根据 2014—2018 年《中国文化文物统计年鉴》的统计数据显示,2013—2017 年,我国文物业专业技术人才总数和博物馆专业技术人才总数呈稳步上升趋势(见图 1-14),文物业专业技术人才总数从 2013 年的 42 575 人增长到 2017 年的 50 893 人,博物馆专业技术人才总数从 2013 年的 29 918 人增长到 2017 年的 37 333 人。而从专业技术人才在从业人员总数中的占比来看,2013—2017 年,文物业专业技术人才占文物业从业人员总数的比重除 2014 年有所下降之外,其余各年基本持平。但博物馆专业技术人才占博物馆从业人员总数的比重呈现了小幅下降趋势(见图 1-15)。其中,博物馆专业技术人才的占比略高于文物业专业技术人才的占比,博物馆专业技术人才的占比基本维持在 35%～40%,而文物业专业技术人才的占比基本维

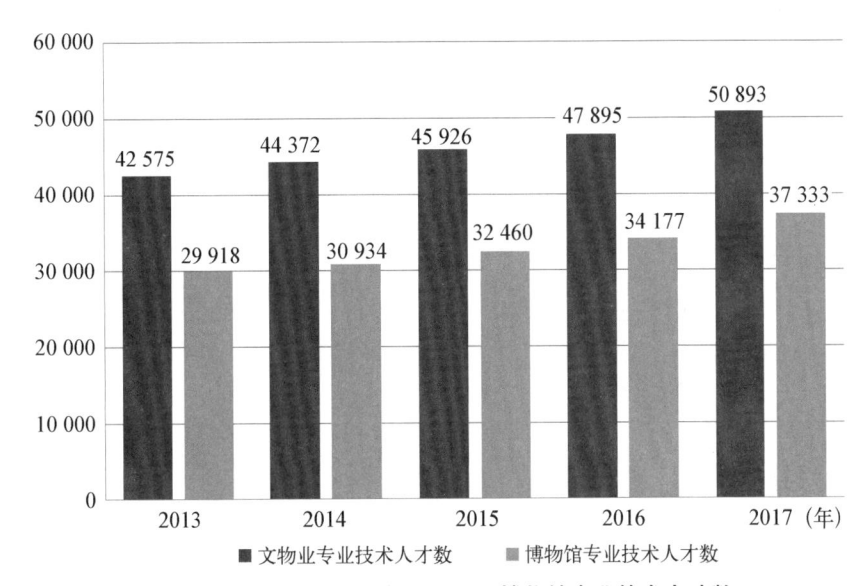

图 1-14 2013—2017 年文物业和博物馆专业技术人才数

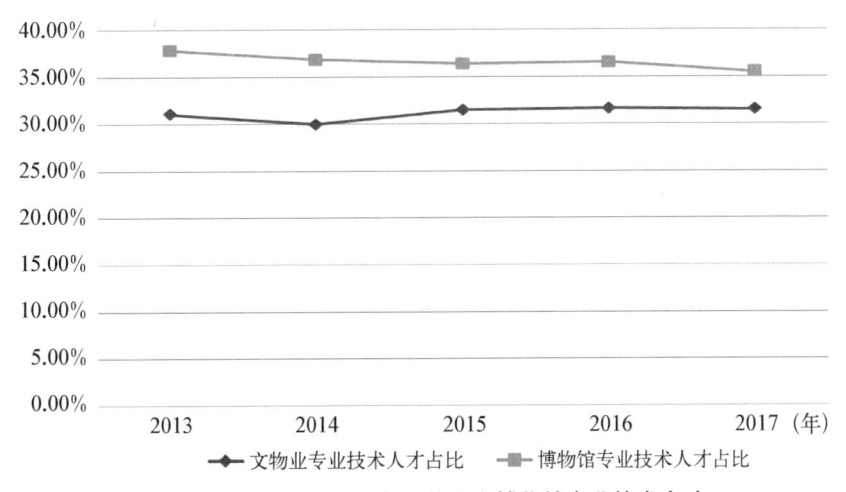

图 1-15 2013—2017 年文物业和博物馆专业技术人才
分别占文物业和博物馆从业人员数比重

持在 30%～35%。但是从图 1-14、图 1-15 中可以得知,我国文物业和博物馆的专业技术人才总量都在不断增加,但专业技术人才总数的增长速度不及从业人员总数的增长速度。

就不同隶属的博物馆的情况来看,2013—2017 年,中央、省区市、地市和县市区所属的博物馆的专业技术人才数都在逐年增长,其中,地市和县市区所属博物馆的专业技术人才数增长速度相对较快,中央和省区市博物馆所属博物馆的专业技术人才数增长相对缓慢(见图1-16)。县市区所属博物馆的专业技术人才总量最大,其次是地市所属的博物馆,这两类博物馆所拥有的专业技术人才占博物馆专业技术人才总数的70%以上。除专业技术人才总数这一组数据之外,博物馆专业技术人才占博物馆从业人员总数的比重在这几年中也有些许变化。中央、省区市和地市所属博物馆的专业技术人才比重相对较高,但是县市区所属博物馆的专业技术人才比重明显较低(见图1-17)。同时,中央所属博物馆的专业人才比重有所增长,但是地市和县市区所属的博物馆的专业人才比重上升不明显,甚至出现了下滑。这些数据显示出在过去几年中,中央所属的博物馆人员专业化程度发展较快,基层博物馆虽然专业技术人才的总数提升较快,但是与基层博物馆从业人员总数的发展速度相比,人员专业化程度的发展速度仍略显缓慢。

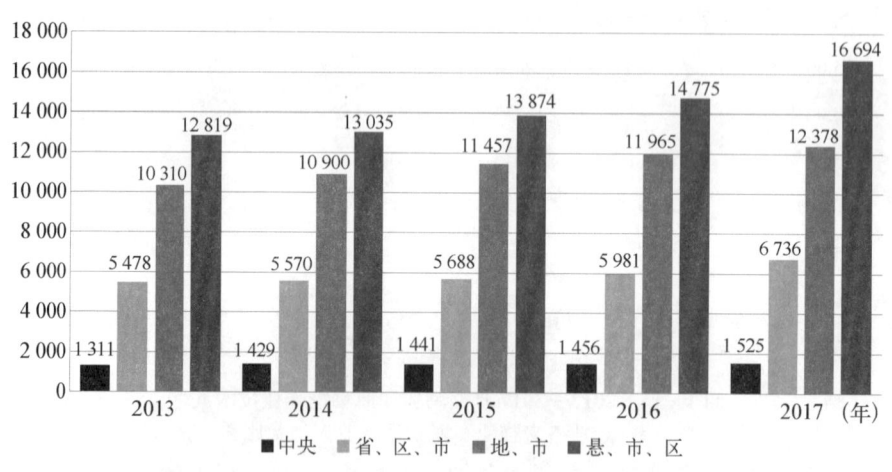

图1-16 2013—2017年不同隶属博物馆专业技术人才数

就不同类型的博物馆情况来看,2013—2017年,综合性、历史类、艺术类、自然科技类和其他类型博物馆的专业技术人才总数整体都呈现上升趋势,其中,综合性和历史类博物馆的专业技术人才总量最大,艺术类和自然

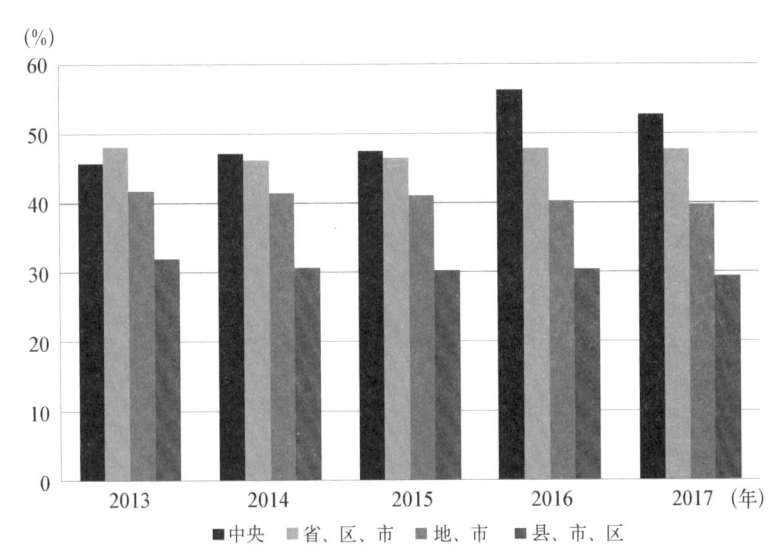

图 1-17 2013—2017 年不同隶属博物馆专业技术人才
占不同隶属博物馆从业人员数的比重

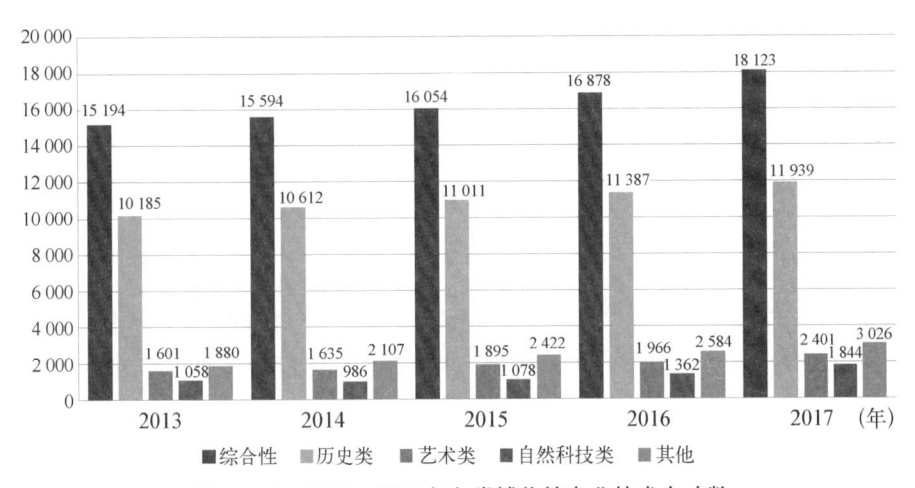

图 1-18 2013—2017 年各类博物馆专业技术人才数

科技类的专业技术人才总量较少(见图 1-18)。就各类博物馆专业技术人才的比重而言,2013—2017 年,综合性博物馆的专业技术人才比重最高,基本维持在 40%~45%,但有逐年下降趋势。自然科技类博物馆的专业技术人才比重也较高,并且在 2016—2017 年,这一比重有了较大提升,2017 年已超过45%，表明近几年自然科技类博物馆人员专业化程度正在不断提升，这在其他类型的博物馆中较为鲜见。此外，历史类和其他类博物馆的专业技术人才比重相对较低，在30%左右，并且也发生了每年小幅下滑的情况（见图1-19）。

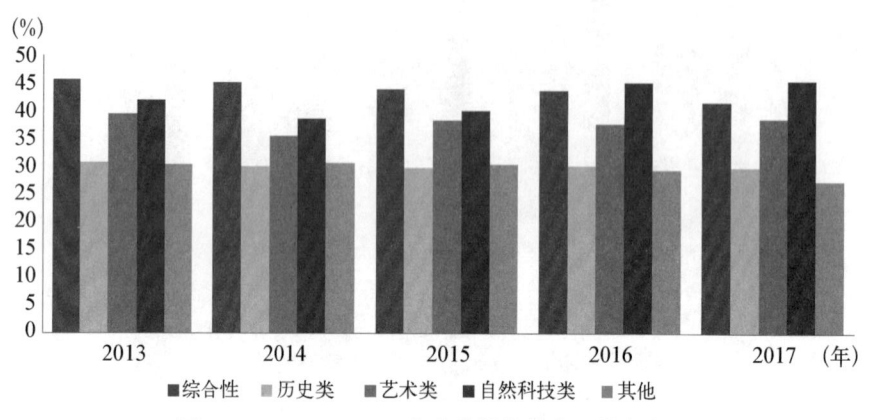

图1-19 2013—2017年各类博物馆专业技术人才占各类博物馆从业人员总数比重

就不同系统博物馆的情况来看，文物部门、其他部门和民办博物馆的专业技术人才总体都在稳步增长，其中，文物部门所属博物馆的专业技术人才增长趋势最为明显，同时这一系统的博物馆专业技术人才的总量也占到了博物馆专业技术人才总数的80%以上，民办博物馆专业技术人才数最少，约占总数的3%（见图1-20）。不过，从专业技术人才占博物馆从业人员总数的比重来看，2013—2017年，文物系统博物馆的这一比重在下降，其他部门博物馆和民办博物馆的发展趋势并不明显，有上升，也有回落。同时，文物部门博物馆的专业技术人才比重最高，维持在35%～40%，民办博物馆的这一比重最低，在25%上下浮动（见图1-21）。由此可见，文物系统博物馆的专业技术人才是博物馆专业技术人才总数的绝对主体，但近几年来文物系统博物馆从业人员的专业化程度还有待加强。而民办博物馆由于不受体制内和系统内的管辖，相关人员的职业发展有不同的路径，他们是否是专业技术人才,与他们的薪酬、职业发展并非直接相关,馆层面也没有相应的要求。因此,民办博物馆一方面在招聘时没有强烈的相关需求,另一方面在职人员也没有强烈的相关动力,从而导致民办博物馆专业技术人员的比重较低。

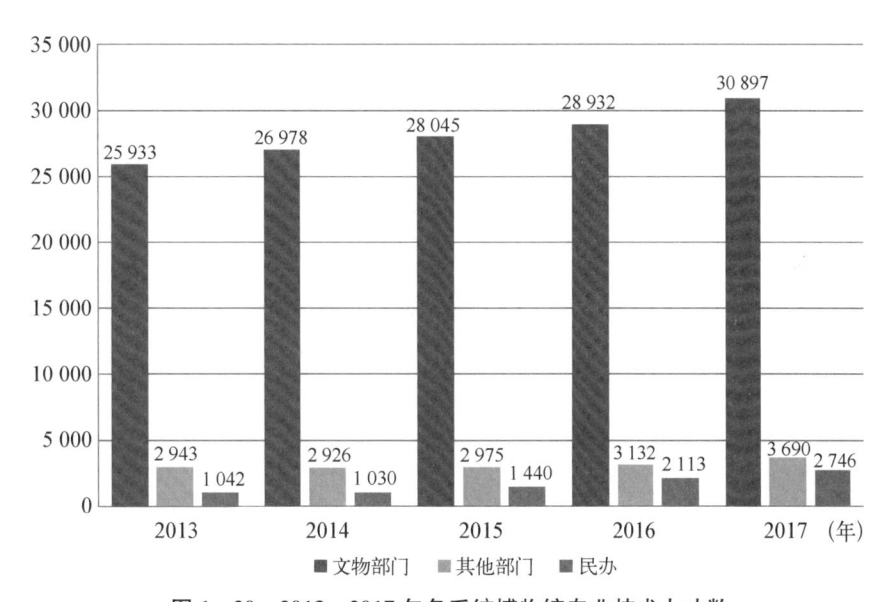

图 1-20 2013—2017 年各系统博物馆专业技术人才数

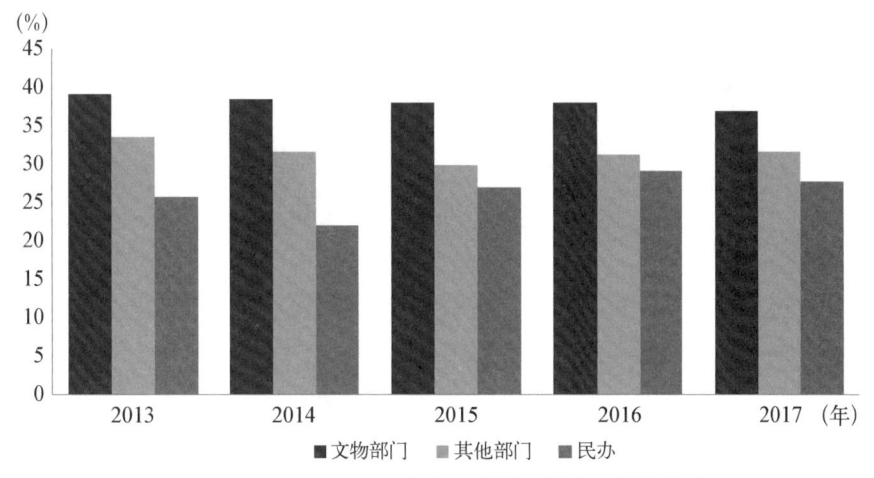

图 1-21 2013—2017 年各系统博物馆专业技术人才
占各系统博物馆从业人员总数比重

目前我国文博行业尚未建立系统的专业能力评价制度,因此,若要审视文博行业从业人员的专业能力水平,职称评定可暂视为一项参考依据。从职称的角度来看,2013—2017 年,我国文物业和博物馆的从业人员中具有高级职称和中级职称资格的人员总数都在逐年增加,并且在这几年中,年均增长率基本保持平稳,同时文物业的高级职称和中级职称中的大部分人员都是博物馆的从业人员,博物馆高级职称和中级职称人员的数量远高于文物科研机构、文物保护管理机构、文物商店和其他文物机构中的人员数。(见图 1-22、图 1-23)

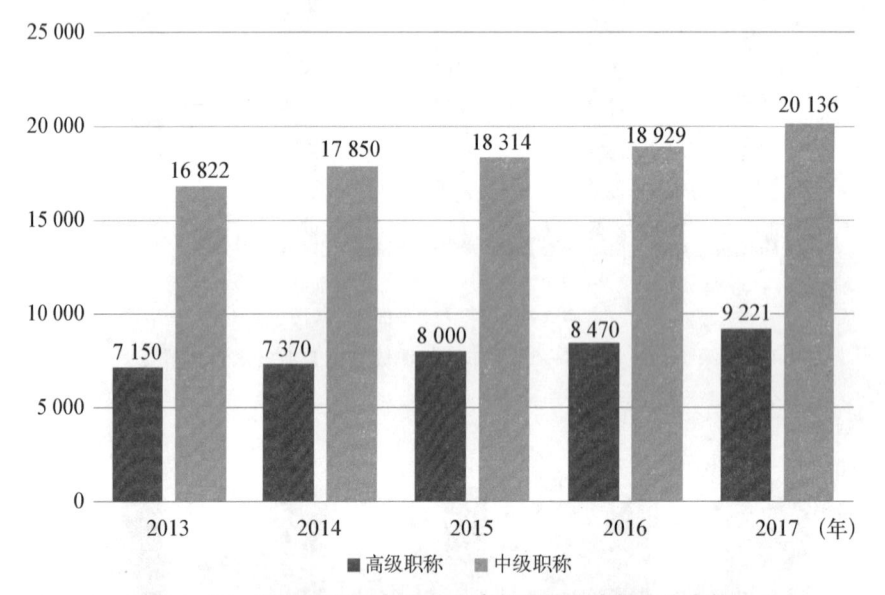

图 1-22 2013—2017 年文物业高级职称和中级职称人数

就高级职称和中级职称的人员数量的比重而言,博物馆从业人员中的比重要高于文物业的整体水平(见图 1-24、图 1-25)。在 2013—2017 年的 5 年间,文物业和博物馆从业人员中高级职称和中级职称人员数量比重总体变化不大,这主要是由于每一个单位在编人员不同职称的人数都相对固定,而且目前我国职称评定标准愈发严格,因此,每年新增的中级职称和高

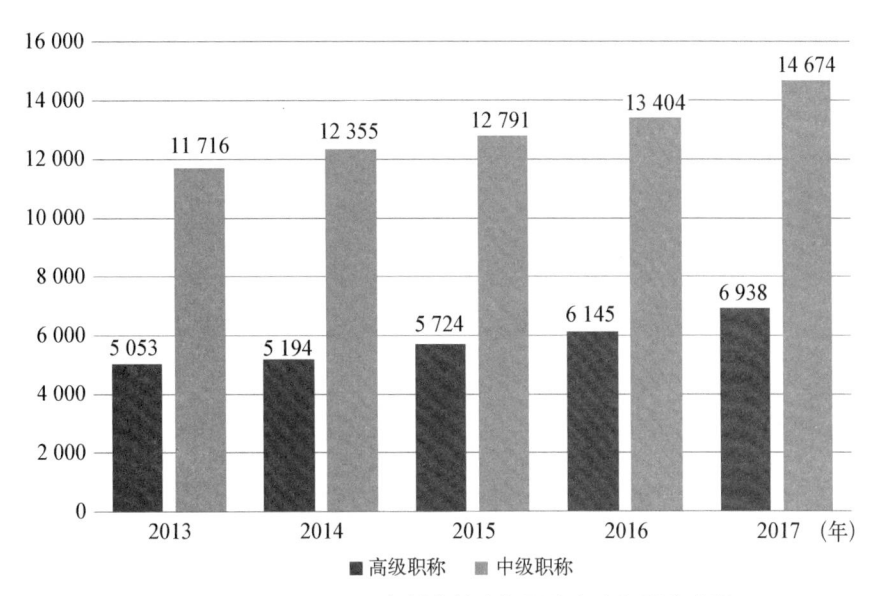

图 1-23　2013—2017 年博物馆高级职称和中级职称人数

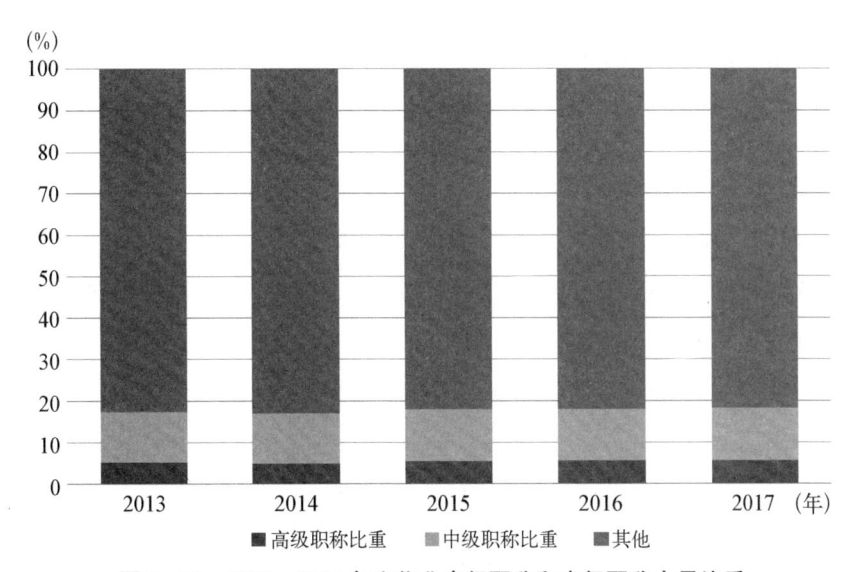

图 1-24　2013—2017 年文物业高级职称和中级职称人员比重

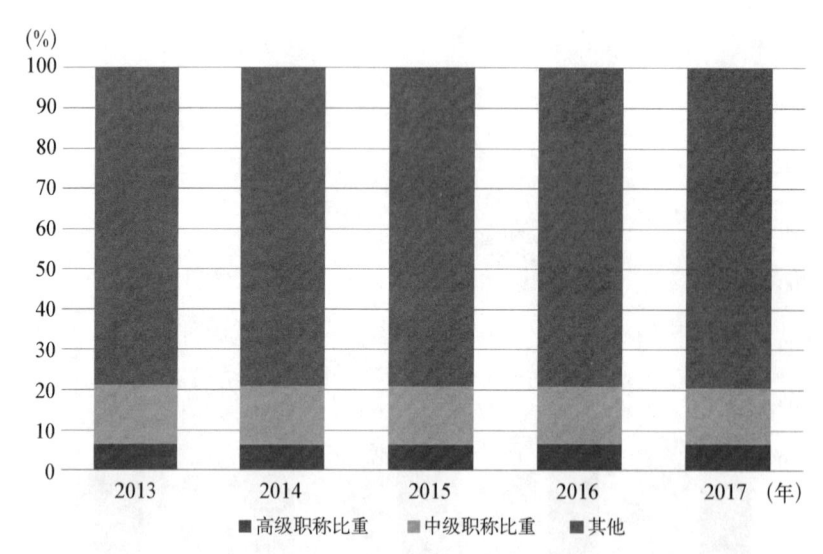

图 1-25　2013—2017 年博物馆高级职称和中级职称人员比重

级职称人数都有所控制,中级职称和高级职称人员数量的增长速度自然无法跟上,甚至超越文物业和博物馆从业人员的增长速度。

四、以博物馆从业人员现状对认证制度适用对象的分析

我国博物馆职业资格认证制度建立的基本目标是能够适用于绝大多数的博物馆从业人员,既有助于他们通过正规渠道获得职业资格的认可,得到相应的就业和职业发展机会,同时也有助于博物馆得到最佳的人员聘用和管理依据。基于上述目标,在对我国博物馆从业人员的现状进行分析之后,应当对该制度的适用性进行进一步思考。

（一）认证标准应当以基层博物馆的要求为主要参考

就上文所述情况而言,目前我国博物馆的组成中县市区博物馆占了较大比例,其从业人员是我国博物馆从业人员队伍的主体,同时目前县市区博物馆从业人员中专业技术人员的比例较低,相较于其他隶属的博物馆,更需要进一步提升。因此,在该制度建立的过程中,尤其要注重基层博物馆对从业人员的要求以及基层博物馆从业人员的情况。

(二）认证标准应以综合类、历史类和自然科技类博物馆的从业人员情况为主要参考

图 1-26 显示了 2007—2011 年我国各类博物馆的发展趋势，其中综合性和历史类博物馆呈现出了较快的增长趋势，并且始终是我国博物馆构成中最主要的两大类型，自然科技类博物馆虽然总量不大，但是近年来的成长速度非常快，根据国家文化遗产事业的发展规划来看，自然科技类博物馆也是未来一段时期内的发展重点之一。同样的，综合性、历史类和自然科技类博物馆的从业人员在我国博物馆从业人员队伍中所占的比重也会进一步扩大，因此，在该制度建立的过程中，这三类博物馆从业人员的要求也需要获得更多关注。

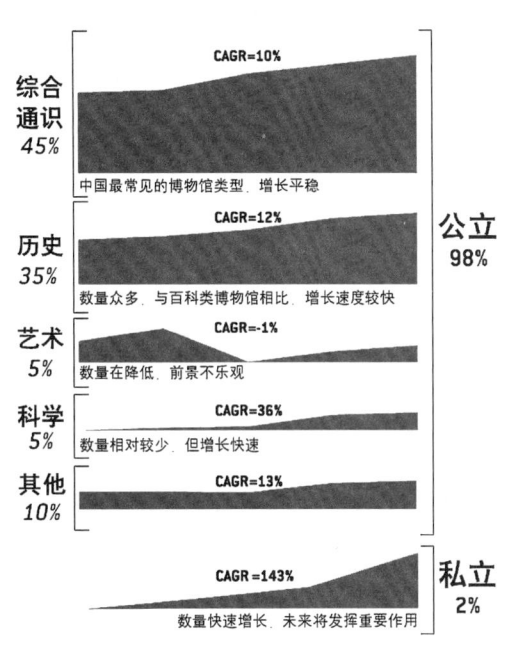

图 1-26　2007—2011 年中国博物馆类型与数量增长率①

（三）认证标准应以文物系统博物馆的要求为主要参考

目前，我国博物馆若按所属系统来分，文物系统所属博物馆数量占了博物馆总数的绝大部分，同时文物系统所属博物馆的从业人员数量占了博物馆从业人员总数的绝大部分，其专业技术人员总数也是各系统所属博物馆中最高的。因此，这一制度应当更为注重文物系统所属博物馆对从业人员

---

① 罗兰贝格咨询管理公司：《中国博物馆的价值重塑》，载罗兰贝格网，www.rolandberger.com.cn/publications/publications_in_Greater_China/think_act/2013-04-12-Chinese_Museums.html，2013 年 4 月 12 日。

的要求,此外将其他系统所属的博物馆和民办博物馆的从业人员要求做参考。

(四)认证标准不应以地区差异为主要参考

上文的统计数据显示,我国博物馆从业人员的数量在地域上没有特别显著的差异,实际上我国的每个大区域都有文化遗产事业发展较快的地区,也有文化遗产事业发展相对缓慢的地区。同样地,有一些地区的博物馆从业人员的综合水平较高,也有一些地区的博物馆从业人员的综合水平还有待提高。因此,制度建立的过程中不需要特意对各区域的博物馆设立差异化标准。

第二节 资格评估与入职方式分析

博物馆职业资格认证制度建立的另一项基础研究就是对目前我国博物馆从业人员的资格评估和入职方式形成全面而深入的把握。这一项基础性研究将会着重于了解目前我国博物馆人员评价体系,显现体系的特点和存在的问题,分析认证制度在其中的补足和开拓作用,同时也能够着重了解目前我国博物馆人员的入职方式,显现方式的差异性和适用性,分析认证制度在其中的规范和参鉴作用。

一、资格评估

目前针对我国博物馆从业人员的资格评估方式主要包括统一考试、职称评定、职业技能评定和绩效评估等。其中,统一考试、职称评定和职业技能评定具有相对清晰的标准,其中,统一考试和职称评定的实施范围相对较广,职业技能评定目前只在部分博物馆工作岗位中实行。绩效评估是我国博物馆经营管理工作未来发展的主要方向之一,不少博物馆也已经设立了人员年度绩效考核标准,与工作量和工作表现相关,影响年度薪酬水平。

(一)统一考试

目前我国许多博物馆在招聘人员时都要求应聘者通过事业单位招聘考试,这也是目前我国博物馆最常要求各岗位的应聘者所需通过的资格考试。我国事业单位招聘考试的笔试以地方命题为主,地方自主组织考试,因此各地的试题千差万别,但总体目标都是甄别报考者的综合素养和职业能力。以上海事业单位招聘考试为例,其笔试分为"基本素质测验"和"综合应用能力"两个科目,分别测查报考者的基本素质和综合分析能力,既有客观题,也有主观题。报考者在通过了事业单位招聘统一的笔试之后,才有资格进入博物馆招聘的面试阶段。除了事业单位的统一考试之外,有一些地区的文物局也会组织针对文物系统所属单位的招聘考试,考试内容涉及文博工作的各个方面,但考题设有选择性,参试者可以根据自身特点选择相应的试题。例如,陕西省将事业单位招聘考试作为第一轮筛选,以1∶5的比例入选应聘者,陕西省文物局会再组织第二轮针对文博单位的招聘考试,以1∶3的比例入选应聘者,再由各单位组织面试,决定最终入选的人员。除了事业单位统一的招聘考试之外,越来越多的博物馆开始倾向于自主组织专业考试。而由文物局和博物馆组织的考试,考试内容与博物馆工作所需的专业知识和对应招聘岗位的工作性质关系更为密切。

事业单位招聘考试的统一笔试优点在于为博物馆招聘人员提供了较为权威和规范的考试,形成了相对公开、公平、公正和成熟的评判标准。其不足在于事业单位招聘的统一考试需要迎合不同单位的用人需要,试题所涵盖的内容十分广泛和笼统,因此不能体现出博物馆工作的特点和对应聘者职业能力的特殊要求,以此作为进入面试的资格标准,难以体现出应聘者对于博物馆专业知识和专业职业技能的掌握程度。

(二)职称评定

在国家文物局1979年印发的《文物、博物馆工作科学研究人员定职升职试行办法》中，规定文物、博物馆工作科学研究人员的学术职称为研究员、副研究员、助理研究员和研究实习员四个级别，其中：研究员和副研究员属高级职称，助理研究员和研究实习员为中级职称。此后，1986年中央职称改革工作领导小组又印发了《文物、博物专业职务试行条例》，根据国家职称改革的结果，文博专业职务分为：研究馆员、副研究馆员、馆员、助理馆员和文博管理员，其中：研究馆员、副研究馆员属高级职务，馆员属中级职务，助理馆员和文博管理员属初级职务，①这是目前我国文博行业职称评定的主要参考依据。各级别的考核标准主要包括学历水平、工作经历、论著等科研成果、计算机及外语能力等，若申请者在某一方面有特别突出的成果，则可以被破格评定。②具体到初、中、高级职称的评定条件和要求则由各地的人力资源和社会保障部门、文物管理部门和其他相关部门制定，因此各地的要求会有一定的差异。除专业技术职称系列中的"文物博物专业人员"系列之外，我国博物馆专业人员职称还会涉及"图书资料专业人员系列""工艺美术专业人员系列""档案系列""自然科学研究人员系列""社会科学研究人员系列""工程技术系列"等。2019年12月，国家人力资源和社会保障部正式发布了《关于深化文物博物专业人员职称制度改革的指导意见》，这是对现有职称体系的一次重大改革，其把文博系列专业调整为文物保管研究、文物保护、文物考古和文物利用四个专业类别，推行代表作制度，接受多种形式的工作成果。同时，"非国有文博机构、社会组织"的相关人员也可参与评定，打破了编制障碍。博物馆职称评定的优势在于为在职博物馆从业人员提供了正规的职业发展途径，通过明确的资格标准得到职业晋升。

（三）职业技能鉴定

截至2015年3月，我国职业技能的鉴定框架中，针对文博行业从业人

---

① 文化部、中央职称改革工作领导小组：《文物博物专业职务试行条例(1986)》，载甘肃省人力资源和社会保障厅网，http://www.rst.gansu.gov.cn/show/1102.html，2004年4月3日。
② 苏同林：《文博专业职称评审工作探讨》，《中国文物报》2016年2月2日。

员的职业分类包括陈列展览设计人员、展览讲解员等。陈列展览设计人员分为陈列展览设计员(国家职业资格三级)、陈列展览设计师(国家职业资格二级)、高级陈列展览设计师(国家职业资格一级);展览讲解员分为国家职业资格五级(初级)、国家职业资格四级(中级)、国家职业资格三级(高级),此外,国家职业标准框架中还有诸如书法家、陶瓷工艺师、陶瓷装饰工、漆器制胎工等与文物博物馆工作相关的职业。除国家职业技能鉴定框架中的相关职业之外,国家文物局根据《文物保护工程勘察设计资质管理办法(试行)》《文物保护工程施工资质管理办法(试行)》《文物保护工程监理资质管理办法(试行)》相关规定,认定了全国性文物保护协会,对相关人员的职业资格进行审定之后,颁发文物保护工程勘察设计、施工和监理人员的从业资格证书。[①]

博物馆职业技能鉴定的优势在于通过职业培训、工作经历、职业道德、专业知识、职业能力等方面的考察,以不同级别资格证书的形式,综合判断博物馆从业人员的职业技能水平,也是博物馆从业人员获得职业能力认定的凭证和职业发展的依据之一。不足之处在于职业技能鉴定主要针对博物馆中专业技能要求较高的岗位,目前在我国博物馆内的辐射面不大,在后期需要进一步扩大职业技能鉴定所涉及的岗位,同时评判方式还略显陈旧和单一,应针对现代博物馆的工作需求做出调整。

(四) 绩效评估

目前我国文博行业尚未建立起专门针对博物馆从业人员的统一的绩效评估标准,但是在一些地区和部分博物馆中,已经有了博物馆从业人员绩效评估的初步实践探索。一方面,在一些省份有关博物馆绩效评估体系的实行标准中有涉及针对博物馆从业人员工作绩效的指标。例如,2014年,河南省印发了《河南省博物馆纪念馆免费开放绩效考评办法(实行)》,其中在"管理运作效能"板块中包含了"管理机构与人员配置"指标,分值10分,重

---

① 文物保护与考古司:《关于文物保护工程专业人员有关工作的通知》,载国家文物局网,http://www.sach.gov.cn/art/2014/5/30/art_2318_23529.html,2014年5月30日。

点考察博物馆在机构管理的过程中,岗位设置和人员配置是否合理。① 另一方面,一些博物馆也实行了工作人员的绩效考评,考评的内容涉及出勤情况、接待服务质量、文博知识与业务技能、团队协作等,通过这一量化方式,对每一位工作人员的年度表现予以评价,并与个人的绩效工资和津补贴挂钩,也以此激励工作人员更积极地投入博物馆的各项工作之中,形成更有效和优化的工作模式。

绩效评估是对博物馆在职人员职业资格和职业胜任力的一种评价方式,其优点在于能够形成量化数值,形成明确的高低良莠之分,帮助博物馆管理者较为清晰地了解每个工作人员的工作表现,并在后续工作中予以更好的工作任务布置和资源薪酬分配。其不足在于分值本身相对客观,但是设立分值分布的标准和人员工作表现所对应的评分又相对主观。同时,在目前已实施人员年度绩效考核的博物馆中,存在绩效考核的良莠差异所导致的薪酬差异并不大的情况,以致于相关人员并未得到较强的激励以促使他们展现更好的工作状态,而若真的根据绩效考核结果将薪酬差距拉开,又会导致不平衡所产生的各种矛盾,其中的权衡之道还需各个博物馆在实际工作中予以不断地调整。

二、入职方式

目前,我国博物馆从业人员的入职方式主要有以下几类,包括:社会招聘、专业调任和内部晋升等。不同的入职方式所针对的情况和博物馆岗位也各有不同,多种入职方式也与我国博物馆的多样性和复杂性实情相符,共同构建起了我国博物馆的选人用人体系。

(一) 社会招聘

社会招聘是目前我国博物馆获得工作人员的最常见的渠道,几乎涉及

---

① 崔为工:《河南省博物馆纪念馆免费开放绩效考评办法(试行)》,载《河南文化文物年鉴》,中州古籍出版社 2014 年版,第 125—126 页。

博物馆的每一个岗位,既包括行政岗位,也包括业务岗位,而一些中小型博物馆和民办博物馆的馆长和副馆长等高层领导岗位也会通过社会招聘的方式选择合适的人选。目前,我国文物系统的博物馆主要是通过事业单位招聘渠道进行初步选拔,然后再依照各个博物馆对不同岗位的实际要求做进一步筛选。一些博物馆,尤其是省级及以上的大型博物馆,往往会在笔试之后,再组织多轮面试,最终做出谨慎选择。而其他系统的博物馆则主要通过自主选拔的方式来确定聘用人员,不一定会通过事业单位招聘这一途径。就社会招聘的选择标准而言,主要是博物馆依据实际工作需要,对应聘者的学历水平、专业背景、工作实践经历和学术研究能力提出相应的要求,但由于目前缺乏统一的标准,因此各个博物馆之间,即使是级别、规模和类型基本相同的博物馆之间,也都存在着明显差异,对于所聘用人员的基本专业水平和职业能力要求也无法得到明确的评判和限定。

(二)专业调任

专业调任具体可分为两类情况,一类是指上级主管部门对博物馆的主要领导和管理岗位人员进行任命,另一类是指通过各种方式,在不同机构之间进行调任的情况。第一类情况,主要针对的是博物馆馆长、副馆长、党委书记等,偶尔也包括部门主任。这种情况一般出现在文物系统博物馆,他们属政府部门管辖,并受政府拨款。因此,大多数情况下会通过政府决议决定主要领导管理人员的人选,决定任命的部门主要依据博物馆的级别而定,例如,中国国家博物馆的馆长由文旅部宣布任命、上海博物馆馆长由上海市委组织部宣布任命、北京古代建筑博物馆馆长由北京市文物局宣布任命等。而其他系统的博物馆,例如民办博物馆等,他们的主要领导管理人员可能是博物馆的创始人或法人代表,也可能是通过社会招聘所选择的人选。第二类情况指的是一些原本在其他工作单位或机构的工作人员因为各种原因通过调任进入博物馆工作,这种情况更为普及,涉及博物馆各个层级、各个类型的工作岗位,但有时受调任者的原本工作单位不一定与文博行业有直接关系,因此可能会缺乏博物馆工作所需的专业知识和职业技能。

(三) 内部晋升

内部晋升是博物馆从业人员获得职业发展的主要渠道之一。美国心理学家 E. H. 施恩的职业变动模式理论中提到个体在组织内部的职业流动方式主要有三种,包括:横向流动模式、向核心地位流动模式和纵向流动模式[①],简而言之就是组织内部的跨部门流动、职务晋升、向组织的领导管理核心发展,这也概括了目前我国博物馆从业人员的主要晋升渠道。对于在编人员其职称评定和职务晋升等,具体涉及的系列所对应的等级设高级、中级和初级,具体包括研究馆员、副研究馆员、馆员、助理馆员、管理员;研究员、副研究员、助理研究员;高级工艺美术师、工艺美术师、助理工艺美术师、工艺美术员等。对于非在编人员而言,组织内部的晋升渠道较为受限。除了职称评定和职务晋升之外,博物馆内部门间的调任和轮岗也非常常见,主要是促使工作人员对博物馆各个工作岗位的工作内容、所承担的职责,以及所需的职业能力要求都有所掌握,以此能更出色地完成不同的工作安排,也为未来的职业发展奠定基础。

第三节 存在的问题及其原因分析

上文所述的我国博物馆从业人员的现状,以及当前博物馆从业人员资格评估和入职晋升的情况,一方面显示了我国文化遗产事业发展和博物馆人才队伍建设的成果,另一方面也显示了我国博物馆人才队伍和从业标准等方面所存在的问题,以及这些问题已经产生或将会产生的不良影响。而分析这些问题产生的主要原因,能够对问题形成更清晰的认知和提出更有

---

① 卢冰:《关于组织职业生涯三维路径的思考》,《中国市场》2010 年第 48 期。

效的解决方式,从而凸显认证制度建立的必要性,同时能够在构建制度时针对这些问题,形成行之有效的设计。

一、博物馆从业人员整体现状问题

(一) 总量不足

根据国家文物局最新公布的数据来看,目前我国文博行业的从业人员为 16 余万人。虽然,正如上文所述我国博物馆从业人员的总量在逐年增加,但与国际上文化遗产事业发展较快的国家相比仍有明显差距。例如,2017 年,根据美国劳动统计局提供的数据,有 40 余万人在博物馆内工作,其中还不包括其他相关的科研机构、文物保护机构等单位和组织,这意味着美国文博行业从业人员的总数还将更多。此外,日本文部科学省曾发布过数据,显示 2005 年时日本的博物馆从业人员总数为 44 619 人[1],而 2005 年我国博物馆从业人员总数为 38 603 人,在综合中日两国国土面积、总人口、博物馆数量等因素之后,可见当时在博物馆从业人员总数上我国与日本之间远不仅仅是几千人的差距。

除了与国外其他国家存在明显差距之外,我国博物馆从业人员的总量也不能适应我国文化遗产事业快速发展的现状。从世界各个城市的博物馆人口覆盖能力比较来看(见图 1-27),2013 年的数据显示各城市拥有一座博物馆的平均人数分别为:上海 85.3 万人,重庆 78 万人,天津 72.2 万人,北京 47.9 万人,但东京仅 9.9 万人,莫斯科 13.9 万人,伊斯坦布尔 17.3 万人。尽管依照 2016 年的数据,我国博物馆人口覆盖能力已上升到平均每 29 万人拥有一座博物馆[2],但同一些国家相比仍有较大的发展空间,例如,目

---

[1] 日本文部科学省、博物馆协会: *Present Status of Museum in Japan*,载日本文部科学省网,http://www.mext.go.jp/component/a_menu/education/detail/__icsFiles/afieldfile/2012/03/27/1312941_1.pdf,2008 年。
[2] 国家文物局:《印发〈国家文物事业发展"十三五"规划〉》,载国家文物局网,http://www.sach.gov.cn/art/2017/2/21/art_722_137348.html,2017 年 2 月 21 日。

上海 85.3万
重庆 78.0万
天津 72.2万
北京 47.9万
伊斯坦布尔 17.3万
莫斯科 13.9万
东京 9.9万

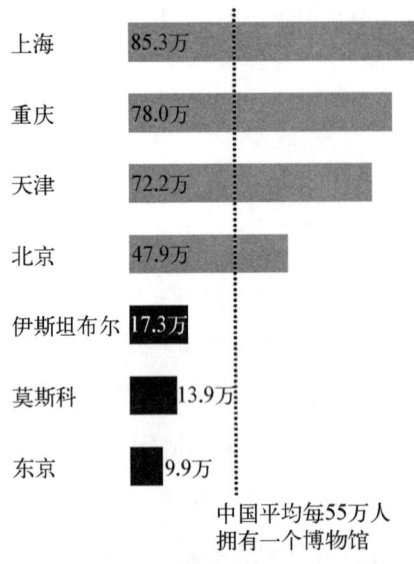

中国平均每55万人拥有一个博物馆

图1-27 中国主要城市与其他国家同等规模城市的博物馆人口覆盖能力对比①

前美国平均约1.7万人拥有一座博物馆,德国平均约1.2万人拥有一座博物馆②,也就意味着在未来几年中,我国博物馆的数量可能还会持续保持高速增长的态势,更意味着我国博物馆从业人员的需求量仍然十分巨大。

(二)专业化水平低

我国博物馆从业人员的专业化水平可以通过专业技术人员比重和学历水平等量化信息在一定程度上予以反映。

就专业技术人员比重而言,目前我国博物馆实际情况与博物馆发展的预期目标还存在着一定的差距。国际上公认的高、中、初级人才的理想占比为10%、30%和60%,但目前,我国文博行业的高级职称人数比重在5%左右,中级职称人数比重在10%,都明显低于理想水平。而作为我国博物馆专业技术人才发展的一个缩影,以科普人才为例,当前科普人才的数量和构成情况③,以及《中国科协科普人才发展规划纲要(2010—2020)》中预计2020所应达到的发展水平可见图1-28,在两者数据的对比之中显示出未来几年,科普人才还需要进一步增加。

---

① 罗兰贝格咨询管理公司:《中国博物馆的价值重塑》,载罗兰贝格网,www.rolandberger.com.cn/publications/publications_in_Greater_China/think_act/2013-04-12-Chinese_Museums.html,2013年4月12日。
② 栾东达:《关于实行文物博物系列专业人员职称评审模式改革的建议》,载上海市委统战部网,http://www.shtzb.org.cn/node2124/node2143/node2194/u1ai789950.html,2015年1月6日。
③ 庄智一、王欣、胡芳、王小明:《自然科学类博物馆人才队伍培养方案实践研究报告》,《自然科学博物馆研究》2016年第1期。

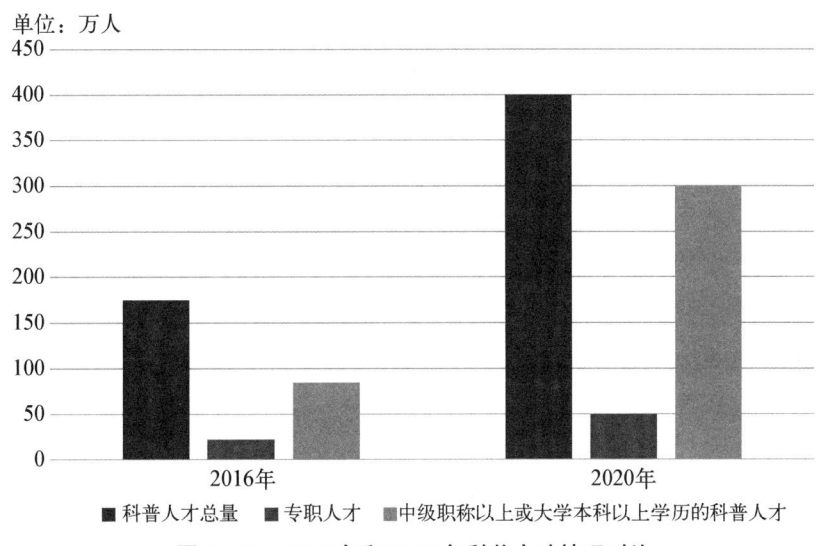

图 1-28 2016 年和 2020 年科普人才情况对比

就从业人员的学历水平而言,一方面,根据上文相关统计结果显示,2009 年,我国博物馆从业人员中只有一成多拥有大学本科及以上学历。而上文所提到的北京、上海、陕西三地均属于我国文化遗产事业发展较快的地区,文物与博物馆资源也相对丰富,但即使是这三个地区博物馆从业人员的学历水平情况也仍然还有较大的提升空间,尤其是本科及以上学历水平的从业人员比重还需进一步提升。另一方面,根据美国博物馆协会的调查结果显示,2009 年,美国博物馆从业人员的学历构成可见表 1-1,当时美国博物馆从业人员中拥有学士及以上学位的博物馆从业人员数占了四成左右,而美国的专科与我国的专科情况有所差别,若将其他学位也算在内,那么人员比例将达到七成左右。除学历水平之外,目前我国博物馆从业人员的专业背景也存在着一定的问题,例如,据相关统计,上海中国航海博物馆在编人数人近 150 人,但是拥有博物馆学相关专业背景的人员只有 3 人[1]。因此,拥有与博物馆相关专业背景的从业人员数量需要进一步提升,而针对不

---

[1] 陆建松:《论新时期博物馆专业人才培养及其学科建设》,《东南文化》2013 年第 5 期。

同类型的博物馆,例如,自然科技类博物馆的从业人员应当更偏向于与具备自然科学相关的专业背景。经上述内容可以看出,我国博物馆从业人员的学历层次整体偏低,专业技术力量也不足。

表 1-1　2009 年美国博物馆从业人员的学历构成①

学　位　情　况	博物馆员工人数	比例(%)
高中或以下(High school or less)	38 403	9.5
高中毕业(High school graduate)	82 310	20.4
学院(Some college)	99 467	24.7
专科学位(Associate's degree)	29 509	7.3
学士学位(Bachelor's degree)	109 136	27.1
硕士学位(Master's degree)	37 437	9.3
博士学位或其他专业学位(Doctorate or other professional degree)	6 662	1.7
总　　数	402 924	100

(三) 队伍结构不合理

人员队伍结构的问题具体可以表现在从业人员的年龄结构、性别结构、专业人才比重等方面。

就年龄结构而言,目前我国博物馆从业人员之中平均年龄相对偏大,尤其是对于中高层管理岗位和核心业务岗位而言,人才断档的情况十分严重。以上海为例,2009 年的一项报告显示当时文博从业人员的年龄构成可见图 1-29②,年龄中位数在 47 岁左右。而根据 2009 年美国博物馆协会的统计数据,美国博物馆从业人员中 25 岁以下的人员数量占 24.2%,25—34 岁

---

① American Association of Museums, *The Museum Workforce in the United States* (2009),载美国博物馆联盟网,http://www.aam-us.org/docs/center-for-the-future-of-museums/museum-workforce.pdf?sfvrsn=0, November 2011.
② 陈恭:《上海文博类人才开发刍议》,《人才开发》2009 年第 3 期。

的人员数量占 17.9%，35—44 岁的人员数量占 15.6%，45—54 岁的人员数量占 20.8%，55 岁以上的人员数量占 21.5%，年龄中位数是 40 岁[①]。

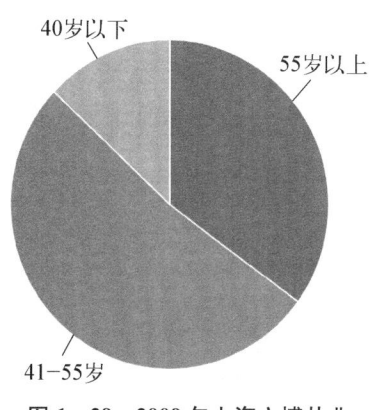

图 1-29　2009 年上海文博从业人员年龄构成

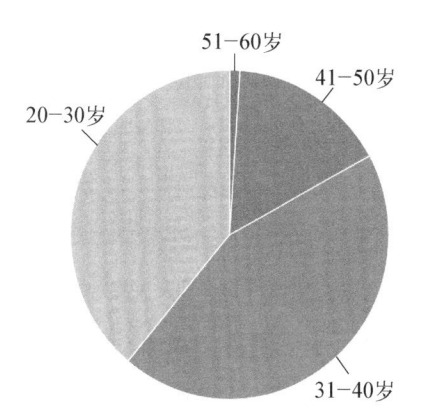

图 1-30　我国自然科技类博物馆从业人员年龄构成

虽然，2009 年，我国博物馆从业人员的整体年龄与美国相比偏大，但是随着近几年来文化遗产事业的不断发展，从业人员"老龄化"的问题也受到了行业内的广泛关注，各个博物馆在不断纳入新进人员的过程中，从业人员的年龄中位数正在慢慢向着年轻化发展。一项针对国内 42 家自然科技类博物馆的调查结果显示，这些博物馆员工的年龄中位数已低于 40 岁（见图 1-30）。[②]

就性别结构而言，我国博物馆从业人员中，尤其是中高层管理和业务岗位的任职者中，男性与女性的比重仍然存在较大悬殊。例如，在一项调查中显示，所调查的博物馆馆长中男性占 74.03%、女性占 25.97%，男女比例为 3∶1。[③] 不过在一般业务岗位的工作人员之中，男女比重的差距相对较小。而男女比重的问题也是其他国家的文博行业所关注的问题之一，在美国博

[①] American Association of Museums，*The Museum Workforce in the United States*（2009），载美国博物馆联盟网，http：//www.aam-us.org/docs/center-for-the-future-of-museums/museum-workforce.pdf?sfvrsn=0，November 2011.
[②] 庄智一、王欣、胡芳、王小明：《自然科学类博物馆人才队伍培养方案实践研究报告》，《自然科学博物馆研究》2016 年第 1 期。
[③] 王丽娟：《我国公共博物馆馆长的现状分析》，载今日头条网，http：//www.toutiao.com/i6293678269820568065/，2016 年 6 月 8 日。

物馆的从业人员之中,男性占 49.3%、女性占 50.7%,两者比重基本在 1∶1,较为平衡。事实上,博物馆的各个岗位中都有更适合男性或女性的岗位,男女比重的相对平衡更有助于博物馆优化人力资源。

就专业人才比重而言,已在其他几点中有所叙述,主要指的是目前我国博物馆的从业人员之中专业人才的比重,尤其是中级、高级职称和专业技术人才的比重还偏低,同时专业背景的相关度和丰富性也需要进一步提升。

(四) 专业人才的多样性薄弱

目前我国博物馆从业人员中,大部分属于基本业务人员,专业人才的类型相对有限,正如《全国文博人才发展中长期规划纲要》中所提到的目前我国博物馆人才队伍中尤其缺乏高层次文博领军人才、科技型专业技术人才、技能型职业技术人才和复合型管理人才。[①] 其中,高层次文博领军人才具体包括学术型专家和技术型专家,以及学科带头人等,能够通过学术研究获得更丰硕的理论与实践成果,建立高尖学术技术团队;科技型专业技术人才涉及博物馆的各个核心业务岗位,具体包括藏品保管人才、展览设计人才、社会教育人才、信息传播人才等骨干人才,尤其需要增加博物馆的自然科技类人才;技能型职业技术人才具体包括文博行业技术精湛的职业技师,涉及的领域包括文物鉴定与修复、田野考古和古建筑保护与修缮等,能够通过良好的工艺和设备实现技术创新;复合型管理人才具体包括博物馆领导管理人才和行政执法人才等,通过综合素养和职业能力提升,强化博物馆的经营管理能力、核心竞争力和专业化水平。

二、博物馆从业人员的资格评估和入职晋升问题

(一) 入职考核相关度低

如上文所述,目前我国博物馆从业人员的入职考试,尤其是面试,在许

[①] 国家文物局:《关于印发〈全国文博人才发展中长期规划纲要(2014—2020)〉的通知》,载国家文物局网,http://www.sach.gov.cn/art/2014/6/3/art_1330_98901.html,2014 年 6 月 3 日。

多情况下都挂靠在事业单位考试之中,考试内容与博物馆的实际工作相关度非常低。事实上,国际上其他国家和地区博物馆从业人员的考试与工作的相关性都非常高,作为评估和鉴定博物馆专业人才职业能力水平的依据更具合理性和有效性。例如,我国台湾地区的公务人员中,高等考试三级和普通考试都设有博物馆管理职系的科类,考题与博物馆的工作相关性很大,高考考试的专业科目涉及博物馆学导论、博物馆管理、社会教育理论与实务、文化史、世界艺术史等,普通考试的专业科目涉及博物馆学概要、社会教育概要、博物馆管理概要、文化史概要等。相比之下,我们博物馆从业人员的入职考核现在尚未形成更具权威性、针对性、规范性和统一性的考试,从博物馆的个体情况来看,自主组织笔试的博物馆还不普遍,许多博物馆自主组织的主要是面试,虽然也能够在一定程度上选择到合适的岗位人选,但是统一笔试的缺失对于判断应聘者的专业能力水平而言是存有一定缺陷的。

(二)评判标准错杂多样

目前我国《职业分类大典》中与文博行业相关的职业有9类,每一类职业的描述和主要职责都在《职业分类大典》中有所明确。此外,博物馆岗位中只有若干个职业具备国家职业标准。这些职业类型只囊括了博物馆职业中的一小部分,还有更多的博物馆职业没有明确的界定和描述,更没有从业人员的职业资格标准。同时,我国博物馆的从业人员评价体系中职业技能鉴定、职称评定、绩效评估等评价方式所适用的情况不同,所针对的对象不同,所设定的标准也不同。但就博物馆各岗位的入职标准而言,我国尚未建立统一的标准,因此无法对博物馆从业人员的职业资格做出明确的判断,在博物馆选人用人时,还是以博物馆依据自身情况而自主设定标准为主,但也难免出现博物馆无法明确选人条件的情况。

(三)评价手段陈旧单一

如上文所述,目前我国博物馆从业人员的评价手段中运用最广泛的就是初、中、高级职称评定体系。对于2019年新颁布的职称评定方式而言,首先是对原有的标准与评价方式予以突破,更贴近了博物馆的工作实际。但是从四大类的划分情况来看,博物馆学科领域内的各岗位地位较文物学与考古学而言尚有待提高,如博物馆教育岗位、博物馆展览策划岗位、博物馆营销岗位等。此外,就我国职业技能鉴定方式而言,与国外的鉴定方式相比,缺乏对相关专业技术人员在工作环境中的工作状态、职业技能和应急能力的考察与评估,而实务操作的重要性对专业技术人员而言显得尤为突出,对文博行业相关职业的专业技术人才而言更是如此,因此一方面需要进一步扩大博物馆职业技能鉴定的职业类型,另一方面需要加强对博物馆专业技术人才实务操作和问题处理能力的考察。

(四) 管理机构无从监管

一方面,管理部门缺少监管标准。鉴于我国博物馆尚未全面建立职业标准,也缺乏专门性法律规范的现状,相关管理部门在施行监管工作时,难有明确的评判依据,工作的开展存在着一定的难度。因此,我国文博行业的人才认定和聘用工作并没有受到较为严格的监管,主要依靠博物馆和其他文博单位自主评估和选择,或由文物管理部门直接任命,这也导致了一些缺乏必要的专业知识和职业技能的人员进入博物馆工作,或者在招聘过程中已存在"内定人员"而非真正以职业资格为评判依据。另一方面,求职者也缺乏举报和投诉渠道。在我国其他领域的职业资格认证体系中,都有一定的举报投诉机制,使得申请者和求职者在遇到相关问题时能够获得一定的权益保障。但是,从目前我国博物馆选人用人的体系现状来看,良好有效的举报和投诉机制尚未建立。

三、造成的影响

上文所述的目前我国博物馆从业人员队伍所存在的诸多问题,形成不少负面影响,严重制约了我国文化遗产事业的向前发展。具体可归纳如下:

(一)博物馆生命力锐减

博物馆是一个知识密集型机构,博物馆的工作需要丰富的专业知识作为支撑,这与博物馆从业人员个人的知识和技能水平息息相关。然而,目前我国博物馆的从业人员之中还有许多毫无文博相关专业背景的人员,包括不少"关系户"的存在。他们没有或很少接受过博物馆学或相关学科的专业训练,缺乏对博物馆工作所需的相关知识和技能的掌握,在博物馆的实际工作中也较难发挥各自应有的作用,无法致力于博物馆发展的研究工作、策划设计工作、藏品保管与保护工作、社会教育与传播工作、对外交流工作等核心业务,在一定程度上影响了博物馆的生命力和创造力。

(二)博物馆专业能力受限

一方面,博物馆从业人员的职业能力会影响博物馆自身的创造力,包括藏品研究水平、展览策划水平、教育活动策划水平、文化创意产品研发水平、文物保护水平等。目前,我国博物馆的不少项目,包括常设展览和临时展览策划、教育活动开发、文物保护等工作都有大量的外包情况,这样做有其有利的一面,与专业团队合作能够更高效地完成和实施项目计划,但也反映出目前我国博物馆内缺乏符合相关资质的项目策划者和执行者,而承包方有时又未必对博物馆和服务对象有深入全面的了解,使得相关工作存在着难以达到预期设想的风险。另一方面,博物馆从业人员的职业能力也会影响博物馆的社会服务能力。现代博物馆的社会功能越来越偏重于社会利用和知识传播,因此对外传播和交流、社会教育、观众研究和服务成为博物馆工作中越来越重要的组成部分,但这些工作都需依仗于博物馆工作人员的策划、组织、实施和不断完善,这就必然要求他们既具备一定的专业素养和能力,也要求他们对本馆情况和使命有充分的把握。

(三)博物馆安全事故频发

近年来,我国文博行业中屡屡发生安全事故,例如,受公众关注度极高的"水洗孔庙""故宫十重门""辽长城被'抹平'"等事件,涉及文物盗抢、文物损坏、场地设施破坏等,对公众财产和文化遗产造成了不可挽回的损失。虽然其中存在着一定的不可抗因素,也在一定程度上与监管体制的疏漏有关,但是相关人员的操作是否符合规范,又是否达到职业道德、专业知识和实践技能的资质要求也备受社会各界质疑,而不可否认的是,部分专业人员的判断与操作失误的确是造成这些事故的重要原因之一。因此,博物馆从业人员的职业能力将对可移动文物和不可移动文物的安全造成直接的影响。

(四)文化遗产事业发展遭遇瓶颈

综合上述所造成的影响分析,目前我国博物馆人才队伍建设中所存在的问题最终导致的结果就是严重制约我国文化遗产事业的发展。人才是发展的原动力,对于文博行业而言更是如此,人才是我国文化遗产事业发展的关键所在,驱动着博物馆的理念转变、体制改革和实务创新。因此,无论是博物馆从业人员的专业素养和职业能力水平,还是博物馆从业人员的培养、管理和利用水平,都直接影响了文化遗产事业的战略布局,很大程度上决定了我国文化遗产事业的发展水平。

四、原因分析

(一)认识不足

目前,国内对博物馆、博物馆工作和博物馆从业人员的认知正在逐步加深,但是与文化遗产事业发展较快的国家相比还存在一定的差距,社会对博物馆的认知仍不够全面。其中,以观众的参观热情为参考,可以从一个侧面反映出这一问题。据2011年的一项在线调查显示,"优先选择的文化休闲方式"中,选择参观博物馆、展览馆的只占7.8%。同年,美国博物馆的参观人数约8.5亿人次[1],而美国总人口约为3亿,博物馆参观人次

---

[1] [美]梅丽萨·贝蒂莫斯:《博物馆如何跟上变革的时代》,《世界》2012年第1期。

是总人口的数倍。此外,2011年法国博物馆的参观人数也增加了超过5个百分点。[①] 可见,公众对我国博物馆的参观热情和认知欲望还需要进一步提升。除了公众之外,管理部门和博物馆从业人员也需要不断加深对所管辖机构和人员,以及自身工作的了解和热情。只有提升对博物馆和博物馆工作的认识,才能适应博物馆工作的实情,从而更有效地投入到工作之中。

(二) 体制疏漏

我国文博行业的体制疏漏体现在多个方面,包括法律法规、事业编制问题等。法律方面,我国文博行业目前还缺乏完整的法律制度。目前正式颁布的法律只有《文物保护法》以及《博物馆条例》等,缺乏针对博物馆从业人员培养、选聘、任用、晋升、职业资格评估等环节的法律规范,使得博物馆的人员管理工作没有相应的规范和引导。事业编制方面,我国博物馆的人员编制还比较有限,机构编制与部门实际需求并不对等。例如,北京市区(县)博物馆的编制是同级文化机构之中最少的,一般为10人左右,且多为行政管理人员,分配给业务技术人员的编制十分有限。[②] 编制的受限,对劳动者的权益产生了一定的影响,包括薪资、劳动保障等,这不仅削弱了博物馆工作对于相关专业人才的吸引力,也抑制了博物馆从业人员的工作积极性。再进一步具体到博物馆的待遇问题,博物馆属于事业单位编制,其经费来源尤其是文物系统所属的博物馆,基本来自政府拨款,因此人员的福利待遇受到了许多制约,往往处于较低水平,此外,博物馆自身也缺乏工作绩效考核的标准,无法激励从业人员。

(三) 培养后劲不足

从学校专业培养的角度来看,截至2018年年末,我国约有近130所高校开设有文博相关专业,其中,具备招生资格的文物与博物馆专业硕士学位

---

① 安来顺:《博物馆:从"重要"走向"必需"的文化机构》,载《百年传承 创新发展——北京地区博物馆第六次学术会议论文集》,中国书籍出版社2013版,第18—19页。
② 北京区(县)博物馆调研课题组:《北京区(县)博物馆的现状、问题和对策》,载《百年传承 创新发展——北京地区博物馆第六次学术会议论文集》,中国书籍出版社2013年版,第551页。

授权点共有47个①。据2014年的相关统计数据显示，当时全国高校文博专业在校生规模逾17 000人，其中，本科及以上学历教育学生规模占34.9%，年毕业学生人数4 000余人，②其中，博物馆学专业毕业生每年仅有约300人。由此推算，每年毕业的本科及以上学历教育的学生数量约为1 400人，平均每座博物馆约拥有0.3个毕业生。另据2013年的一项统计数据表明，高校考古文博专业每年只有不到1/4的毕业生最终会进入文博相关机构工作。③这意味着平均每座博物馆拥有0.3个毕业生已算是一个高估的数值。由此可见，目前我国高校每年培养的文博专业学生数量远远无法满足我国博物馆发展的实际需求，也意味着我国高校设立的文博相关专业数量的不足。另外，还有数十所职业院校设有文博相关专业，每年毕业生数量也在几百人左右。而在日本，目前共有近300所学校开设有学艺员养成课程，每年约有10 000名学生获得学艺员资格④，虽然这些学生中并不是所有人最终都会进入博物馆工作，但是却从一个侧面体现日本博物馆专业人才的储备量。由此可见，每年高校和职业院校向文博单位输送的毕业生数量十分有限，而毕业生的专业水平和职业能力也有待进一步加强。从职业培训的角度来看，我国文博行业针对从业人员的培训也需要在各方面予以提升，包括培训对象的涉及范围、培训的频次、培训的形式与内容、培训的相关研究、专业培训机构的建立等问题。

（四）制度缺失

我国文博行业目前十分缺乏人员的评价制度，无论是以基本入职资格

---

① 刘玉珠：《在新一届全国文博专业学位研究生教育指导委员会第一次会议上的讲话》，复旦大学，2016年9月1日。
② 段清波、李伟等：《构建多层次多类型的文博人才培养体系》，《中国文物报》2014年10月10日。
③ 励小捷：《在国家文物局文博人才培训示范基地暨文物保护专业教育教学指导委员会工作会议上的讲话》，载国家文物局网，http://www.sach.gov.cn/art/2015/12/10/art_1629_126693.html，2015年12月10日。
④ 日本文部科学省、博物馆协会：Present Status of Museum in Japan，载日本文部科学省网，http://www.mext.go.jp/component/a_menu/education/detail/__icsFiles/afieldfile/2012/03/27/1312941_1.pdf，2008年。

要求为评价准则的职业资格认证制度、对博物馆从业人员的某项特定职业技能进行判定的职业技能鉴定制度，还是职业发展过程中的职业晋升制度，都存在着缺失或不完善的情况，使得我国博物馆从业人员的评价标准和评价方式都没有得到明确，自然在博物馆选人用人的过程中会导致一定的混乱，并增加了相应的风险。作为引申，导致博物馆人才队伍建设问题的原因之一就是我国博物馆人事制度需要在目前博物馆实际工作要求的基础上进行改革。2014年，《事业单位人事管理条例》正式颁布，对我国包括博物馆在内的事业单位的人事管理制度做出了明确规定，也为我国博物馆人事制度改革起到了重要的指导作用。其中，最主要的就是提到了事业单位人事制度改革的重点应当放在岗位管理和选人用人方式两个方面，即博物馆应当更明确岗位设置和人力资源配置情况，同时采用社会公开招聘和竞聘上岗的用人方式，在此基础上不断完善博物馆的人员考核、评价和奖惩机制。而根据该条例的相关要求，我国博物馆的人事管理制度应当纳入新理念和新方法，打破原本相对封闭的制度模式，而寻求更具开放性、时代性和科学性的人事管理制度。

第四节 建立我国博物馆职业资格认证制度的必要性与迫切性

博物馆本身与一般的文化机构存在着显著差异，使得博物馆及博物馆的日常工作都有一定的特殊性，从这一点出发可以分析出规范博物馆从业人员资质要求的必要性，并由此引申出我国博物馆职业资格认证制度建立的必要性。

博物馆最大的特殊性在于它们是知识密集型的文化设施。博物馆不仅收藏着人类自然、文化和科学遗产，更承担着保存、保护、研究、利用和推广这些遗产的重要使命。这些遗产具有丰富的历史、文化、艺术和科学价值，是重要的知识信息载体，不仅是对人类社会和自然环境变革的记录，更是了解过去、现在，探索未来的原始凭证。围绕这些使命，不少专家学者都针对现代博物馆的核心价值做过深入的探讨，所持的见解也各有不同，但若提炼其中的共识，那么"知识"无疑是博物馆最显著的核心特征。随着世界各地文化遗产事业的发展，由此衍生的博物馆的社会职能也正不断经历着扩充和深化的过程，而"知识密集型"的机构特殊性其内涵也在不断增容，主要包括保存知识、吸收知识、创造知识和传播知识等方面。

一、保存知识

保存知识是博物馆最基本的职能。徐忠文认为，"博物馆是什么？博物馆是历史的重点，更是历史的起点，即人类发展的驿站。它的责任是尽可能地收藏、保护人类前行中所取得的成就和过失，更要为人类走向更高的文明提供路标，同时也应是人类心灵得以净化的圣殿"。[1] 所谓的"历史的重点"和"历史的起点"自然包含了丰富的信息，这些都建筑在博物馆所收藏的物件背后，便也都基于博物馆所保存的知识。具体而言，博物馆对于知识的保存主要可分为以下两个部分。

（一）保存遗产

遗产本身即是重要的知识储备，它们提供了回顾自然和人类社会环境的机会，同时为构想和规划提供了依据。因此，在对遗产进行研究、解读或利用之前，首要任务便是将这些"知识"在长久的收藏过程中予以全方位地保存。目前在国际博物馆界中已有了这样的共识，即"全方位地保存"不仅仅针对遗产本身的来源、所处条件、外观特征、收藏情况等信息。同样重要的是需要对遗产原本所处的自然和人文环境进行保存，这也是社区博物馆

---

[1] 单霁翔：《关于新时期博物馆功能与职能的思考》，《中国博物馆》2010年第4期。

和生态博物馆形成的重要目的之一。G. Caroll Lindsay 曾在《博物馆与环境》一书中提到,"既然人类生态是一种条件而不是一个物品……那么这一条件,便应该是展览的核心主题,而并非仅仅是在这一条件下存在的物品"。而展览所呈现的藏品与环境之间的关系,便是博物馆"全方位地保存"知识的重要体现。

(二) 对遗产进行必要的科学保护

苏东海先生在论述博物馆对保护文化遗产方面所存在的特殊价值时曾指出:"一、博物馆是文物精华的总汇,是为国家保管文物精华的总库;二、博物馆是文物最持久的保护伞,最可靠的归宿;三、博物馆拥有文物保护的科学设备,完善的保护制度,训练有素的管理人员和几百年积累下来的管理经验。"[①]博物馆在保护遗产方面有着得天独厚的优势,也是博物馆应尽的职责和义务。事实上,遗产在博物馆中的保存始终面临着衰败和被破坏的风险,无论是自然灾害还是人为灾害。因此,博物馆为了保存遗产相关的珍贵知识,便需要采取一系列的措施,包括配备专业人员和专业设备、对藏品进行预防性和修复性保护、定期检查库房和展厅内的藏品情况、制定应急预案等。而博物馆对于遗产的保护不应仅仅局限于博物馆场馆内部,由于遗产所处环境也是目前博物馆十分关注的对象,因此这种科学化的保护已经延伸至博物馆外部,涉及与遗产相关的自然环境和人文环境等,使得博物馆所"保存的知识"可以尽可能详尽和全面。

二、吸收知识和创造知识

吸收知识和创造知识两者往往紧密相连,在吸收知识的过程中,自然会产生新的知识信息。就吸收知识而言,博物馆对于所存知识的吸收主要是指博物馆利用所掌握的实物、资料、人才等资源对知识信息进行研究。博物

---

① 苏东海:《保护文化遗产,博物馆的特殊价值在哪里?》,《中国文化遗产》2004 年第 1 期。

馆远不仅仅是对知识的静态储存、积累和展示,更是在此基础上对表面的知识进行整合、分析和理解,并借助其他辅助手段,发掘出更深层次的信息来。基于吸收知识的不同目的,博物馆的研究应是不同层面的,正如苏东海先生曾提到,博物馆有自己的科研体系,包括学术性研究、普及性研究、服务性研究。[①] 这里所指的学术性研究是在严谨的科学分析、探索和推断之下所提炼出的专业性知识;普及性研究是用于推广和科普的研究,这也是对学术性研究的进一步利用和拓展,所提炼出的知识应能为更广泛的受众所接受;服务性研究更多地起到辅助作用,其目的在于更好地为学术性研究和普及性研究的开展提供帮助和支持。对知识的充分吸收,意味着新知识的产生,无论是上述哪种类型的研究,吸收总相伴着发现和创造,因此,博物馆应是学术研究的高地,成为知识创造的权威。事实上,创造知识的过程就是对现有知识进行进一步诠释的过程。诠释可以是梳理、总结、提炼、新议和驳斥,既包括针对专业领域的有理有据,也包括针对普罗大众的深入浅出,更需要针对不同公众群体进行相应的调整和应对。诠释是极具综合性和专业性的工作,往往十分不易,诠释的优劣决定着所创造知识的准确性、逻辑性、引导性和可接受度,也进一步影响了知识传播的质量。

三、传播知识

现代博物馆早已不是过去针对社会上层阶级、社会精英、研究专家开放的"圣殿",而是面向社会各阶层的教育、研究、娱乐和休闲场所,是"全民的博物馆"。教育作为现代博物馆的首要职能,意味着博物馆以保存知识、吸收知识、创造知识为基础,最终达到传播知识的目的,更好地服务于社会。法国卢浮宫馆长 H.路瓦莱特认为,"今天的博物馆不能仅仅满足于'接待'。博物馆应该在城市中占据重要的地位,扮演重要的角色,它是公民责任感的

---

① 苏东海:《什么是博物馆——与业内人员谈博物馆》,《中国国家博物馆馆刊》2011年第1期。

工具,是批判精神的孵化器,是品味的创造地,它保存着理解世界的钥匙。当然前提条件是它必须有能力通过各种手段,不仅将这些钥匙传递给它的同道,而且还要传递给所有其他的人"①。可见,传播知识是博物馆社会角色扮演的呈现方式,对于博物馆而言,最关键的就应当是利用所掌握的知识资源最大限度地将知识传播,以过去影响现在和未来。博物馆传播知识的途径主要依托于陈列展览和教育项目的良好策划,专业领域内的交流研讨,以及其他公众服务项目等。此外,博物馆越来越依赖于计算机技术,这已经成为博物馆与受众间重要的交互工具,为受众提供互动性、探索性和虚拟性的多元体验,并且摆脱了博物馆空间的限制,这也是博物馆传播知识的重要手段,可以说计算机技术"给予了博物馆第二个、虚拟生命"。传播只是形式和手段,更深层次的意义和目的在于教化和启迪,即教育受众不断增强知识水平,包括艺术欣赏能力、历史与科学文化知识等;感化受众不断提升内在素养,包括文化认同度、道德观念、言行举止等;激发受众对美好生活的向往。然而,"传播"并非易事,博物馆不仅仅希望受众能在其馆内外陈列展览、教育活动等项目的引导下,被动地接受知识,更希望能够激发受众的兴趣,使他们主动地接触博物馆以获取所需的知识,最大限度地利用博物馆的知识资源,使博物馆成为他们日常生活中的一部分。因此,对于博物馆而言,大到展览主题和结构的编排、目标受众的定位、教育活动的制定,小到一张说明牌的语言风格、一件展品的安排、一块背景板颜色质地的选择,都必须经过深思熟虑,因为每一个环节都会密切影响最终"传播"的效果。这些工作都离不开每一位参与者的付出。由此可见,在博物馆传播知识的过程中,人才资源是核心因素,若传播知识是博物馆的终极目标,那么人才资源便是博物馆各类资源中的重中之重。人员的知识储备、创新能力、思维能力和沟通能力的高低,直接影响博物馆知识传播的水平。

---

① 单霁翔:《关于新时期博物馆功能与职能的思考》,《中国博物馆》2010年第4期。

博物馆"知识密集型"的特点基于上述几方面的论述已可窥见一二,对此,美国博物馆学专家 Kaplan 也有过精辟的总结,认为现代博物馆是"一个屋檐下不同学科的集结(a collection of disciplines housed under one roof)"[1],博物馆保护、收藏和诠释物件所用的方法和技术也应当与当下社会价值和文化现象相关联。博物馆是知识高地,对于知识的保存、吸收、创造和传播又都是多种学科共同作用的结果。正因如此,博物馆的工作呈现出许多与众不同的特点,以及高于一般文化机构的工作要求。博物馆工作的特殊性包含以下几个方面:

(一) 综合性强

苏东海先生认为,"博物馆是文化复合体,既是物质的又是精神的统一体,既是自然的又是人文的统一体。"[2]博物馆中的多元文化与多元文化的存在方式使得博物馆的工作变得丰富而复杂。博物馆对于藏品的保存、保护、陈列、利用,展览的文本撰写、形象设计、施工安排,教育活动的策划、组织、协调、推广,日常运营的管理、监督、评估等工作都需要多种知识素养,不仅涉及专业领域内自然科学和人文科学的方方面面,也涉及个人能力和团队协作的多种层次,同时包含摄影、测绘、修复、标本制作、讲解、设计等动手实践工作。理论与实践的结合、多学科的集结、规划与实施的连接、对内运行与对外服务的平衡、"物"与"人"的统筹兼顾,这些情况不是仅仅存在于博物馆的整体工作中,而是存在于博物馆每一个岗位的日常工作中,复杂而多样的工作实质使得博物馆工作的综合性尤为凸显,致使相关工作人员既要具备多重专业知识和技术能力,也需要有随机应变,处理各种事宜的综合素养。

(二) 操作性强

博物馆的工作涉及大量的实践操作,既包括与藏品直接接触的保存、保

---

[1] Yi-Chien Chen, *Educating Art Museum Professionals: The Current State of Museum Studies Programs in The United States*, The Florida State University School of Visual Arts and Dance, 2004, p.57.
[2] 苏东海:《什么是博物馆——与业内人员谈博物馆》,《中国国家博物馆馆刊》2011 年第 1 期。

护、移动、包装、运输、研究等工作,也包括与博物馆日常运作相关的展览设计、教育活动策划、多媒体设计、文化产品营销等工作。与藏品直接接触的工作密切影响着藏品的安全,一旦失误便会导致不可弥补的损失和破坏,每一步的操作都需要格外谨慎,清晰地梳理操作程序,以及预判可能面临的结果和问题。无论是对于专业设备和材料的运用,还是直接作用于藏品的操作都必须达到专业操作的规范和要求,并且具备候补方案和发生紧急情况时的应对方案。与博物馆日常运作相关的操作也是关乎博物馆社会职能发挥的重要工作,这些操作侧重于策划、组织、安排、沟通和协调,是直接面对公众的事务,更注重针对不同群体的适用性和应变性。上述两方面的工作虽各有侧重,但都十分强调操作者的动手实践能力和主观能动性,这些要求不仅建立在良好全面的专业培养和培训之上,也建立在操作者自身的经验积累和主观创造之上。

(三) 专业性强

博物馆要在学术领域和社会服务领域内树立权威地位,成为"一个令人尊敬的声音",依仗的基础便是博物馆每个环节工作中体现出的专业性,使得专家和公众都得以信赖。博物馆工作的专业性包含理论研究的严谨性,即博物馆的学术研究必须有缜密的推断和依据,言之有理、言之有物;实际操作的规范性,即博物馆的各项操作工作与日常运营工作都必须遵循一定的程序和原则;信息传达的准确性,即博物馆无论是研究成果,还是展览、教育活动、网络等渠道中所传达的信息必须准确无误,在此基础上针对各受众群体再进行信息调节;资源利用的独特性,即博物馆在面对得天独厚的资源优势时,需要运用新颖甚至独创的方式加以利用,这些方式都是其他机构所无法比拟的。因此,博物馆对工作的专业性要求非常高,每一个岗位都有一定的"门槛",并不是任何人都能胜任博物馆的每一项工作,尤其在博物馆的核心业务岗位上工作,必须满足一定的资格要求。

(四) 创造性强

博物馆的工作无时无刻不体现着强烈的创造性,从藏品信息的挖掘到保护技术的应用，从展览文本的撰写到教育活动的策划，从公众服务项目的拓展到文化衍生产品的开发，这些成果从无到有的过程都凝结着相关人员智慧的结晶。归结起来，博物馆的创造性一方面体现在博物馆利用已有资源在研究过程中对各类信息的发现，另一方面也体现在博物馆在传播信息的过程中所运用的不同手段和方法，以最大限度地将知识传递给受众。无论上述哪一个方面都需要综合考虑具体的内容、形式、媒介和目标受众等因素，构思出巧妙、新颖的思路，使各项工作焕发出新的面貌来，最终目的是能够吸引受众、引导受众、启发受众。尤其上述的第二方面是对博物馆创造力的巨大考验，博物馆是非常重要的非正规教育场所，不同于常规的书本或课堂学习，博物馆展现知识的方式不受任何限制，寓教于乐，正因为有如此自由的创造空间，对相关人员创造力的需求才更为凸显。当然，博物馆对于知识的创造并不是毫无边界和限制的，仍然需要维持在信息的科学性和准确性的基础之上。

综上，为了配合博物馆人才队伍建设工作的开展，全面提升我国博物馆从业人员的整体水平，必然需要通过规范而公正的制度化体系对博物馆从业人员进行职业资格的判定，即建立我国博物馆职业资格认证制度，由此弥补博物馆人才评价手段的缺失、促进博物馆专业人才培养和职业发展、推动博物馆法律法规体系建设，最终提升博物馆社会职能的发挥，从而吸引更多观众进入博物馆，并实现博物馆资源的社会效益最大化。鉴于该制度的重要作用，建立这一制度的需求可阐述如下：

第一，这是深化博物馆职业认识的需要。具体包括：对博物馆各个职业职责范围的界定以及职业资格要求的设定等。认证制度中认证标准和组织框架的形成都必然需要对博物馆的各个职业有充分的把握和认识。而这正是目前我国博物馆学研究和博物馆实践工作自省过程中的不足之处。文化遗产事业的快速发展往往会忽视对博物馆职业根本属性的思考，导致研究和实践的偏差，模糊了对职业职责范围的把握和任职者职业资格的要求，最终阻碍文化遗产事业的发展。博物馆职业资格认证制度的建立将从根本上改善这一现状，敦促博物馆领域的专家学者、管理者和实践者回归本质思考，再重新出发实现新一轮发展。

第二，这是强化就业规范的需要。一方面，该制度将有助于博物馆人才队伍构成愈发趋于合理化。认证制度将确保获得职业资格的人员拥有博物馆工作所必需的专业知识和技能水平，以及职业道德和综合职业能力要求，基本能够胜任相应的博物馆工作，降低博物馆运营管理中的主观风险。另一方面，认证制度能够为监督管理部门提供监管的依据和标准，在对文博行业就业市场进行监管时做到有章可循，规范管理各类雇佣关系，维护聘用单位和受聘者双方的权益。

第三，这是提升人员整体水平的需要。该制度为博物馆选人用人设定了"准入门槛"，即提供切实手段将不满足博物馆职业资格标准的人员拒之门外，而这一部分人员在当前我国博物馆从业人员队伍中仍然占有一定比重。认证制度一方面能够确保进入博物馆工作的人员都已达到了基本的职业资格要求，另一方面也为尚未达到这些要求的人员提供了职业能力提升的方向，在接受进一步培训和学习时能够更具针对性。

第四，这是优化人力资源配置的需要。该制度能够较为客观地评判和鉴定相关人员的职业能力，使得这些人员能够得到职业胜任力和职业资格的凭证。基于职业资格，博物馆的不同岗位能够获得最适合的人员，更准确和低成本地实现岗位与人员匹配，同时在一定程度上更充分发挥相关人员在对应的岗位上所应有的作用，人尽其才，对博物馆的有序运营产生积极的影响。

第五，这是推进博物馆人事制度改革的需要。《国家文物局事业发展"十三五"规划》指出，未来一段时期内需进一步加强博物馆的管理机制，并且提升博物馆人才培养水平，其中也涉及博物馆的人事制度改革。[1] 以目前

---

[1] 国家文物局：《印发〈国家文物事业发展"十三五"规划〉》，载国家文物局网，http://www.sach.gov.cn/art/2017/2/21/art_722_137348.html，2017 年 2 月 21 日。

我国博物馆人事制度的情况来看,未来需要在机构设置、岗位安排、人力资源管理和考评方式等方面建立更完善的机制,融入合理、新颖的理念和方法。而建立博物馆职业资格认证制度恰好可以通过清晰的标准选出恰当的人选,形成更公正公开的招聘任命体系,从一个侧面促进博物馆的人事制度改革。

第六,这是优化人才培养途径的需要。该制度在实施过程中有赖于文博人才培养后劲的加大和文博人才储备的扩充。这一制度为博物馆各职业建立了资格标准和资格认证的方法,一方面能够敦促个体有针对性地接受职业能力培训和学习,另一方面各个高校和职业院校的文博相关专业也能够依据资格认证的标准框架而更科学合理、更符合博物馆实际工作需要地设置培养方向和课程大纲,并安排教学内容与授课形式,同时教育机构和行业组织也能够对相关人员进行有关职业道德与伦理、专业知识和技能、综合职业能力等方面的有效培训和职业发展。

基于以上对资格认证必要性的阐述,建立博物馆职业资格认证制度的最终目的就是使得我国文化遗产事业能够更好更快地发展。博物馆及博物馆工作的特殊性决定了从业人员的整体水平之于文化遗产事业发展的重要意义,从业人员整体水平的提升必将极大增强我国博物馆的创造力和生命力,促使博物馆更好地发挥自身的社会职能,为推进我国博物馆领域的各项事业提供强大动力,而建立这一制度必定是促进上述发展的巨大助推力。

第二章
构建博物馆职业资格认证制度的理论基础

在我国,博物馆职业资格认证制度尚处于需要探索如何"从无到有",如何有效实施的阶段,尤其依赖于在理论研究,以及理论与实践层面为这一制度寻求依据。从整体归属来看,职业资格认证制度的研究一般在管理学、心理学和社会学范畴之内,涉及人才测评、人力资源管理等研究领域。相关的"人-组织匹配"理论、"胜任素质"理论和"职业选择"理论都将为博物馆职业资格认证制度的构建思路和实施框架提供重要的理论支撑和实践指导。此外,从当下我国博物馆组织机构和业务部门设置情况的调查与分析中可以提炼出我国博物馆从业人员的职业大类,并进一步明确我国博物馆核心业务岗位,这将为博物馆职业资格认证制度确立第一阶段以及逐步拓展后各阶段的认证对象。

第一节 相关概念的厘清

一、职业资格

(一) 职业

《辞海》中对"职业"的解释是"个人所从事的作为主要生活来源的工

作"。从这一释义出发,可以了解到职业应当具有其所应承担的职责和义务,同时也应享有相应的权利和利益,由此构成了"职业"这一概念所涵盖的主要要素。

(二) 资格

《辞海》中对"资格"的解释是"为获得某一特殊权利而必须具备的先决条件"。资格往往需要达到特定的组织机构或社会公认的标准而获得,进而能够从事相应的工作。

(三) 职业资格

从"职业"和"资格"两个词的解释来看,"职业资格"的定义应当是从事某种职业所应具备的条件和身份等。"职业资格"的定义有广义和狭义之分。从广义上讲,只要是与从事某项工作相关的资格,都属于职业资格的范畴。从狭义上讲,职业资格是由国家设定标准进行职业能力认证的各类资格,其更受制于制度,并且受到国家法律的保护。职业资格又可细分为"从业资格"和"执业资格",其中,"执业资格"更倾向于单独或独立承担的职业,需要政府颁发行政许可证,具有强制性[1];而"从业资格"更针对于对申请者从业能力的评价。本书中的博物馆职业资格应是"从业资格"的认定,即根据不同岗位要求而设立的起点标准,是"准入类资格",非"水平类资格",不具体再分为"初""中""高"级职业资格水平。但同会计职业资格、律师职业资格、教师职业资格等其他行业的职业资格有所不同的是,鉴于目前我国博物馆的实际情况,想要马上设立强制性的从业资格标准,对博物馆从业人员进行重大调整,显然困难重重。因此,本书所提出的博物馆职业资格,从长远目标来看,是希望能够真正予以完善和推行,成为具有法律效力的强制性国家职业资格。但从短期实情来看,本书所提出的博物馆职业资格更倾向于参考性的职业资格框架,即以博物馆各岗位的职责和义务为出发点,设立

---

[1] 吕忠民:《职业资格制度概论》,中国人事出版社2011版,第33页。

从事相应工作所应具备的资格要求,为当前博物馆选人用人,以及对博物馆职业进行职业发展提供参考标准。

二、资格制度

(一) 职业资格制度

"职业资格制度"是以国家法律法规中的相关规定为准绳,在不同行业中设立资格标准,并通过一定的认证方式和流程判定相关人员是否满足相应职业所应具备的基本职业知识和技能水平、综合职业能力和素养水平的一系列评估行为。[①] 与"职业资格制度"相类似的另一个概念是"市场准入制度"。"市场准入制度"所规定的对象不仅仅是人,也包括货物、资本等,这些对象都应达到相应的国家或政府规定的标准才能进入市场。"职业资格制度"的评价内容更倾向于上文所提到的"从业资格",而"市场准入制度"的评价内容更倾向于上文所提到的"执业资格"。因此,本书针对的是"职业资格制度",这种制度是以市场需求为主要导向而对博物馆工作申请者的基本从业条件进行评估的一系列工作。所谓的"基本条件"是从事相应的博物馆工作的最低标准。

(二) 职业资格证书

"职业资格证书"是国家对申请者职业知识水平、职业技能和综合职业能力进行评估,并判定为合格后所颁发的资格凭证。[②] 对于职业资格证书的管理可依照管理主体的不同分为分权管理和集中管理。分权管理的实施主体一般为非政府组织,具有一定的竞争性。集中管理的实施主体一般为政府或由政府委托和授权的相关机构。[③] 博物馆涉及人类重要的历史、文化、自然和科学遗产,对我国文化事业的发展具有不可替代的意义,博物馆的重

[①] 吕忠民:《职业资格制度概论》,中国人事出版社 2011 版,第 8 页。
[②] 劳动部人事部:《劳动部人事部颁发〈职业资格证书规定〉》,《职业技能培训教学》1994 年第 2 期。
[③] 蒋晓旭、郭雪梅:《完善中国职业资格认证与管理制度的思考》,《中国高教研究》2006 年第 2 期。

要性和博物馆工作的特殊性决定了博物馆职业资格证书应当由政府或政府授权的机构,如国家文物局来颁发和管理,偏向于上述两种管理模式的后者,以保证认证质量和证书的有效性。

三、人才测评

在本书中,主要涉及的研究对象是博物馆从业人员中的核心业务人员,即博物馆的专业人才,而认证制度的重要建立基础是对于博物馆专业人才素养和能力的认知和评估。因此,在进行研究的过程中,需要界定"人才"的定义,人才所应具备的"素质"要素,以及评估这些素质要素的"测评"方法,同时也需要对"人力资源"的相关管理工作予以明确。

(一) 人才

对于人才的界定是随着人类认知的发展而改变的。最早在英美语系中所对应的是 genius 或 gifted person[①],倾向于指具备卓越天赋的人。如今,人才一词所对应的多是 talent,既包含了个体的天赋,也包含了个体后天所养成的各种才能,这更符合现代汉语语境中对人才内涵的定义。这意味着如今人才的内涵正不断扩大,而人才的界定标准也越来越多样化,既涉及个体的素养能力,也涉及个体的教育背景和知识水平,更涉及个体的社会价值和创造的成果[②]。在知识、技能、创造性和贡献这四大要素共同具备的情况下才能成为符合当前社会需要的人才。就此内涵而言,博物馆的专业人才即需要有一定的专业知识和技能,并且保持创新能力,以杰出的综合素养为博物馆的日常工作和我国文化遗产事业的发展做出具有社会价值的贡献。

(二) 人才测评

人才测评是一个综合性的审查过程,既包括对受测对象的教育背景、工

[①] 张彬彬:《人才素质测评理论与实务》,中国人事出版社、中国劳动社会保障出版社 2013 年版,第 3 页。
[②] 同上,第 4 页。

作经历和工作能力的考核,也包括对受测对象的综合能力和个人素养的考察。人才测评的内容包含了生理要素和心理要素等各个方面。本书所运用的人才测评方法主要是指对博物馆专业人才的综合素养的测评,生理要素不在此研究的范围之内。在这一研究范畴中,"人才测评"的概念可推定为根据心理学、统计学和管理学等学科的相关理论,在规范的技术手段和评价标准的基础上,对相关人员的素养能力、性格品质、职业动机、兴趣倾向以及其他潜在能力实施测试与评估的过程。① 由此就可将博物馆专业人才的测评标准划立为知识、素质、动机、技能、胜任力和绩效等方面。在进行博物馆专业人才的测评时不能仅仅依靠单一的测评方式,鉴于博物馆所需专业人才的多样性和复杂性等特点,应当运用多种方式相结合的人才测评方式,以对应不同岗位的需求。

就人才测评机制,即人才评价机制的建立而言,包含以下几点内容,可见图2-1。这一构成图能为博物馆职业资格认证制度体系的建立起到引导性作用,即该制度应当包括认证对象、认证主体与机构、认证标准、认证方法和程序等,这也就是本书所覆盖的主要内容。

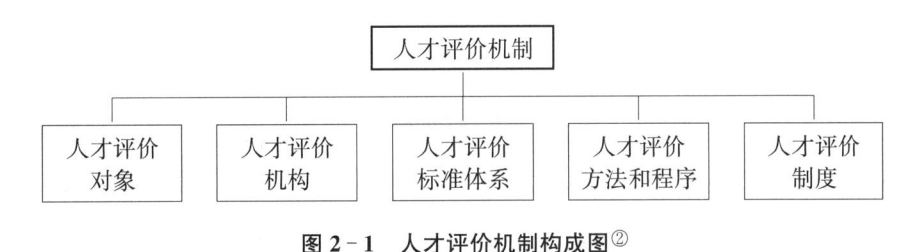

```
            人才评价机制
    ┌─────┬─────┼─────┬─────┐
  人才评价 人才评价 人才评价 人才评价 人才评价
   对象    机构   标准体系 方法和程序  制度
```

图2-1 人才评价机制构成图②

(三) 素质

从上文所述人才测评的几大内容来看,针对人才胜任力、个性和兴趣等内容的测定较难在准确的范围进行界定,但宏观而言,这些都可纳入人才

---

① 张彬彬:《人才素质测评理论与实务》,中国人事出版社、中国劳动社会保障出版社2013年版,第7页。
② 萧鸣政:《人才评价机制问题探析》,《北京大学学报》(哲学社会科学版)2009年第5期。

"素质"的范畴。因此,此处特将素质一词的定义予以明确。对于素质的定义,学者间观点不尽相同。综合国内外的研究成果,可将素质定义为:素质是促使个体发生不同行为的内在动力,具体体现在个体的性格品质、处事态度、技能和知识等特征上。[1] 因此,博物馆专业人才素质即指博物馆专业人才知识和技能、价值观、态度、个性、品质和内驱力等多维度要素。这是认证过程中最困难的部分,许多都是个体的隐性特质而无法被直观地衡量,但却是评估个体是否能胜任相应工作的重要依据。

(四) 人力资源

人力资源是指一定领域内人口所拥有的劳动能力或者是拥有劳动能力的人。[2] 由此定义出发,博物馆中的人力资源管理便相当于对博物馆所有职工的管理,人力资源管理与人才管理是包含与被包含的关系,前者侧重于量,后者侧重于质。人力资源管理的相关理论与方法有部分能运用于人才资源管理,但实施方式会有所不同。

第二节 跨学科研究

本书运用的理论与方法涉及人事管理、人力资源管理、人才测评等领域,这些内容属于管理学、心理学、经济学和社会学等学科范畴,而这些学科也就成为本书研究理论层面的主要辅助学科。借用跨学科中的相关理论与方法能够为更好地分析博物馆职业类型与特点、博物馆的各岗位需求、博物馆专业人才职业资格评估、博物馆专业人才的职业发展分析提供方法论上的助益。

---

[1] 彭志忠、王水莲:《人才测评学》,山东大学出版社2006年版,第50页。
[2] 梁裕楷、袁兆亿:《人才资源管理学》,高等教育出版社2006年版,第24页。

一、"胜任素质理论"与博物馆专业人才职业胜任素质考察

著名美国心理学家戴维·麦克利兰(David·C·McClelland)在其1973年发表的《非智力的素质测评》(Testing for Competency Rather Than for Intelligence)一文中研究发现,传统考试模式中,在学校获得高分的学生并非一定能在今后的工作中成为佼佼者。他强调个体是否能胜任相应的工作,并不仅仅取决于自身所拥有的专业技能和知识水平,也同个体所具备的多重素质息息相关,于是他首次提出"competency"这一概念[1],即如今在人才测评领域中被广为使用的"胜任素质"一词。作为胜任素质的进一步研究成果,"冰山模型""洋葱模型""树状模型"成为人才素质测评的重要经典模型。

（一）冰山模型(Iceberg Competency Model)

美国Hay管理咨询公司(Hay Group)将胜任素质理论总结为著名的素质架构的"冰山模型"[2]。这一模型将个体素质分为表象和潜在两个部分,两部分所包含的内容可见图2-2。

其中,知识指个体所了解的内容。技能指个体对如何运用所掌握的知识处理不同事宜的能力。社会角色指个体对自身作用、应有贡献和相应规范的了解。自我形象指个体对自身特质的认知,包括处事态度、价值观等。品质指与个体本质属性相关的特点,包括性格等。动机指能够驱动个体行为的内在因素。

所谓表象部分即是易于被考察的,也是传统的人才评价体系中主要的衡量标准。潜在部分即是隐藏的和不易被考察的,也是现代人才测评过程中重点测评的内容。这一类素质虽然能够通过后天的针对性训练而习得,

---

[1] David McClelland, *Testing for Competence Rather than for Intelligence*, American Psychologist, January 1973, pp.1-18.
[2] L. M. Spencer & S. M. Spencer, *Competence at Work: Models for Superior Performance*, Hoboken: John Wiley & Sons, 1993, pp.9-12.

图 2-2 人才素质冰山模型①

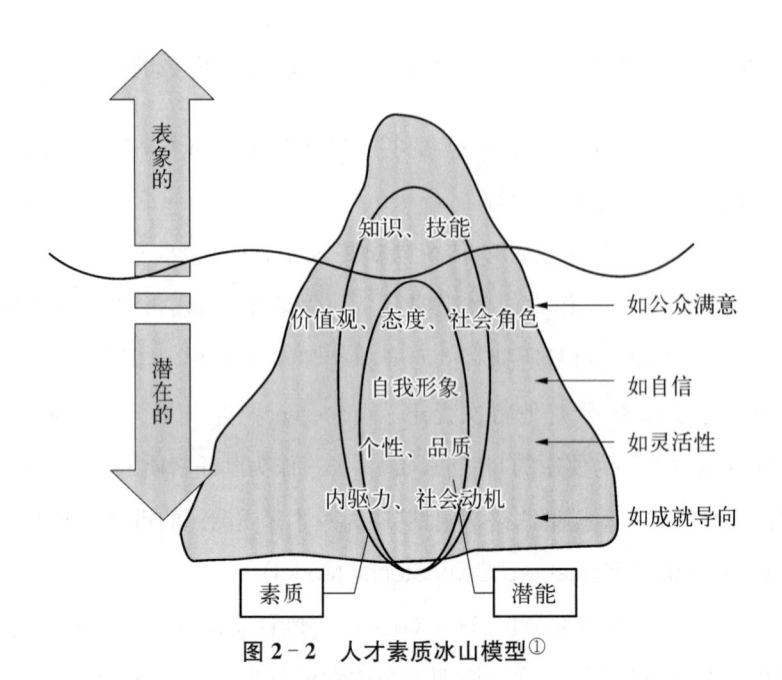

但仍与个体的内在本质相关②。从"冰山模型"中我们可以看到,人才的素质阶梯可分为六层,其中,知识和技能置于素质阶梯中的最高两层,是最易获得改变和提升的部分,社会角色、自我形象、品质和动机分别位于三至六层,是专业人才内在属性的部分,其中人才的内在动力是最核心的素质,也是最难以改变的部分。

(二) 洋葱模型(Onion Competency Model)

洋葱模型由美国组织理论学家理查德·博亚特兹(Richard Boyatzis)最先提出,是自冰山模型衍生而来的。在洋葱模型中,博雅特兹将个体素质分为三层(见图2-3),最外层为技能,即指与实现目标相关的行为。中间一层为自我形象和社会角色,最核心也是最基础的一层为个性和动机③。与冰山

---

① 彭志忠、王水莲:《人才测评学》,山东大学出版社 2006 年版,第 51 页。
② 苏永华:《人才测评概论》,中国人民大学出版社 2011 年版,第 38 页。
③ Hugh Gunz, *Reviewed Work: The Competent Manager: A Model for Effective Performance*, *Strategic Management Journal*, No.4, 1983.

模型一样,洋葱模型也将个体的素质分为不同类型和层次,但更强调了个性和动机对于个体素质而言的核心作用,也是最不易被改变的部分。

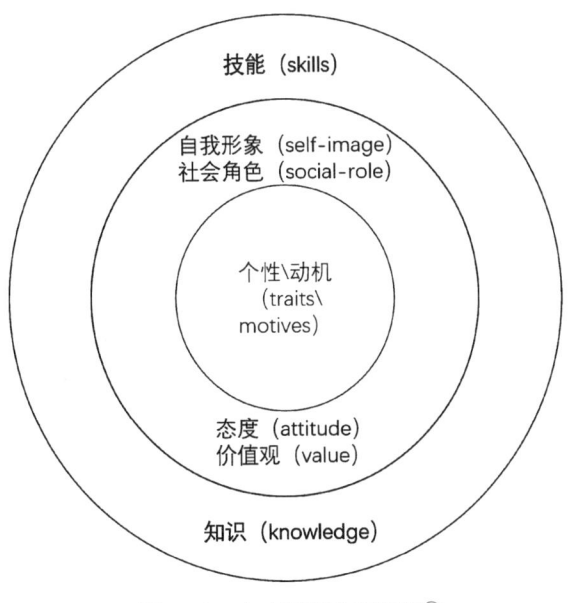

图 2-3 人才素质洋葱模型[1]

(三) 树状模型

这是另一个经典的人才素质模型。其将素质分为先天素质和后天素质两个部分,两部分的具体构成可见图 2-4。先天素质指的是主要受生理因素所影响的素质构成,后天素质指的是主要受环境因素所影响的后天习得的素质构成。后天素质中的心理素质相对于知识素质和能力素质而言,更为复杂,与个体内在的价值观、品质、自我认知等要素息息相关,不易考察。

(四)"胜任素质理论"与博物馆专业人才职业胜任素质的考察

胜任素质理论中所涵盖的个体素质要素是博物馆职业资格认证标准在

---

[1] 彭志忠、王水莲:《人才测评学》,山东大学出版社 2006 年版,第 53 页。

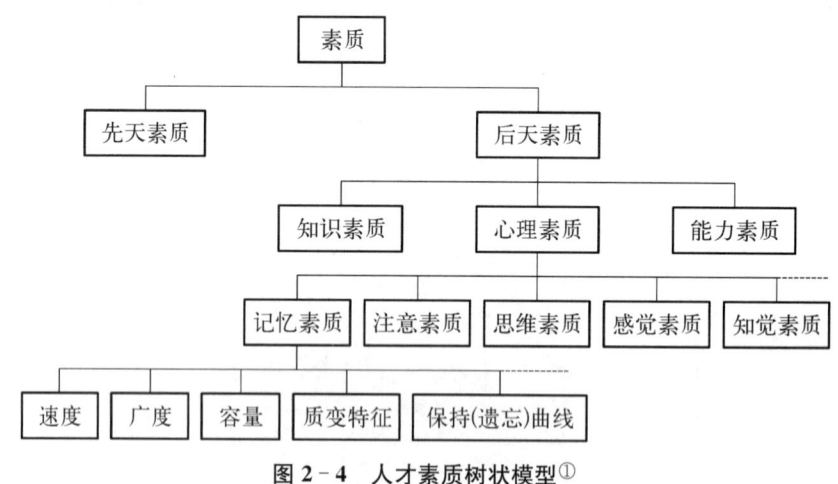

```
                    ┌─────┐
                    │ 素质 │
                    └──┬──┘
              ┌────────┴────────┐
          ┌───┴────┐        ┌───┴────┐
          │ 先天素质 │        │ 后天素质 │
          └────────┘        └───┬────┘
                    ┌───────────┼───────────┐
                ┌───┴───┐   ┌───┴───┐   ┌───┴───┐
                │知识素质│   │心理素质│   │能力素质│
                └───────┘   └───┬───┘   └───────┘
                   ┌────────┬───┼────┬────────┐
              ┌────┴─┐ ┌────┴─┐ ┌┴───┐ ┌────┴─┐ ┌────┴─┐
              │记忆素质││注意素质││思维素质││感觉素质││知觉素质│
              └──┬───┘ └──────┘ └────┘ └──────┘ └──────┘
       ┌────┬───┼────┬────────┐
    ┌──┴─┐┌─┴─┐┌┴─┐┌─┴────┐┌──┴──────┐
    │速度││广度││容量││质变特征││保持(遗忘)曲线│
    └────┘└───┘└──┘└──────┘└─────────┘
```

图 2-4 人才素质树状模型①

设立指标体系时的重要参考。基于上文所介绍的几种经典的人才素质模型,可以得出,每个个体的素质构成都分有不同的层次,包括不易改变的内在核心素质和相对较易改变的外在显性素质。对于博物馆专业人才的职业胜任素质而言,认证过程中一方面需要针对外在显性素质,即知识素质和技能素质进行测评。另一方面也需要对内在隐性素质,即价值观、自我认知、品质和动机等素质进行测评。其中隐性素质中又可将职位所需的核心素质和其他的辅助素质进行区分。核心素质指的是针对不同的博物馆工作所必需的能力和素养。辅助素质指的是为了更出色地胜任相关工作而最需具备的能力和素养。作这样区分的意义在于一方面有助于对各个职位的素质要求进行主次划分,更有效快捷地对候选者进行基础评价和筛选,另一方面有助于对不同级别、不同地区和不同类型的博物馆做出差别化标准时,提供有效依据。

此外,每个个体的素质构成都是通过先天和长期的后天环境影响所形成的,具有相对的稳定性和差异性,这也为人才素质测评的实施提供了可行

---

① 彭志忠、王水莲:《人才测评学》,山东大学出版社2006年版,第54页。

性。对这些素质的测试方法非常丰富,包括书面考试、面试、能力评估、履历分析、心理测试等①。因此,评价博物馆专业人才职业胜任素质的方式也应是多元化的,但同时也应当考虑到博物馆专业人才需求量大、需求类型多的实际情况,所用的评价方式应遵循多样性、易操作性、有效性等特点。一般而言,具体方式包括笔试、面试、专家评定和履历分析等。

二、职业选择理论与博物馆职业资格标准设立原则分析

职业选择理论最早由人-职匹配理论发展而来,在此基础上进一步衍生出人-团队匹配理论和人-组织匹配理论,其中人-职匹配理论和人-组织匹配理论是最重要的两个分支。职业选择理论主要旨在分析个体的能力和素质要素与工作环境和工作要求的匹配程度,由此来判定人体是否适合所对应的工作。这一理论既能够帮助应聘者分析自身特点,以及胜任相应工作的可能性,也能够帮助用人单位更高效地寻找到合适的工作人选。

(一)人-职匹配理论(Personality-position Fit Theory)

这一理论认为个体的个性能够揭示其内在特点,显现个体在组织内的适应性。最早的"人-职匹配理论"是由美国心理学家帕森斯(F. Parsons)提出的品质-因素论(Trait-Factor Theory),该理论认为通过一定的测试手段能够有效帮助个体认知自身品质和不同职业的素质要求,最终实现个体与职业的匹配②。此后,另一位美国心理学家霍兰德(Holland)于1985年在帕森斯的基础上,将人的个性分为6种类型,针对不同的个性特征又分别提出了所适合的职业类型③。这6种个性类型具体包括:

(1)现实型。这一类人倾向于实干,擅长需要技能、力量和合作的实体

---

① 苏永华:《人才测评概论》,中国人民大学出版社2011年版,第113页。
② 文峰、凌文辁:《从人职匹配理论到人组织匹配理论——职业生涯理论发展浅探》,《商场现代化》2005年12月(下)。
③ John L. Holland, *Making Vocational Choices: A Theory of Vocational Personalities and Work Environments*, Prentice-Hall, No.1, 1985.

活动。性格特点包括：有天赋、稳重、守规矩和注重实际。例如,建筑师、农民和工程师等。

（2）研究型。这一类人倾向于思考,擅长将理论与信息、思考、组织和理解相结合。性格特点包括：精于分析、有好奇心和独立性。例如,律师、数学家和教授等。

（3）艺术型。这一类人倾向于创造,擅长创造性的、不固化的和非系统性的活动,这些活动往往需要创造性的表达。性格特点包括：具有想象力、不循规蹈矩、理想主义、富有情绪性的和非实际的特征。例如,艺术家、音乐家和作家等。

（4）社会型。这一类人倾向于帮助,擅长给予帮助和治愈。性格特点包括：善于合作的、友善的,善于社交和善解人意的。例如,咨询师、医生和教师等。

（5）企业型。这一类人倾向于说服,擅长在竞争环境中从事有领导力、影响力的工作。性格特点包括雄心勃勃、盛气凌人、富有激情和自信。例如,管理者、营销者和推销员等。

（6）传统型。这一类人倾向于组织,擅长精准的、有规则的和不具野心的活动。性格特点包括：循规蹈矩、有效率、讲求实际、缺乏想象力和不灵活机动。例如,会计和编辑等。

在这六种类型的基础上,霍兰德设计了一个六角模型(见图2-5)来显示各类个性之间的关系。

距离相近的个性之间有更大的相似性,距离较远的个性之间相似性减弱。例如,艺术型的与传统型的最不相似,但与研究型和社会型的较为相似,以此类推。同时,霍兰德指出工作环境也同个体个性一样能够分为上述六种类型。在对个体个性和工作环境特点进行评判后,可以帮助个体更有效地寻找到适合的工作环境,在这些环境中他们能够运用他们的技能和能力,并且表达他们的价值观和态度。在适合的环境中工作,个体更易获得成

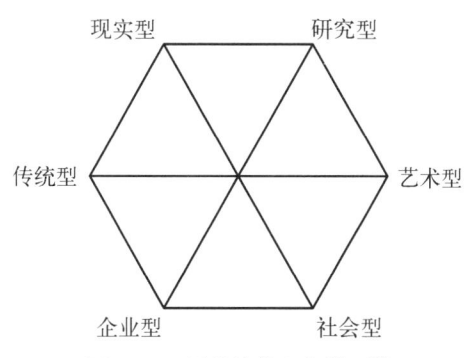

图 2-5　霍兰德的六角模型①

功,得到令人满意的成果。不过在运用霍兰德的理论之时,还需要有两个前提:一是必须有有效而准确的测试方法来判定霍兰德的性格类型;二是需要有职业和专业列表,准确地符合各个个性类型。虽然,霍兰德的"人-职匹配理论"存在着一定的局限性,但是他却明确地提出了个体的性格类型与工作环境类型之间匹配度的重要性,是职业选择理论的一个重要发展点。

(二)人-组织匹配理论(Person-Organization Fit Theory)

这一理论研究了影响个体与组织形成契合的各个因素。"人-组织匹配理论"研究者以施耐德(Schneider)为代表。他认为个体的特质才是组织行为的决定性因素,而并非外部环境特质,或组织技术,或组织结构所决定的。他提出了著名的吸引-选择-磨合模型(Attraction-Selection-Attrition,即ASA模型)②。其中,吸引是指人由于受到自身兴趣和个性的驱使,会被不同的职业所吸引。人们也会搜寻适合他们个性的工作环境,并通过选择一个特殊的组织来获得他们的成果。挑选是指组织会挑选他们认为能够胜任许多不同类型工作的人。在这种方式之下,组织会停止选择那些与他人有许多共同性格特质的人,尽管他们可能并没有许多共同的能力素质。磨合

---

① 图片来源:Holland's Theory of Career Choice and You,载职业钥匙网,https://www.careerkey.org/choose-a-career/hollands-theory-of-career-choice.html。
② 文峰、凌文铨:《从认知匹配理论到人组织匹配理论——职业生涯理论发展浅探》,《商场现代化》2005年12月(下)。

位于吸引的对立面。当人们不适应环境时,他们会选择离开,当这些人离开这一环境时,留下的将是比最初被组织所吸引的群体更同质化的团队。在这一过程中人们会创造出工作环境的各种条件。

(三)职业选择理论与博物馆职业资格标准设立原则分析

职业选择理论为认证制度检测标准的设立又提供了不同角度的启发:

第一,认证制度建立的重要基础之一是对博物馆各个职业特性的认知,包括职责范畴、工作要求和环境特点等。不同行业的职业类型充满差异性,即使同属博物馆行业,各个职业类型之间的差异也都十分明显。全面的认知能够更准确清晰地界定博物馆各个职业的特性,而霍兰德的"人-职匹配理论"可以为此提供重要参考。

第二,在对博物馆各个职业的特性进行全面理解的基础上,可以根据"人-职匹配理论"厘清各个职业所对应的人才需求类型。诚如霍兰德的理论中所提到的,与同一类型的环境所契合的个体类型不会是单一的,其中会有最匹配的类型,但也有相对而言较为匹配的类型。因此,在界定博物馆各职业的人才需求类型时也应秉持模糊匹配的原则,而并非局限地设立标准。

第三,职业选择是双向的。施耐德的ASA模型显示出个体与组织之间的关系是相互选择、相互磨合的,也是相互淘汰的。在反复进行这些过程之后,才会形成相对合理和匹配的人-组织结构。这就意味着在设立认证标准时应当进行多角度考量,不仅需要从博物馆工作实际要求出发,也需要结合目前国内博物馆人才市场的情况,以及博物馆工作对这些专业人才的吸引力,在多方权衡的情况下再进行标准的设立。

第四,认证标准的设立需要将博物馆的机构特性纳入考量。人是构成机构文化、组织行为和环境氛围的最重要因素。随着认证制度的建立,博物馆的许多从业人员,尤其是核心岗位业务人员会依据这一资格标准被聘入博物馆工作,因而此后博物馆的机构文化和组织行为就会通过这些人员形成。而前文已就博物馆的意义和重要性进行了阐述,因此认证标准的设立在考量这一方面问题后,便显得更为慎重。

三、真分数理论与博物馆职业资格认证方法的检验

真分数理论以及在其基础上建立的"经典测量理论"都是通过经典的数学模型实现个体心理测量的理论方法。这一系列理论不仅仅考量了测评本身所获得的结果,同时也将各种因素对个体测试结果形成影响而产生的误差纳入考量,并通过数学计算的方式调整测试结果。"真分数理论"和"经典测量理论"有助于对认证方法的有效性和准确性进行检验,尤其是针对个体隐性素质的评估。

(一)真分数理论(True Score Theory)

经典的真分数模型是由英国著名心理学家斯皮尔曼(Spearman)提出的,体现了被测者相关素质的数值,用公式表示为:$X=T+E$[1]。X 显示的是测评结果,T 显示的是真分数,E 显示的是随机误差。从公式中一目了然,即人才测评的真实结果应当包括测试结果本身和随机误差。一般而言,每次测试的结果中真分数变化不大,而随机误差才是影响最终 X 数值的最重要因素。

(二)经典测量理论(Classical Test Theory,CTT)

经典测量理论是真分数理论体系中的一种,其以真分数理论为基石,又发展出更为科学有效的测评理论。经典测评理论的目的在于理解和提升心理测试的可信度。经典测量理论的基础公式仍与经典真分数理论相同。但在此基础上经典测量理论假设在对被测者进行多次检测或在被测对象为一组的情况下,可以忽视随机误差值,由此表明随机误差与真分数之间并不相互影响,是两个相对独立的数值,而随机误差只与偶然因素有关[2],也就意味

---

[1] 苏永华:《人才测评概论》,中国人民大学出版社 2011 年版,第 57 页。
[2] 张彬彬:《人才素质测评理论与实务》,中国人事出版社、中国劳动社会保障出版社 2013 年版,第 30 页。

着被测者的真实测评结果与外界因素无关。

(三)真分数理论与认证方法的检验

真分数理论与经典测量理论都属于理论假设,主要目的在于考察被测者的真实检测结果与实际检测结果之间的关系,以及测量误差在其中所造成的影响及其程度。而真分数理论对于认证制度的意义主要在于检验针对博物馆专业人才的素养和才能的相关测评方法和测评结果的有效性。

第一,真分数理论与测评信度。测评信度显示的是测评结果的可信赖程度。对于认证制度而言,在确定了资格认证方式之后,应当随机选取一定数量的样本,对认证方式进行试验性测试。而认证方式的信度可以通过几种对测试结果的分析得出。一种是同一测试方法在不同情况下进行重复检测;一种是用不同的测试方法在相同情况下进行检测。上述这些分析方法都说明几次测试实际分数的相关度越高,测试方式的信度就越高。

第二,真分数理论与测评效度。测评效度显示的是测评结果的正确性和相关性程度。对测评效度的评价可以涉及几个方面:一是内容的评价。检测的内容都应当与预期所欲获得的信息有较高的相关性,例如针对博物馆专业人员素养和能力的检测,每一道测试题都应当反映出博物馆专业素养和能力的特征,无论是内容范围还是题目的代表性都应当致力于提升测评的效度。二是关联度的评价。例如,对博物馆专业人员素养和能力的检测,一方面可以将他们的学历水平和以往工作绩效作为参考,分析两者之间的相关程度,另一方面可以由资格认证的申请者通过测评,以优秀程度分为若干组,检测各组之间的差异性,检验测评方式的有效性。三是预期的一致性评价。例如,在博物馆专业人员素养和能力的检测中,先通过履历和面试等手段对被测者学历水平、个人素养和能力进行初步评估,然后再通过一些技术性手段进行进一步测评,检验两者之间的吻合度。

第三,真分数理论与项目分析。经典测量理论对于测验的甄选提出了一系列不同的方法,统称为项目分析,具体包括难度分析和区分度分析等[①]。难度分析即指测试内容的难易程度,可显示为"通过率"。例如,资格认证对于申请者通过率的控制就需要以测评要求的高低进行控制,保证资格认证的质量和获得者的数量。区分度分析即指测试内容对于被测者差异度的甄别效果。例如,博物馆职业资格认证在要求设定和测试题目设定时应当考虑到,若设定过低或过高时,对申请者的甄别程度都是较低的,而设定在中等程度时,甄别效果才是最好,而所谓的"中等程度"需要通过多次的实测和分析而不断调整。

四、人才资本理论与博物馆专业人才的认知与管理

随着社会的发展,人力资源的重要性越来越为社会所认识。作为人力资源的一个重要组成部分,人才资源对于现代人类社会的发展更具有首要作用。而随之衍生出的人才资本理论也为更有效地进行人才资源的管理提供了理论基础。对于博物馆职业资格认证制度而言,人才资本理论可以作为宏观的理论研究框架,更全面深刻地认识和管理博物馆专业人才。

(一)人才资源生态系统与博物馆专业人才培养的外在环境

生态系统包括自然和社会环境,其对于人才的发展起到了十分重要的作用,既可以阻碍人才的发展,又可以推动人才的发展。人才与生态系统的关系是相辅相成的,人才是生态系统的重要构成要素,在一定程度上塑造了生态系统,但同时人才为了自身更好地发展,也应当努力去适应外在生态系统的演化。博物馆专业人才的发展也离不开良好生态系统的营造。培养和扶持博物馆专业人才所需的生态环境在目前的情况下还应得到进一步优化,具体涉及国家管理体制改革、法制完善、教育和文化发展等一系列因素。

---

① 苏永华:《人才测评概论》,中国人民大学出版社2011年版,第59页。

(二) 人才资本价值系统与博物馆专业人才管理

人才资本是资本的一种形态,包括人的智力、知识力、创造力和技能[①]。人才资本是无形资产,对其经济、文化和社会等价值的有效利用,能够使这些价值发挥出更大的社会效益。可见,人才资本管理具有十分重要的意义。这类管理涉及宏观和微观两个层次,对博物馆专业人才的管理亦是如此。在宏观层面,对于博物馆专业人才的管理需要依靠宏观制度的构建,并且在制度层面进行宏观调控,同时利用市场经济开放自由的特点,实施信息引导,控制博物馆人才资本的流向。在微观层面,对于博物馆专业人才的管理涉及培养和培训、吸引和纳入、激励和提升、评估和更新等,这些都是帮助博物馆专业人才获得良性发展的必要手段。

(三) 人才资源信息系统与博物馆专业人才管理的信息系统建设

人才资源信息系统是对各类专业人才的现实情况和变化趋势等信息的集合。人才资源信息系统能够在制定人才发展规划、实行人才管理相关政策等方面起到积极的作用。认证制度的建立为博物馆专业人才信息系统的建设提供了可能性,获得博物馆职业资格的专业人员即可依照职位的分类被纳入博物馆人才资源信息系统。这些信息构成的不仅仅是博物馆专业人才本身的信息体系,也是博物馆人才资源管理的信息化。这些信息能够为博物馆人才数据库的建设和博物馆人才战略规划提供重要依据。

(四) 人才资源开发与使用和博物馆专业人才的任职

人才资源的开发和使用是通过一定的手段对人才资源进行激发、辨识和使用的过程,最终目的是使得人才资源能够人尽其才。具体形式包括通过一定范围内的选举而决定人选的选任制,通过上级主管部门进行一定程序的筛选而直接任命人选的委任制,通过公开招聘和相应的筛选程序而聘用人选的聘任制,通过公开的统一考试并由考核成绩作为主要筛选依据的

[①] 梁裕楷、袁兆亿:《人才资源管理学》,高等教育出版社2006年版,第46页。

考任制等。这些形式有共同的实施原则,即都需要以人才的素养才能,以及与职位的匹配度作为最重要的选择标准,同时要秉持公平竞争和优胜劣汰的原则。这些方法和原则对于认证制度而言亦是如此,也是认证方式和认证原则的重要评估参考。

(五) 人才资源配置与博物馆专业人才资源配置

人才资源配置的最终目标是促使人才与岗位、人才与市场的有效和优质结合,从而有助于相应的组织和工作系统的良性发展。就博物馆专业人才资源配置而言,具体可将上述目标进行细分,包括促进博物馆专业人才的动态流动,进行有效的隶属关系的变化,为博物馆专业人才寻求到更好更适合的职业发展提供良好的平台;促进博物馆专业人才的合理就业,平衡博物馆或其他相关机构和博物馆专业人才市场之间的供求关系;高效使用博物馆专业人才资源;优化博物馆专业人才资源结构,使得博物馆专业人才资源符合和满足于整个社会环境和文化遗产事业发展的需求;实现新生代博物馆专业人才的提前配置,对文博相关专业的高校学生进行就业指导和职业引导,并且预测未来的就业情况。

(六) 人才资源的社会保障体系和博物馆专业人才的职业保护

人才资源的发展和使用离不开社会大环境中各个保障体系的支持。对于博物馆职业资格认证制度而言,支持体系应当包括法制体系,赋予博物馆职业合理的法律地位,让博物馆人才的职业资格得到有效的法律保护;市场管理体系,提供不同层次的监督和管理,确保这一制度的有序实行,维持认证质量;社会保障体系,向博物馆专业人才给予各方面的帮助,包括病残、生育、养老等内容,而社会保障的内容也应当随着社会的发展而不断丰富。

五、小结

这一节借用了心理学、管理学和社会学等学科的理论与方法为本研究架构了理论体系,奠定了后续章节对博物馆职业资格认证制度探讨的理论基石。

而所选取的这些理论与方法分别运用于该制度建设的各个阶段,其中:

胜任素质理论主要运用于制度建立前,对个体素质和能力的构成要素进行分析与评估,并提炼出博物馆各个职业专业人才的核心素质,为后续认证标准和认证方式的设立提供依据。

职业选择理论主要运用于制度建立前和建立过程中,对博物馆机构环境和各个职业的工作特性进行认知,以及对所需的相对应人才类型进行明确,并在此基础上建立认证标准,使得标准的设立能与博物馆各个职业需求形成更匹配的关系。

真分数理论主要运用于制度建立伊始,对资格认证方式和认证标准难易度和合适度进行检验。通过足够数量样本的试验,不断调整认证方式和认证标准,提升资格认证的信度和效度,便于项目分析,最终形成相对成熟、科学、稳定的认证体系。

人才资本理论主要运用于制度建立后,对博物馆专业人才的宏观管理和使用以及配套支持系统的建立。这一理论在顶层设计和支持层面对该制度的建立提供了指导。

这些理论与方法虽然就其本身而言或多或少地存有缺陷和限制,但作为各个学科的经典理论,具有相对更高的效用,目前仍在人才测评和人力资源管理等领域被广泛运用。因此,在博物馆职业资格认证制度的建立过程中对这些理论与方法予以恰当的借鉴,将会带来诸多裨益,提升制度建立和实施的可行性和有效性。

第三节　博物馆职业分类及核心业务岗位分析

基于对博物馆及博物馆工作特殊性的论述,博物馆从业人员的职业资质相应地需要达到一定的特殊要求,更凸显了建立职业资格认证制度的必要性。然而,在探讨具体岗位的从业资质之前,首先需要明确博物馆业务人员的职业分类,并在此基础上提炼博物馆的核心业务岗位,即明确本书的研究对象,并对研究对象的本质属性有全面而准确的把握,才能进一步进行相应职业的资质探讨。

一、各国有关博物馆职业分类的探讨

博物馆职业类型的划分是一个动态变化的过程,影响类型划分的因素一方面来自博物馆所承担的社会使命和所履行的社会职能的变化,另一方面来自博物馆实际工作的不断发展所引发的对博物馆职业理解的变化。目前,我国针对博物馆职业类型的探讨十分有限,尚未形成权威性的类型划分标准,但国际上的不少国家,尤其是欧美等国,已有一定的研究成果,可以起参考作用。

20世纪末期,瑞士提出了博物馆职业的分类方式,具体可见表2-1。

表2-1 瑞士《博物馆职业》中的博物馆职业分类[1]

博物馆职业名	原　　文
行政官员	Administrateur/administratrice
图书馆馆员	Bibliothécaire
展览策划者	Chargé/chargée de l'aménagement des expositions
馆藏协调员	Chargé/chargée de l'inventaire
文化协调员	Chargé/chargée de médiation culturelle
公众关系与媒体协调员	Chargé/chargée des relations publiques et de la presse
文物保护员	Conservateur/conservatrice
馆长	Directeur/directrice

---

[1] Angelika Ruge, *Museum Professions-A European Frame of Reference*,载国际博协网,http://icom.museum/fileadmin/user_upload/pdf/professions/frame_of_reference_2008.pdf,2008.

续　表

博物馆职业名	原　　文
看守人员	Gardien/gardienne
文物摄影师	Photographe
标本制作人员	Préparateur/préparatrice
安保人员	Responsable du service d'entretien et de sécurité
文物修复人员	Restaurateur/restauratrice
秘书长	Secrétaire
藏品技术员	Technicien/technicienne de collection

这是早期有关博物馆职业分类的研究中较为重要的成果，这一分类的出现为此后一段时期内博物馆职业分类的探讨提供了基础范本，也为与此相关的博物馆工作的顺利开展和博物馆研究的顺利推进提供了积极有效的帮助。

在瑞士分类的基础上，21世纪初，法国就提出了受外部环境影响的博物馆在新世纪所将面对的机构内部运营理念和工作重心的变化，主要的关注点应放置于观众、馆馆合作和文化社会化等方面，这便预示了法国博物馆未来的发展方向，也为博物馆职业类型带来了新的变化。在此观点上所形成的博物馆工作领域可见表2-2。这一分类所反映出的彼时对博物馆职业的认知仍然是以基于藏品的相关工作为博物馆实务中的最主要构成。

表2-2　法国博物馆工作岗位类型[①]

博物馆工作领域	原　　文
建筑管理	Architecte-Maître d'oeuvre
项目规划	Programmation
文物保护	Conservation

[①] Angelika Ruge, *Museum Professions-A European Frame of Reference*，载国际博协网，http://icom.museum/fileadmin/user_upload/pdf/professions/frame_of_reference_2008.pdf, 2008.

续 表

博物馆工作领域	原 文
文物修复	Restauration
展览设计	Conception d'exposition
多媒体设计	Conception multimédia
协调	Médiation
经营管理	Gestion
传播交流	Communication
接待和监测	Accueil et surveillance
评估	Evaluation
研究	Recherche
图书馆,商店	Librairies, boutiques
餐馆,咖啡厅	Restauration, cafétéria

2008年,《博物馆职业——欧洲参考框架》(*Museum Professions — A European Frame of Reference*)由欧洲多国的博物馆协会合作制定,专门探讨了博物馆从业人员的职业类型,以及各职业所应具备的基本职业资格要求。这一规模的职业类型数量应当是博物馆的基本组织框架,尤其是大型博物馆更应如此。这一成果不仅对欧洲博物馆的业务部门设置和人员选聘工作起到积极的引导作用,同时对其他国家和地区的博物馆也有借鉴作用。《参考框架》中的博物馆职业类型可见表2-3。

表2-3 《博物馆职业——欧洲参考框架》中博物馆职业类型[①]

博物馆职业名	原 文
馆长	Director
研究员	Curator

① Angelika Ruge, *Museum Professions-A European Frame of Reference*,载国际博协网,http://icom.museum/fileadmin/user_upload/pdf/professions/frame_of_reference_2008.pdf, 2008.

续 表

博物馆职业名	原文
馆藏协调员	Inventory Co-ordinator
登录人员	Registrar
文物保护员	Conservator
助理研究员	Curatorial assistant
文献中心经理	Document centre manager
展览和陈列研究员	Exhibition and display curator
展览设计师	Exhibition designer
教育和观众服务经理	Manager of the education and visitor service
教育和观众服务人员	Education and visitor service officer
观众接待和安保经理	Visitor care and security manager
观众接待和安保助理	Visitor care and security assistant
图书馆和媒体中心经理	Library and media centre manager
网络管理员	Web master
行政主管	Administrator
设备和安全经理	Facilities and security manager
IT经理	IT manager
市场、营销和筹资经理	Manager of marketing, promotion and fundraising
新闻和媒体中心主任	Press and media officer

瑞士所提出的博物馆职业类型与十余年后欧洲所提出的博物馆职业类型,两者相比存在明显不同。2008年所划分的博物馆职业类型中,博物馆社会服务和社会传播相关的职业类型数量明显增加,这与14年中博物馆经营管理理念和社会职能的变化息息相关,反映出了博物馆从内向型的研究机构逐步转变成为外向型的服务机构的发展趋势。

另外,美国国家劳动统计局所发布的《标准职业分类》中显示与博物馆直接相关的职业包括档案管理员(Archivist)、图书管理员(Librarian)、博物馆研究员(Curators)、博物馆技术员(Museum Technicians)、文物保护人员(Museum Conservator)、博物馆导览员(Museum Guides)、博物馆展览技术员(Museum Exhibit Technicians)，此外，还有展览设计师(Exhibit Designer)、教育专员(Educational Specialist)、教育管理人员(Education Administrator)、考古人员(Archaeologists)、公共关系管理人员(Public Relations Managers)等。[1] 这是美国在国家层面做出的官方分类方式，但博物馆在实际运作时仍然会依照自身需求对此进行调整，相关专家也对此进行了研究。

2005年，美国博物馆学专家 N. Elizabeth Schlatter 对博物馆职业进行了划分，她将博物馆职业分为四大类，并针对各个类型又进一步细分了岗位类型，具体可见表2-4。

表2-4 N. Elizabeth Schlatter 所分博物馆职业类型[2]

博物馆职业主要类型	具 体 岗 位
与物件和/或展览相关的岗位	文物保护人员(Conservator)
	研究员(Curator)
	设计人员(Designer)
	展览管理人员(Exhibition Manager)/开发者(Developer)
	图书管理员(Librarian)/档案管理员(Archivist)
	文物摄影人员(Photographer)
	标本制作人员(Preparator)/艺术品处理人员(Art handler)
	登录员(Registrar)/藏品管理人员(Collection Manager)

---

[1] Bureau of Labor Statistics：*Standards Occupational Classification*，载美国劳动统计局网，http://www.bls.gov/soc/2010/soc_alph.htm♯M，2015.

[2] N. Elizabeth Schlatter, *Museum Careers*, California：Left Coast Press，2005，pp.49-50.

续 表

博物馆职业主要类型	具 体 岗 位
与公众服务相关的岗位	会员管理人员（Membership Manager）
	编辑（Editor）
	教育人员（Educator）/志愿者管理人员（Volunteer Manager）
	信息管理人员（Information Officer）
	营销管理人员（Marketing Manager）/公共关系管理人员（Public Relations Manager）
	零售管理人员（Retail Manager）
	安全主管（Security Chief）
	观众服务管理人员（Visitor Services Manager）
与行政管理相关的岗位	行政管理人员（Administrator）/财务管理人员（Finance Officer）
	设施管理人员（Facilities Manager）
	法律顾问（General Counsel）/律师（Attorney）
	人力资源管理人员（Human Resources Manager）
	技术管理人员（Technology Officer）
馆长	

自此7年后，美国博物馆协会出版了《博物馆人生：管理您的博物馆生涯》(*A Life in Museums-Managing Your Museum Career*)一书，其中 N. Elizabeth Schlatter 对博物馆职业类型又做了重新调整，具体类型包括：

（1）与藏品、物件和展览相关工作。

（2）教育、阐释、项目和评估。

（3）营销和传播。

（4）观众服务和观众体验。

（5）筹资和发展。

(6) 行政管理和运营。[1]

不过,Elizabeth 也提到,对于博物馆而言,职业类型并不只有这一条标准,根据博物馆的规模大小、预算、学科(科学、历史或艺术)、机构联盟、社区和观众情况,博物馆所拥有的职员类型也会发生变化。许多情况下这些职业的工作职责之间是有交叉和联系的。

另外,澳大利亚国家统计局所发布的《澳大利亚职业分类标准》(*Australian Standard Classification of Occupations*(ASCO) *Second Edition*,1997)中与博物馆相关的职业包括博物馆或美术馆研究员(Museum or Gallery Curator)、博物馆或美术馆技术专员(Museum or Art Gallery Technician)、文物保护人员(Conservator)、博物馆或美术馆服务人员(Museum or Gallery Attendant)等[2],并对他们的入职要求做出了规定。

新加坡在制定国家职业类型时纳入了"遗产"(Cultural Heritage)门类,门类里的职业类型可见表 2-5。

表 2-5　新加坡国家职业"遗产"大类中的职业类型

"遗产"大类中所包含的职业类型
博物馆馆长
研究员/助理研究员
文物保护员/助理文物保护员
档案管理员/助理档案管理员
遗产教育和外延项目经理/助理经理

---

[1] Greg Stevens and Wendy Luke, *A Life in Museums-Managing Your Museum Career*, Washington D.C.: The AAM Press, 2012, pp.7-8.
[2] Australian Bureau of Statistics, *Australian Standard Classification of Occupations*(ASCO) *Second Edition*,载澳大利亚统计局网, http://www.abs.gov.au/ausstats/abs@.nsf/66f306f503e529a5ca25697e0017661f/5c244fd9d252cfc8ca25697e00184d35!OpenDocument, July. 31st 1997.

在不同国家的国家职业标准、专家探讨研究不断发展和完善的基础上,国际博协也随之制定了博物馆的职业类型(见表2-6),作为各国的基本参考。

表 2-6 国际博协博物馆职业分类[①]

博物馆职业名
博物馆馆长与主要行政人员
在特殊类型的博物馆或效力于博物馆特别藏品工作的管理人员
维护/修复人员与拥有其他专长的技术人员
登录人员与其他建档专家
博物馆教师和其他教育者
传播与社区联络人员
以博物馆为基础的研究人员
博物馆建筑师、设计师与诠释人员
展览人员
图像与新科技专家
博物馆的图书馆员、文献人员、建档与信息专家
博物馆安全专家
一般与专业的管理与行政人员
公共关系、市场营销与其他商务活动
馆员培训人员

二、我国博物馆职业分类的考察

各国对博物馆职业类型的研究与实践都是基于各国博物馆的实情而展开的,在分类上不尽相同。在探讨我国博物馆职业类型时,应当将上述材料作为参考,而更重要的是要立足于对我国博物馆实情的研究分析。因此,笔

[①] [英]帕特里克·博伊兰主编:《经营博物馆》,黄静雅、韦清琦译,译林出版社2010年版,第216页。

者通过实地考察、访谈和在线调查等方式对我国境内的近两百家博物馆进行了业务部门设置情况的统计分析。所涉及的博物馆分布于全国范围内的全部省、区、市(除西藏自治区外),并且既囊括了国家级和省级博物馆,也囊括了地市级和县市级博物馆。同时,从类型角度而言也基本覆盖了所有类型的博物馆,包括综合类、艺术类、历史类、自然科技类、行业类等。因此,尽管这191家博物馆对目前我国博物馆5000余座的总数而言占比并不高,但是却具有较强的代表性,能够满足了解我国博物馆业务部门设置的实际情况需求。

根据调查结果,尽管不同博物馆业务部门的名称会有微小的差异,但从实际职责范围上判断,可将其主要分为以下十二类(见表2-7)。

表2-7 我国博物馆主要业务部门

博物馆业务部门大类	具 体 包 含 的 部 门
典藏保管相关部门	保管部、典藏部、文物部、藏品部、核心文物库房、文物总账管理部等
陈列展览相关部门	展览部、展览策划与美术工作部、陈列设计部、展览展示中心、设计部、陈列技术科、展览设计制作中心、临展工作室、陈列会展部、陈列研究部、展览艺术研究室,对于自然科技类博物馆还有展品研制部等
藏品研究相关部门	书画部、陶瓷部、青铜部、器物部、文献部、金石部、简牍研究中心、艺术部、民族民俗部、自然科学部、党史部、历史部、文史研究、动物部、植物部、岩石矿物部、科研部、文物研究中心、学术研究中心等
宣传教育相关部门	宣传教育部、社会服务部、教育推广部、推展教育部、青少年活动部、开放教育部等,另外有些博物馆则是将宣传教育工作归在了公共服务部、文宣室、群工部和开放服务部等部门职责之中,而自然科技类博物馆还有科普部也负责一定的宣传教育工作
文物保护相关部门	文保科技部、修缮技艺组、技术保护部、文物科技保护部、文物应用技术部、旧址保护等
考古工作相关部门	考古研究所、综合考古、文物考古工作队、史前考古部、历史时期考古部、科技考古部、考古协调部、文物考古部、考古发掘科、文物调查勘探队等

续 表

博物馆业务部门大类	具 体 包 含 的 部 门
网络信息相关部门	资料信息部、信息网络部、信息中心、信息技术部、信息管理处、数字博物馆、宣传网络处、计算机中心、信息档案部、网络科普部等
文化产品、产业经营相关部门	经营与开发部、文创部、市场部、产业经营部、文化服务部、经营推广部、营销部、产业发展部、文化产业科、事业拓展部、旅游产品开发部等
藏品征集相关部门	文物征集部、藏品征集部、征集编目部等
图书馆、资料室相关部门	图书馆、资料室、图书资料部、图书档案部、文献信息中心、档案资料室、图书资料信息部、文档室等
交流外联相关部门	文化交流部、外联部、对外交流部、宣传联络部等
编辑出版相关部门	出版部、编辑设计部等

综合国内外的调查研究成果,可初步推导出我国博物馆的职业类型,如表2-8所示。

表2-8 我国博物馆业务人员职业类型

我国博物馆业务人员职业类型
博物馆馆长
陈列展览人员
藏品保管与征集人员
以博物馆为基础的研究人员
文物保护和修复人员或拥有其他专长的技术人员
博物馆教育人员
考古人员
博物馆的图书馆员、文献人员、建档与信息专家
网络与新科技人员
对外交流联络人员
市场营销和产业经营人员
编辑出版人员
馆员培训人员等

三、我国博物馆的核心业务人员

作为本书主要研究对象——博物馆核心业务人员的推导可以由博物馆核心业务部门的确定入手,而核心业务部门的确定则是基于对博物馆职业类型的进一步分析提炼而得出的。

国际上并没有明确提出博物馆核心业务人员的职业类型,但是一些研究和文件中曾对博物馆的核心业务岗位有过归纳,在提炼我国博物馆核心业务人员时可作为相助于思考的依据。例如,意大利博物馆协会在 2006 年提出将博物馆的核心工作大致分为四类。(见图 2-6)[①]

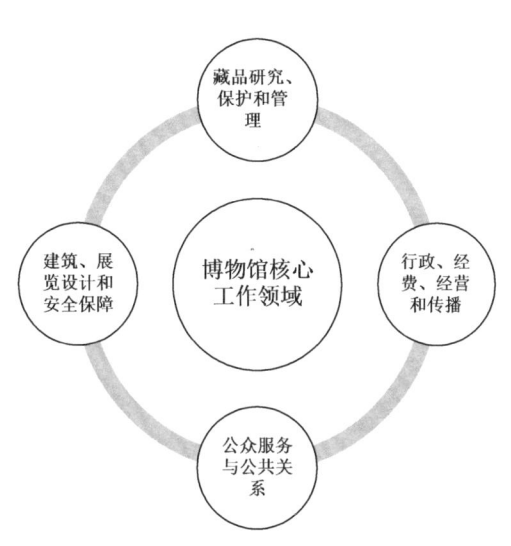

图 2-6 意大利博物馆协会所提出的博物馆核心工作领域

在意大利博物馆协会这一观点的基础上,欧洲各国在综合考量各国情况,并进一步分析博物馆工作性质之后,于 2008 年将博物馆的核心工作领域进一步浓缩为三类。(见图 2-7)[②]

若将上述两者进行对比,可以发现意大利博物馆协会所提出的有关博物馆建筑、博物馆展览和博物馆安全等方面的工作在欧洲所提出的观点中已被融合进其他几项工作中了,欧洲各国认为这些工作并不需要作为博物馆工作的核心而被特意强调,其实质上即是博物馆藏品和研究、博物馆观众

---

① Angelika Ruge,*Museum Professions-A European Frame of Reference*,载国际博协网,http://icom.museum/fileadmin/user_upload/pdf/professions/frame_of_reference_2008.pdf,2008.
② Ibid.

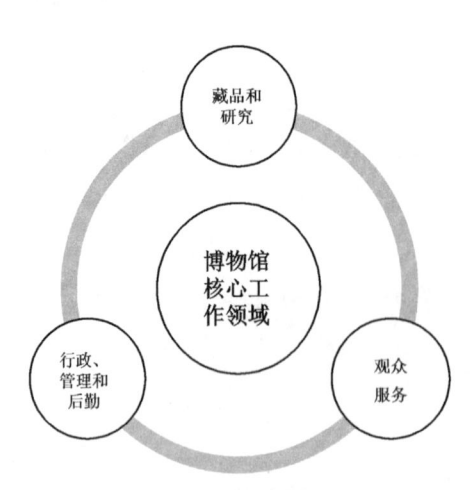

图2-7 欧洲各国博物馆协会所提出的博物馆核心工作领域

服务以及行政管理等工作综合协调和共同发展所自然产生的衍生品和成果。因此,基于欧洲各国的观点可以看出,在行政工作的范畴之外,博物馆的核心工作领域就主要包括藏品和研究,以及观众服务这两项,分别对应博物馆内外双向的核心任务。

就我国博物馆的实际情况而言,上文所提到的对各地博物馆机构设置的调查结果显示,不同业务部门的设置率可参见表2-9。设置率的高低能够从一个侧面直观地反映该业务部门在我国博物馆中的普遍性,即设置率越高的业务部门是博物馆中相对越不可或缺的部门。由表2-9中可以看出,表中阴影所示的各个部门为设置率居前的部门,这些部门恰好对应了国际上对博物馆核心工作领域的划分。因此,可将陈列展览相关部门、宣传教育相关部门、典藏保管相关部门、藏品研究相关部门和文物保护相关部门视为我国博物馆的核心业务部门。

表2-9 我国博物馆业务部门设置情况统计表

部　门　类　别	设立博物馆数	占总数比重
陈列展览相关部门	171	89.53%
宣传教育相关部门	167	87.43%
典藏保管相关部门	158	82.72%
藏品研究相关部门	122	63.87%
文物保护相关部门	59	30.89%
网络信息相关部门	52	27.23%

续 表

部 门 类 别	设立博物馆数	占总数比重
文化产品、产业经营相关部门	32	16.75%
考古工作相关部门	31	16.23%
图书馆、资料室相关部门	22	11.52%
藏品征集相关部门	9	4.71%
交流外联相关部门	7	3.65%
编辑出版相关部门	4	2.09%

从核心业务部门的确立可以进一步推导出我国博物馆的核心业务人员。值得一提的是，博物馆馆长不隶属于博物馆的任何业务部门，但却是博物馆所有业务工作的核心总管，自然应当被归为博物馆的核心业务人员大类之中。因此，我国博物馆的核心业务人员类型可见图2-8。

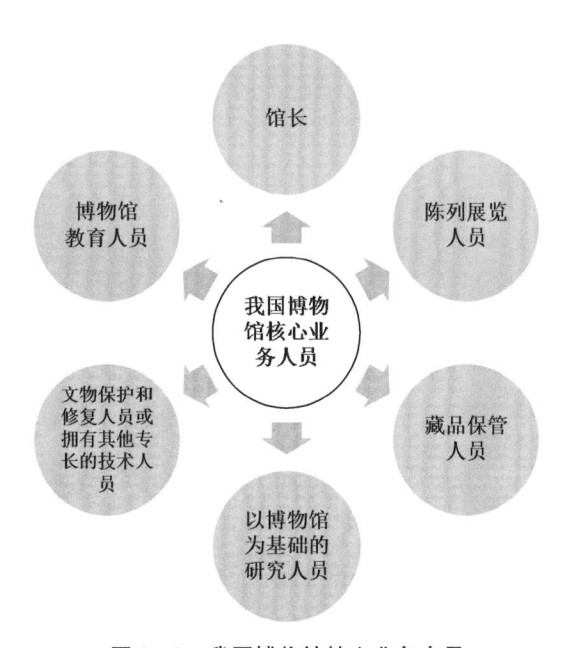

图2-8 我国博物馆核心业务人员

这些人员是博物馆实现各项社会职能的关键所在,他们的道德品行、专业知识、专业技能和综合职业能力水平都应当达到相应的要求。因而,对上述博物馆核心业务人员职业资格的探讨便成为本书的主要研究内容。需要注明的是,以博物馆为基础的研究人员这一业务人员类型,由于其所涉及的研究内容甚为广泛和多样,同时现代博物馆的研究人员职责范围也发生了巨大转变,在很大程度上与陈列展览、社会教育、藏品保管和文物保护等环节的工作互有融合,职责边界愈发模糊,因此难以做出清晰的职责划分和职业资格要求的界定,因此,本书将不以博物馆研究人员的职业资格作为重点研究对象之一。

第三章
博物馆馆长职业资格分析

馆长是每一座博物馆组织体系中的核心人物。如今,博物馆所处的内外环境都在发生着深刻的变革,博物馆被赋予的职能越来越广泛,被赋予的角色也越来越丰富,博物馆在经营管理方面面临着空前的挑战。为了使博物馆能够更好地履行自身的职责和义务,博物馆的经营管理工作已然不同于传统模式。理念的更新、服务对象的转变、业务的拓展和工作重点的转移,促使馆长在博物馆的战略规划、经营管理、统筹协调、对外关系等方面都起到越来越重要的作用。因此,现代博物馆馆长的职责也较以往有了巨大的变化和增加。若要成为一名合格,甚至优秀的馆长,馆长自身所应具备的素养和能力都需要达到更高的要求。

第一节 社会环境变革引发博物馆经营管理理念转变

一、社会环境变革

进入信息时代之后,人类社会发生了深刻变革,并形成了这一时代独有的特点。国际上,将当今社会描述为"VUCA World",是对时代特点的高度概括,VUCA 分别指 Volatility, Uncertainty, Complexity, Ambiguity,即多

变性、不确定性、复杂性和歧义性。若以信息交互和知识获取为出发点,对于这四个特点可稍做以下阐释:

第一,我们所处的环境和我们所拥有的人际关系已经从过去的"聚集型"转变为当下的"离散型"。信息技术摆脱了地理和时间的限制,社会沟通成本极大降低,信息通过网络相互碰撞、相互镶嵌。信息技术也突破了个人社会角色差异的阻隔。个体的独立性和自主性日益凸显,他们通过网络平台追求更均等和多元的机会,并基于自身的身份和兴趣更自由地接收和传达信息。从而,人与人之间的依附关系和依赖程度被削弱,需要不断融合不同个人意志的协商式关系愈发常见。

第二,不断加速的社会变化促使学习系统持续扩张。当今时代,信息传递的速度愈发迅捷,传递的媒介愈发广博,如此的多元性促使社会环境的不确定性和复杂性随之大幅提升。个体的学习场所远不仅限于传统意义上的学校,任何一个场所都能被囊括于广义的"学校"之中,不再拥有固定的形式,可以在任何时间任何地点进行"自我组织",而博物馆也成为其中重要的阵地之一。与此同时,个体无法再同在传统社会中一样,执着于单一模式,在信息辐射面持续放大的前提下,个体会不断转变自身的学习目的、学习前提和学习方式,同时更乐意参与有意义的亲身体验。

第三,数字化的公民社会促成人与人之间"新的共同点",即自然产生的自我管理形式。在大量信息交互的情况之下,作为信息管理的主体,个体或自主或被迫地逐渐获得甄别和汲取信息的能力,并与主观表达相互渗透,在内外信息的交叉与循环中学会自我保护,形成权益意识,从而促进在社会结构和社会行动之间形成良性互动。这种自我管理和自我服务形式一方面反映出信息时代下公民自主学习能力和综合素养的提升,另一方面也促使公民增强自我约束能力,体会信息自由的相对性。

在上述国际社会环境转变的大趋势之下,我国博物馆发展的社会环境也在经历着深刻的变化。具体体现在:

第一，我国经济社会的迅速发展为强化文化遗产事业提供了坚强后盾。国家层面对文化建设，包括博物馆建设的经费投入呈逐年增长态势。如全国博物馆事业经费从 2011 年的 99.1 亿元增长至 2016 年的 190.2 亿元，同时地方财政也在不断增加资金扶持力度[①]。资金的支持能够帮助文化遗产事业发展较为落后的地区拥有更好的平台和资源来建设更优质的博物馆，缩小地区间的差距，也能够帮助文化遗产事业发展相对成熟地区的博物馆在硬件条件和软性条件等方面获得进一步的良性发展，更好地保护人类文化遗产，为受众提供更优质的服务。

第二，博物馆成为国家文化事业发展的重要阵地。博物馆对历史、文化、艺术和科学合理、有效的解读，能够提升公民的文化认知度和文化认同度。一方面，博物馆是国家在社会发展政策中建设学习型社会、提升国家软实力的重要途径之一；另一方面，博物馆被视为公民终身教育的重要阵地，而各界也愈发关注将博物馆纳入国民教育体系的议题，尤其是将博物馆纳入中小学课程教育体系的相关内容。由此使得博物馆不仅在国家层面，成为代表我国文化形象的"金名片"，以及我国同世界各国进行文化交流和增强文化互信的渠道，而且在国内社会的各个阶层，发挥更大的教育作用，提升公民整体的科学文化水平和思想道德素养。

第三，博物馆成为公众文化休闲生活的重要组成部分。人们对文化知识的渴望也提升了文化消费的需求，对博物馆的期待也越来越高。博物馆作为知识密集型的文化设施，在分享知识的过程中，已经逐渐渗透进人们的精神文化生活之中，越来越多的人将博物馆列为休闲时的首选去处。据相关统计，2008 年博物馆免费开放之后，该年东部地区博物馆的观众数量是 2007 年的 1.44 倍，中部地区是 2007 年的 1.71 倍，西部地区是 2007 年的

---

① 国家文物局：《官方公布"十二五"发展报告 多图看懂中国文博事业最新"大数据"》，载博物馆头条公众号，2017 年 9 月 12 日。

1.79倍,并在此后各年中持续增长。①

第四,博物馆是国际交流的重要渠道。博物馆在现代社会中所面临的一个巨大挑战便是博物馆与世界之间的关系,博物馆对未来发展的理念和价值观由于不断受到国际趋势的影响,而呈现动态发展之势。这种良性的影响使得各国之间的文化交流日益频繁,形成不同文化之间更深层次的理解和尊重,提升了全球化时代博物馆的文化兼容性。而博物馆的国际交流随着理念与技术的持续更新,也呈现出更多元化的合作模式,促使更多高质量的展览走进国内的博物馆,也促使更多极具代表性的优秀展览走出国门,博物馆的国际交流与合作很大程度上惠及了更广泛领域的受众。

二、博物馆经营管理理念的转变

为适应如此的社会环境和服务对象,现代博物馆的经营理念也不得不随之进行巨大转变。现代博物馆已从上流社会独享的知识圣殿走入普罗大众的日常生活之中,致力于社会服务,为观众提供更丰富的参观体验,传递更丰实的知识信息。若以博物馆所应遵循的基础性要求和所应达到的最终目标作为探讨博物馆经营理念的出发点,那么博物馆需要做到的是将上文所提及的"VUCA"转变为"Vision,Understanding,Clarify,Agility",即"洞察力,理解力,辨识力,应变力",形成属于博物馆的"VUCA World"。②在此原则的引领下,现代博物馆的日常经营管理理念相较于传统博物馆应当做出如下转变:

第一,博物馆管理体制与运行机制革新。就管理体制而言,我国博物馆基本都由行政主管部门负责监督和管理博物馆的日常运营及各项事务,但

---

① 单霁翔:《从"数量增长"走向"质量提升"——关于广义博物馆的思考》,天津大学出版社2014年版,第332页。
② 参见 Marsha Semmel 于国际博协 Intercom 委员会2015年年会上的发言,美国华盛顿,2015年10月29日。

是随着新型博物馆管理理念逐渐渗透至我国的博物馆领域,这种管理体制已经无法较好地满足我国博物馆的实际工作需求。因此,我国博物馆开始探索多种形式的法人治理结构,包括理事会、管理委员会等①,希望将博物馆的具体管理权由行政主管部门移交至上述新型的博物馆决策主体,实现权责分离,而这一决策主体的构成将更为多元化,借由不同背景的专业人员为博物馆的发展提供更合理、有效、全面的规划和建议,加深博物馆的社会化程度。为此,2010年国家文物局、财政部印发了《中央地方共建国家级博物馆管理暂行办法》,对此做出了具体的要求。

就运行机制而言,我国博物馆的部门设置也在不断地改变和优化。传统博物馆中,机构设置包括行政办公室、保管部、陈列部、群工部等,而现代博物馆更趋于纵向合作的部门设置方式,如艺术部、历史部、展览部等。② 运行机制的改革能够帮助博物馆进一步优化资源配置,促进跨部门合作,明确各岗位的职责要求。不过运行机制的改革应当以实现博物馆的宗旨为前提,依据不同博物馆的实际情况做出相应的调整。

第二,从单一的信息传达模式转变为多元化的学习生态体系。一般而言,传统博物馆通过展览或陈列展示信息,再由观众接收信息,主导权在博物馆,博物馆决定了信息传达的内容和形式。然而,现代博物馆更需要营造一个具有高度包容性的学习生态体系,即博物馆需要努力适应每一个差异性的观众,让不同个体在参观的过程中都能有所得,有所悟,并非是迫使观众去适应已塑造而成的学习生态体系,主导权在观众。知识信息突破了单向的"展示—接收"模式,博物馆所起到的作用越来越多的是为观众提供平台和资源,而演绎资源的方式则取决于观众。博物馆更愿意倾听和观察,一方面,鼓励观众全程参与博物馆各项目的规划、设计、实施和评估,并将他们

---

① 单霁翔:《从"数量增长"走向"质量提升"——关于广义博物馆的思考》,天津大学出版社2014年版,第57页。
② 段勇:《关于我国博物馆若干概念的思考》,《中国博物馆》2010年第1期。

的观点融入最终呈现的效果之中。另一方面,博物馆也越来越倾向于设置开放式的互动媒体、网络信息、体验活动,让观众有更多选择信息交互的方式。这些设备和活动使得博物馆更倾向于无边界化,成为提升智力的多元主义平台。在现代博物馆中,观众不再仅仅是信息的接收者,他们扮演了信息的创造者、传递者和评判者等更多重的角色。此外,博物馆的学习生态体系必须是动态的,依照运营情况和观众反馈而不断作出调整,既包括博物馆主体的主观调整,也包括形成生态体系后由自身运作方式而形成自然调整。

为了有效地形成上文所述的多元化学习生态体系,博物馆需要与更多非营利性的学习机构建立长期合作关系。这些机构包括高校、图书馆、档案馆,以及动物园、植物园和水族馆等。利用这些机构丰富的学习资源,建立共享的馆藏数据库,并相互借用场地和人力资源,降低公众接触机构内资源的成本,为博物馆的学习生态体系不断注入新的知识信息,形成良性发展。

第三,作为非营利组织的博物馆,在市场经济环境中对"非营利性质"再思考。长期以来,无论是在国际博物馆协会对博物馆的定义之中,还是各国对博物馆的认知之中,都明确指出了博物馆是一个"非营利"组织,不少国家还通过法律法规明确限制了博物馆的营利性。然而,这样的认知随着社会经济的发展和博物馆所受到的市场环境的持续影响,已然发生了些许转变。身处变化无常的社会经济环境之中,博物馆已无法完全置身事外,相反地,博物馆需要对外部市场环境作出回应。这意味着博物馆无论是否受政府或其他组织机构的资助,无论是国有的还是民办的,日常运营中的商业行为都成为不容忽视的一个重要环节。非营利与不以营利为目的两者存在差异,以市场为导向的现代博物馆更倾向于成为不以营利为目的的机构,却无法否定所有的商业活动,但是博物馆与市场的关系应当是博物馆能够敏锐地觉察到市场所需,而不应该受市场的牵制和驱动。国外博物馆将"Fundraising"(筹资)作为博物馆经营管理中非常关键的一项工作,也是考量博物馆领导者工作表现的重要参考标准,国内的博物馆虽与国外的博物馆在体制上完全不同，但若能于法律所允许的范围内获得更充实的经费，对于推动博物馆日常工作的开展也会起到积极的作用，尤其针对一些经费不足的中小型博物馆更是如此。因此，博物馆开始寻求自身的获利方式，例如，门票收入、博物馆商店的收入、社会活动项目的收入等，同时能够发动社会力量，发掘和接受社会资助和捐赠。此外，博物馆也需要不断通过新型的管理方式来简化和改进其日常工作，以降低经营管理和行政组织的成本。无论博物馆的规模如何，这一工作都永不停止，并需要保持警觉性。

第四，现代博物馆与传统博物馆的一个典型差异在于现代博物馆越来越以"人"为中心，与"物"并重。如今博物馆的藏品不再以其本身为终端，而是作为一种渠道助力于博物馆目标的实现，而博物馆的最终目标就是为"人"服务。博物馆所关注的"人"可分为内外两方面。就外部人员而言，博物馆服务社会的核心对象便是各类观众群体。现代博物馆的观众群体既包括入馆参观的观众，也包括通过信息技术参与博物馆活动的远程观众、社区和学校等机构中的外延群体，以及不便于参观博物馆的残疾人群体和老年人群体等。博物馆的一切经营活动和展览教育项目都是基于观众的需求，许多博物馆让观众参与到博物馆的日常工作之中，使得观众的意志和期许在博物馆的各项事务中能够有更充分的体现。因此，越来越多的博物馆将如何与观众建立更紧密的关系视为博物馆经营管理工作中的重要组成部分，其中，建立博物馆与社区的关系更是新的关注点，博物馆需要明确社区的需求，准备充足的资源来满足这些需求。

就内部人员而言，博物馆开展日常工作的中坚力量便是博物馆内的各类工作人员，尤其是各部门的专业人员。对馆内工作人员的关注点：其一，包括聘用时的人员挑选。对于不同岗位职责的认知、不同人员的资格要求、人员挑选的方式、衡量的标准等工作环节，每一环节都需要细细斟酌。其二，包括工作人员的职业发展。现代博物馆绝非一成不变，而是不断变革的。在这样的学习机构中工作的人员，其自身也需要不断地学习和进修，以满足不断变化的工作要求。因此,博物馆需要为工作人员提供更多元化的培训和学习机会,不仅是在馆内组织工作培训,也应强化与外部机构的轮岗交流,积累工作经验,开阔知识眼界。此外,博物馆也应提供必要的奖惩制度,以及公开公正的晋升渠道,让工作人员看到自身的职业前景。其三,包括工作人员间关系的管理,以及工作氛围的建立。工作团队建设的成败将直接影响博物馆经营管理的成效。现代博物馆对于工作人员的选择不再拘泥于"论资排辈",在这样一个人才辈出的时代更应"择能为用",而整合每个人的才能也是博物馆管理工作的重点和难点。

第五,博物馆与可持续发展。可持续发展是当前社会发展的重要议题,就博物馆与可持续发展的关系而言,可分为内外两部分。

对内,博物馆自身的可持续发展已成为当前博物馆领域颇受重视的议题。博物馆的可持续发展大致包括环境要素、管理要素、经济要素、社会发展要素等,具体针对的便是博物馆在人员、经费、运营管理和社会关系等方面都应通过更符合时代要求和机构要求的方式,以可持续性发展为目标进行调整和安排。博物馆的人员、经费和社会关系等要素已在上文中略述,而此处所需提及的是当前国际博物馆所关注的环境可持续性问题。博物馆应重视和保护博物馆区域内的自然和文化环境,并且关注博物馆及观众会对这些环境所产生的影响。充分利用能源和其他自然资源,将浪费最小化,设定目标并监管实施流程,即现代博物馆更应实行绿色发展,在博物馆的设计和运营过程中秉持绿色环保理念,而诸如灯光、空调、展览设施等尽可能地使用环保材料。此外,博物馆自身的可持续发展还需做到对变革有更大程度的包容。如今外部环境和内部环境的不确定性都促使着博物馆不断发生变革,一个良性发展的机构必须具备高度的组织灵活性,让变革释放其应有的能量,破除陈规,获得创新性发展。

对外,博物馆对于整个社会的可持续发展也起到了十分重要的作用,是社会可持续发展的重要文化驱动力之一。正因为有如此的社会使命在身,博物馆应当对外部不断变化的政治、社会和经济环境有所回应,有义务为当地或更广阔的领域做出激发社会、文化和经济等方面活力的贡献。博物馆基于社会对自身的期许和定位,利用可触及的资源,充分考量馆内政策的可持续性,进而制定长期的战略规划,使得社会能够持续性地利用博物馆的教育资源,公平地接受知识的熏陶,宣扬正面的社会价值观。

如上文所言,一方面博物馆所处的社会环境和所服务的对象已发生巨大转变,另一方面博物馆的经营理念也随之产生了变化。在内外因素的驱动之下,现代博物馆的馆长所应承担的角色和所应履行的职能也已悄然发生了变化。

第二节 博物馆馆长的重要性及其职责范围

一、博物馆馆长的角色演变

为了更好地了解和分析现代博物馆馆长的重要性及其职责范围,应首先加深对博物馆馆长角色演变的认知。自博物馆诞生到发展至今,馆长的人选和角色作用都经历了巨大的转变。从一开始以大收藏家为主,到此后的国家建设者、政府官员和专家学者,再到现代博物馆所需的复合型经营管理人才,这一演变过程是社会发展进程中对博物馆需求变化的写照,也是由博物馆经营管理理念转变所带来的产物。

(一)收藏家

19世纪中期之前是博物馆发展的初期阶段。此时的博物馆并非是面向普通大众开放的公共场所,而是面对少数社会上层人群的"圣殿",或者是作为会馆或特殊社团而内部运行。这些博物馆主要由重要的个人或团体收藏品组成,而这些博物馆的建立者自身往往都是收藏家。他们建立博物馆的主要目的是自豪地将广博的收藏予以陈列展示,包括历史、艺术、自然和科学等各方面的藏品。自然而然地,这些博物馆的建立者便成为维系博物馆运营和发展的馆长。然而,由这些途径所诞生的"馆长"可能并没有接受过正规的科学教育,他们只是对收藏有着浓厚的兴趣和极大的热忱。但往往这一时期的"馆长"都有着较高的社会地位和深厚的社会背景,因此教育、政治、经济等方面的关系网能够支持他们维持博物馆运营的稳定性,并且得到管理理念的发展,并通过不同渠道追求利益的扩增。不过由于"博物馆"概念尚未完全、清晰地形成,因此这些馆长最后很容易混淆了教育、金融管理、娱乐和他们对于藏品的根本兴趣之间的关系。

(二)国家建设者或政府官员

19世纪中期至20世纪中期,世界各国在经历了第二次工业革命之后,经济文化都得到了巨大的发展推动,博物馆迅速产生。许多参与国家建设的人都在不同行业中发家致富,不少收藏热衷者借此契机丰富了个人收藏,同时以增强公众的艺术欣赏力和保留自身遗产为目的,成立了许多这一时期重要的艺术博物馆,并担任馆长。他们被公众视为具有"绅士品格",且具备建立显著藏品的能力。

与之对应的是这一时期的中国经历了巨大的社会动荡,一方面出现了为推翻封建体制和禁锢思想的维新运动,另一方面又受到资本主义经济和文化的侵略及影响[①],中国近代意义上的博物馆得以建立。这一时期,既有一些爱国实业家利用自身所经营的企业为依托,建立博物馆,同时国家也借助学校、图书馆、政府部门的人力、财力和物力等资源建立博物馆。这些博物馆建立的目的多为展示近代民族发展成果,推动公众教育,而担任馆长的有实业家或政府官员,他们自身都具备较好的文化素养,也具备一定的经营管理能力。

---

① 梁吉生:《旧中国博物馆历史述略》,《中国博物馆》1986年第2期。

(三) 专家学者

自 20 世纪早期起,博物馆领域开始逐渐专业化。国际上,组织性结构由于员工的增加和职责的划分而产生变革。博物馆开始雇用文物保护员、教育者和研究员,但最重要的是,博物馆馆长这一岗位已充分形成。1922年,哈佛大学发起了针对职业馆长和研究员的首次系列博物馆培训课程,受训者多是拥有各专业学位的专家学者,其中最著名的毕业生是纽约现代艺术博物馆的原馆长 Alfred H. Barr。通过严密的和针对性的专业培训和学习,受训者在完成课业后在各地纷纷建立起了地区性的博物馆支持团体,并且撰写了许多颇具影响力的博物馆研究论文。

与此同时,中国博物馆的专业意识和学术研究也得到了注重和增强。20 世纪 20 年代起,不少大型的和省立的博物馆建立起来,博物馆的类型也不断丰富,而被聘为馆长的人选包括冯汉骥、金维坚、郑德坤、曹仲谦等,他们都是著名的历史学、人类学、植物学、考古学等学科专家。他们利用自身的专业知识,为当时的博物馆发展、陈列展览和文物保护都做出了巨大的贡献。

(四) 复合型经营管理人才

20 世纪中期之后,中华人民共和国成立,经济社会得到了快速发展。然而,很长一段时期内,中国的博物馆仍然较为传统,国家建设者、政府官员、专家学者仍然是博物馆馆长人选中的绝对主体,馆长的职责本质仍侧重于研究。此时的社会主流都认为无法期望一个管理通才能够具备相应的能力或经验,使其在尊重博物馆事务的基础上,成功构建一个可持续的、有说服力的、有依据的权威观点。而直至 20 世纪后期,博物馆社会职能和经营管理理念的转变,使得博物馆对"馆长"一职有了新的思考和认知,一些博物馆研究专家甚至对馆长应是专才还是通才进行了辩论,而结果便是激发了对馆长自身素养和能力的更高要求,期待馆长能够在学术和管理这两端之间寻求平衡点,同时更为强调博物馆馆长的组织领导能力、企业式的经营管理能力和市场营销能力等。不同的博物馆开始寻求更多类型、更丰富文化知识背景的馆长来管理博物馆，引领博物馆的未来发展。

二、现代博物馆馆长的重要性

馆长是每一座博物馆经营管理的核心。馆长的治馆理念直接影响了博物馆未来几年，甚至几十年的发展方向，既架构起了博物馆的无形价值观，又巩固了博物馆的有形资产。面对迅速发展的博物馆内外环境，馆长的素养和能力对于一座博物馆的发展而言起到了重要作用。馆长既能将一座博物馆推动向前，也会使得该博物馆禁锢不前。就馆长的重要性而言，可分述如下：

（一）馆长是博物馆一切事务的总负责

馆长好比是一个企业的首席执行官，掌握着博物馆大小事务的制定和执行。作为博物馆最主要的负责人，馆长不仅需要把控博物馆的宏观发展，包括经营理念、战略规划、财务管理、藏品管理、陈列展览、教育项目、学术研究、对外交流、市场营销等，制定相关的关键性决策，既维系政策的前后连贯，也保持一定的革新发展。馆长同时还需要组织协调一些细节性事务，尤其在团队运作方面降低内部矛盾，提升工作效率，使得馆内的各项政策得以有序执行。而若博物馆发生任何安全事故，馆长也将是不可逃避的责任人。总之，博物馆的大小事务馆长都有权力和义务知晓并负责。

（二）馆长是博物馆发展创新的推动者

现代博物馆是一个既具专业性的学术机构，又富传播性的教育与社会服务机构。若要获得经营的成功，必须参考管理学、经济学、法学、社会学、传播学和信息技术等不同学科和领域的相关理论和实践方法。[①] 面对这样的挑战，馆长的远见卓识能够帮助博物馆在经营管理方面不断吐故纳新，在

---

① ［英］帕特里克·博伊兰主编，《经营博物馆》，黄静雅、韦清琦译，译林出版社2010年版，第197页。

实际工作经验、理论学习,以及内外交流的过程中发现本馆所存在的问题,引入新方法新理念,不断完善博物馆的经营管理机制。在理念创新的基础之上,博物馆才会具备更大的活力以发展出出色的展览、项目和教育活动,吸引更广泛的观众参与其中,更大程度地发挥博物馆的社会职能。

(三) 馆长是博物馆机构文化的建构者

馆长的经营管理理念和方式将会对博物馆的机构文化和运营方式起到重要影响。机构文化是博物馆可贵的无形资产,机构文化既包含了博物馆内在的工作氛围、部门间和职员间的合作形式,也包含了博物馆整体所体现出的精神气质,这是任何一座成功的博物馆都应具备的特征。馆长是建构博物馆机构文化的主要引领者和带动者,馆长通过自身领导力和决策力的发挥可以帮助在博物馆内部建立共同的发展目标和价值标准,增强博物馆的团队凝聚力和核心竞争力,同时馆长对博物馆事务的统筹安排、对博物馆工作平台的搭建,以及对博物馆职员的关心体恤,也将极大激励博物馆的创造精神,提升博物馆的运营绩效。

(四) 馆长是博物馆内外交流的形象代表

馆长是博物馆机构管理体系中的权威,在博物馆内外交流过程中,馆长的一言一行直接与博物馆挂钩,代表了博物馆的整体形象。博物馆是一个文化机构,有着大量的内外交流工作,这些交流工作可能包括内部各部门之间的沟通合作,外部馆际之间的展览、教育或其他合作项目,以及与上层管理部门、社区、观众、宣传媒体等对象的沟通工作,这些工作中有不少需要馆长亲力亲为。因此,馆长的素养品行显得尤为重要,良好的谈吐和个人能力能够为博物馆谋得更多的发展机遇和财物人力资源,解决各类矛盾和问题,与不同对象形成长期有效的合作;也能够借助许多场合宣传博物馆的宗旨、展览活动、参与方式,让更广泛的受众了解博物馆、走进博物馆。

现代博物馆的功能不断演变,博物馆的工作也愈发趋于多样化和复杂化,使得馆长作为博物馆经营管理的核心人物,其重要性也在不断提升。鉴于其不可比拟的特殊性,现代博物馆的馆长应该对博物馆的宗旨和藏品都有更深入的理解,并以这些专业知识为基础,结合其他相关学科的理论与实践方法,不断拓展思路,提升自身素养和能力以更好地领导和管理博物馆。

三、现代博物馆馆长的职责范围

现代博物馆馆长的工作边界并不清晰,对于纷繁的博物馆事务,馆长需要对一切经营管理工作负责,因此职责范围十分广泛,而不同的博物馆依照自身特点和要求,也会有一些特殊的活动和职责要求。但就普遍意义而言,任何一名博物馆馆长都应该能够辨识和预期当下和未来的博物馆需求,并基于这些需求建立目标,尤其是就博物馆的财务稳定性和成长性,以及博物馆对外关系的维系而言。现代博物馆馆长的职责范围可大致分为以下几个方面:

(一)行政管理

(1)对博物馆的宗旨,以及博物馆的藏品、历史、文化、运营方式和部门组成保持高熟悉度,并及时更新信息。

(2)创造性地开发机构管理体系和传播控制体系,以确保博物馆成为受众的重要和整合性资源,有充分的利用空间和使用价值。

(3)主持和监管博物馆战略规划的制定、执行和评估,促进博物馆成长的有力性和可持续性,促使博物馆提升各个层面的文化魅力。

(4)每年针对博物馆的整体运营情况进行综合性评估,并形成报告。

(5)主持制定博物馆的各项政策,以及各类工作的执行程序和实施标准。

(6)主持和审查博物馆预算的制定和分配,监管经费的使用、审计和其他相关事宜,并对外部政策保持密切关注。

(7)维系日常运营,执行年度特殊项目。

(8)确保与支持性部门的关系,强化设备、安全、技术等风险管理。

（9）负责博物馆的人员管理，如带薪职员、志愿者、专业人员和自由职业工作者等。具体工作包括招聘、雇用和解雇人员，管理在职职员的日常工作活动，定期进行绩效评估，并为职员的职业发展提供各类机会。

（10）协调各部门之间的工作安排，保持沟通渠道的畅通，最大限度地发挥他们的工作潜能，提升他们的工作效率，降低矛盾和冲突的发生率。

（11）在制定和执行相关政策和工作计划的过程中，始终起到顾问和领导的作用，确保博物馆的运营符合专业标准。

(二) 项目管理

（1）监管博物馆藏品的保管、保护和出入库记录，以及借展、征集和购买等事宜。

（2）监管博物馆年度展览计划的制订和执行，确保展览符合博物馆宗旨。

（3）监管博物馆年度教育活动和其他项目的制定和执行，激励活动和项目的创新，确保其可行性和吸引力，使更广泛的受众享受到博物馆的教育资源。

（4）定期评估博物馆的公众项目，及时调整和解决项目中的问题和困难，加强外部合作，不断提升博物馆的观众服务水平。

（5）监管博物馆年度科学研究计划，确保博物馆在相关专业领域内，尤其是与博物馆藏品相关领域内保持应有的学术成果和专业影响度。

（6）监管博物馆出版物的编辑和出版情况。

（7）鼓励将信息技术和多媒体技术等高新科技运用于博物馆的项目、外延活动、展览、教育项目、藏品管理和研究等工作活动中。

(三) 对外传播与沟通

（1）定期向上级主管部门进行工作汇报，接受主管部门的监督和审查。

（2）与当地和上级部门就博物馆的一些运作事宜进行沟通。

（3）与外部其他机构或单位进行联系和沟通，为博物馆争取更丰富的社会资源,包括吸引资金资助和吸引项目开发等。

(4) 与国内外博物馆和其他文化机构进行联系和沟通,以建立长期的和可持续性的合作关系,联合制定和开发博物馆各类项目活动。并以此为基础,提升博物馆在地方、全国范围乃至世界范围的知晓度和影响力。

(5) 与社区、学校等机构进行联系和沟通,探索建立和提升伙伴关系的机遇,吸引更多观众走进博物馆,参与博物馆项目和活动。更大程度地发挥博物馆作为文化和经济资源的积极作用,将艺术、自然和科学知识带向更广泛的受众。

(6) 作为博物馆对外宣传的发言人和主要支持者,利用各种场合、各种渠道向社会宣传博物馆的办馆理念、馆藏特色、最新活动动向等讯息,有时甚至需要发表正式的公众演讲,借此开发有效的传播机会来提升博物馆在公众中的形象。

(四) 营销管理

(1) 监管博物馆的文化产业发展,积极开发文化衍生品。

(2) 监督和完善博物馆的会员制度,提升整体服务水平,以为社会所信服的方式来管理会员经费、开展博物馆的活动,在会员中树立博物馆的良好形象。

(3) 不断丰富和提升扩充博物馆的教育和社区外延项目,继续鼓励技术的提升和创造革新,以适宜新的受众。

以上只是一般情况下现代博物馆馆长的主要职责,若再细分,远不止于此。因此,对于现代博物馆而言,一位成功的馆长并不一定是具备长时间的工作经历、非常出色的学术能力,或有令人瞩目的研究和策展成果。一定的工作经历、学术能力或实践成果只是有资格担任馆长的一些基础条件,若要从容应对纷繁的博物馆事务,仅仅依靠这些是不够的。事实上,如今成功的领导者往往能够创造一个既能依靠个人素养,又能依靠专业能力的工作风格,并且结合想象、胆量、改革,将资源整合利用。正因为一个合格的馆长需要有能力处理如此复杂的事务,各国博物馆界也开始思考和担忧是否存在真正理想的博物馆馆长人选,有人甚至提出应该分设两位馆长,一位专职负责行政事务,另一位专职负责具体业务。无论探讨如何,博物馆馆长都需要符合较高的职业资格,才有可能胜任馆长一职。下文将对博物馆馆长的职业资格进行分析。

第三节　博物馆馆长的职业资格分析

一、博物馆馆长职业资格的国际探讨

近年来,文化遗产事业在世界范围内都得到了迅速发展,同时博物馆全球化带来的是各国之间的博物馆交流日益频繁。虽然不同国家的政治体制、经济体制和文化环境都存在着明显的差异,但通过博物馆之间的沟通合作,有效加深了各国博物馆经营管理理念和实际运作方式的相互参考和借鉴,不少经营管理工作都有相似之处,使得就博物馆馆长的工作实质而言,各国之间的差异并不大。因此,在对博物馆馆长的职业资格进行分析时,结合国内和国外已有成果有助于提升分析的全面性和深入性。

国际上对博物馆馆长的素养能力和职业资格的探讨由来已久。早在1986年,美国著名博物馆学专家Stephen Weil就发表了《更高效的博物馆馆长:是专才还是通才?》一文,对博物馆馆长的职业资格进行了思考。Weil在当时就已经提出博物馆馆长不应该仅仅是学术专家,同时也需要具备一定的行政管理能力,并且认为"培训艺术史学家成为管理者比培训行政人员更有意义,他们能够更好地理解艺术和博物馆角色,而行政人员并不是与生俱来就能欣赏视觉艺术的"。可见,在Weil的观点中博物馆馆长的学术背景非常重要,这是基础性的素养要求,在此基础上再培养馆长的行政管理能力。1988年,美国著名学者Paul DiMaggio发表了《艺术的管理者》,这

是一项与国家艺术基金会(The NEA)合作的具有广泛影响力的重要研究,揭示博物馆、乐队、剧院和社区艺术机构高级行政管理人员的职业和选择。在这项研究中,DiMaggio 提及了若干有关艺术博物馆馆长的内容,包括:艺术博物馆馆长需要具有重要的学术成果,相关调查结果显示,超过 50% 的艺术博物馆馆长具有艺术史博士学位;具备著名大学的学历表明了作为馆长所具备的资源等级;超过 2/5 的艺术博物馆馆长曾经担任过博物馆研究员。[1] DiMaggio 同 Weil 的观点相似,也认为学术专业能力是博物馆馆长的必备素养之一,同时教育背景和工作经历也是衡量馆长职业资格的重要标准。

Stephen Weil 和 Paul DiMaggio 都是国际博物馆界颇具声望和影响力的专家,他们在以上相对早期的有关博物馆馆长职业资格的探讨中,都不约而同地将教育背景、工作经历和专业能力作为审查博物馆馆长职业资格的重要方面,这对后续的研究也产生了重要的影响。就目前国际上的相关研究来看,一方面各国专家学者会在实际工作中不断总结对馆长个人能力的要求,而相较于其他岗位,馆长的个人能力尤为关注;另一方面各个国家的不同博物馆也会根据不同的实际情况,提出馆长人选的教育背景、学术成果和工作经历等方面的资格标准。

(一) 博物馆馆长个人素养和才能的探讨

20 世纪 90 年代,一项针对澳大利亚、美国、加拿大、英国等近 80 位馆长的调查结果显示,新生代的馆长应该接受过良好的教育(但不仅仅是学者),能够扮演传播者、组织者、教育者的角色,具有很高的工作热情,具备良好的政治和公众关系建构能力。他们能够基于自身的领导能力将各自的博物馆作为商业组织进行经营管理。[2] 从结果中可见,此时商业化的管理模式已经

---

[1] Paul Joseph DiMaggio, *Manager of the Arts*, California: Seven Locks Press, 1988, pp.91-93.
[2] Sherene Suchy, *Grooming New Millennium Museum Directors*, *Museum International*, Vol. 52, No.2, 2000.

悄然进入博物馆领域,商业管理能力也已成为各国博物馆馆长所重视的个人能力。新型的博物馆经营管理理念开始初露锋芒。

进入 21 世纪之后,文化遗产事业得到了全方位的快速发展,许多博物馆创造了新的观众参与模式和知识分享模式,研发了获得公认的数字化设施,形成了新的合作伙伴关系,并且强化通过实践经验和理论学习以提升 21 世纪所需的经营管理技能。因此,对博物馆馆长的个人素养和才能的要求也日益提升。美国艺术史学家 Nancy Moses 认为,"博物馆馆长必须结合艺术家的美学天赋、学者的智商、外交官的谈判技能、经理人的创意思想,以及企业 CEO 的商业头脑"。① 这就意味着 Nancy 所认为的现代博物馆馆长需要具备的个人素养和才能包括艺术欣赏能力、专业研究能力、沟通谈判能力、创新能力和商业管理能力。就此,美国博物馆学专家 Marsha L. Semmel 也提出了自己的观点。她认为现代博物馆各个层级的领导,尤其是博物馆馆长都需要具备六项领导才能来顺应社会对博物馆不断提出的新要求。这六项领导才能包括战略性的知识储备、建立人际关系、沟通、数据流畅度、快速而缜密的模型构建、系统领导力。② 这一观点的提出对英、美等国在探讨馆长领导力的过程中产生了巨大影响,Marsha 随后在国际博物馆协会 INTERCOM 委员会 2015 年年会上就此发表了正式演说,并将这一总结介绍给了世界各国的博物馆同仁,引起了热烈探讨。对这六项才能可做以下具体分析:

1. 战略性知识储备

为满足博物馆不断扩充的社会职能和不断涌现的新工作新挑战,持续性的学习是每一个人的任务。2014 年 2 月 22 日,《纽约时报》刊登了一则信息名为"如何在 Google 中找到一份工作"。文中提到应聘者所应具备的最

---

① Nancy Moses, *Lost in the Museum: Buried Treasures and the Stories They Tell*, Maryland: AltaMira Press, 2007, p.21.
② Marsha L. Semmel, *Museum Leadership in A Hyper-Connected World*, *Muesum*, May/June 2015.

重要的个人能力就是"学习能力",而这一观点用于博物馆馆长身上也是再贴切不过。博物馆馆长必须接受不断的战略性学习,使得他们在面对不同问题时都有能力灵活机动,及时应对不同环境,并从不同角度进行全面思考。

2. 建立人际关系

这一点对于博物馆馆长而言可分为三个层面。首先,馆长需要具备自我意识。个人的人际关系敏感度有一部分建立在自我意识上,馆长更需要了解自身的才能、兴趣、长处和成长机遇。其次,作为博物馆的领导,馆长需要成为一个值得同事信赖的人,因为如今博物馆的各项工作和每个项目都离不开所有人员的合作。再次,随着社会对博物馆的观众体验和对外服务要求的不断提升,成功地与潜在受众和社区建立和维持关系也变得越发重要。总之,有效的人际关系的建立要求真实性、有意向性和耐性,并且关注于倾听、分享观点和建立信任。

3. 沟通

每一个部门和人与人之间,真诚和流畅的信息沟通非常重要。良好的沟通内容和沟通方式都可以维持一个战略规划、陈列展览、教育项目、财务管理或社区合作等。如果没有有效的沟通,那么群体中的思想和情感都难以捕捉,工作也难以落实。馆长所要面对的沟通形式包括在线和面对面的语言交流和肢体行为。沟通的技巧包括运用一个能为各方所理解的词汇,清晰地表达对所有项目和合作者的期待和目标,并且保持前后的一致性和诚实性。为了加强沟通,馆长需要学习多种方式以应对不同文化和不同个体之间所造成的沟通障碍。

4. 数据流畅度

面对博物馆大量的和多类型的工作,时常需要为了不同的项目资料、部门职能工作的开展而搜集信息,也需要为了职员更好地综合、传播和反映相关知识而搜集信息。因此,博物馆馆长需要对收藏、分享、主次区分和阐释性数据进行公开的和战略性的决定寻找到准确合适的数据源,并且能够定位、统筹和执行相关的基准,同时进行一定的分析和评估,形成能够帮助博物馆更高效、更专业和更准确开展工作的数据链。

5. 快速而缜密的模型构建

这是指对新项目或新任务在其执行之前就目标/假设、成本、目标受众、安全风险、可预见的结果以及后期反响而构建模型。模型构建是决定新项目生存力、有效性和延展性的有效方式,尤其在博物馆进行改革的过程中,可作为改革的必要附属品而预知风险。馆长对于模型构建的能力是预判博物馆项目执行力的最重要考量,往往这一能力的培养和提升需要一定的工作积累和经验思考。

6. 系统领导力

在博物馆的关系网中,愈发重视以组织间的相互联系和潜在的合作关系来创造重要的社会和文化影响。博物馆馆长需要有更广阔的视野,具备"看到更大系统"的能力,参与"更广泛的对话",以及将合作关系中的主要关注点从问题解决转变为共建未来。简言之,所谓的"更大系统"即指将博物馆置于更大的文化和学习体系之中,或作为社区中的一部分。馆长在这一系统中起到桥梁的作用,培养融合和理解,形成更稳固和长期的合作关系。

这六项领导才能被视为一位成功的博物馆馆长所应具备的基础才能,既包含了自身素养提升的能力,也包含了在经营管理博物馆的过程中所必需的机构系统中和机构系统外的各项才能。

此外,2008年欧洲发布《博物馆职业——欧洲参考框架》,也提到了作为博物馆馆长需要有较强的领导能力、藏品相关的专业能力、文化发展能力和经营管理能力。[1] 新加坡国家人力资源部门的就业指南中也提到博物馆馆长需要有较强的研究热情和学术能力、文化遗产意识、沟通能力、创新型

---

[1] Angelika Ruge, *Museum Professions-A European Frame of Reference*,载国际博协网,http://icom.museum/fileadmin/user_upload/pdf/professions/frame_of_reference_2008.pdf, 2008.

的领导能力、专业技术知识、项目规划能力和营销能力。①

除上述专家学者的研究成果之外，一些对于博物馆实际招聘馆长时所提出的资格要求的调查也能反映出当前博物馆对馆长一职的切实需求。

首先，美国佛罗里达州立大学的 YI-CHIEN CHEN 博士就曾经对美国境内诸多艺术博物馆的招聘要求做过统计，其统计对象主要为 2001 年 4—9 月期间美国博物馆协会在其每月发布的通讯 AVISO 上的岗位信息。就其调查结果来看，在与博物馆馆长相关的岗位（包括行政馆长、馆长及助理馆长）信息中，对应聘者的能力要求如下：58.8% 的艺术博物馆在寻求馆长时要求应聘者具备杰出的领导能力，38.2% 的艺术博物馆要求应聘者具备口头交流能力，20.6% 的艺术博物馆要求应聘者具备组织能力和 14.7% 的艺术博物馆要求应聘者具备写作能力。另有一些博物馆强调应聘者需要精通计算机技术(8.8%)或外语能力(2.9%)。② 可见，就此项调查的结果显示，领导能力、交流能力和组织能力是馆长个人素养和才能中的重中之重。

其次，笔者也对 2014—2016 年美国多家博物馆的馆长招聘信息进行了调查。这些博物馆的类型互不相同，包括艺术博物馆、历史博物馆、科学博物馆、儿童博物馆、专题博物馆和大学博物馆等，规模也互不相同，包括国家级的大型博物馆和地方性的中小型博物馆。在他们的馆长招聘信息中有如下阐述：

（1）德克萨斯技术大学博物馆（Museum of Texas Tech Museum）认为，具备出色的口头和笔头交流能力、研究及教学成果、藏品保护及阐释能力、筹资能力、战略规划能力、财务管理能力、营销能力和其他有助于博物馆日常经营管理能力的应聘者会被优先考虑。

---

① *Heritage Sector*，载新加坡人力资源部门就业指南网，http://www.careercompass.gov.sg/Pages/OccupationDetail.aspx?OccupationName=Museum+Director,2014.
② Yi-Chien Chen, *Educating Art Museum Professionals: The Current State of Museum Studies Programs in The United States*, The Florida State University School of Visual Arts and Dance, 2004, p.106.

(2)崔顿美术馆(Triton Museum of Art)认为,具备良好的笔头和口头传播交流能力、领导和管理能力、人际关系能力、博物馆宗旨和理念执行能力的应聘者会被优先考虑。

(3)克利夫兰儿童博物馆(The Children's Museum of Cleveland)认为,具备良好的领导能力、经济管理能力、对外传播能力、筹资能力、团队建设能力和对孩子热忱的应聘者会被优先考虑。

(4)印刷博物馆(The Printing Museum)认为,具备较强的领导能力、战略规划及执行能力、筹资能力、撰写和演讲能力、合作能力、财务管理能力、计算机技能等的应聘者会被优先考虑。

(5)Stax美国灵魂音乐博物馆(Stax Museum of American Soul Music)认为,具备良好的行政管理能力、营销能力、统筹协调和应变能力、思维能力、沟通能力、自我学习能力、团队运作能力和计算机技术的应聘者会被优先考虑。

(6)哈勃历史博物馆(The Harbor History Museum)认为,具备较强的领导能力、战略规划能力、财务管理能力、筹资能力、对外沟通能力的应聘者会被优先考虑。

(7)国家内战医学博物馆(The National Museum of Civil War Medicine)认为,具备良好的领导能力、口头和笔头宣传能力、对外关系建立能力的应聘者会被优先考虑。

(8)乔治华盛顿大学博物馆,即纺织博物馆(The Museum of George Washington University/The Textile Museum)认为,若具备良好的学术能力、商业管理能力、人员管理能力、筹资能力、沟通能力、博物馆项目运作能力、战略和运营规划能力的应聘者会被优先考虑。

从这些信息中可以看到,美国的博物馆认为作为馆长,领导能力、经营管理能力、沟通能力、人际关系与合作能力、财务管理能力等是首先应具备的素养和才能。其次是专业学术能力和学习能力。总之,无论是专家学者

的研究,还是博物馆实际招聘要求,都显示出作为现代博物馆的馆长最应具备的素养和才能应当包括:

(1) 把握战略发展和风险预估的领导能力。

(2) 商业组织模式下的经营管理能力。

(3) 财务管理和筹资能力。

(4) 基于合作的内外沟通和传播能力。

(5) 专业学术和自我学习能力。

(二) 博物馆馆长教育背景和工作经历探讨

除了自身的素养和才能之外,国际上在探讨博物馆馆长职业资格时,馆长的学历水平、专业背景和工作经历也是最常被提及的衡量标准。相较于素养和才能,教育背景和工作经历更易通过量化的指标作出职业资格的评判。

在《博物馆职业——欧洲参考框架》中提到,博物馆馆长需要具备与博物馆藏品相关专业的硕士及以上学位,受过博物馆学和博物馆经营管理相关学科的专业训练,并具有相应的能力证明;有多年在博物馆或类似的私人或公立机构中的工作经历;有较强的学术能力,建议馆长曾经担任过博物馆研究员。[1]

在新加坡人力资源部门的《就业指南》中提到,博物馆馆长通常具备很强的研究背景,并在艺术史、艺术理论、文化研究和博物馆学领域有相关学位。自然历史或科学博物馆通常需要博物馆馆长有博士学位。馆长也需要负责行政和管理方面的工作,因此受过经济、行政、公共关系、市场营销和筹资等方面专业训练的应聘者会被优先考虑。一般而言,大型博物馆考虑到对馆长的专业能力和工作经历等方面的要求,都会从博物馆研究员中选择合适的人选,晋升上位。[2]

就美国而言,上文所提到的 YI-CHIEN CHEN 博士的调查中,也有有

---

[1] Angelika Ruge, *Museum Professions-A European Frame of Reference*,载国际博协网,http://icom.museum/fileadmin/user_upload/pdf/professions/frame_of_reference_2008.pdf, 2008.

[2] *Heritage Sector*,载新加坡人力资源部门就业指南网,http://www.careercompass.gov.sg/Pages/OccupationDetail.aspx?OccupationName=Museum+Director, 2014.

关馆长教育背景和工作经历的信息。从结果来看,在与博物馆馆长相关的岗位中,对应聘者的学历要求如图 3-1 所示。

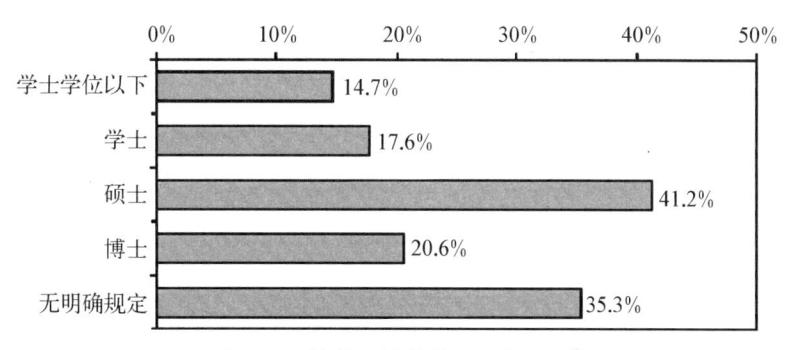

图 3-1 馆长职位的学历要求比重①

- 学士学位以下：14.7%
- 学士：17.6%
- 硕士：41.2%
- 博士：20.6%
- 无明确规定：35.3%

由图 3-1 可知,馆长任职要求中需学士学位以下学历的占 14.7%,学士学位占 17.6%,硕士学位占 41.2%,博士学位占 20.6%,没有明确规定的占 35.3%。可见,超过六成的岗位要求硕士及以上学位,若加上学士学位的要求,则总比重达到近八成,占据了绝大部分。

对应聘者的专业要求如图 3-2 所示。

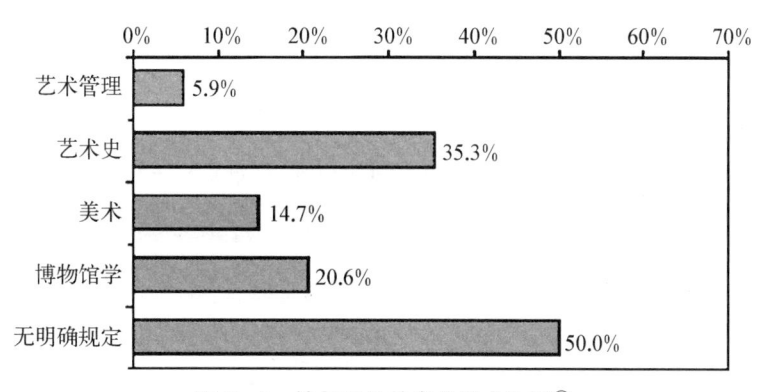

图 3-2 馆长职位的专业要求比重②

- 艺术管理：5.9%
- 艺术史：35.3%
- 美术：14.7%
- 博物馆学：20.6%
- 无明确规定：50.0%

---

① Yi-Chien Chen, *Educating Art Museum Professionals: The Current State of Museum Studies Programs in The United States*, The Florida State University School of Visual Arts and Dance, 2004, p.105.
② Ibid., p.106.

由图 3-2 可知,馆长任职要求中需要有艺术管理专业背景的占 5.9%,艺术史专业背景的占 35.3%,美术专业背景的占 14.7%,博物馆学专业背景的占 20.6%,没有明确规定的占 50.0%。可见,近八成的岗位要求作为艺术博物馆馆长,应当有与艺术或博物馆相关的专业背景,但是这种专业要求并不是必需的,因为有一半的岗位仍然没有做出明确规定,从比重上看,其中还包括了部分提到的专业要求,但并非硬性规定的岗位。

对应聘者的博物馆工作经历要求如图 3-3 所示。

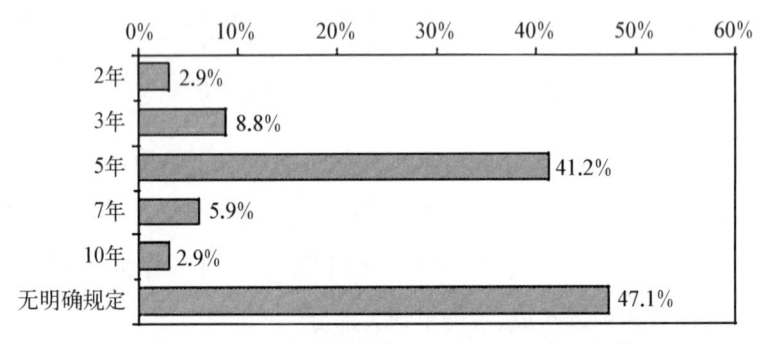

年数	比重
2年	2.9%
3年	8.8%
5年	41.2%
7年	5.9%
10年	2.9%
无明确规定	47.1%

图 3-3 馆长职位的博物馆工作年数要求比重[①]

由图 3-3 可知,馆长任职要求中需要至少 2 年博物馆工作经历的占 2.9%,3 年工作经历的占 8.8%,5 年工作经历的占 41.2%,7 年工作经历的占 5.9%,10 年工作经历的占 2.9%,没有明确规定的占 47.1%。可见,五成的岗位要求有 5 年以上的博物馆工作经历,但同专业背景要求一样,年数的要求并不是固定或必需的,仍然需要根据不同博物馆的实际情况进行调整和变动。

就专业领域而言,出人意料的是,没有一个要求申请者有发文记录。取而代之的是,应聘者被要求提供在财政管理(41.2%)、人员管理(41.2%)以及研究经历(26.5%)方面的专业知识证明。其他专业领域,诸如社区与公共关系(11.8%)、捐赠与资助发展(11.8%)、教育项目(11.8%)以及会员制

---

① Yi-Chien Chen, *Educating Art Museum Professionals: The Current State of Museum Studies Programs in The United States*, The Florida State University School of Visual Arts and Dance, 2004, p.108.

(11.8%)等方面也被强调。可见,美国博物馆认为发文并不是评价应聘者专业能力的最重要指标,他们更倾向于看到应聘者在经营管理和公共关系等方面的更多样化的专业能力。

另一项针对1990—2010年美国艺术博物馆馆长的情况调查显示,在这20年间,八成左右的馆长都拥有硕士及以上学位,其中拥有博士学位的馆长比重也基本维持在四成左右。(见表3-1)就馆长的专业背景而言,针对艺术博物馆的特点,近八成的馆长拥有艺术史和美术专业背景。此外,商业、法律、商业和艺术、博物馆学、历史、艺术管理、文学、美国研究等专业也是馆长常见的专业背景。其中,在这20年间,商业、法律和文学专业背景的比重有所降低,商业和艺术、艺术管理、历史和美国研究专业背景的比重有所提高,但变动的幅度都不大。上述十类专业依然是馆长专业背景中最常见的类别。(见表3-2)

表3-1 馆长的最高学历统计(1990—2010)[1]

年 份	1990	1995	2000	2005	2010
博 士	38.81%	41.72%	42.95%	47.62%	41.76%
双硕士	0.75%	1.32%	1.92%	1.79%	2.94%
硕 士	44.78%	39.22%	39.10%	38.69%	42.35%
学 士	11.94%	11.92%	11.54%	10.71%	12.35%
职业法律博士	0.75%	1.99%	1.28%	1.19%	0.59%

表3-2 馆长专业背景统计(1990—2010)[2]

年 份	1990	1995	2000	2005	2010
艺术史	68.29%	62.68%	61.90%	61.49%	64.81%
美 术	10.57%	9.86%	11.56%	9.32%	7.41%

---

[1] Kristin Bruch, *An Analysis of Art Museum Directors 1990—2010*, The College of Arts and Sciences of American University, 2011, p.24.
[2] Ibid., p.25.

续 表

年　　份	1990	1995	2000	2005	2010
商　　业	3.25%	3.52%	1.36%	2.48%	2.47%
法　　律	1.63%	2.11%	1.36%	1.24%	1.23%
商业与艺术	2.44%	1.41%	3.40%	3.11%	3.09%
博物馆学	2.44%	4.93%	4.08%	1.86%	3.70%
历　　史	2.44%	2.82%	3.40%	4.35%	4.94%
艺术管理	0.00%	1.41%	2.72%	2.48%	1.85%
文　　学	0.00%	3.52%	2.19%	1.86%	1.23%
美国研究	0.81%	0.00%	2.04%	3.73%	3.70%

此外，笔者对2014—2016年间美国博物馆馆长招聘信息进行了调查，结果显示：

(1) 德克萨斯技术大学博物馆要求：馆长应聘者拥有与博物馆职能及运营相关学科的学位或同等的工作经历；拥有在高校博物馆、国立或私立博物馆、或文化/教育机构中高层岗位上的工作经历证明。

(2) 崔顿美术馆要求：馆长应聘者在艺术和艺术史、博物馆管理理论、筹资原则和技术、公共关系、艺术技术和媒体、展览设计和布置、艺术品保护、博物馆的公众研究、设计和布局、现代管理原则和技术等方面具备通彻的知识；拥有艺术管理、艺术史、美术、博物馆研究、人力资源及相关领域等方面的硕士及以上学历；4年以上的博物馆工作经历，包括至少2年的管理经历。

(3) 克利夫兰儿童博物馆要求：馆长应聘者至少有7年在相关机构中的高层管理经历；学士及以上学历；最好有教育工作经历。

(4) 印刷博物馆要求：馆长应聘者要有学士及以上学位；10年以上博物馆、非营利性组织或商业组织的工作经历，其中包括至少5年的高层管理经历。

（5）贝德福德城博物馆要求：馆长应聘者通晓博物馆实践相关知识，包括文物保护技术和藏品分类技术，以及项目管理、社区发展和战略规划等；有能力进行有效和专业的沟通；及时了解当下影响博物馆经营管理事宜；具备博物馆学相关学历，有文物保护或同等工作经历；若具备计算机技能则更好。

（6）Stax 美国灵魂音乐博物馆要求：馆长应聘者有学士及以上学位；博物馆运营管理方面的工作经历。

（7）哈勃历史博物馆要求：馆长应聘者有博物馆学、商业管理或相关专业学士及以上学位；非营利性组织 7 年以上管理工作经历。

（8）国家内战医学博物馆要求：馆长应聘者有历史、博物馆学或相关专业硕士学位或同等成就；在非营利性组织，最好是历史博物馆中至少 5 年的领导工作经历。

（9）乔治华盛顿大学博物馆，即纺织博物馆要求：馆长应聘者有 8—10 年艺术博物馆高层管理经历；拥有博士学位，有同教职人员共事的工作经历应聘者优先。

从上述信息中可以看到，美国博物馆在馆长的招聘信息中都提到了学历要求，学士学位和硕士学位一般是对应聘者的最低要求，一些博物馆甚至明确提出应聘者必须拥有博士学位，可见美国博物馆对馆长的学历水平普遍有较高要求，这也是反映应聘者知识水平和个人素养的最基础性的指标之一。

就专业背景要求而言，由于现代美国博物馆的类型极为丰富，各个博物馆对馆长的期待也各不相同，因此对专业背景的要求并不严格。就此，另一项对于现任美国博物馆馆长的调查也显示他们的职业路径大相径庭。有的馆长是从博物馆的研究员开始做起的；有的馆长曾经是教育者，或者在企业中工作，后接受了博物馆相关专业学位学习，进入博物馆工作的。[1] 但专业

---

[1] N. Elizabeth Schlatter, *Museum Careers: A Practical Guide for Students and Novices*, California: Left Coast Press, 2008, pp.113-115.

背景要求的不严格并不代表毫无限制,目前,美国的博物馆一般都划定了一个较大的范围,但这一范围仍然有其取舍的标准,即范围中的专业要求既包含了与博物馆藏品和主要研究对象相关的领域,也包含了与博物馆日常经营管理相关的领域。范围虽大,但始终都与博物馆的职能和日常工作息息相关。

就工作经历的要求而言,美国博物馆无论规模大小,几乎都要求馆长一职的应聘者具有相关的工作经历,工作机构最好是非营利性组织、博物馆或商业组织等,工作职位最好是管理岗位或高层领导岗位,工作时间最好是在5年以上,甚至是8—10年。在这一方面,各个博物馆都提出了一定的要求,这是反映应聘者工作能力和馆长一职胜任力的重要参考性指标。

综上,无论是美国,还是欧洲及新加坡等国,对于博物馆馆长的任职资格都提出了除个人素养和才能之外的更具评价性的标准,包括:

(1)学历水平:学士学位是最低标准,一般需要具备硕士及以上学位。

(2)专业背景:与博物馆经营管理、藏品研究、公共关系等领域相关的专业。

(3)工作经历:有多年在非营利性组织、文化机构、博物馆,甚至是商业组织的高层管理岗位的任职经历,并有相关证明。

(4)研究能力:在一定的专业领域中体现出较强的研究能力,并有相关能力证明。

二、博物馆馆长职业资格的国内探讨

博物馆馆长职业资格的国内探讨由三部分内容构成。首先,对博物馆馆长职业资格相关的政策法规和专家学者的论述进行分析。其次,对目前在职的博物馆馆长的访谈和调研内容进行梳理,了解馆长对自身职位和工作的认识,以及对馆长所应具备的职业资格的看法。最后,将结合国内和国外博物馆馆长职业资格相关论述的对比,分析其中存在的差异,以及国外相关结论中可为我国所借鉴的经验。这三个不同的角度能够为我国博物馆馆长职业资格标准的建立提供重要基础。具体阐述如下：

（一）国内已有的相关政策法规及研究论述

伴随着我国文化遗产事业的发展，国内对博物馆馆长职业资格的探讨也呈现出不断更新和发展的态势。无论是专家学者，还是国家文物局都曾经发表过相关的观点，甚至是正式的文件，以帮助博物馆更好地选择与本馆发展相适应的馆长人选，也帮助现任的博物馆馆长们不断审视自身的职业资格，进行持续性的素养和能力的提升，更帮助"未来的博物馆馆长们"以这些职业要求为目标，更有针对性地进行职业发展的规划。

在国家层面，国家文物局在2001年颁布了《博物馆馆长专业资格条件（试行）》（见附录1）。这一条件的提出是国家层面首次对博物馆馆长的职业资格标准作出了规定。从文件的具体内容来看，国家文物局认为博物馆馆长应具备以下条件：(1) 良好的政治素养和职业道德；(2) 较强的经营管理能力；(3) 多年的文物、博物馆相关工作经历；(4) 博物馆以及与本馆业务相关的专业知识背景，还包括所对应的学术研究能力；(5) 较高的学历水平；(6) 接受过博物馆管理相关专业培训。这一资格条件中基本包含了现代博物馆所要求馆长应具备的素养能力、学历水平、专业背景和工作经历等。只是，经过这十余年的发展，我国的文化遗产事业又进入了一个更高层次的发展阶段，这一文件中的一些观点需要进一步更新，而对博物馆馆长的整体要求也需要进一步提高，尤其针对博物馆馆长的个人素养，以及在领导、组织、管理、沟通和营销方面的能力要求，以适应现代博物馆经营管理的需求。

就专家学者层面而言，早在20世纪末，博物馆馆长的职业资格就已被学界探讨。当时，我国博物馆正处于快速发展的起步阶段，博物馆的经营管理模式仍较为传统，因此，馆长的职业资格更倾向于政治素养、职业精神、专业知识素养和工作经历等方面的要求。例如，地级市和县级博物馆馆长被认为需要作风正派、热爱文化遗产事业、具有渊博的专业知识,并且在文博部门工作 10 年以上[①]。同时,对于创新创造精神、科学文化素质、专业知识素质和组织决策素质的追求也开始在学界对馆长个人素养的阐述中萌芽,有学者甚至直接提出馆长就应当是一位社会活动家。[②]

进入 21 世纪之后,我国学者对博物馆馆长职业素养要求有了更深入的认识。首先,从社会角色上看,现代博物馆馆长应当是专家学者、管理者、决策者、法律代表、组织形象代表、组织文化和发展代表等多重身份,并应发挥相应的作用。[③] 其次,从工作理念上看,博物馆馆长需要有"为了明天而政绩今天"的文物征集理念、有为观众服务的陈列展览理念、有注重地方历史研究的学术研究理念,以及融入社会发挥作用的博物馆定位理念。[④] 再次,从职业素养和能力上看,刘洪提出了博物馆馆长应具备目标管理意识、人本管理意识、实践管理意识和制度管理意识等。[⑤] 李发明提出,当前博物馆管理者应该具备出色的沟通能力、全局把控能力、管理协调能力和良好的个人素养。[⑥] 单霁翔则提出,现代博物馆馆长必须有相应的学历和专业背景、良好的职业素养和道德品行、出色的管理能力和任务执行能力,同时了解博物馆的工作规律,对博物馆相关业务工作具备深刻理解和准确的把握。此外,博物馆馆长还应当基于良好的专业训练,利用自身的眼界和问题判断能力,满足相应的职责要求。[⑦] 此后,王丽娟在对我国公共博物馆馆长的现状进行了广泛的调研和分析之后,得出我国博物馆馆长需要具备的职业素养包括思想政治素质、领导能力、一定的理论研究水平。这一时期,专家学者在进行博物馆馆长职业资格的探讨时更为注重对馆长个人素养和能力的分析,尤

---

① 杜显震、王建浩:《试谈博物馆馆长的作用与选任》,《中国博物馆》1985 年第 2 期。
② 杨何生:《论提高博物馆馆长的领导水平》,《北方文物》1994 年第 4 期。
③ 宋向光:《当代美、英等国博物馆馆长的职责与任职条件》,《中国博物馆通讯》2003 年第 1 期。
④ 宋德辉:《博物馆馆长的四个理念》,《博物馆研究》2007 年第 1 期。
⑤ 刘洪:《博物馆馆长应具备的四种管理意识》,《文物春秋》2006 年第 1 期。
⑥ 李发明:《浅谈新时期博物馆工作对管理者的要求》,《文物世界》2008 年第 1 期。
⑦ 单霁翔:《从"数量增长"走向"质量提升"——关于广义博物馆的思考》,天津大学出版社 2014 年版,第 72 页。

其是馆长作为博物馆的主要管理者,需要掌握丰富的组织管理知识和技能。这些观点较之前已有了巨大变化,他们更倾向于将博物馆视为一个现代管理模式下的文化组织机构来审视馆长的职业资格要求,这也反映了现代博物馆的发展趋势,同国际上文化遗产事业的发展方向是一致的。

(二)对目前国内在职博物馆馆长的访谈和调研

除了书面的文件和研究成果之外,笔者也就博物馆馆长职业资格的问题向目前国内的一些在职博物馆馆长进行了咨询,他们基于长期的博物馆实践工作经验,表达了对这一问题的真知灼见。具体阐述如下:

馆长 1 认为:博物馆馆长应是复合型人才。有文史的底子,更应有行政管理、经济管理等综合的学习经历;有多种岗位磨练的经历且沟通能力强;要有博大容人容事的素养;有坚强的克服困难、百折不挠的性格;关键是热爱文化遗产事业。

馆长 2 认为:作为博物馆、纪念馆的馆长除了具有一定的文化素养和相应的工作能力外,还应掌握专业知识,具有一定的从业热情,热爱文化遗产事业。

馆长 3 认为:博物馆馆长应既有学术背景又有行政管理能力。也许他不是一个馆里学术能力最强的,但一定的专业能力仍是馆长所必备的素养之一。现在有不少博物馆的馆长由行政机构或其他一些不太相关领域的从业人员担任,但还是应该坚持博物馆馆长需要具备相关专业背景,包括博物馆学、考古学、历史学、文物保护或陈列设计等。同时,尽量有博物馆的业务背景,避免纯行政化。

馆长 4 认为:博物馆馆长首先应该具备博物馆相关专业知识和素养。其次需要有较强的管理能力。再次需要具备公共关系能力。个人修养方面,博物馆其实是一个需要丰富知识的单位,考古、历史、美术等方面均需涉及。

馆长 5 认为:管理学冰山模型认为,人的素养包括显性和阴性两部分,其中显性素养20%,隐性素养80%。那么对应到博物馆馆长素养构建问题,同样适用冰山模型。馆长的显性素养应包括基本的专业知识和技能,如博物馆从业专业知识,尤以考古学、艺术学、管理学为核心知识架构;隐形素养其实更为重要,对于角色的认知度尤甚,具体来讲,就是一个馆长必须要明确自己的角色扮演、角色内容构成、角色应该具有的行事处世能力,包括领导能力、指挥能力、组织能力、决策能力、沟通协调能力以及心智模式等。只有一个馆长较好地具备了以上素质,才有可能做好一名称职的馆长,才能较好地领导博物馆健康成熟地发展。

馆长6认为:博物馆馆长首先应热爱博物馆工作;其次应好学,具有较强的学习能力;再次应具有非常强的上下级的协调管理能力。此外,品德应是第一位的。

馆长7认为:博物馆馆长首先需具备很好的管理能力和调和能力,其次需具备博物馆整体业务的专业把控能力,再次需具备对外协调能力,最后需具备很好的服务意识和服务能力。

馆长8认为:(1)博物馆馆长应具备政治素质。博物馆是我国公共文化机构的重要部门之一,承担着传承国家方针和战略的重要使命,因此必须具有很高的政治敏锐性,比如,目前国家"一带一路"倡议,作为收藏着人类文化遗产的博物馆必须积极回应,为实现国家战略应发挥博物馆的作用。(2)博物馆馆长应具备专业素质。博物馆馆长必须具有一定的专业素质,具有广博的知识,了解地域文化以及馆藏特色,明确博物馆的宗旨和使命。对博物馆藏品研究、陈列展览以及社会教育,要有明确的目标。(3)博物馆馆长应具备统筹协调能力。博物馆馆长必须具有很强的组织协调能力。除了具有业务职能、安全保卫、后勤保障、对外公共关系等外,还应具有很好的对内对外的协调沟通能力。(4)博物馆馆长应具备管理能力。博物馆工作涵盖的领域可谓是方方面面,既要有对政策、制度宏观把控的能力,又要有洞察制度之外的微观管理能力,同时还要使博物馆这样一个大的机器,能够沿着既定的目标和轨道良性地运转。(5)博物馆馆长的情商要高,拥有融洽的人际关系。

综上,就博物馆馆长的个人素养和才能方面而言,国内博物馆领域的专家学者和馆长们认为最重要的是以下几点:

(1)具备良好的品德,能够遵循文博从业人员的《职业道德准则》,并且对文化遗产事业充满热情。

(2)具有与博物馆学、博物馆经营管理、本馆性质相关的专业知识背景。

(3)经营管理能力,包括战略规划、组织、决策等能力。

(4)统筹协调能力,包括对外沟通能力和公共关系能力。

(5)自我学习能力,能够不断提升自身修养。

就博物馆馆长的学历背景和工作经历而言,国内博物馆的专家学者和馆长认为:

(1)学历水平:不同级别的博物馆可有不同的要求,存在相对差异。

(2)专业背景:必须与博物馆的经营管理工作和藏品息息相关,包括博物馆学、考古学、历史学、艺术等专业。

(3)工作经历:需要多年从事博物馆相关工作的经历。

(三)我国博物馆馆长职业资格标准与国外的差异

上文已提及,鉴于文化遗产事业全球化的程度越来越高,博物馆的主要经营管理工作越来越趋于雷同,博物馆馆长为更好地胜任这些工作而需具备的素养才能、专业学历和工作背景也呈现出更大的相似性,尽管如此,在结合国外和国内的相关成果进行我国博物馆馆长职业资格分析之前,仍然需要注意其中存在的一些差异。

第一,筹资能力的重要性差异。国外的诸多博物馆,他们的资金来源主要依靠的是基金会、个人或组织的捐赠和赞助,而国家和地方政府的资助比重相对较低。因此,国外博物馆馆长的筹资能力十分受重视,博物馆需要依靠馆长的筹资能力来帮助博物馆维持财政经费的稳定性。然而,我国博物馆的经费主要来自各级政府的拨款和资助,非国有博物馆需要依靠筹资来募得资金。因此,就我国博物馆实情而言,馆长具有一定的市场营销和推广能力,方能有助于博物馆增加额外的收入,但是我国大部分博物馆并不以增加收入为主要目的和生存基础,博物馆馆长的筹资能力在目前阶段无须像国外博物馆那般被强调。

第二,沟通对象的差异。国外的博物馆在运营过程中大多受到董事会的监管,博物馆的馆长主要由董事会组织参与招聘而做出最终的选择,因此,馆长的治馆表现也受到董事会的监督,并且董事会对馆长有任免权。国外博物馆馆长的沟通能力也被十分强调,而沟通的对象中就包含了董事会成员,馆长需要就博物馆的经营管理情况向他们进行定期汇报,并就博物馆的战略规划和重大决策与他们进行沟通,获得他们的同意。但在我国,绝大多数的博物馆尚未形成董事会管理制度,馆长所需面对的主要沟通对象仍然是博物馆的受众、上级管理部门、其他博物馆或合作机构和馆内的职员等,馆长仍然要对博物馆的主要决策和未来规划担负主要责任。

第三,学术能力的重要性差异。国外的博物馆尤其是美国的博物馆认为博物馆馆长可以拥有不同的专业背景,并且不强调馆长的发文记录和学术研究成果;相反,可能更注重馆长在战略规划、项目管理、人员管理和展览策划等与博物馆实际工作相关的已有成果。而在我国的博物馆中,对馆长的专业学术能力仍然十分强调,包括馆长的专业背景和学历水平,在专业领域内的学术研究成果等,这被视为馆长作为重要的文化管理者所应具备的专业素养的反映和证明。同时,与博物馆实际工作相关的成果也是国内评价馆长候选者是否符合任职要求的重要参考依据之一。

三、我国博物馆馆长职业资格分析

基于上述对国内和国外有关博物馆馆长职业资格探讨的分析,并结合

我国博物馆经营管理工作的实情,可得出我国博物馆馆长的职业资格要求:

(一) 个人素养和才能

就个人素养和才能而言,馆长作为博物馆经营管理过程中的主要负责人,必须以良好的品行为基础,同时具备出色的领导能力、经营管理能力、沟通能力和自我学习能力等。多重素养和才能的支撑可在很大程度上帮助馆长更高效、更便捷、更成功地开展各项工作。对这些素养和能力可阐述如下:

1. 良好的职业道德

博物馆的工作直接与人类的历史、文化、艺术和科学等遗产接触。面对如此特殊的工作对象,馆长首先应该具备良好的道德品行,严格遵循《中国文物、博物馆工作人员职业道德准则》,对所从事的文化遗产事业充满热情。同时,了解博物馆领域的相关政策法规,把握博物馆发展动向。

2. 领导能力

馆长是目前我国博物馆的主要领导者,甚至是一些博物馆的法人代表,对博物馆的一切事务负责。出色的领导能力是支持馆长胜任其职,带领博物馆良性发展的重要基础。因此,领导能力的作用主要在于帮助馆长更准确地把控博物馆的整体发展方向和发展基调。领导能力具体包括:

(1) 对博物馆未来发展的战略规划能力。

(2) 重大事务的决策能力。

(3) 风险预判和规避能力。

(4) 对更广阔系统和潜在资源的洞察力等。

3. 经营管理能力

经营管理能力倾向于更具象的工作实际,即帮助馆长更有效地开展日常的事务性工作。而现代博物馆的经营管理越来越趋于借鉴商业组织模式,相较于传统模式,呈现出更多样化、更灵活性、更以人为本、更具流程规范化等特点。经营管理能力具体包括:

(1) 以提升专业水平为目的的人事管理能力。

(2) 以可持续性、公开性为基准的预算制定和财务管理能力。

(3) 不断完善机构体制的协调能力。

(4) 机构文化的构建能力。

(5) 鼓励和评判项目开发的创新能力等。

4. 统筹沟通能力

馆长既需要同馆内各级职员进行沟通，了解他们的想法和困难，也需要同外部管理机构和其他文化机构进行沟通，及时传递博物馆的发展需求和发展规划，积极建立合作关系。更重要的是馆长需要同博物馆的受众进行沟通，而博物馆的受众面非常广泛，年龄、文化背景、知识水平都千差万别。为了更好地帮助博物馆发挥社会服务功能，馆长的统筹沟通工作是其面临的重要挑战之一。统筹沟通能力具体包括：

(1) 机构内部的沟通协调能力。

(2) 机构外部的沟通传播能力。

(3) 公共合作关系的维系和拓展能力等。

5. 自我学习能力

博物馆本就是一个知识密集型的文化设施，并且始终处于信息持续更新的状态，因此，博物馆馆长自身也需要大量的知识支撑，并且不断扩充，以应对不断变化的博物馆工作。自我学习能力具体包括：

(1) 战略性的知识储备能力。

(2) 专业学术研究能力。

(3) 自我审查和自我完善能力。

(二) 学历水平和专业背景

就学历水平而言，基于目前我国博物馆专业人员极为缺乏的现状，不同级别的博物馆可作出差异性要求。一般县级博物馆和地级市博物馆的馆长应具备学士学位及以上学历，省级博物馆和国家级博物馆的馆长应具备硕士学位及以上学历。

就专业背景而言,应顺应当前博物馆发展的趋势,扩大可涉及的专业背景范围,让更多元、更优秀的博物馆管理人才担任馆长一职。具体包括:

(1) 与博物馆经营管理相关的专业:博物馆学、艺术品管理、管理学、经济学等。

(2) 与博物馆藏品相关的专业:考古学、历史学、文物学、文物保护、艺术史、美术、自然科学等。

(3) 与博物馆职能相关的专业:教育学、传播学、心理学等。

就研究成果而言,博物馆馆长在一定的专业领域应该有较为出色的研究成果,成果的形式可以包括主持过的重要文博相关课题研究、主持策划过的重要展览或博物馆相关活动、发表过的著作或论文等。

(三) 工作经历

博物馆馆长的诸多职业素养和专业能力并不是与生俱来或仅仅依靠自我学习就能掌握的,仍然需要依靠长期的工作实践经验来积累。因此,就工作经历而言,博物馆馆长需要拥有在国立或民办博物馆或文化/教育机构,甚至在商业组织中任职于中高层管理岗位的数年经历,以确保具备一定的经营管理能力。一般而言,中高层管理岗位的工作年数应在 5 年以上。

第四章
博物馆藏品保管人员职业资格分析

藏品是博物馆赖以建立和发展的根本基础,正如国际博物馆协会于2007年在维也纳举办的第21届代表大会上提出:"尽管博物馆正面临新的挑战和放松对藏品的关注,然而藏品依然是与博物馆相关的知识、职能和价值的核心"[①]。藏品对于博物馆的展览、研究和教育等工作都有不可替代的重要意义。而现代博物馆的社会职能之中,"保存""保护""利用"是重要的组成部分,这些社会职能的发挥与博物馆的藏品保管工作息息相关。因此,博物馆的藏品保管始终是博物馆的核心业务之一。藏品保管人员作为博物馆中直接接触藏品的专业人员之一,其素养和专业能力水平的高低也直接影响到了藏品的保存状况和利用程度,甚至直接关乎藏品的安危。因此,分析博物馆藏品保管人员所应具备的职业资格有着深远意义。

值得注意的是,国际上藏品保管人员的相关职业包括登录员(Registrar)、藏品管理员(Collection Manager)、档案保管员(Archivist)和藏品职员(Collection Staff)等。藏品管理员更倾向于负责物件的实体保存,包括日常保护、储存和藏品编目等,而登录员更倾向于物件的智能控制,包括契据、藏品出售、借调和历史追溯等文书工作的相关事务。[②] 档案管理员更倾向于

[①] 单霁翔:《从"数量增长"走向"质量提升"——关于广义博物馆的思考》,天津大学出版社2014年版,第158页。
[②] N. Elizabeth Schlatter, *Museum Careers: A Practical Guide for Students and Novices*, California: Left Coast Press, 2008, p.71.

负责文献资料的管理和研究。而藏品职员指的是与藏品保管相关的所有工作人员。但在我国,许多情况下藏品保管工作没有如此细分,而本章所探讨的博物馆藏品保管人员应当是国际上所说的登录员和藏品管理员的结合,其工作职责既包含了藏品的日常保存和维护,也包含了藏品管理事宜。

第一节 社会环境的变革引发博物馆藏品保管理念的转变

一、社会环境的变革

就博物馆藏品保管工作而言,对其产生影响的社会环境变革主要体现在社会对博物馆资源的渴求和期待的不断提升。相比以前,社会各个阶层的群体都希望能够欣赏,甚至接触到更丰富的博物馆藏品,同时不仅仅是藏品本体,他们也希望能够了解藏品背后的更多信息。而信息的获取渠道则受益于信息技术的发展而呈现迅速扩张之势,让他们有了更多的选择和更大的触及面。顺应社会需求的增加以及国家文化发展的要求,社会对博物馆藏品保管工作的要求也随之提升。

(一)对我国博物馆藏品现状的重新认识

长久以来,人们始终认为我国地大物博,藏品资源丰富,但这一认知随着对我国国情现状愈发深入全面的认识之后而产生了变化。据相关统计结果显示,截至2017年年底,我国博物馆藏品数量总计3 938.32万件,占文物藏品总量的77.3%。尽管,近年来全国博物馆的馆藏数量不断增加,但若与国外博物馆相比,仍有明显差距。从国外的情况来看,美国仅史密森尼博物馆学会就有藏品1.3亿件,其中,美国国家历史博物馆有藏品1 700万件,纽约大都会博物馆有藏品1 500万件;大英博物馆现有藏品500万件;意大利全国博物馆有藏品 5 000 万件。① 由此可知，实质上我国博物馆的藏品资源相对匮乏，与国外博物馆相比存在着较大差距。这一方面同我国文物和博物馆的管理体制相关，另一方面也同我国博物馆对藏品征集的观念相关。为了更清楚地认识我国文物藏品的现状，2012 年国务院开展了第一次全国可移动文物普查，涉及 150 万个国有单位，截至 2016 年 10 月 31 日，普查全国可移动文物共计 108 154 907 件/套。这是我国文化遗产领域的一项重大且基础性工作，也是对我国可移动文物进行系统性梳理和重新认知的良好契机，有助于更好地对可移动文物进行监管、保存、保护和利用。而可移动文物的主要组成部分即为博物馆藏品，可移动文物普查能够促使博物馆对自身馆藏重新进行检查和理清，建立藏品数据库、藏品登记和查询系统、藏品信息管理系统等。通过全国性的普查工作，能够对藏品分类定名、对资料管理做进一步规范，督促每一座博物馆，尤其是国有博物馆更科学合理地对待自身的藏品，保护好国有资产，并为藏品的社会利用提供更广阔的平台。

(二) 社会对博物馆藏品认知与需求的变化

无论是在传统博物馆中还是在现代博物馆中，在国际范围内不可避免的一个现象就是观众始终希望能在进入博物馆后看到自己原本所期望的展品，而往往展品的社会认知度能对展览的参观率有直接的影响，即使在博物馆的社会服务理念已经发展到一定高度的今天，这一现象仍然普遍存在，并无法被忽视。但是现代博物馆的观众与传统博物馆的观众对于藏品的期待具有明显差异。在传统博物馆中，观众更倾向于是信息的接收者，藏品的陈列展示和基本信息已经能够带给他们一定的满足感；而在现代博物馆中，观众更倾向于是信息的探索者、创造者和组织者，他们需要不同层次的信息丰实他们的知识网，而藏品的基本陈列和有限信息已经无法满足他们的要求。

---

① 单霁翔：《从"数量增长"走向"质量提升"——关于广义博物馆的思考》，天津大学出版社 2014 年版，第 165 页。

藏品在博物馆观众的眼中已经不仅仅是一件简单的物件,而是在一定的社会、自然环境中的人类和其他生物活动的记录,它们的背后隐藏着大量的知识和信息。观众所期待的知识获取是无限的、动态的和多元的,这就对博物馆如何更好地利用藏品提出了新的要求。

(三)信息技术持续普及并不断革新

信息技术,尤其是计算机技术在近几十年中飞速发展,也为博物馆的日常工作带来了新气象和新要求。国际上提出了"the museum without walls"("无边界博物馆")这一概念,强调博物馆通过信息化手段提高藏品的社会利用率,最主要的内涵即为让虚拟博物馆、博物馆网站、博物馆数据库和其他博物馆在线平台提供越来越丰富的信息,让更广泛的受众能够关注博物馆、了解博物馆、走进博物馆和利用博物馆。信息技术已经渗透至博物馆工作的方方面面,对提升博物馆的工作效益起到了十分重要的作用,但同时也对传统博物馆的工作形成了新的挑战,无论是博物馆自身人员、经费、藏品和场地等资源的利用,还是利用的方式都成为博物馆工作人员需要不断思考和完善的内容。

(四)博物馆工作的规范化标准持续发布

国际上诸多国家有专门的《博物馆法》和《博物馆职业道德准则》,通过法律形式规定博物馆工作的根本要求和基本规范,同时随着文化遗产事业的不断发展,与博物馆工作相关的规范和标准也在陆续提出,这不仅仅是对工作的规范和约束,也是对工作的指引和支持。这不仅仅是国际上的趋势,也是我国博物馆领域近几年的发展重点之一。在《文物保护法》之后,我国在2005年颁布了《博物馆管理办法》,2015年颁布了《博物馆条例》,对博物馆的工作做出了具体规定,其中也涉及藏品保管和相关管理工作的要求。此外,针对藏品保管中各个环节工作的具体标准也在陆续制定和颁布的过程之中。而这些法律规范最核心的目的即敦促博物馆从业人员以更严谨的态度、更扎实的知识、更精湛的技术和更规范的流程开展博物馆的各项工作,切实担负起保存、保护、研究和利用人类文化遗产和其他各类博物馆藏品的重责,并接受全社会的监督。

二、博物馆藏品保管理念的转变

社会环境的变化是引发博物馆藏品保管理念发生转变的影响因素,而在这近几十年的发展过程中,博物馆藏品保管理念的转变主要体现在对"藏品"范畴认知的变化、藏品保管工作范围的变化、藏品保管方式的变化、藏品价值利用的变化等方面,而这些变化的共同点在于以更广博的收藏理念实现更大程度的藏品社会化。具体阐述如下:

(一)所关注的藏品类型和藏品信息范围不断扩大

在传统的藏品保管理念中,博物馆所关注的藏品大部分都属于历史、文化、艺术和科学价值较高的一类物件,如较为集中于青铜器、陶瓷器、玉器、书画、金银器、珍惜标本等物件之上,使得许多物件,即使与博物馆主题和特点十分契合却无法纳入博物馆的收藏范围,或者是博物馆库房中的一些藏品的附件没有得到应有的关注和保护,造成了不可挽回的损失。但随着博物馆对自身藏品的不断研究和对藏品理念的转变,博物馆所关注的物件对象也从传统的"文物和标本"转变为"一切资料"[1]。除传统意义上的藏品类型之外,还包含了与这些藏品的制作、使用、陈设相关的其他物件,以及与博物馆宗旨和主题相关的各类物件。而藏品信息范围不再仅限于藏品本身,也应当包括藏品所处的人文和自然环境资料;藏品的制作工艺、用途等方面的非物质文化遗产;以及以藏品为基础,对信息予以加工后开发出的新信息[2],包括教育产品、娱乐产品和商业产品等。

(二)从"藏品保管"转向"藏品管理"

一段时期内,我国博物馆的藏品相关工作都被称为藏品保管,工作重点

---

[1] 李文琪:《对藏品及藏品保管工作的再思考》,《中国博物馆》2013年第1期。
[2] 金瑞国:《试论我国博物馆资源的数字化开发与共享——部分以"文物调查及数据库管理系统建设项目"为例》,载《数字博物馆的生命力》,中国传媒大学出版社2007年版,第156页。

主要在于藏品的入藏和出入库管理、日常的基本维护和藏品研究。然而,国际上始终将相关工作称为 collection management(藏品管理),工作内涵同国内的"藏品保管"工作相比更丰富。而随着我国文化遗产事业的发展,藏品保管工作也在发生着转变,并向着"藏品管理"这一理念不断发展。藏品管理是更广义范畴的藏品保管,除上述的基本工作之外,最显著的特点是十分强调藏品的利用,无论是专业层面的以学术研究为目的的利用,还是公众层面的以教育普及为目的的利用,都是当前博物馆藏品管理工作中的重点。藏品的利用工作离不开藏品保管部门与博物馆其他部门或其他博物馆和相关机构的合作,这既是藏品有效利用的重要途径,也是为藏品相关的其他工作提供实物和研究资料的重要支持,使得藏品能够释放出更大的能量。

(三)藏品管理的信息化改革

最早的博物馆自动化可以追溯到 20 世纪 60 年代晚期,纽约大都会艺术博物馆利用了 IBM 公司的大型机来帮助博物馆的职员接触藏品信息。[1]此后,受益于计算机技术的发展,博物馆藏品管理系统能够依据博物馆职员的需求而设计,并不断改善。到了 20 世纪末,博物馆藏品的信息化改革已经在国际范围内普及开来,而提升藏品的社会利用率成为博物馆藏品管理系统最主要的发展目标。由此,博物馆藏品管理系统已不再是内部人员查阅的平台,博物馆搭建了藏品信息网以更好地管理数字资源。近几年来,随着移动设备的飞速发展,博物馆的藏品信息化已渗透至这一领域,包括手机导览和在线藏品数据库等被广泛运用。与国际发展趋势相呼应,我国博物馆藏品管理的信息化改革也在不断深入,但所面临的资金、人员、设备等方面的困难和挑战仍然艰巨。2001 年,国家文物局、财政部共同启动了"文物调查及数据库管理系统建设项目",编制了《博物馆藏品信息指标著录规范》

---

[1] Institute of Dynamic Educational Advancement, *Collection Management Systems: Museums and the Web 2011*,载 IDEA 技术教育网,http://www.idea.org/blog/2011/04/07/collection-management-systems-museums-and-the-web—2011,April 19th 2014.

《博物馆藏品二维影像技术规范》《馆藏珍贵文物数据采集指标项及著录规则》等 10 余项数据标准和技术规范[1]。在数据库系统建立的基础上,我国博物馆以网络为平台,积极推进藏品信息化管理。

(四)藏品价值的社会利用

尽管在前文的各个段落中已经或多或少地对此有过叙述,但作为现代藏品保管理念中最重要的一环,仍有必要独辟一段进行详述。传统博物馆中,藏品一般仅限于展览和研究所需而产生少量的使用,其余大部分时间中基本都保存在库房。然而在现代博物馆中,藏品不再是单纯因为研究和展览所需被使用和摆放,而是在多渠道的博物馆工作中被利用,让更多的博物馆受众欣赏、接触和了解博物馆藏品,产生必要的社会价值和社会效益。这便要求藏品保管人员能够更准确地进行藏品分类、定级、断代和情况判断,依照不同的需求为博物馆的教育活动、研究活动、展览活动、宣传交流活动、市场营销活动提供实物支持,尤其是在涉及与观众互动的工作和活动中,能够提供更多形式的机会让观众近距离地接触到博物馆的藏品,例如,博物馆藏品和标本的观察和触摸、以藏品为原型的文化创意产品设计等,通过藏品传递相关知识和信息,提升观众的博物馆体验。

(五)藏品保管工作程序化和规范化程度的不断提升

在各地博物馆和文物保护单位出现多次文物损坏、偷盗事件之后,博物馆藏品保管工作的规范性和准确性越来越受到社会的关注和重视,对藏品保管人员的职业资格要求也越来越严苛。藏品保管工作程序化和规范化的提升主要体现在两个方面:第一,博物馆藏品管理的工作流程和实务操作越来越规范。在国家层面,先后颁布了《博物馆藏品管理办法》(1986)、《关于加强陈列展览文物安全的通知》(2000)、《藏品档案填写说明》(2001)、《文物藏品定级标准》(2001)、《文物拍摄管理暂行办法》(2001)、《博物馆藏品信

---

[1] 单霁翔:《从"数量增长"走向"质量提升"——关于广义博物馆的思考》,天津大学出版社 2014 年版,第 178 页。

息指标体系规范(试行)》(2001)、《文物系统博物馆风险等级和安全防护级别的规定》(2002)、《关于印发〈近现代文物征集参考范围〉和〈近现代以及文物藏品定级标准(试行)〉的通知》(2003)、《文物处境展览管理规定》(2005)、《博物馆藏品保存环境试行规范》(2007)、《文物复制拓印管理办法》(2011)等,同时"全国馆藏文物腐蚀损失专项调查"和"文物库房环境保护达标试点工程"等项目也予以开展,这些法律规范和项目都对藏品保管工作的整体和各个工作环节做出了相应的规定,为实际工作指明了方向和标准。第二,藏品保管工作所涉及的环节越来越广泛和细致。随着博物馆藏品保管工作要求的不断提升,相关工作被逐步细分,同时,根据博物馆的实际工作需要而出现了新的工作环节,例如,藏品保险工作的提出等。我国博物馆在针对藏品借展过程中的安全问题,一直基本由政府负责,但是国外早已出现了针对艺术品和文物的保险规定,而我国近年来也开始关注这一方面的问题,在法律层面、监管层面、市场供给层面、经费和专业人才层面都已逐步形成研究和探索;又例如,博物馆流动展览的发展,也为博物馆藏品保管人员的工作提出了新的要求。

第二节　博物馆藏品保管人员的重要性及其职责范围

一、博物馆藏品保管人员的角色转变

博物馆保管人员的角色和工作在近几十年中发生了重大的转变。过去,藏品保管人员仅仅存在于较为大型的机构之中,并且主要专注于藏品的移动,以及负责物件的登录和入藏。但是如今,他们的角色已经完全不同,变得更为广泛,且存在于不同规模和类型的机构之中。具体体现在:

（一）藏品保管岗位成为一个特定的职业

针对博物馆藏品管理的规范也在随着相关工作的开展而被不断提出和

完善，国际上许多博物馆都制定了针对自身情况和特点的博物馆藏品管理政策（museum collections management policy），明确本馆的藏品管理工作涉及的范围、流程和标准，并以此为参照来寻找合适的藏品保管人员。从博物馆的藏品管理政策所涵盖的内容来看，藏品保管人员需要广博的专业知识，包括国内和国际职业道德准则和法律法规、最新的国内和国际指南和工作标准，以及最佳做法。

（二）信息技术专家的比重不断上升

藏品保管工作越来越需要依靠现代计算机和信息技术的支持，以便更高效地开展工作。而面对愈发复杂的信息管理系统，国际上的藏品管理人员队伍中，信息科技专家的比例正在不断提升，他们利用自身的专业知识和能力，开发更科学有效的藏品管理系统和藏品数字化平台，以增强藏品的内部管理和社会利用水平。

（三）职业更为细分

国际上，在较为大型的机构中，藏品保管人员的岗位划分更为详细。例如，在英国，博物馆登录员（Registrar）可进一步分为藏品登录员（Collection Registrar）和展览登录员（Exhibition Registrar）[①]，从职位名上就可获知后者更倾向于与展览工作相关的藏品管理事宜。此外，他们的工作在不同机构中也许又涵盖在其他不同的岗位之中，例如，在中小型机构中，藏品研究人员、展览设计人员等都可能同时兼顾藏品管理工作。

二、现代博物馆藏品保管人员的重要性

藏品管理是博物馆许多其他活动的基础，藏品保管人员作为这一"基础"的负责人，意味着是博物馆最基础工作的构建者之一。他们直接与博物馆藏品接触，参与藏品管理的各个方面事宜，是最了解博物馆藏品的一类工作人

[①] *Registrar*，载英国博物馆协会网，http://www.museumsassociation.org/careers/9916。

员。藏品保管人员的工作不仅对博物馆管理自身藏品有重要意义,也对博物馆开展其他工作有重要意义。由此可见,藏品保管人员的工作水平将对博物馆整体的工作质量形成一定的影响。而他们的工作水平与自身的思想品行、知识素养和专业能力都息息相关。对藏品保管人员的重要性具体可阐述如下:

(一)藏品保管人员是当前我国博物馆从业人员中的重要组成部分

梁吉生曾提到,当前国内近万人的博物馆藏品保管人员队伍中,不乏一批高素质人才,同时新生力量也在不断受到培养,并纷纷涌现。[1] 另据2000年统计资料显示,全国文物系统藏品保管、保护和安全防护方面的专业人员,约占全部工作人员的20%。[2] 对于众多博物馆职业类型而言,与藏品保管工作相关的从业人员无论是在博物馆从业人员总数中所占据的比重,还是该群体的总体数量,都显示出博物馆藏品保管人员是博物馆最重要的工作群体之一,这也是他们的工作性质和工作内容所决定的。

(二)藏品保管人员是博物馆藏品资源的基础管理者

藏品是博物馆建立的基本要素之一,对博物馆的重要性不言而喻。藏品保管人员担负着重要的职责,为博物馆守护好所有的"家底",管理着藏品的入藏、登记、使用和研究等各项事宜,这也是博物馆经营管理过程中最基础的工作之一。保护和理清藏品相关信息能够让博物馆更清楚地了解自身藏品的体系和特点,以及藏品中缺失的部分,有助于更好地制定博物馆的藏品政策和藏品相关规划。但这些工作都存在着一定的复杂性和专业性,因此,需要具备一定职业要求的专业人员方可胜任。相反,若是博物馆藏品保管人员未能满足职业所需的必要资格,那么他们也会对藏品带来诸多负面影响,包括偷盗、破坏等,而这些损失往往是无法弥补的。

(三)藏品保管人员是藏品研究队伍的重要组成部分

藏品保管人员是藏品的最直接接触者,也是最多的接触者。藏品保管

---

[1] 梁吉生:《中国博物馆藏品保管》,《中国文化遗产》2005年第4期。
[2] 周宝中:《博物馆藏品保护管理的现状分析与对策》,载《博物馆藏品保管学术论文集》,北京燕山出版社2004年版,第28页。

人员具备其他博物馆工作人员所不具备的优势,能够在日常工作中,对藏品有越来越深入和全面的了解,包括藏品的外观、质地、制作工艺、损坏和衰败情况等各类细节信息,这都是进行藏品研究的第一手资料。不过,藏品保管工作和藏品研究之间的关系是双向的,藏品保管工作越到位,藏品研究的程度也越深。同样的,若要能更科学合理地进行藏品保管工作,就需要对藏品自身的信息和历史文化信息都有充分的把握,两者相辅相成。在这一过程中,藏品保管人员就是直接的操作者,他们的专业程度和知识能力水平将直接影响到藏品保管工作与藏品研究工作的良好衔接。

(四)藏品保管人员是开展与藏品相关工作的重要支持者

藏品保管人员帮助理清博物馆藏品体系和信息,并且科学有效地管理藏品出入库程序,这些都是博物馆其他部门开展藏品相关工作的重要基础。尤其对于目前越来越强调藏品利用的社会环境而言,藏品保管人员能够为藏品研究、藏品保护、展览策划、教育活动策划等工作提供最准确的资源信息,帮助这些部门的工作人员更全面到位地了解藏品,以及藏品的可利用程度,由此发挥藏品更大的社会效益。无论是国外博物馆长久以来的工作现实,还是国内博物馆的发展方向,都显示着藏品保管人员正积极参与到各类跨部门合作之中,以他们的专业知识和对藏品的了解,提供宝贵的建议,或直接投入相关工作的制定和执行过程之中。

(五)藏品保管人员是藏品资料传承的重要承载者

上述几方面的重要性都是从藏品保管人员与博物馆各方面实际工作的关系角度叙述的,在此基础上,宏观而言,藏品保管人员对藏品资料信息的代代传承也能起到积极作用。藏品保管人员守护着人类的文化遗产,不仅仅是藏品本身,藏品保管人员所记录的与藏品相关的一切信息也都能够有助于传承藏品背后的历史、文化、艺术和科学内涵,将人类的文化遗产在更广泛的区域范围和更长久的时间脉络中传播发扬。而藏品保管人员的使命感和责任心,以及对藏品保管工作的热情,也将对这一层面藏品保管职责的意义起到正面的作用。

三、现代博物馆藏品保管人员的职责范围

藏品保管人员负责通过恰当的保存、处理和维护程序，以确保藏品的长期稳定。很多情况下，藏品保管人员的角色中还会涉及研究藏品，包括研究藏品的化学和物理性质，同时结合它们的历史，察觉它们的细小感染，学会如何控制菌类的传播或极端湿度情况下的危险等。藏品保管人员还需要主导保存区域内藏品的常规编目，并且为文物保护与修复人员提供一些建议。具体而言，藏品保管人员的职责范围包括：

（一）制定藏品管理政策

每一座博物馆都需要制定适合于本馆情况的藏品管理政策，这一政策的主要目的在于规划藏品保管工作的各方面事宜。这一政策有助于明确博物馆的藏品范畴，引导博物馆如何照管藏品，以及如何使得藏品更好地为公众所利用。而博物馆藏品保管人员应当参与藏品管理政策制定的全过程，提出切实可行的建议。

（二）藏品登录

藏品登录工作主要涉及藏品入藏的一系列程序，以及藏品入藏后的状态追踪和信息更新。藏品登录工作是藏品保管人员的一项最基本职责，这对于保存藏品的综合信息具有十分重要的意义。这方面工作具体可包括：

（1）藏品的获取与入藏。藏品保管人员需要依照博物馆藏品管理政策和博物馆宗旨，参与博物馆的藏品征集工作。一般情况下，博物馆获得藏品的主要途径包括捐赠、购买、调拨、馆际交换、移交、考古发掘、标本采集等[1]。博物馆获得藏品之后，需要进行接受工作，查验物件的原始档案和原始凭证，并对物件进行入册登记和基本处理。在此基础上，藏品保管人员还需要

---

[1] 北京博物馆学会：《博物馆藏品保管工作指引》，中国书籍出版社2012年版，第25—30页。

负责物件的鉴定工作,支撑后续的甄选和定级工作。

(2) 藏品的登记与编目。具体涉及:藏品详细的入藏登记手续,包括藏品总登记账、藏品辅助登记账等;藏品的定级、分类、编目和建档,详细记录藏品的各个细节信息和藏品背后的文化内涵、收藏历史和曾经的保护处理等内容,并对藏品做一定的标记。藏品的登记与编目包括纸质版档案和电子版数据库,而在藏品入藏之后,藏品保管人员还需要确保藏品信息系统和其他博物馆藏品的档案记录都得到了恰当的管理,并对产生变更的信息进行及时更新。

(3) 藏品的注销。博物馆有时会因为种种原因,而将藏品从博物馆的藏品总账中永久移除,这一过程即指藏品的注销工作。藏品保管人员需要对应当移除的藏品做出准确的判断,向社会公众提供科学合理的依据与说明,并遵循合法、规范的注销程序,执行相应的工作。

(三) 藏品的保存管理

藏品的保存管理包括藏品的库房管理、藏品的处理、藏品的日常保护、保险和应灾准备等[①]。这方面的工作具体包括:

(1) 藏品的库房管理。藏品的库房管理是博物馆藏品保管工作中的又一重要环节,也是直接针对藏品实物进行日常保存和保护的首要工作。藏品的库房管理涉及柜架的适合度审查、藏品的分库和排架、库房的环境监测、监督和维系藏品的智能和实体控制,以及定期更新保存材料并进行必要的研究。

(2) 藏品的移动。藏品会因种种需要而被移动或进行一定的处理,在这些过程中,藏品的受损风险要远远高于静态的保存状态,因此,藏品保管人员需要格外注意文物的安全,做好预防措施,并依照规范的程序进行操作。

(3) 藏品的保护与复制。藏品保管人员需要定期对藏品的状况做出报告,并提供给文物保护与修复人员,作为他们实施保护措施的重要依据。而

[①] [英]帕特里克·博伊兰主编:《经营博物馆》,黄静雅、韦清琦译,译林出版社2010年版,第36—39页。

实施具体的藏品保护工作则主要依赖于文物保护与修复人员,但是藏品保管人员的日常工作也与藏品保护紧密相关,他们在一定程度上也需要参与藏品的保护和复制工作。

(4) 应急准备。藏品保管人员应当对藏品可能面临的风险有所预判,并制定相应的应对措施,避免或降低可能会出现的损失。必要的预案包括风险评估,以及事先对博物馆的环境和设备进行完善[①]。应急措施应当根据实际博物馆的运营状况、库房条件和藏品状态等因素保持更新,并对其可行性进行定期评估。

(四) 藏品使用管理

藏品保管人员需要管理其他部门和公众对藏品的接触和利用,这种使用主要以研究和教育为目的。在藏品使用过程中,涉及藏品的包装、搬运、展厅内的状态监测、其他使用过程中的安全维护等。藏品的使用管理工作具体包括:

(1) 藏品的出入库管理。这是藏品使用过程中的第一环节,主要侧重于藏品借入和借出过程中的信息记录。这一方面能够降低藏品在出入借过程中,借入和借出双方在条件和利益方面所产生的意见冲突,另一方面也能为藏品建立使用情况的细节记录,为此后的各项工作提供凭证和依据。

(2) 藏品包装与搬运。藏品保管人员应当具备相应的操作技术和能力,根据藏品的不同性质和使用的不同需要,择取合适的材料和容器,以及合适的方式,为藏品的使用进行包装和搬运。

(3) 展览中的藏品管理。藏品的使用中最常见的就是展览中的利用,无论是在本馆展厅中的展示还是出借展出,藏品保管人员都需要依照国家颁布的各项法律法规进行有序操作。在展出过程中,藏品保管人员还需要对藏品所处的展厅环境和所用的展览材料做出评估,并提供改善意见,同时对藏品在展厅中的状态予以追踪。

---

① [英] 帕特里克·博伊兰主编:《经营博物馆》,黄静雅、韦清琦译,译林出版社2010年版,第41页。

（4）藏品的其他使用管理。藏品保管人员需要负责在以研究和教育为目的的其他已获批准的藏品接触和使用活动中，藏品的相关信息记录和安全保障事宜。

（五）藏品研究

藏品保管人员应当利用自身直接接触藏品的岗位优势，积极地参与到藏品的研究过程之中。藏品保管人员所进行的研究涉及以下几个方面：

（1）对藏品本体的研究。藏品保管人员可以对藏品的年代、类型、质地、外观、制作工艺、价值内涵等进行研究分析，为其他无法直接接触藏品的研究者提供一手资料，也为教育活动、展览活动、宣传活动等社会利用活动提供基础信息。

（2）对藏品保管技术的研究。随着对藏品状态和属性的熟悉程度的加深，藏品保管人员会总结出最佳的保存和管理技术，并在进一步的研究分析中探寻新的藏品保管理念与技术，以帮助藏品保持良好的状态。

（六）藏品保管的支持性事宜

（1）招募、培训、安排和监督志愿者和实习生，使相关人员能够协助藏品和藏品管理相关工作，提升部门的工作效率。

（2）发展和维系同捐赠者、潜在捐赠者、出借者和卖主的关系，能够进一步发展和丰富博物馆馆藏。

第三节　博物馆藏品保管人员的职业资格分析

一、博物馆藏品保管人员职业资格的国际探讨

藏品保管人员是博物馆管理藏品和研究藏品等基础工作的主要承担者，其职业资格和专业水平的高低对博物馆的日常运营和文化遗产的保护

而言具有十分重要的意义,因此相关议题也引发了各国专家学者的探讨。国际上的论述具体可阐述如下:

(一)博物馆藏品保管人员个人素养和才能的探讨

英国博物馆协会提到,博物馆藏品管理人员需要有藏品征集、保护和展陈等方面的较高专业能力以及相关的信息技术,并且能够更大程度地提升藏品对于博物馆受众的可及性。另外,他们还提到博物馆登录员应当能够领导和管理藏品登录工作的开展①。

1. 新加坡的要求

作为博物馆藏品保管人员中的一类,新加坡人力资源部门提到博物馆的档案保管人员,包括档案保管人员和助理档案保管人员,应具备以下素养和能力:②

(1)出色的研究、记录和出版能力。

(2)较强的沟通能力,包括口头和笔头的。

(3)对文档内容及它们产生时语境的分析能力。

(4)有能力辨识恶化的或品质较差的印刷品、手稿、相片或胶片。

(5)有能力安排和组织大量信息,并清楚写明将其恢复和使用的步骤。

(6)创造、维护和完善数据库。

(7)了解行业内的最佳做法。

(8)有能力使用电子文档和数据库。

(9)对过去、现在和未来相关的历史、科学和社会都有深入的研究和热情。

(10)有助于提升和唤醒新加坡的文化遗产意识。

新加坡的这一标准显示出他们对档案保管人员职业素养要求的若干层

---

① *Registrar*,载英国博物馆协会网,http://www.museumsassociation.org/careers/9916.
② *Heritage Sector*,载新加坡人力资源部门就业指南网,http://www.careercompass.gov.sg/Pages/Sectors.aspx?SectorID=100.

面,即专业知识、专业技能、个人职业综合能力、社会责任。其中,值得一提的是"社会责任"的要求,它意味着档案保管人员不再只是在库房和博物馆做好传统意义上的"自己的分内事"便好,更需要把文化遗产保护的理念与方法同公众分享,提升公众意识。

2. 新西兰的要求

与新加坡不同的是,新西兰国家就业中心提到,博物馆保管人员应当具备的素养和能力更倾向于对相关人员进行个人素养层面的要求,而非具体的岗位事务性要求。这些素养和能力具体包括[①]:

(1) 耐心,考虑周到和有条不紊。

(2) 准确,对细节有洞察力。

(3) 能够在压力之下很好地工作。

(4) 良好的沟通能力。

(5) 有条理,并且能够掌控工作时间。

他们认为,与岗位需求相匹配的个体性格、素养才是决定是否能胜任该项工作的关键,而专业知识和专业技能是能够在未来的工作中进行培养的。

3. 美国要求

就美国而言,加利福尼亚州立公园博物馆服务部门曾出版过《博物馆藏品管理手册》(*Museum Collection Management Handbook*),书中提到,博物馆藏品保管人员依据不同博物馆的性质,职责也不尽相同。一般而言,藏品保管人员都需要具备监察藏品相关活动的能力,并确保博物馆藏品管理的各个影响因素都能恰到其位。[②] 藏品保管人员需要有团队合作能力,在必要时能够向博物馆研究人员、展览策划人员和文物保护与修复人员等其他博物馆工作人员咨询。前面章节中提到了 YI‐CHIEN CHEN 博士的调查

[①] Kaitiaki Pūranga, *Archivist*, 载新西兰国家就业中心网, https://www.careers.govt.nz/jobs-database/arts-and-media/culture-heritage/archivist/.

[②] Patricia Morris, *Museum Collection Management Handbook Volume II: Practice and Procedure*, California: California State Park, 2004, p.6.

中也有包括博物馆藏品登录和管理相关岗位要求的统计，涉及的职位包括登录员（Registrar）、藏品管理人员（Collection manager）、藏品登录员（Collection registrar）和藏品信息专员（Collection information specialist）等。这些岗位中，对应聘者的素养和能力要求可参见图4-1。

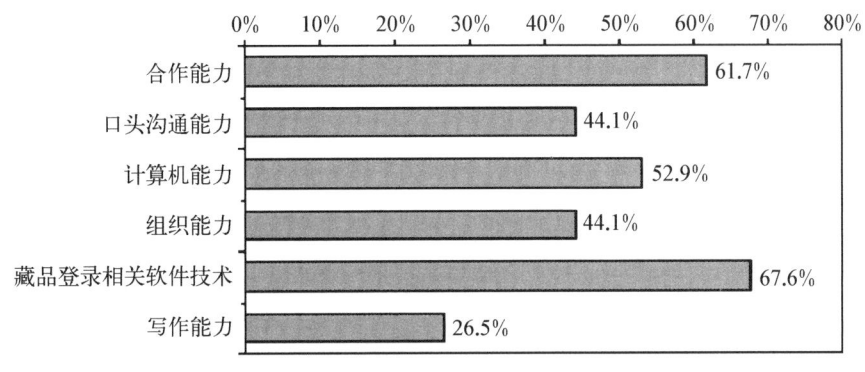

能力	比重
合作能力	61.7%
口头沟通能力	44.1%
计算机能力	52.9%
组织能力	44.1%
藏品登录相关软件技术	67.6%
写作能力	26.5%

图4-1 藏品保管人员职位的能力要求比重[①]

由图4-1可知，作为一名出色的博物馆藏品保管人员应当具备的能力要求比重如下：合作能力占61.7%，口头沟通能力占44.1%，计算机能力占52.9%，组织能力占44.1%，藏品登录相关软件技术占67.6%，写作能力占26.5%。其中，藏品登录相关软件技术、合作能力、计算机能力是最常被提及的能力要求。

此外，笔者曾对2012—2016年美国多家博物馆藏品管理人员/藏品登录员的招聘信息进行了调查。这些招聘信息中有如下阐述：

（1）西雅图北欧遗产博物馆（the Nordic Heritage Museum）认为：藏品保管人员应当具有：对藏品照管最佳做法和标准的综合性知识；出色的管理能力和领导、激励及支持职员的能力；能够快速和准确地评估优先顺序，掌握主动权，以及平衡多个项目工作；注重细节；能够独立工作，也能够参与

---

① Yi-Chien Chen, *Educating Art Museum Professionals: The Current State of Museum Studies Programs in The United States*, The Florida State University School of Visual Arts and Dance, 2004, p.101.

团队协作；出色的口头、笔头和编辑能力；适应于不断变化的经济情况和工作环境；熟悉北欧传统文化，或掌握北欧语言。

（2）圣华金郡历史学会和博物馆（the San Joaquin County Historical Society and Museum）认为：藏品保管人员应当能够建立和维系良好的工作关系，以及与不同的职员、志愿者、教育人员和社区成员进行口头和笔头的交流；能够有效和高效地发展和坚持政策和程序标准；了解博物馆藏品管理和文物保护标准和最佳做法；了解展览标准和最佳做法。

（3）华盛顿国家执法博物馆（the National Law Enforcement Museum）认为：藏品保管人员应当具有：博物馆法规和道德准则的相关知识；数码摄影相关知识；较强的创造性和持久性；较强的团队协作能力；较强的组织能力，关注细节；较强的口头和笔头沟通能力；熟练的计算机能力，熟悉藏品保管相关的软件。优先考虑了解执法人员的应聘者。

（4）费城穆特博物馆（the Mütter Museum）认为：藏品保管人员应当具有：较强的计算机能力，熟悉博物馆藏品保管相关软件；良好的口头和笔头沟通能力，包括公众演说、出版、参与会议和社交媒体外延等。

（5）怀俄明州水牛比尔历史中心（the Buffalo Bill Center of the West）认为：藏品保管人员应当熟悉藏品登录等数据库软件和其他办公室软件；出色的键盘录入能力；出色的笔头和口头沟通能力；出色的组织能力、项目管理经验，并且关注细节。

（6）纳什维尔乡村音乐名人堂（Country Music Hall of Fame and Museum）认为：藏品登录员应当有较强的组织能力；具备藏品数字化最佳做法和技术的专业知识；有能力恰当地处理脆弱的和珍贵的档案材料；有能力使用修图软件；有口头和笔头清晰而准确的表达能力；良好的判断力，能够辨别问题，向相关监督者进行汇报，并协助解决这些问题；能够在不变的工作环境中持续工作。

（7）斯普林菲尔德艺术馆（the Springfield Art Museum）认为：藏品登

录员应当具备与艺术品相关的藏品和记档管理的通彻知识;博物馆登录技术;文物保护和保存实践做法;艺术品保险要求的相关知识;文物包装技术;博物馆数据库记录管理,以 PastPerfect 软件为优。优先考虑熟悉自然环境检测系统的应聘者。

(8) 哥伦布市卫克斯那艺术中心(Wexner Center for the Arts)认为:藏品登录员应当有职员管理和项目管理能力;计算机技术,包括数据库管理等。

(9) 达拉斯梅多斯艺术博物馆(the Meadows Museum of Art)认为:藏品管理人员应当展示出较强的口头和笔头交流能力;数据库相关的计算机能力和准确维护记录的能力;出色的组织能力,包括多重工作应对能力和有秩序地管理不同形式信息的能力;处理脆弱的和视觉艺术藏品的能力;问题解决能力和问题识别及分析能力,并制定不同的解决办法;独立工作和团队协作能力;细节注意力;较强的项目管理能力;有效地培训和监督他人;适应不同的工作环境。

从上述信息中可以看到,对于博物馆藏品保管人员所应具备的素养和才能而言,不同国家的博物馆和文化机构都存在着一定的共识,将其归纳即显示现代博物馆中藏品保管人员最应具备的素养和才能包括:

(1) 藏品保管相关的专业知识、藏品保管相关的法律法规和职业道德标准,以及行业内的最佳做法。

(2) 熟练的实物处理技术,遵循博物馆藏品保管的规范程序。

(3) 独立工作能力和团队协作能力。

(4) 出色的口头和笔头沟通能力,可以向不同的对象清晰地表达。

(5) 计算机技术,熟悉藏品管理信息系统和藏品数据库。

(6) 领导能力和组织管理能力。

(7) 细节关注能力,有耐性和持久性。

(8) 问题辨识、分析和解决能力。

(9) 一定的研究能力。

(二) 博物馆藏品保管人员教育背景和工作经历探讨

除了自身的素养和才能之外,更多有关博物馆藏品保管人员职业资格的探讨则更倾向于提出有关学历水平、专业背景和工作经历等方面的要求。具体阐述如下:

《博物馆职业——欧洲参考框架》一文提到,博物馆登录员(Registrar)应当具备与博物馆藏品相关专业的本科学历(学士学位),以及一定的相关专业工作经历。[1]

新加坡人力资源部门提到博物馆的档案保管人员,包括档案保管人员和助理档案保管人员,应当具备历史学、政治学、信息学和计算机科学等专业的硕士学位,以及至少5年的相关工作经历。少于5年工作经历的申请者可以从助理档案管理员做起。[2]

新西兰国家就业中心提到博物馆保管人员应当具备档案和文献管理专业的本科学历,以及研究生学历或硕士学历。同时,最好拥有文献保存、图书馆员和观众服务的相关工作经历。[3]

就美国而言,美国博物馆学专家 Elizabeth Schlatter 在探讨博物馆职业时,提到博物馆藏品管理人员/藏品登录员应当有与博物馆工作相关专业的本科学历,以及博物馆学或相关领域中的更高学历。同时,最好拥有在机构环境中与藏品和/或展览相关的工作经验,以及拥有藏品管理软件的运用经历、国内和国际运输的经历、展览设计和布展的经历、物件处理和包装的经历,以及国内和国际巡展的合作经历等[4]。美国史密森尼博物馆协会的工作

---

[1] Angelika Ruge, *Museum Professions-A European Frame of Reference*,载国际博协网,http://icom.museum/fileadmin/user_upload/pdf/professions/frame_of_reference_2008.pdf, 2008.
[2] *Heritage Sector*,载新加坡人力资源部门就业指南网,http://www.careercompass.gov.sg/Pages/Sectors.aspx?SectorID=100.
[3] Kaitiaki Pūranga: *Archivist*,载新西兰国家就业中心网,https://www.careers.govt.nz/jobs-database/arts-and-media/culture-heritage/archivist/.
[4] N. Elizabeth Schlatter, *Museum Careers: A Practical Guide for Students and Novices*, California: Left Coast Press, 2008, p.73.

要求中提到,藏品部门主管及该部门的员工都应该有藏品相关学科的学位,在工作中不断补充知识,并通过研讨会和其他学术活动来了解最新的保护方法和记录维护的实践工作。[1]

此外,上文所提到的 YI-CHIEN CHEN 博士的调查显示,对博物馆藏品登录和管理相关岗位的学历要求比重如下:至少拥有学士学位的占 70.6%,至少拥有硕士学位的占 32.4%,要求拥有博士学位的占 2.9%。此外,还有 20.5% 的岗位没有做出明确规定。可见,大部分的岗位要求最低学历为学士。

对应聘者的专业要求如图 4-2 所示:

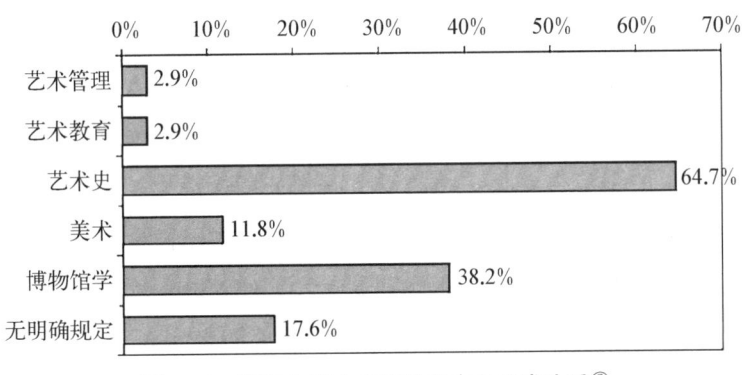

专业	比重
艺术管理	2.9%
艺术教育	2.9%
艺术史	64.7%
美术	11.8%
博物馆学	38.2%
无明确规定	17.6%

图 4-2　藏品保管人员职位的专业要求比重[2]

由图 4-2 可知,藏品保管人员的任职要求中需要有艺术管理专业背景的占 2.9%,艺术教育专业背景的占 2.9%,艺术史专业背景的占 64.7%,美术专业背景的占 11.8%,博物馆学专业背景的占 38.2%,没有明确规定的占 17.6%。由此可见,大多数的岗位都提出了对应聘者专业背景的要求,其中,艺术史、博物馆学、美术是较为常见的专业背景要求。

---

[1] *Working at the Smithsonian · collection management*,载史密森尼博物馆协会网,http://www.si.edu/OHR/workingsi_collectionmanagement.
[2] Yi-Chien Chen, *Educating Art Museum Professionals: The Current State of Museum Studies Programs in The United States*, The Florida State University School of Visual Arts and Dance, 2004, p.101.

对应聘者的博物馆工作经历要求如图4-3所示：

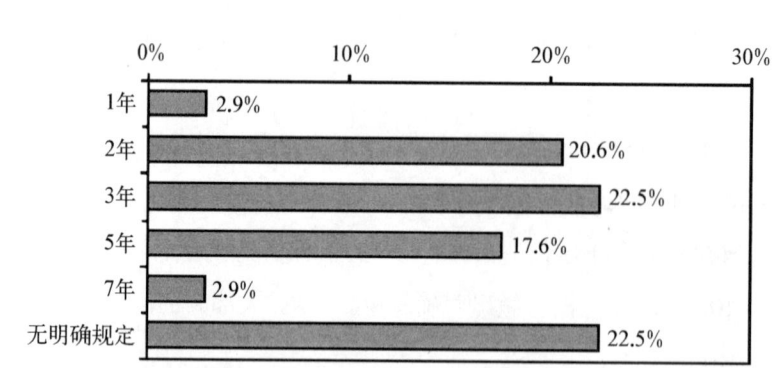

```
          0%      10%      20%      30%
1年      2.9%
2年                        20.6%
3年                          22.5%
5年                      17.6%
7年      2.9%
无明确规定                   22.5%
```

图4-3 藏品保管人员职位的博物馆工作年数要求比重[1]

由图4-3可知,有2.9%的岗位要求应聘者有1年及以上的相关工作经历,20.6%的岗位要求有2年及以上的相关工作经历,22.5%的岗位要求有3年及以上的相关工作经历,17.6%的岗位要求有5年及以上的相关工作经历,2.9%的岗位要求有7年及以上的相关工作经历。另外,有22.5%的岗位没有做出明确规定,可见,大部分的岗位都提出了相关工作经历的要求,具体到年数上,要求2年、3年和5年工作经历的相对较多,但比重都并不太高。同时,有76.5%的岗位要求应聘者具有博物馆藏品登录、命名、藏品编目和博物馆数据库等方面的专业知识。而对于已具备的工作经历而言,更倾向于涉及包括文物保护、藏品出借和保险,以及藏品运输和处理等在内的各项工作。

上述结果表明,藏品登录人员需要至少有艺术史专业的学士学位,并且能够有出色的计算机技术,熟悉主流的博物馆登录软件,以及拥有至少3年的博物馆工作经历。这一结果与博物馆的其他职位十分不同,计算机技术被更为强调。主要也是因为掌握博物馆软件是登录人员工作的主要组成部

---

[1] Yi-Chien Chen, *Educating Art Museum Professionals: The Current State of Museum Studies Programs in The United States*, The Florida State University School of Visual Arts and Dance, 2004, p.104.

分,其主要职责涉及创造和维持藏品清单系统,包括常设和在借藏品。因为登录工作也涉及对于物件所处状态、历史和原真性等细节的检测,登录人员就需要具备广博的知识,例如,有较强的艺术史背景。除上述要求之外,许多博物馆还要求登录人员拥有亲手实践的经历,包括文物保护、文物装裱和藏品出借等方面事宜。

此外,在笔者对 2012—2016 年美国博物馆藏品保管人员招聘信息的调查中得知:

(1) 西雅图北欧遗产博物馆认为:藏品保管人员应当具有硕士学历,或同等学历及 5 年以上的管理和维护博物馆藏品等相关经历;熟练掌握藏品管理相关软件。

(2) 圣华金郡历史学会和博物馆认为:藏品保管人员应当具有历史学、博物馆学、人类学、图书科学或其他相关科学的学士学位,优先考虑具有硕士学位或博士学位的申请者;3 年以上的博物馆藏品或展览管理相关的经历,至少 1 年的管理经历,在博物馆登录方法和基础文物保护实践等方面接受过相应的培训和具有相关经历;熟悉藏品管理相关软件。

(3) 华盛顿国家执法博物馆认为:藏品保管人员应当具有博物馆学或其他相关学科的硕士学位;至少 5 年的藏品登录和藏品管理工作经历;有档案管理经验。

(4) 费城穆特博物馆认为:藏品保管人员应当具有科学、历史(医学方面),或博物馆学(专注于医学或自然历史博物馆)等学科的学士学位,优先考虑具有更高学历的应聘者;4 年以上的与医学、自然历史或相似领域藏品相关的工作经历。

(5) 怀俄明州水牛比尔历史中心认为:藏品保管人员应当具有 4 年制的藏品保管或相关领域的学历,优先考虑具有登录或相关专业硕士学历的应聘者;必须要有 3 年以上的登录经验;与藏品处理、保存和布展、运输相关的工作经历。

(6) 纳什维尔乡村音乐名人堂认为：藏品登录员应当有图书馆和信息科学专业相关的硕士学位，或同等经历；有藏品分类工作经验；优先考虑具有乡村音乐相关实际工作能力的应聘者。

(7) 斯普林菲尔德艺术馆认为：藏品登录员应当具备在艺术、艺术史和/或博物馆学等专业的学士学位，至少一年的专业博物馆登录员工作经验。

(8) 哥伦布市卫克斯那艺术中心认为：藏品登录员应当有学士学位，或同等的教育和工作经历水平；5年在博物馆或艺术中心担任登录员的工作经历；有从事当代艺术相关工作经历的应聘者优先。

(9) 达拉斯梅多斯艺术博物馆(the Meadows Museum of Art)认为：藏品管理人员应当有学士学位，最好是艺术史专业，优先考虑具有硕士学位的应聘者；至少5年的专业博物馆登录工作经历；最好有2年的监管经历。优先考虑具有艺术品手工处理经历和数字影像及档案管理经历的应聘者。西班牙语的读、写和说流利者优先。

可见，藏品保管人员在教育背景和工作经历方面的要求会因机构级别和藏品性质的不同而存在一定差异。大型机构一般要求文物保护与修复人员具有研究生学历，同时拥有5年及以上的工作经历；而中小型机构则一般要求文物保护与修复人员具有本科及以上学历，并具有1年以上的工作经历。在专业背景方面，大多数的岗位都要求具有博物馆学、计算机科学、历史学、文献档案管理等专业背景。综上，现代博物馆藏品保管人员的教育背景和工作经历的要求可归纳如下：

(1) 学历水平：学士学位是最低标准，大型机构要求具备研究生学历。

(2) 专业背景：博物馆学、博物馆管理、计算机科学、历史学、文献档案管理相关领域等专业。

(3) 工作经历：多年在博物馆或相关机构中进行藏品管理、藏品运输、文物保护、展览策划、文献档案管理或观众服务相关的工作经历，一般要求3年以上。

二、博物馆藏品保管人员职业资格的国内探讨

博物馆藏品保管人员职业资格的国内探讨将由四部分内容构成。首先,将梳理目前我国相关政策法规和专家论述,对博物馆藏品保管人员的职业资格判断有宏观和政策层面的把握。其次,对目前在职藏品保管人员进行访谈和调研,能够切实了解从业人员的想法和需求。再次,对近年来各个单位藏品保管人员的招聘信息进行统计和分析,以数据形式了解单位实际的岗位需求。最后,将基于上述讨论,比较分析国内外相关情况的差异,有助于下文结合国内外成功且恰当的经验,对博物馆藏品保管人员的职业资格做出设定。具体阐述如下:

(一)国内已有的相关政策法规和研究论述

国家文物局在1986年就颁布了《博物馆藏品管理办法》,其中提到保管工作人员必须"认真学习马列主义,刻苦钻研业务,忠于职守,廉洁奉公"。[1] 对博物馆藏品保管人员的政治素质、专业知识和职业道德进行了阐述。此后所颁布的《文物保护法》及《文物保护法实施条例》《博物馆条例》中均对馆藏文物的管理工作和所应具备的条件予以明确规定,这是目前对博物馆藏品保管人员的职业资格进行探讨的最根本依据。另外,《文物出境展览管理规定》中"文物出境展览工作人员应热爱祖国,维护国家的主权和利益,维护民族尊严、严格遵守外事纪律,熟悉展览及展品情况",[2] 专门针对文物出境展览工作人员的资质提出了要求。

以上述法律规范为依据,一些机构和专家学者也先后出版了博物馆藏品保管相关的著作和论文集,包括《继承 发展 保护 管理——北京博物馆学会保管专业十年学术研讨纪念集》(北京博物馆学会,2010年)、《博物馆藏

---

[1] 国家文物局:《博物馆藏品管理办法》,载安徽博物院网,http://www.ahm.cn/newsdetail_324.jsp,2012年4月23日。
[2] 国家文物局:《文物出境展览管理规定》,载《博物馆藏品保管工作指引》,中国书籍出版社2012年版,第316页。

品保管学术论文集》(北京博物馆学会,2004年)、《博物馆藏品保管工作手册》(国家文物局,1993年)、《博物馆藏品保管》(郑求真,1985年)等,这些著作结合当时博物馆藏品保管工作的实情,对相关工作做出了规范化的论述,并探讨了工作中存在的问题及未来发展趋势。随着文化遗产事业的快速发展,上述著作中的一些论述已无法适应当前博物馆藏品保管工作的要求。在此基础上,北京博物馆学会于2012年出版了《博物馆藏品保管工作指引》一书,具体针对博物馆藏品保管工作的方方面面进行了深入探讨,其中阐述了对藏品保管工作人员的基本要求,具体包括素质要求和职业道德准则两个方面,素质要求又包括政治思想素质和业务素质[1]。这几个方面基本涵盖了博物馆藏品保管人员所应具备的知识背景、专业能力和工作经历,以及道德准则和思想品行,可作为本章研究的重要参考。

此外,学界在20世纪末就开始对博物馆藏品保管人员的职业素养进行了探讨。结合这一时期的博物馆工作实际,藏品保管人员逐渐向复合型人才方向发展[2],应当具备良好的思想素质、教育水平等相关的文化素质,以及与藏品保管、文物保护实际工作相关的专业素质[3],其中,专业素质又涵盖文化知识、业务知识、历史知识和管理知识等[4],涉及对本馆藏品有较高熟悉度并能及时发现问题[5];熟练的保管工作相关技能和信息传播技能,以及藏品征集、鉴定、研究、保护能力等[6]。为进一步规范藏品保管人员的职业资格,周宝中就曾明确提出,应当建立文物保护管理专业人员的资格认证制度[7],

---

[1] 北京博物馆学会:《博物馆藏品保管工作指引》,中国书籍出版社2012年版,第14—18页。
[2] 陈娟:《博物馆文物保管员的素质对保管工作的影响》,载《博物馆藏品保管学术论文集》,北京燕山出版社2004年版,第90—96页。
[3] 胡丹:《新时期保管人员结构与素质思考》,《中国博物馆》1998年第4期。
[4] 陈娟:《博物馆文物保管员的素质对保管工作的影响》,载《博物馆藏品保管学术论文集》,北京燕山出版社2004年版,第90—96页。
[5] 凌琳:《中小博物馆保管人员的业务素质》,载《博物馆藏品保管学术论文集——北京博物馆学会保管专业第四—八届学术研讨会论文选编》,中国林业出版社2009年版,第245—247页。
[6] 阎瑞平:《试论博物馆藏品保管人员的素质要求》,《文物世界》2010年第4期。
[7] 周宝中:《博物馆藏品保护管理的现状分析与对策》,载《博物馆藏品保管学术论文集》,北京燕山出版社2004年版,第41页。

全面提升博物馆藏品保管人员的整体素质。

总之,无论是政策法规层面还是专家研究层面,在探讨博物馆藏品保管人员的职业资格时,一是十分强调需要具备良好的思想素质和道德品行,有责任感,对所管理的对象负责,严格遵循职业道德。二是要求藏品保管人员需要有丰富的科学文化知识,以及扎实的专业知识,并持续学习,不断进行自我提升。三是要求藏品保管人员需要具备与藏品保管工作相关实践操作的技能,能够应对博物馆藏品保管工作中的各种事宜。

(二) 目前国内在职博物馆藏品保管人员的访谈和调研

除了书面的文件和研究成果之外,笔者也就博物馆藏品保管人员职业资格的问题向目前国内一些在职的博物馆藏品保管人员进行了咨询,他们基于长期的博物馆实践工作经验,表达了对这一问题的看法。具体阐述如下:

上海博物馆藏品保管人员1认为:作为一名合格的文物保管员,首先要做到热爱文化遗产事业,对文物始终保持着一颗不断研究探索的心。只有去了解它,喜爱它,才会用心去保护它。要不断地学习,学习文物的保管知识,了解文物保管要求。在保管工作中,要做到胆大心细。不要因为文物价值高而不敢去触碰它,但在触碰过程中也要时刻考虑安全性,把文物安全放在首位。最后是要安心保管工作,保管工作是不断积累的过程,保管经验需要在漫长的工作中不断积累探索。

上海博物馆藏品保管人员2认为:如今博物馆藏品保管的理念已经与过去发生了巨大变化,对于藏品保管人员应当具备更广博的知识,了解与藏品保管相关的各个方面的信息,才能更好地胜任藏品保管工作。

山西博物院藏品保管人员1认为:作为博物馆藏品保管人员,应当遵守相关文物法律法规和保管部各项规章制度;需要具备严谨的工作作风和认真的工作态度;需要具有文物、历史或艺术相关专业背景,且需不断学习提升。

山西博物院藏品保管人员2认为：作为博物馆藏品保管人员，应当遵守各种法律法规和规章制度，严格要求自己；认真、仔细、严谨的工作态度；利用业余时间学习专业知识，提高业务水平。

西藏博物馆藏品保管人员1认为：作为藏品保管人员，应掌握文物保护的相关法律、法规；藏品管理的工作方法，包括建档、登记、各类藏品提用的手续清单填写；藏品的科学提用，包括安全操作、文物包装等；对一到两类馆藏品有较深入的研究水平。

西藏博物馆藏品保管人员2认为：西藏的文化遗产事业正处于发展期，可从事文博工作的人员除了丰富的工作经验外，由于大多不是科班出身，理论方面有所欠缺，所以可以在内地先进的兄弟单位实习是比较有效的学习方式，且学习期限能长一些，三五天的学习没有实际效果。

苏州戏曲博物馆藏品保管人员1认为：作为一名博物馆藏品保管人员，从工作经验出发，我认为应当具备以下素养：（1）应当有最基本的工作责任心，对每一件藏品的安全与护养负责，随时本着一颗不让藏品受到损伤的防护心；（2）出于保护藏品的考虑，应随时做好防护措施，应当对环境有一定的预见性；（3）应当具有一定的保密素养，对国家重点保护文物予以区别对待；（4）应当对自己保管的藏品有一定的了解认知；（5）对藏品的出库与归还具备规范的操作流程；（6）针对藏品文物具备基本的养护常识。作为藏品保管从业者，最好能具备文物修护的职业资格与博物馆从业资格。

西藏罗布林卡博物馆藏品保管人员1认为：作为博物馆藏品保管人员，首先必须了解《文物法》等相关法律法规，怎样才能更好地保护文物、怎样更好地利用文物并能起到一个宣传员的作用；最好是科班出身，这样最起码对历史、文物保管等各方面比非科班出身的工作人员要更专业；必须热爱文博专业，愿意以认真、负责的态度去工作。

(三) 我国博物馆藏品保管人员相关招聘信息的汇总与分析

笔者对 2012—2016 年各个博物馆发布的招聘启事进行了信息汇总。在这些机构的近千份招聘启事中,有 21 个关于文物保护与修复人员的招聘信息。对于这些信息进行一定的统计处理之后,可以在一定程度上反映出目前我国博物馆藏品保管人员的职业资格要求。

第一,从学历水平的要求上来看,有 95% 的岗位都表明了最低学历水平的要求。有 29% 的岗位要求研究生及以上学历,57% 的岗位要求本科及以上学历,9% 的岗位要求大专及以上学历。(见图 4-4)由此可见,有近六成的岗位要求本科及以上学历,这反映出了大部分藏品保管岗位对于最低学历的要求。

第二,从专业背景的要求上来看,近八成左右的岗位都明确指出了专业背景要求。其中,有近 70% 的岗位要求有博物馆学专业背景,超过 60% 的岗位要求有考古学专业背景,有近 60% 的岗位要求有与保护对象相关的专业背景,超过 10% 的岗位要求有艺术相关的专业背景,此外,还有一些岗位要求有文物保护科技、民族学和统计学等专业背景,有近 10% 的岗位没有明确的专业背景要求。(见图 4-5)由此可见,绝大多数的岗位都对藏品保管人员的专业背景提出了具体要求,一般而言,同一岗位会列有若干专业供选择。其中,博物馆学、考古学和历史学是最为普遍的专业要求。

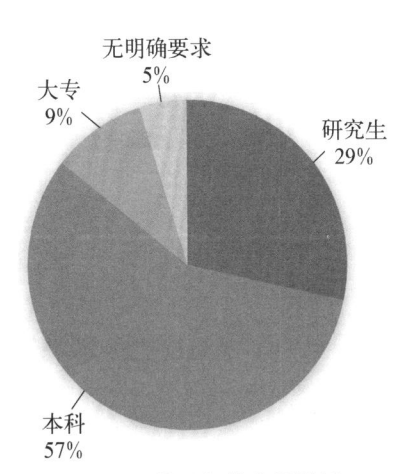

图 4-4 藏品保管人员最低学历要求比重图

第三,从素养和能力要求上来看,并没有太多岗位明确提出了对藏品保管人员素养和能力的要求,在所提到的要求之中主要包括研究能力、沟通能力、团队协作能力、细心谨慎、考古鉴定能力、计算机能力等。(见图 4-6)

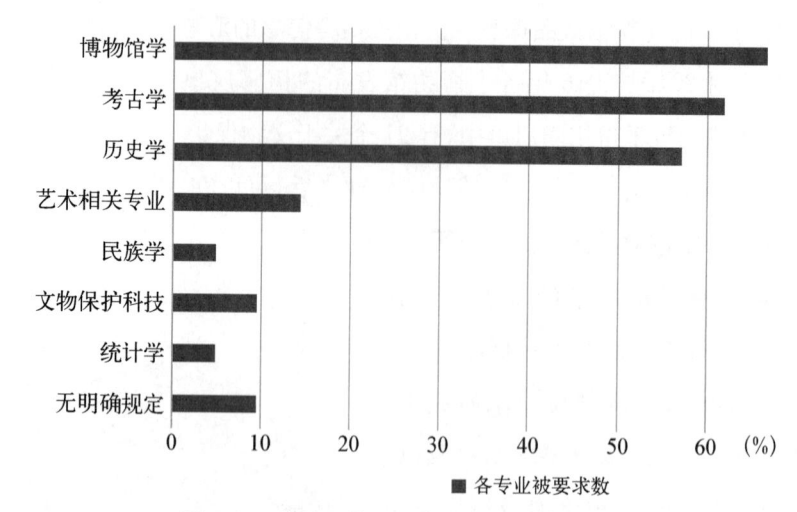

图 4-5　藏品保管人员专业背景要求比重图

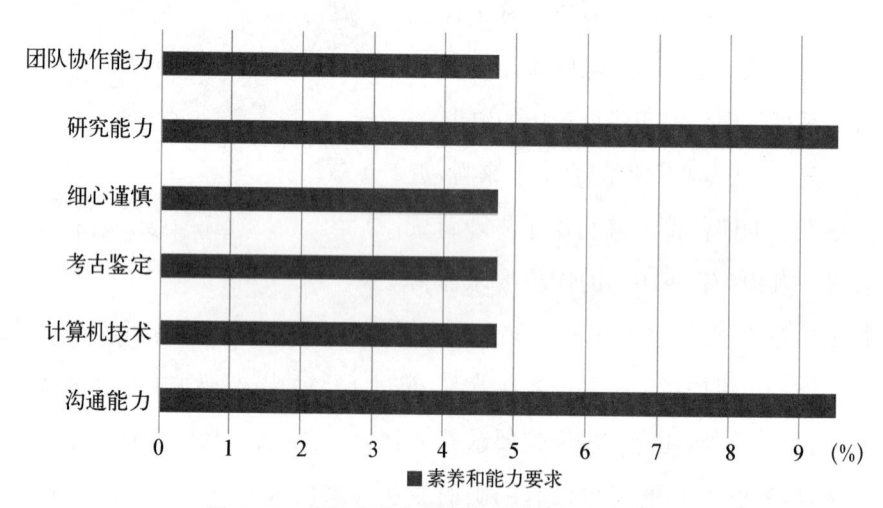

图 4-6　藏品保管人员素养和能力要求比重图

第四，从工作经历要求上来看，有近70%的岗位提出了藏品保管人员的工作经历要求，其中52%的岗位要求有一定工作经历，但未明确指出工作经历年限，有5%的岗位要求有2年以上工作经历，5%的岗位要求有3年以上工作经历，5%的岗位要求有5年以上工作经历。（见图4-7）可见，国内大部分岗位都对博物馆藏品保管人员的工作经历有所要求，年数不定。

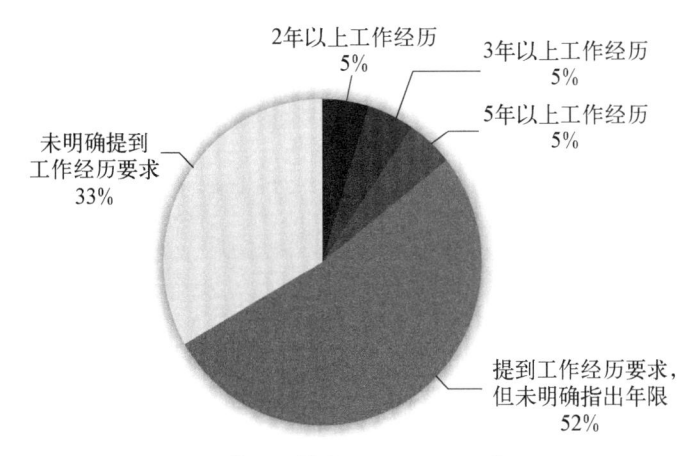

图 4-7 藏品保管人员工作经历要求比重图

此外,进一步将信息发布的博物馆进行级别的划分,可以了解不同级别的博物馆对于藏品保管人员职业资格要求的差异,从而在建立藏品保管人员职业资格标准时能满足各级单位的要求。具体分析如下:

第一,学历水平方面,在上文所述的基础上进一步分析可发现,在省级以下级别的单位中有57.14%的岗位要求至少有学士学位,而在省级及以上级别的单位中也有57.14%的岗位要求至少有学士学位,两者比重相同。但是省级及以上级别的单位中,剩下的岗位都要求有研究生学历,比重占到42.86%,但是省级以下级别的单位中,有21.43%的岗位要求有研究生学历,但也有14.29%的岗位要求大专以上学历,以及7.14%的岗位没有明确的学历要求。可见,总体而言,省级及以上级别的单位对博物馆藏品保管人员的学历要求更高,但是各级单位的大多数岗位都要求博物馆藏品保管人员至少有本科学历。(见图4-8)

第二,专业背景方面,各级单位藏品保管人员的专业背景要求都相对集中,基本以历史学、博物馆学和考古学为主,省级及以上级别的博物馆中相对较多的还有艺术相关专业和统计学等,而省级以下级别的博物馆中还有文物保护科技、民族学等专业,并且还有一些岗位没有明确的专业背景要求。这些

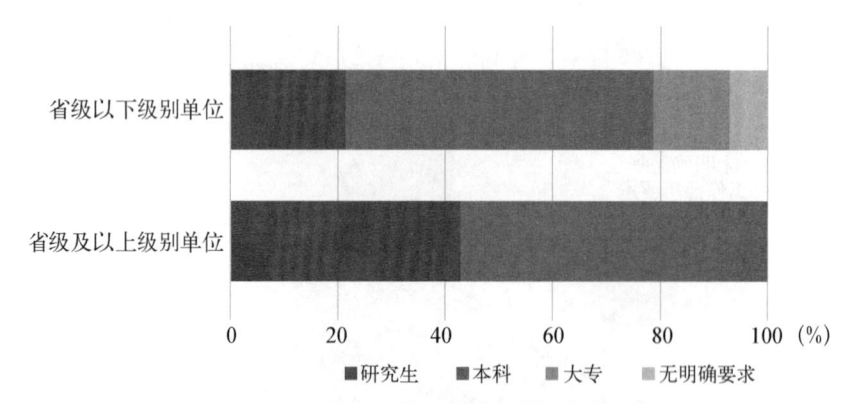

图 4-8　各级单位藏品保管人员最低学历要求比重对比图

较为零散的专业背景要求主要与不同博物馆藏品特点有关,例如,艺术类博物馆会要求藏品保管人员具有与艺术相关的专业背景等(见图4-9)。

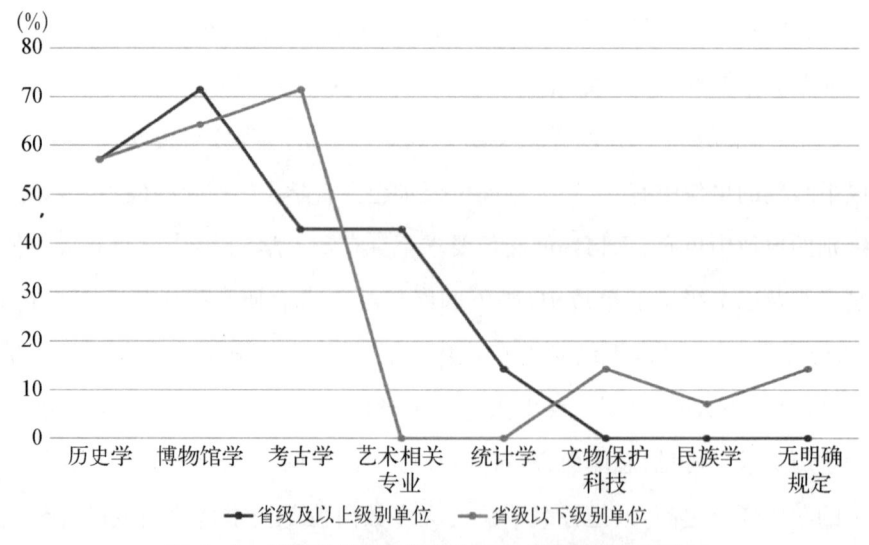

图 4-9　各级单位藏品保管人员专业背景要求对比图

第三,工作经历方面,省级以下级别单位有超过六成的岗位要求有相关工作经历,省级及以上级别单位有七成的岗位要求有相关工作经历,两者比重十分相近,两组数据都相对较高,说明博物馆藏品保管人员一定的工作经历是各级博物馆的普遍要求。此外,省级及以上级别的单位中有近三成的岗位明确提出了工作经历的年数要求,而省级以下级别的单位中不到一成的岗位明确提出了工作经历的年数要求,在这一方面省级及以上级别的博物馆更为清晰。但在具体年数方面,省级及以上级别的单位有提到 2 年或 5 年的,省级以下级别的单位有提到 3 年的,从这一点上看,前者的要求并没有明显高于后者。(见图 4-10)

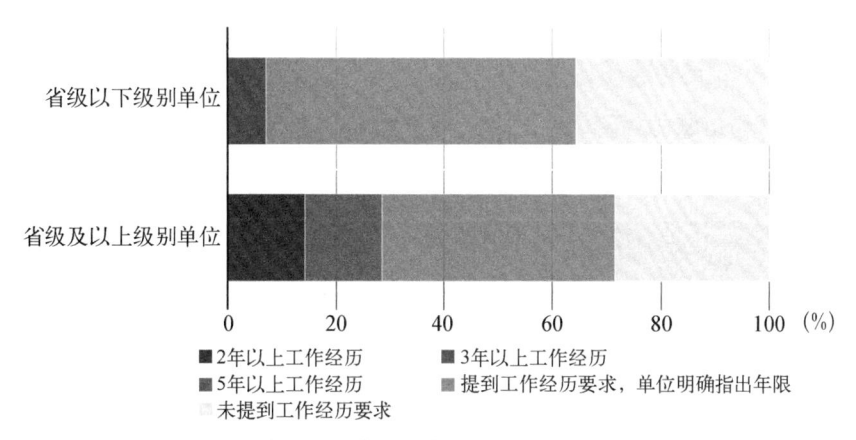

图 4-10　各级单位藏品保管人员工作经历要求对比图

总之,就博物馆藏品保管人员职业资格的最低要求而言,各级别单位没有存在明显的差异,只是在学历水平上省级及以上级别的博物馆要求研究生学历的比重更高。在制定藏品保管人员职业资格标准时,基本可进行统一的考量。

综上,国内情况的探讨与分析可归纳出博物馆藏品保管人员的职业资格中最主要的要求包括以下几点:

(1) 对藏品保管相关的政策法规有清晰的了解。

(2) 具备良好的职业道德和政治素养,能够遵循文博从业人员的《职业道德准则》,对文化遗产充满责任感。

(3) 对藏品保管和文物保护的专业知识及技能、博物馆藏品相关的文化知识等内容较为熟悉。

(4) 具备出色的口头和笔头沟通能力。

(5) 一定的藏品研究能力和自我学习能力。

(6) 掌握一定的计算机技术,对藏品保管的相关软件和信息数据库有较高熟悉度。

(7) 团队工作能力和独立工作能力。

(8) 细节关注能力和谨慎态度。

(9) 一定的考古鉴定能力。

就博物馆藏品保管人员的学历背景和工作经历而言,具体包括:

(1) 学历水平——一般要求本科生学历,也有不少单位要求研究生及以上学历,尤其是省级及以上级别单位。

(2) 专业背景——主要包括博物馆学、历史学、考古学,以及同博物馆藏品特点相关的各个专业。

(3) 工作经历——有一定的博物馆藏品保管相关工作经历。

(四) 博物馆藏品保管人员职业要求的国内外差异分析

1. 藏品保管工作和文物保护工作

在国外,许多情况下,尤其是在中小型博物馆中,藏品管理人员或藏品登录人员的工作职责包含文物保护,一些博物馆甚至将文物保护与修复人员视为藏品管理人员的一类。而在我国,虽然一些博物馆的藏品保管人员的职责范围中也会涵盖一定的文物保护工作,但同文物保护与修复人员的工作性质是不同的。文物保护与修复人员需要承担与文物保护相关的一切工作,但是藏品保管人员更倾向于承担一些环境监测和日常维护工作,而更复杂的一些处理、修复等工作仍然需要依靠文物保护与修复人员来实施。因此,在认知藏品保管人员所应具备的专业素养和能力时,应与国外情况做一定的区分。

2. 藏品保管工作和陈列展览工作

在国外,一些博物馆会直接将相关人员的职业定为 Collection and

exhibit manager（藏品和展览管理人员），他们的工作职责中需要参与不同展览的策划过程，利用他们日常接触藏品的经验和自身的研究成果，帮助展览更好地予以设计。而在我国，一般而言，藏品保管人员不会过多地参与展览的设计过程之中，他们在展览中所起到的作用主要是管理藏品的出入库事宜。不过，随着我国文化遗产事业的发展，各部门的职责边界也在不断融合，跨部门合作也是现在及未来的发展趋势，因此，藏品保管人员也能够利用自身对藏品的了解和藏品的信息化，在博物馆与藏品相关的各项工作中发挥更大的作用。

三、我国博物馆藏品保管人员职业资格分析

基于上述对国内和国外有关博物馆藏品保管人员职业资格探讨的分析，并结合我国博物馆藏品保管工作的实情，可得出我国博物馆藏品保管人员的职业资格要求有如下几方面。

（一）个人素养和才能

就个人素养和才能而言，藏品保管人员的日常工作直接与藏品接触，承担着保存、维护和管理藏品的重要职责，必须具备良好的职业道德和思想素质，同时具备出色的专业知识、实务操作能力、研究能力、组织领导能力、沟通能力、团队协作和独立工作能力、细节注意能力、计算机技术等，具体阐述如下：

1. 良好的职业道德

藏品保管人员需要对藏品保管工作有强烈的责任心，在日常工作的每一个环节中都能遵循藏品保管工作的操作规范和《中国文物、博物馆工作人员职业道德准则》，廉洁奉公、严谨认真。

2. 广博的专业知识

藏品保管工作需要有扎实的专业知识作为支撑，而这些专业知识应当是多角度、多学科的，既涉及藏品保管的工作性质，也涉及与所保管的藏品

相关的历史、文化和科学背景知识。具体包括：

（1）与藏品保管相关的政策、法律法规和标准；

（2）国内外藏品保管的理念和最佳做法；

（3）藏品保管工作的相关知识，包括藏品记档、藏品出入库管理、藏品使用知识、藏品保存和保护方法及环境和材料等知识；

（4）与藏品相关的工艺、材料、历史、文化、艺术和科学等背景知识；

（5）博物馆其他工作的相关知识，包括展览策划、教育活动策划等，能够为博物馆其他部门工作的顺利开展提供支持。

3. 藏品保管实务操作能力

藏品保管人员的日常工作包含了大量与藏品直接相关的搬运、装包、处理、保护等接触性操作。藏品保管人员的实务操作能力水平会对藏品安危产生直接影响，因此，实务操作能力也成为博物馆藏品保管人员职业资格的重要组成部分之一。藏品保管的实务操作能力具体可包括：

（1）藏品的挑选和鉴定能力。

（2）藏品的分类和编目能力。

（3）藏品入藏和出入库情况的信息记录能力。

（4）保管对象在库房和展厅情况的判断能力。

（5）保管对象所处环境适合度的判断能力。

（6）藏品装包、搬运等操作能力。

（7）清洗、修复等一定的藏品保护能力。

4. 团队合作和独立工作能力

藏品保管工作既需要藏品保管人员的个人工作能力，也需要藏品保管团队的合作能力，有时也涉及同其他部门或领域的专业人员共同合作。藏品保管工作是复杂多样的，这两方面的能力能够确保藏品保管工作的有序开展。

5. 口头和笔头沟通能力

藏品保管人员也需要有良好的表达和沟通能力，在藏品保管工作开展的过程中,一方面与同一部门中的其他工作人员进行及时的沟通,并且能够准确记录和撰写藏品信息和藏品情况报告;另一方面与不同部门、甚至是博物馆外部的人员进行信息的交互。而沟通能力又包括:

(1) 良好的文字表达能力。

(2) 良好的语言表达能力等。

6. 组织管理能力

藏品保管人员的工作往往涉及不同领域的专业人员的共同合作,因此,为了确保藏品得到有效的保存、保护和利用,藏品保管人员需要在整体的工作过程中进行统筹、组织和领导,控制工作的流程和时间点,以及在涉及藏品安全的事宜上,做出专业而准确的判断。

7. 细节注意能力

藏品保管工作需要极大的耐性和细节注意能力,一方面在接触藏品时应当秉持谨慎、认真、耐心的态度面对每一次操作;另一方面能够及时发现藏品状态的变化和藏品所处环境的变化,并且制定应对措施。具体可包括:

(1) 问题辨识、分析和解决能力。

(2) 细节注意能力。

(3) 耐性。

(4) 持久意志,能长时间从事相同工作。

8. 研究能力

博物馆藏品保管人员需要在进行日常工作的同时,做一定的专业研究。一方面,通过不断研究藏品保管工作,提炼出更恰当合适的工作理念和工作方法,持续完善实际工作;另一方面,不断研究藏品本体及其所处环境的信息,由此既能更好地了解藏品,实施相应的保存、保护和使用措施,也能更好地为其他藏品相关工作提供技术和理论等各方面的支持。

(1) 藏品保管理论研究。

(2) 藏品保管实务操作研究。

(3) 藏品本体研究。

(4) 藏品历史、文化、艺术和科学等内涵价值研究。

9. 计算机技术

现代博物馆的藏品保管工作离不开计算机与信息技术的支持,因此,藏品保管人员需要熟悉多方面的相关软件和技术,具体包括:

(1) 藏品管理系统和藏品数据库管理。

(2) 藏品保管工作相关的设备使用和维护等。

(二) 学历水平和专业背景

就学历水平而言,一般博物馆藏品保管人员应当具有本科以上学历和学士学位,高层岗位上需要研究生学历和硕士及以上学位。

就专业背景而言,一般博物馆藏品保管人员应当有博物馆学、历史学、考古学、计算机科学、文献学、档案学等相关专业背景。

(三) 工作经历

藏品保管人员若想要更好地胜任藏品保管工作,有一定的相关工作经历也十分重要。就工作经历而言,藏品保管人员需要一定的藏品保管、文物保护、展览策划、文献档案管理等相关方向的工作实践经历,实践年数不定,最好在3年以上。

第五章
文物保护与修复人员职业资格分析

当前,国家和各级政府以及社会各界越来越意识到,作为民族文化和国家软实力的代表,文物具有不可替代和不可再生的重要历史、文化、社会和经济价值,对文物保护提出了新的要求。然而,近年来文物遭受破坏的现象仍然屡见不鲜,这一方面与我国固有的经济发展理念和管理体制相关,导致牺牲文物来加速社会发展,另一方面也与我国极其缺乏合格的文物保护专业人才相关,诸多保护工作无法落实。而博物馆的文物保护与修复人员是实施文物保护工作的主力军,因此,为了加强对我国可移动和不可移动文物的保护,分析文物保护与修复人员的职业资格十分必要,同时加强对文物保护与修复人员后劲力量的培养和工作激励机制的建立也显得迫在眉睫。

值得注意的是,国际上与文物保护相关的职位有多种,包括并不仅限于下述几类:

(1) 文物保护员(conservator)。主要职责是实施文物保护,通过专门的教育和培训,在秉持职业道德的前提下,规划和执行所有的文物保护工作。

(2) 文物保护管理人(conservation administrator)。拥有丰富的文物保护知识,负责文物保护的执行和管理方面的活动。

(3) 文物保护教育者(conservation educator)。拥有文物保护的理论和技术相关的大量知识和经验,主要职责是教授专业相关的原则、方法和/或技术等方面的知识。

（4）文物保护科学家（conservation scientist）。一类职业科学家，主要专注于专业知识和技能的运用，以支持文物保护活动。

（5）文物保护技术员（conservation technician）。在专门的文物保护活动或预防性保护活动中接受培训和累积经验。与文物保护员一起工作，或在他们的监督下工作。

（6）藏品保管/保护专员（collection care/preservation specialist）。在专门的预防性保管活动中接受培训和累积经验，并且与文物保护员一起工作，或在他们的监督下工作。

此外，一些国家还将文物修复人员（restorer）从文物保护员（conservator）的范畴中单独划出，甚至还有高级文物保护员（senior conservator）等职位。但在我国，文物保护相关职位并没有如此细分。在此，对研究对象作进一步明确，即本书所指向的文物保护与修复人员是广义上的文物保护与修复人员，包括国际语境中的文物保护与修复人员。文物修复人员和文物保护技术员，是指能够承担具体文物保护相关技术工作的专业人员，不涉及管理层面和教育层面。同时，对博物馆职业资格认证制度而言，所设立的标准针对的是博物馆相关工作的"准入门槛"，因此也不涉及文物保护工作的高层职位，以可以承担文物保护工作的入门要求为标准。

第一节　社会环境变革引发文物保护理念的转变

一、社会环境变革

近几十年来，随着社会的快速发展，文物所处的社会环境和管理体制并不有利于其长期良好的保存和科学合理的利用，甚至有不少文物已经遭受了不可挽回的破坏。在负面影响不断扩大的情况下,中央和各级政府开始强调文物保护工作的重要性,并通过多种手段推动文物保护工作的有序发展。同时,国际社会的文物保护理念、文物保护的最佳做法和跨地区的合作意识也在不断影响着我国的文物保护工作。在理念和现代科学技术的多重触发之下,文物保护的社会环境引发了文物保护理念的转变。

(一)文物保护与社会经济发展的平衡

我国正经历着社会转型期,经济建设快速发展,城市化进程不断加剧。在急速发展的过程中,文物的安全却始终面临着巨大的威胁。不少不可移动文物的所有权与经营权分离,导致国家和人民对文物的所有权不断虚化,造成了对文物旅游价值和经济价值的过度开发,各方对于文物所带来的利益始终进行着争夺,并且只顾当下,不顾及文物的长期价值和对于后世拥有遗产的代际公平问题。因而,自改革开放以来对文物的破坏现象屡禁不止,甚至有不少是政府主导的行为,对文物带来了巨大的损坏。近年来,中央及地方政府越来越意识到其中存在的问题,并且更为珍视文物作为国家文化软实力的重要代表以及提升民族自豪感和文化认同度的重要载体所能起到的不可替代的作用。习近平总书记多次发表了针对文物保护工作的重要讲话。其中,2016年4月,习近平总书记对文物工作做出重要指示:"文物承载灿烂文明,传承历史文化,维系民族精神,是老祖宗留给我们的宝贵遗产,是加强社会主义精神文明建设的深厚滋养。保护文物功在当代、利在千秋。……各级党委和政府要增强对历史文物的敬畏之心,树立保护文物也是政绩的科学理念,统筹好文物保护与经济社会发展,全面贯彻'保护为主、抢救第一、合理利用、加强管理'的工作方针,切实加大文物保护力度,推进文物合理适度利用,使文物保护成果更多惠及人民群众。各级文物部门要不辱使命,守土尽责,提高素质能力和依法管理水平,广泛动员社会力量参与,努力走出一条符合国情的文物保护利用之路,为实现'两个一百年'奋斗目标、实现中华民族伟大复兴的中国梦做出更大贡献。"①2015年2月15日,习近平总书记到山西省西安市调研,发表重要讲话:"一个博物馆就是一所大学。要把凝结着中华民族传统文化的文物保护好、管理好,同时加强研究和利用,让历史说话,让文物说话,在传承祖先的成就和光荣、增强民族自尊和自信的同时,谨记历史的挫折和教训,以少走弯路、更好前进。"②习近平总书记的上述重要讲话是对平衡文物保护和经济社会建设的重要指示,不能以牺牲文物来获得眼前的利益,这是对民族和人民的不负责。而文物保护工作既需要各级政府、文物部门的统筹和监管,更需要全社会的参与和监督,由此才能将文物保护落到实处。

(二)文物保护支持性系统的构建

政府层面,中央财政对文物保护的投入不断增加,"十二五"期间,全国一般公共预算文物支出累计1404亿元,年均增长16.51%。其中,中央财政文物支出累计607亿元,年均增长17.1%,实施各类文物保护项目超过20 000个。同时,各地文物保护投入也呈增长之势,"十二五"期间,中央财政累计投入山西文物保护专项资金22.2亿元,较"十一五"时期增长4.08倍;山西省本级文物保护专项资金由2011年的0.33亿元增加至2015年的1.3亿元,增长2.93倍。③ 此外,中央财政的文化遗产保护专项资金也在逐年增加,2011年为44.80亿元,2012年大幅提升至71.63亿元④,2013年为77.33亿元,2014年继续增加至88.43亿元。在政府财政的支持之下,文物保护工作支持性系统不断完善:《文物保护法》等法律法规规范了文物保护工作;国家文物局所立项的"文物保护标准化体系制定项目",涉及5个子课题,分别对不可移动文物保护、可移动文物保护、文物调查与考古发掘、博物

---

① 习近平:《让文物"沃土"滋养民族心灵》,《人民日报》2016年4月13日。
② 潘婧瑶:《习近平谈文物工作的三句箴言》,载人民网,http://politics.people.com.cn/n1/2016/0413/c1001-28273470-2.html,2016年4月13日。
③ 惠梦:《中央财政为文物保护"添砖加瓦"》,《中国财经报》2016年5月20日。
④ 国家文物局:《中央财政大力支持文物保护工作》,《中国财政》2014年第6期。

馆文物保护和文物保护信息化建设①等方面的具体工作提供了操作指导；国家文物局和各级文物管理部门多次举办文物保护专业人才培训班，高校文博专业也愈发注重文物保护与修复人员的培养，为文物保护工作提供后续力量；社会公众也成为文物保护的重要参与者，公众的文物保护意识不断提升。

(三) 文物保护工作中的国际合作和文化尊重

面对复杂的文物保护工作，许多情况下都需要依仗跨地区和跨学科的合作，促使更多元、更高效的保护团队的形成。自20世纪下半叶起，世界文物保护的国际合作进入了一个快速发展时期。以二战后联合国教科文组织和国际博协的成立为起点，国际范围内的组织已经开始致力于建立一个系统，能够提供关于文物保护的政策性框架、保护方式和道德指南等信息，这些信息不仅有助于辨别文物的类型和提供有关法律和行政保护的参考，同时也一直强调意识构建和专业人员培训的必要性。除了大型的国家组织之外，各个博物馆在进行文物保护工作时，也会邀请国外的团队参与其中，吸取对方的先进做法和理念，以加强我国的文物保护工作。不过，在与国际团队合作的过程中，文化的相互理解和尊重也非常重要，避免过度倾向于民族主义，在文物保护的过程中应该秉持更大的包容和尊重，最大限度地保留文物本身所具有的深层价值。

(四) 现代科学技术在文物保护领域中的广泛运用

科学技术的日新月异为文物保护开拓出了更合理、更有效、更多元的方式，现代文物保护工作在监测、测量、取样、分析、修复等各个环节都有赖于现代科学技术的运用。因此，进入20世纪之后，各种新型材料和高新设备都被引入文物保护工作之中。无论是针对器物本身，还是针对保护所安排的环境、所用的材料和操作方法，通过科学技术手段的分析能够更清晰地获

---

① 何流：《文物保护标准化体系构建的探讨》，《东南文化》2013年第3期。

得物质本身的机理,分析适用性和可能产生的后果,降低文物在保护过程中可能会遭遇到的风险,并有助于制定应急预案。在这一时代要求下,文物保护与修复人员必须掌握必要的计算机技术,熟悉文物保护工作中常用的各类仪器,操作娴熟。

二、现代文物保护与修复的理念

文物保护和修复在过去 30 年间经历了巨大的变革,如今已成为国际公认的职业,在世界范围内拥有许多行业协会和大学专业。在上述变化的社会环境的影响之下,社会对文物保护的标准不断地提升,确保了公众服务的质量;对于提升文物保护相较于其他文化遗产相关职业地位的渴望(例如,档案学家、策展人和历史建筑学家)在一定程度上提升了传统的文物保护与修复人员的酬劳,也对文物的综合性保护,而不是纯粹的对历史和艺术物件进行展示、编目和利用提供了强有力的声音。这些因素都对现代文物保护理念产生了巨大的影响。

我国文物保护的理念也在不断地变化和更新,以满足社会对文物保护不断提升的要求和期望。目前我国对文物保护主要是围绕"保护为主、抢救第一、合理利用、加强管理"十六字方针来开展工作①,强调保护、利用和管理的协调统一,注重抢救性保护。这一基本原则符合当下我国文物保护工作的实情,也能为实际工作的开展起到指导作用。但这仅仅是根本目的和基础,现代文物保护的理念并不止于此。对于文物保护工作本身而言,国内与国际的情况并没有巨大差异,主要的差异还是存在于文物的所有权和经营权的归属、文物管理体制等社会环境之上。因此,为了进一步提升我国文物保护的整体水平,国际上的先进理念可以提供重要的参考。

---

① 《中华人民共和国文物保护法》,载中华人民共和国国务院新闻办公室网,http://www.scio.gov.cn/xwfbh/xwbfbh/wqfbh/2015/33065/xgbd33074/Document/1440173/1440173.htm,2015 年 7 月 6 日。

(一)文物保护的目的——RIP 三角模型

1984 年,国际博物馆协会文物保护专业委员会在对文物保护修复人员的定义中提道:"文物保护修复人员的职责(文物保护工作)包括对文化遗产的检测、维护、保护-修复。"在此基础上,英国文物保护专家 Chris Caple 创造了 RIP(Revelation-Investigation-Preservation,揭露-调查研究-维护)三角模型(见图 5-1),明确指出了现代文物保护工作的三大主要目的,这三者之间存在着竞争关系,但都是为了维持和强化历史物件。

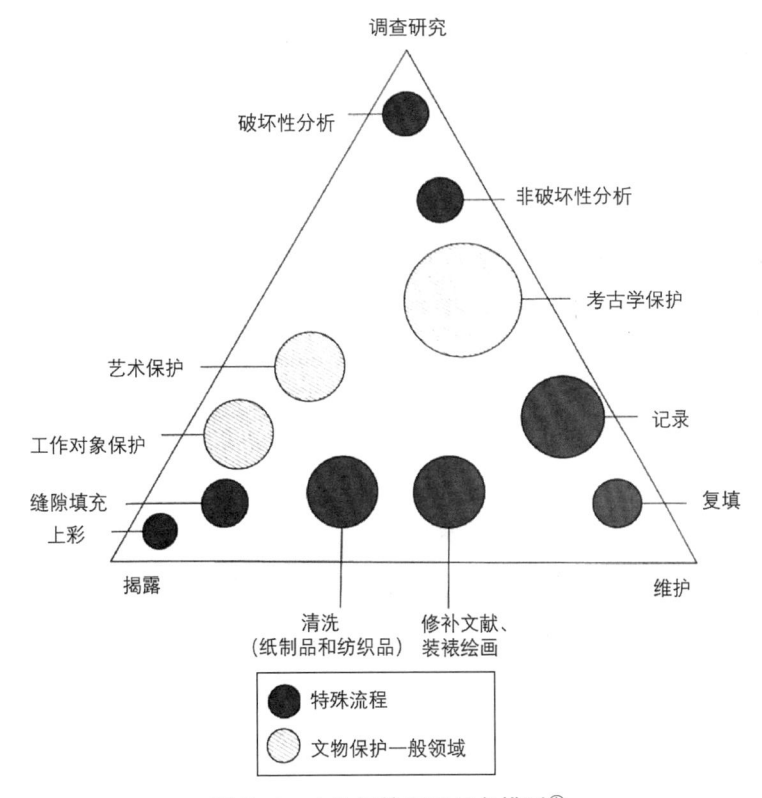

图 5-1 文物保护 RIP 三角模型[1]

---

[1] Chris Caple, *The Aims of Conservation*, A Bracker, A Richmond. *Conservation Principles, Dilemmas and Uncomfortable Truths*, London: Elsevier Ltd, 2009, p.29.

其中,Revelation(揭露)是指对物件进行清理,解释其"原始的""更早的"或"更具意义的"面貌。这一面貌能够给予观察者,例如博物馆观众,一个对于该物件更清晰的视觉印象。Investigation(调查研究)是指研究、调查和分析物件以揭示其背后的信息。这可能包括视觉观察、类型学分析、X光线照相术、元素或分子组成分析,甚至是衰败分析诸如去除金相部分。Preservation(维护)是指保持物件当前的物理和化学形态、预防进一步衰败、利用补救性的(干预性的)文物保护工作以及(或者)预防性文物保护实践。

这三个目的的平衡形成一个三角,在其所围成的区域内就是通常被描述为文物保护工作的各项活动,同时也是文物保护与修复人员的职责范围,包括破坏性和非破坏性分析、物件清理和保护等。这三个目的能够在可见的未来中帮助文物保护工作保持可持续性,同时既相互牵制,也相互联系,例如物件清理能有助于对物件的维护,揭示物件的形态,并且显露其背后所隐藏的信息。因此,如今文物保护工作的目标和范畴也基本在这一范围之内,通过文物保护目标的明确能够进一步清晰地解释为何进行这些文物保护操作以及社会赋予了文物保护与修复人员怎样的权力来干预人类的瑰宝。

(二)原真性原则和完整性原则

现代文物保护原则主要关注于文物的原真性和完整性,同时将关注点由物质材料转移到了无形遗产上。20世纪末,对文物的保护已经扩充到了同其背后的文化传统和不断变化的生活风格相关的整个生存环境。因而,文物保护的概念就历史材料而言越来越远离静态,就文物资源的可持续管理而言越来越追求文化层面的动态性,将它们的有形和无形维度都纳入考量,由此也引出对原真性和完整性概念的探讨。就原真性而言,1994年的《奈良原真性文件》提道:"所有形式的和历史时期的文化遗产保护操作都植根于文化遗产的多元价值。我们针对这些价值的理解能力有一部分依赖于对有关这些价值的信息资源的理解程度。"①该文件强调了文化的多元主义,并且尊重价值的多元化,作为精神和物质财产,意识到"无形信息"的重要性。一般而言,原真性可以被视为与不同因素相关,尤其包括下列因素:

(1) 定性判断,将文物视为人类创造性活动的产物,它们是自发的,而非刻意复制的。

(2) 法律证实,保护物件作为历史记录材料的真实性。

(3) 社会-文化传统,以及价值评判的传授。

现代历史意识并不是偶然产生的,而是通过一个过程而产生的结果。原真性的现代意义应当由这一视角来看待。原国际文化财产保护及修复研究中心主任 Dr. Paul Philippot 曾给予原真性如下定义:"原真性是外部精神过程和作品物质认识的统一。"这样的精神过程不必参考于"亲笔稿",而是在现代概念中被予以理解,原真性是我们时代文化的一部分。不过,信息时代的问题之一是大量的二手信息,容易导致我们偏离对于最初信息的关注,而文物背后所蕴含的真理只能基于原始信息,并非信息的现代复制。

就完整性而言,《威尼斯宪章》强调了历史完整性的重要性,阐述了"既然风格的统一并不是修复的目的,那么遗迹建筑在所有时期内的有充分根据的贡献都必须被尊重"。此外,《威尼斯宪章》也强调了需要寻找到美学完整性的平衡点,具体阐述为"损坏部分的替代品必须和谐地与整体相结合,但与此同时也必须与原始部分作出区别,修复不能篡改艺术或历史线索"。此外,《威尼斯宪章》还强调了"遗迹场地必须有特殊的保管,为了保护其完整性,并且确保它们以恰当的方式被处理和展示"②。《威尼斯宪章》讨论的对象主要是古建筑和遗址,但《威尼斯宪章》中所提到的保护理念可以运用到

---

① World Heritage Committee, *Convention Concerning the Protection of the World Cultural and Natural Heritage*, 载联合国教科文组织网, http://whc.unesco.org/archive/nara94.htm, November 21st 1994.

② ICOMOS, *International Charter for the Conservation and Restoration of Monuments and Sites*, 载国际古迹遗址保护协会网, www.international.icomos.org, 1964.

各个类型文物的保护工作之中,这意味着文物保护的完整性既包括文物本身所具有的信息和价值,同时也要对文物所处的自然环境和人文环境等相关信息进行全方位的保护,这是解读历史信息的重要线索,同样具有重要的价值。

(三) 最小干预原则

自20世纪下半叶起,"最小干预原则"(Minimal Intervention)成为现代文物保护最重要的原则之一和主导性的保护态度。这一概念往往与"可逆性"(Reversibility)和"真实本质"(True Nature)这两个概念相联系,旨在表达文物保护工作的指导性道德准则中的一个典型,即文物保护应当尽可能降低人为干预,最大限度地保留文物的原状。然而,文物保护干预中可接受的最低程度并不仅仅取决于任何一个独立的原则,这是一系列客观评价所产生的结果,也基于各种不可计量的因素。而文物保护与修复人员和公众对干预的最小化程度有时会持有不同的意见,并且双方都无法证实自身或对方的正误,因此很难准确定义"最小化"这一概念。"最小干预原则"并不等同于文物保护与修复人员干预性操作的最小化,而是将部分影响最小化,也就是其负面影响。因此,"最小干预原则"这一术语并不十分精确,国际上提出了新的概念,称为"意义-损失的平衡"(Balanced Meaning-loss),也意味着干预应当强化或维护物件所具有的相对更重要的意义,同时尽可能缩小对其传达其他意义的能力的损坏。[1] 我国文物保护专家陆寿麟也曾提到,在文物保护与修复的过程中往往会丢失文物的部分信息,无法完全恢复其原貌。[2] 专家们的观点不谋而合,在文物保护的过程中,文物本体及其价值内涵的维系始终充满着困难和矛盾。因此,"最小干预原则"这一概念中"最小化"被"平衡"一词所替代,更合理地传达了文物具有不同层面的意义和价值,同时这些意义在文物保护的过程中应该罗列相对的优先顺序,以决定干

---

[1] Salvador Munoz Vinas, *Minimal Intervention Revisited*, A Bracker, A Richmond. *Conservation Principles, Dilemmas and Uncomfortable Truths*, London: Elsevier Ltd, 2009, p.29.

[2] 王霞:《"文物保护的传统与现代"专题研讨会综述》,《东南文化》2013年第6期。

预性保护的操作程度。

(四) 预防性保护

为了降低文物所面临的风险,减缓文物的衰败,减少干预性保护措施的实施,预防性保护在现代文物保护领域中占据了越来越重要的地位。文物预防性保护的概念最早在 1930 年提出时主要针对的是文化遗产所处环境中的温湿度控制。[①] 但现在预防性保护的内涵已经逐步扩充,包括文物保护的专业人才和支持性经费的投入,文物保护的标准和政策,博物馆环境中的光照、温湿度和虫害等各种因素,以及文物在包装、运输等过程中的状态。这一理念是文物保护工作的巨大转变,意味着从原本"抢救性"的被动型保护工作转变为"预防性"的主动型保护工作,能够始终检测文物所处的环境,对潜在的威胁及时制定应对方案,采取相应的措施,进一步降低文物受到损坏的可能性。

(五) 可识别性原则和可逆性原则

《威尼斯宪章》中明确提出了文物保护中"可识别"的要求,在第 9 条中提道:"任何一点不可避免的附加工作都必须跟原来的建筑外观有明显的区别,并且要看得出是现代的操作。"在第十二条中又有进一步阐述:"缺失部分的替代品必须与整体相融合,但同时必须与原始部分加以区别,使得修复工作不会破坏艺术或历史的线索。"[②] 基于《威尼斯宪章》的相关阐述,可识别性原则可以被认为是指在进行文物保护工作的过程中,应该避免"以假乱真",以影响正常的学术研究[③],以及观众对物件原始状态的理解,即文物保护的相关操作应尽量避免对文物整体价值的影响。但这并不意味着对复原工作的质疑,只是相关操作可以运用一些巧妙的方法与物件原始部分加以区别,同时也不存在绝对的"不可识别",这一原则也是相对的,受到环境、技

---

① 何娟:《文物的预防性保护》,载河南博物院网,www.chnmus.net/wwbh/2012-01/05/content_38368.htm,2012 年 1 月 5 日。
② ICOMOS, *International Charter for the Conservation and Restoration of Monuments and Sites*, 载国际古迹遗址理事会网,www.international.icomos.org,1964。
③ 陆寿麟:《我国文物保护理念的探索》,《东南文化》2012 年第 2 期。

术和相对人群的差异性影响。可逆性原则是指在文物保护工作的过程中，所使用的材料和所进行的操作都应当是可逆的，可以恢复物件的原始形态。这一原则一方面防止相关材料和操作随着时间的推移对文物造成损害，另一方面随着文物保护理念和技术的不断发展，可能创造出更科学合理的材料和操作，在此情况下原有的材料应当能够在不损坏文物的前提下被替换。但这是理论上的理想状态，真正的"可逆"并不存在，"可逆性原则"的根本要求是不会影响后续的保护性操作。

（六）传统工艺与现代科学技术结合

传统工艺是由经长期实践和经验积累而形成的规范性操作，并加以传承。[1] 随着现代科学技术的发展，越来越多的高科技设备和材料被运用于文物保护工作之中，并获得了良好的保护效果。但这并不意味着传统工艺的重要性随之削弱。相反的，传统工艺是一代代文物保护与修复人员智慧的结晶。尽管现代科学技术为文物保护工作中诸如检测、分析、修复等各个环节带来了便利，判断也更为科学和准确，但是文物保护工作是一个动态发展的过程，面对的挑战和问题各不相同，应当结合传统工艺与现代技术，利用两者各自的长处，以达到更好的工作效果。传统工艺与现代科学技术的结合最重要的优势在于实现文物保护的创新研究，包括使用更恰当的材料、运用更合理的操作方式等。

第二节　文物保护与修复人员的重要性及其职责范围

一、现代文物保护与修复人员的重要性

文物保护与修复人员负责对文物的长期保护。文物保护工作充满了复

---

[1] 王霞：《"文物保护的传统与现代"专题研讨会综述》，《东南文化》2013 年第 6 期。

杂性和挑战性,文物保护与修复人员需要始终以极大的热情、责任感和献身精神来迎接挑战,为后世保护我们的遗产和瑰宝。他们通过分析和评估文物的情况、理解衰败的过程和迹象、规划藏品保管或场地管理战略,来预防文物的损坏、执行文物保护措施,引导所有相关领域的研究,以及向社会传播文物保护意识。因此,文物保护与修复人员的作用不可替代。

(一) 文物保护与修复人员是文物保护的实践者

文物保护与修复人员的首要职责是运用正确的方法对待不可再生的保护对象,这些保护对象通常是独一无二的文物。无论这些文物是一流的作品,还是日常生活中的普通物品,都是对人类发展轨迹中精神、宗教、艺术和生活的重要展现。正因为文物所具有的重要性,保护它们的物理性质和所处环境的完整性十分重要。然而,保护和修复的每一项操作中都有损害的风险,这就要求文物保护与修复人员能够准确判断必须和多余、可能和不可能的操作,以及强化对象品质和对其完整性有损害的干预。同时,所有的干预必须通过方法检测和科学测试再予以实施,目的是全方位地了解保护对象,并将每一项操作可能会造成的后果都充分考虑。任何人,缺乏专业培训,都无法进行文物保护操作。同样地,任何人,缺乏足够的兴趣或热情,也都无法令人相信已具备了应有的责任感。只有受过良好训练、有一定经验的文物保护与修复人员才能正确地阐释测试结果,实施具体操作,判断可能的后果以及应对方式。

(二) 文物保护与修复人员是文物价值的维系者和提升者

文物具有重要的艺术、宗教、历史、科学、文化、社会和经济价值。上述价值通常体现在其构造的特点、在文献中和所处环境中的线索,以及其原真性上。同时,这些价值是与社会个体,即普通大众中的每一个人相结合的。社会要求对文物价值进行维系和提升,并将其传递给后世,这也是近年来受到社会关注的对于文物的代际公平问题,让后世也能拥有和欣赏到这些瑰宝。在此过程中,社会会采用多种不同的形式,而文物保护则是其中一个重要的组成部分。不过,每个人对于文物保护准确意义的理解都是不同的,文物保护与修复人员通过自身对保护对象的理解,再结合科学的分析和研究,对文物进行保护,并制定中长期的维护方案。通过他们的努力,可以从技术上为文物的价值进行一定的维系,并经由他们的处理措施,使得文物得到现存状况的改善,予以诠释、利用和传播,获得价值的提升。

(三)文物保护与修复人员是文物的研究者

一方面,文物保护与修复人员的工作与其他艺术或手工业者是有所区别的。区别的一个基本标准是文物保护与修复人员的工作并不会创造出新的文化物件来。而手工业者和艺术职业者,诸如金属铁匠、镀金工匠、家具木匠、油漆工匠等职责都是重新制造那些再也不存在或无法被保护的物品。然而,他们也可以从文物保护与修复人员的研究发现和他们的指导中获益颇多。另一方面,文物保护与修复人员在进行保护工作的前中后三个阶段,都需要对保护对象的质地、构造、制作工艺、生产背景、传承过程和之前所用过的保护措施等内容予以充分把握,这都是对文物的深入研究,同博物馆中专门的研究人员所进行的研究是不同的角度和内容,但同样对文物的诠释会起到积极的作用。

(四)文物保护与修复人员是文物保护意识的传播者

文物保护与修复人员是最熟悉保护对象状况的人,也是最熟悉当前文物保护整体现状和问题的人。他们应当具有最强烈的文物保护意识,而这恰恰是当前经济快速发展、社会深度转型过程中,政府决策者、社会建设者和普通民众所最缺乏的对待文物的态度。文物保护与修复人员可以通过自身的专业知识和专业判断,针对政府的相关决策予以建言,影响管理层对文物的处置方式;针对社会建设的相关操作进行评估,甚至帮助相关主体以法律的手段保护文物;针对普通民众宣传和普及文物保护意识,让更多受众认识到文物对于国家、民族和人民的深远意义,鼓励他们利用自身力量参与到文物保护的行动中来。

二、现代文物保护与修复人员的职责范围

文物保护与修复人员负责保护、修复、修理、清洁和维护物件。他们的工作与博物馆的藏品保管人员和研究人员都紧密相关，相互合作来保存、处理和研究手工制品。文物保护与修复人员需要拥有综合性的科学知识，以及一定水平的技能，并通过不断积累的实际工作经验来提升操作的灵巧度和熟练度。他们一般而言都会专攻于不同的遗产类型，诸如建筑、书籍、家具、金属、绘画、相片、纺织品、书信，以及特定文化背景的物件。他们会利用愈发先进的软件和设备来摄影、分析和处理物件。具体而言，文物保护与修复人员的职责范围包括：

（一）评估和检测保护对象

通过科学的检测程序来判断保护对象所用的材料、制造方式、特性或结构，以及衰败的起因和程度。同时了解保护对象的收藏脉络，以及此前已经使用过的保护措施。文物保护与修复人员必须了解哪些工具和技术是恰当的，检测应该到何种程度，以及如何或是否进行外部的、侵入的和偶尔破坏性的取样。评估和检测的最终目的在于对保护对象的整体情况有充分的把握。

（二）科学分析保护材料和保护措施

基于对保护对象的分析，文物保护与修复人员需要制定恰当的保护和处理计划，选择针对性的保护材料和保护措施，评估材料和操作的有效性和合适性，同时辨识这些材料和操作所存在的潜在风险，预期可能带来的不良后果及其应对方式。此外，文物保护员必须能够认识到何时有必要向拥有其他分析知识的专业人才寻求支持，并运用额外的工具。而这些工具也必须是对文物保护与修复人员的观念、知识、技能、思考和经验进行增补，而非替代。

（三）处理衰败和变化

处理衰败和变化包括干预性程序，以及被动的方式来稳固藏品或延缓其衰败。随着时间的流逝，可能会在化学上或物理上改变、损害、毁坏文物的构成和

机理,文物保护与修复人员必须能够认识和理解文物出现的变化,并且能够辨别引起变化的原因,无论是否是从自然化学、物理或生物过程中出现的,还是从人为影响中出现的,由此提升文物保护行为和挑选更能保护文物的材料。在此基础上,通过阻止、对抗或妨碍毁坏性的过程,加强文物的长期保护效用。

(四)预防性保护

文物保护与修复人员必须熟知光照、相对湿度、温度和污染等外界因素可能会对文物长期保护所产生的影响,以及熟悉能协助管理这些外界因素的技术、设备和资源,检测文物所处的环境。通过制定和执行在恰当的环境条件下的保护政策和程序,缓解文物的衰败和毁坏。同时,处理和维系保存、展示、装包、运输和使用的程序,实施综合性的虫害管理,并且制定紧急预案和对策,甚至进行复制。

(五)记录完整的保护程序

全面记录特定时间下物件或场地的情况,以及保护前、保护过程中和保护后的情况,详细叙述保护方式和所用的材料。记录程序、做法和逻辑依据,并且相关信息都要源于文物的检测、研究、分析和处理,格式应保持固定。文物保护员必须理解记档的目的,并且必须知道和精通文字、电子和影像记档的恰当方式。对这些信息的研究和数据采集会有助于文物在不同语境中的意义,诸如在艺术、历史、社会、文化和科学等领域之中。与先前处理和安置相关的信息能够有助于文物保护与修复人员制定后续方案,而后续处理过程中获得的记录能够在决定未来保管或保护策略的过程中起到重要的作用。

(六)修复物件或结构

在展示和研究等特定需求之下,修复已经衰败或损坏的物件或结构,使其更接近之前或假设中的外表或功能。文物保护与修复人员所需的必要实践能力可能包括但并不限于绘画、色彩审查、缝纫、编织、雕刻、浇铸和其他美术或手工技能。通过文物保护与修复人员的修复工作,延伸文物的生命力,并且帮助提升对其内在属性和意义的更好理解。

(七）制定文物保护规划

一方面，定期提交文物保护报告，对未来的保护计划提出建议，同时对文物保护工作的时间和成本进行评估。另一方面，对安全展览和借调程序提出建议。文物保护与修复人员需要对变化的环境提出合适的建议，监督在展物件是否获得了合适的安置条件。同时，了解公众对文物多种利用方式对其所造成的各种影响。

（八）制定健康和安全的政策和规定

文物保护与修复人员必须了解工作人员的安全，并且必须遵循相关的法律法规来执行他们的实践。文物保护与修复人员也必须熟悉安全事宜，诸如对有毒物品的控制方式、安全设备的使用和操作程序的标准化，以及职员安全实践的培训。最终目的是将对人、环境和文物的风险和灾难最小化。

（九）知识信息的及时更新

文物保护与修复人员的专业知识可以分为几类：一是对文物保护的专业词汇及科学方法的掌握，能够有效地检测物件、评估其状态、理解其历史轨迹、清楚地表达相应的需求。二是对文物的价值和重要性的掌握，当决定保护规划、战略和处理时，对物件、建筑和场地的美学、文化、经济、历史、政治、宗教、科学和社会价值的理解和欣赏非常重要。三是对文物本身性质的认知，包括构成文物材料的质量、属性和特征、它们使用的历史和技术，以及被用于保管和保护的材料。四是文物保护理念与手段的更新，了解相关领域中的最新研究成果。

第三节 文物保护与修复人员的职业资格分析

一、文物保护与修复人员职业资格的国际探讨

对文物保护这样一个专业知识和技能都有较高要求的职业而言，文物

保护与修复人员素养能力和职业资格的探讨始终是这一领域内专家学者和政府组织十分关注的问题。无论文物保护与修复人员对职业道德的理解程度、专业知识的掌握水平、实践操作的技能水平和对整个专业领域最新动向的了解程度都会影响到文物的安危。因此，各国对此也有许多的研究成果，并达成了一定的共识，具体阐述如下：

(一) 文物保护与修复人员个人素养和才能的探讨

欧洲各国对于文物保护与修复人员的资质问题十分重视，有诸多文物保护专业人才的培养和培训方式，同时也有不少有关文物保护与修复人员从业要求的探讨。文物保护和修复人员在英国和爱尔兰拥有大约3 000—4 000人。公共的文化机构所雇用的文物保护与修复人员人数近几年来有所下降，但是受聘于私人机构或独立工作的文物保护与修复人员数量却增加了，并且总人数仍呈现稳步增长的态势。目前有11个专业组织和协会在英国文物保护-修复委员会之下，拥有大约2 000名成员。其中的部分组织还是欧洲文物保护-修复组织联盟（European Confederation of Conservation-Restorers' Organisations，简称 E.C.C.O.）的成员，该组织旨在为这一职业在跨欧洲范围内提供更强大的共同体和相互的共识。E.C.C.O.在 2012 年提出了对欲进入文物保护-修复领域的人员所应具备的素养和能力范畴的要求。在专业层面上，素养和才能是由高水平的理论知识和实践技能相结合的，包括以一种系统性方式来做出道德和美学评价的能力。而由于文物保护对象和社会环境的不同，各国对文物保护与修复人员素养和能力的要求也存在着差异，总结起来应当包括[1]：

(1) 理解文化遗产在社会中的角色定位。

(2) 深入理解文化遗产所面临的风险。

(3) 在专业领域中有良好的实践技能。

---

[1] Jeremy Hutchings, Susan Corr, *A Framework for Access to the Conservation-restoration Profession via the Mapping of Its Specialist Competencies*, High Education, June 2012.

(4) 系统性的问题解决能力。

(5) 具有历史和现代材料相关的广泛知识。

(6) 在外部因素的影响下,具有历史和现代材料操作的广泛知识。

(7) 详细了解预防损坏的方法。

(8) 详细了解损坏和衰败的处理。

(9) 能够做出美学评判。

(10) 能够做出道德评判。

1. E.C.C.O.对文物保护与修复人员职业资格的探讨

在对上文所提及的素养和能力进行进一步细化之后,E.C.C.O.提出了文物保护修复人员的职业素养框架,涵盖专业知识类型、专业知识水平和专业能力水平等维度的要求,这一框架也是欧洲资格框架(European Qualifications Framework,简称 EQF)中的一部分,基本对应了 EQF 6、7、8 级水平,相当于学士、硕士和博士学位。E.C.C.O.认为达到 EQF 7 级才可能有能力从学术路径去整体思考文物保护与修复工作,才能真正成为一名专业的文物保护-修复师。EQF 7 级职业素养框架可见图 5-2。框架将专业知识类型分为:事实型(Factual)、概念型(Conceptual)、程序型(Procedual)、元认知型(Meta-cognitive),并将对专业知识的认知水平分为记忆(Remembering)、理解(Understanding)、应用(Applying)、分析(Analysing)、评估(Evaluating)、创造(Creating)这 6 层。框架又将职业能力进一步分为 5 个层次,包括:基础能力(Basic Skill),即在复杂的文物保护-修复过程中进行基础性工作所应具备的能力;中级能力(Intermediate Skill),即在广度和深度上都拥有更高水平的能力;熟练能力(Proficient Skill),即具备充分的能力能够独立进行文物保护工作,理解这一领域管理规则的内涵;专家能力(Expert Skill),即具备综合能力来执行工作任务,并且在专业知识的范畴内处理文物保护工作。图 5-2 清晰表明了 EQF 7 级所应具备的专业知识类型及具体内容,不同专业知识所应达到的认知水平,所应掌握的专业能力及所对应的水平。

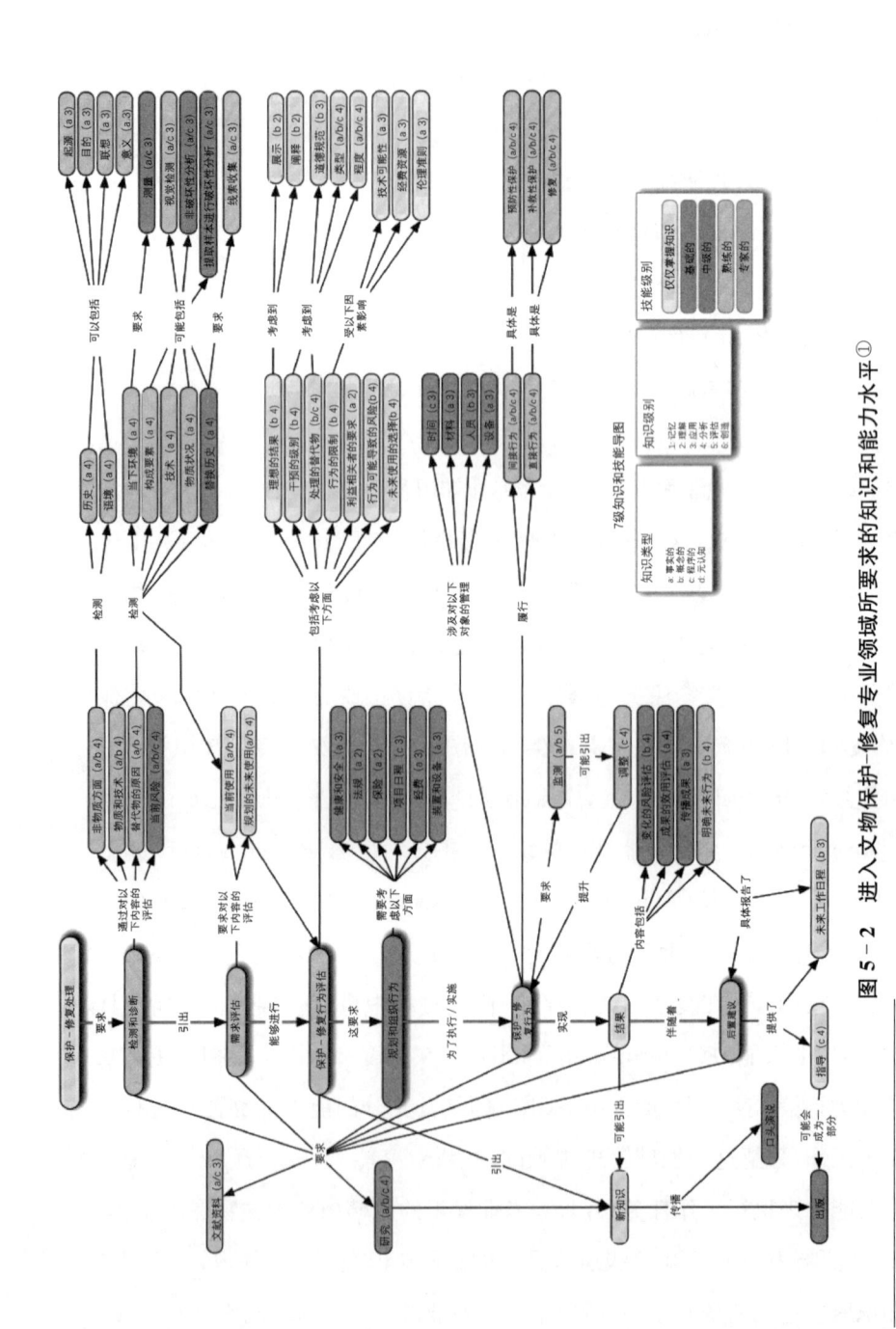

图 5-2 进入文物保护-修复专业领域所要求的知识和能力水平[1]

[1] E.C.C.O., *Competences for Access to the Conservation-Restoration Profession*, 载欧洲文物保护-修复组织联盟网, http://www.ecco-eu.org/fileadmin/assets/documents/publications/ECCO_Competences_EN.pdf, 2012.

这一框架所涉及的文物保护与修复人员的素养和能力要求十分详细且丰富,但可能会造成理解上的些许困扰。因此,若将这些能力综合归类,那么简而言之,文物保护与修复人员所应具备的素养和能力就大致可以分为以下三部分:

(1) 高水平的专业知识。指在文物保护领域中具有平衡理论与实践的能力,如对知识的批判意识,这是一种获取知识、评估其有效性和可信度,以及予以应用的能力。因此,高水平的专业知识就是对文物保护与修复人员专攻领域的原则、理论和实践的了解;对专业方向相关领域知识的了解;以及对文化遗产领域内普遍性知识的了解。

(2) 专业的问题解决能力。指实践文物保护-修复工作的能力水平,一般基于专业知识而形成,并受到职业道德的制约。这要求能够在文物保护-修复的专业范畴之内发现、适应或创造新的知识和程序。问题解决能力包括:观察、搜集和批判性分析相关信息的能力,以获得恰当的结论,并执行相应的行动;持续性地分析和评估情况和过程的能力,以调节需求所在之处;整合从不同领域中获得知识并创造新知识的能力;传播知识的能力。

(3) 综合素质。指在文物保护专业的职业道德和实践边界,以及文物遗产实际情况的范畴中,文物保护-修复人员所拥有的必要技能、知识和经验以执行他们专业领域内的文物保护工作。其代表有毅力和有责任的工作能力,同时留意整个文物保护-修复领域的动向,涉及上文所提到的对知识和能力的综合运用。具体包括运用现有文物保护-修复的概念,创造新的战略方法和在不同情况下运用原则和道德准则的能力。

2. 英国对文物保护和修复人员职业资格的探讨

英国文物保护协会开设了资格认证计划,即 PACR。PACR 通常需要具备 5 年经验,或者在具有 8—10 年文物保护工作经验后,包括实践性培训,并且具有文物保护学位或文物保护研究生资格的人才能申请。这一框架提出了文物保护与修复人员职业资格的基本结构,包括职业判断和职业道德;核心单元,包括检验和检测、处理和照管遗产、保护遗产、维护记档、健康和安全与个人职业发展;选择单元,包括处理方法、预防性措施、展览和陈列、搭建和维护设备、制作复制品和图像、演示和解释、指导和监督,符合其中两项即可。围绕PACR的框架标准,可以看出就文物保护与修复人员的职业资格来说,英国首先要求符合职业道德标准,并且对文物保护事业充满热情,其次要求对文物保护基础工作或更高要求工作相关的实际操作有良好的处理能力,能够规划自身的职业发展等。援引英国国家就业服务指南和英国国家毕业生就业网对文物保护与修复人员素养和能力相关要求的描述:

其一,英国国家就业服务指南认为文物保护与修复人员应当具备:[①]

(1) 良好的实践技术。

(2) 耐心的、有条理的工作方法。

(3) 关注细节。

(4) 艺术、技术和科学能力。

(5) 良好的经济才能(如果是自我聘用的话)。

(6) 良好的沟通能力,能清晰解释复杂的问题。

其二,英国国家毕业生就业网认为文物保护与修复人员应当具备:[②]

(1) 对艺术/历史文物有强烈的兴趣。

(2) 熟练的手工和良好的色彩觉察力。

(3) 计算机技术。

(4) 较强的沟通能力和向广泛观众进行展示的能力。

(5) 探究本质,以及问题解决的能力。

(6) 耐心和方法论。

[①] *Conservator*,载英国国家就业服务网,https://nationalcareers.service.gov.uk/job-profiles/conservator.

[②] *Conservator*,载英国国家毕业生就业网,https://www.prospects.ac.uk/job-profiles/museum-gallery-conservator.

(7) 能够在紧张的截止日期前完成工作,有较强的抗压能力。

(8) 良好的团队合作能力。

(9) 较强的计划和组织技能。

(10) 上进心和独立工作的能力。

3. 新西兰国家就业中心对文物保护与修复人员素养和才能的要求[1]

(1) 有耐心,注重细节。

(2) 注重实践方法,条理清晰。

(3) 仔细谨慎,在文物保护工作中涉及不可再生的物件时具备良好的判断力。

(4) 对于工作和他们所负责的文化遗产艺术有很高的热情。

(5) 具备分析能力和良好的研究能力。

(6) 优秀的写作者和沟通者。

(7) 能解决问题。

(8) 良好的动手能力。

(9) 此外,他们对文物保护与修复人员还提出了一定的生理要求,即文物保护员需要有良好的视力,不是色盲色弱;如果他们需要负责音频记录,便还需要有良好的听力。

4. 新加坡对文物保护和修复人员职业资格的探讨

新加坡人力资源部门提到,从事文物保护工作的专业人员,包括文物保护员和助理文物保护员,应该具备以下素养和能力:[2]

(1) 出色的研究和发文能力。

(2) 较强的交流能力,包括口头和笔头的。

(3) 使用实验室设备的能力。

---

[1] Kaiatawhai Whakaora Taonga, *Conservator*,载新西兰国家就业中心网,https://www.careers.govt.nz/jobs-database/arts-and-media/culture-heritage/conservator/.

[2] *Conservator*,载新加坡人力资源部门就业指南网,http://www.careercompass.gov.sg/Pages/Sectors.aspx?SectorID=100.

(4) 记档和数据库管理能力。

(5) 确定文物保护条件的分析能力。

(6) 具备必要的专业知识以选择合适的文物保护方法。

(7) 了解行业内的最佳做法。

(8) 对过去、现在和未来相关的历史、科学和社会都有深入的研究和热情。

(9) 为提升和唤醒新加坡的文化遗产意识做出必要的贡献。

5. 美国对文物保护和修复人员职业资格的探讨

就美国而言,美国历史和艺术作品保护协会(American Institute for Conservation of Historic and Artistic Works,AIC)在 2003 年发布了《关于文物保护与修复人员必要素质的文件》(*Defining the Conservator: Essential Competencies*)。文件中提到,文物保护与修复人员代表了知识、技能、能力和经验的集合,而这一文件的作用是明确能够执行文物保护标准的合格的文物保护与修复人员所应有的素养和才能,这些素养和才能适用于文物保护的各个专业领域,但是对应的熟练程度的要求则根据不同的专业领域和接受的任务而有所差异。具体而言,作为一名文物保护与修复人员需要具备:[1]

(1) 对文物保护的专业术语了如指掌。

(2) 熟悉文物保护的历史、道德准则和思想理念。

(3) 了解不同类型的文物的价值和重要性。

(4) 了解文化遗产相关的技术史。

(5) 了解接触和利用文化遗产的方法。

(6) 了解健康和安全政策和规定。

---

[1] AIC, *Defining the Conservator: Essential Competencies*,载美国文物保护协会网,www.conservation-us.org/docs/default-source/governance/defining-the-conservator-essential-competencies.pdf,2003.

(7) 熟悉科学原则和方法。

(8) 了解文物衰败和变化的过程。

(9) 掌握预防性保护的方法。

(10) 熟悉检测方法。

(11) 熟悉记档过程和方法。

(12) 熟悉文物处理方法。

6. 各国文化机构和博物馆的职业要求

各国文化机构和博物馆针对文物保护与修复人员的招聘启事中也能够反映出对文物保护与修复人员的职业要求。笔者对2015—2016年不同国家针对文物保护与修复人员的招聘启事进行了调查，所涉及的机构类型既包括国有和地方性博物馆及文化机构，也包括专门的文物保护公司和文物保护中心等，而博物馆和文化机构又涉及历史、艺术和自然科学等领域，既包括大型综合性机构，也包括中小型专题性机构。相关的文物保护与修复人员的职业资格要求阐述如下：

(1) 英国曼彻斯特人民历史博物馆(People's History Museum)认为：文物保护与修复岗位的应聘者应当具备与不同学科背景团队的合作能力；在时间紧迫的情况下完成项目的能力；出色的IT技能，了解藏品管理系统；出色的口头和笔头沟通能力，包括报告撰写能力和面对大规模受众的讲演能力；提升博物馆藏品观众接触度的能力；与董事会成员沟通并产生影响的能力；良好的辨色力和动手操作能力；安全搬运程序的相关知识。此外，还需要了解物件保护和预防性技术的相关知识；理解当前文物保护技术和方法；理解博物馆工作的法律和职业道德框架。

(2) 英国国家历史博物馆(The Natural History Museum)认为：文物保护与修复岗位的应聘者应当有能力解读数据，形成自己的理解；对检测系统和运用软件都有极大的兴趣，有意愿学习如何解决问题；了解自然标本的保护和清理技术；具备与博物馆数据系统相关的知识。

（3）美国弗吉尼亚威廉斯堡基金会（The Colonial Williamsburg Foundation）认为：文物保护与修复岗位的应聘者应当具备出色的口头和笔头沟通能力，包括：专业展示；有能力建立和维系有效的工作关系；必须能够厘清轻重缓急关系，在截止日期前完成工作，并且能够抗压。同时，掌握传统装饰、美术和民族艺术材料和技术的详细知识；有效的材料和物件存放环境的知识；当前文物保护方法中所采用的材料和方法的详细知识；出色的手工技能；能够进行深入的物件检测和分析、实施保护处理和完成必要报告的科学知识；以及所提议的、已完成的和记录过的处理历史的相关信息。

（4）美国佛罗里达 RLA 艺术品保护中心（Rosa Lowinger & Associates Conservation of Art）认为：文物保护与修复岗位的应聘者应当对当代艺术和物件保护充满兴趣，并有一定的知识背景。同时具有职业热情、出色的动手能力、批判性思维，以及较强的英语口头和笔头沟通能力。能够独立工作和进行良好的团队协作，掌控工作进程，确保在截止时间前完成工作。此外，需要熟练掌握计算机技术和数码摄影技术。若会西班牙语则能被优先考虑。

（5）美国加利福尼亚 Balboa 艺术品保护中心（Balboa Art Conservation Center）认为：文物保护与修复岗位的应聘者应当具有成熟的实践技能，能够准确评估衰败和破坏，制订恰当的处理计划，独立或在团队中实施文物保护处理，并且谨慎关注细节。而创新思维、良好的分析和问题解决能力对具有挑战性的项目而言十分必要。此外，需要有出色的协作能力，以及良好的沟通和人际交往能力。

（6）美国芝加哥文物保护中心（Chicago Conservation Center）认为：文物保护与修复岗位的应聘者应当具有文物检测和处理能力；对文物保护的理论与实践有通彻的理解；有能力提供书面的情况报告、处理建议和处理后的报告；独立工作和团队协作能力；较强的沟通能力；时间管控能力，在截止日期前完成工作；多重项目管理能力；有能力为一些特殊标本进行一定的体力型操作;从始至终监管项目。优先考虑具有艺术品处理、包装和安装经历的应聘者。

(7) 美国特拉华州温特图尔博物馆(Winterthur Museum)认为:文物保护与修复人员应当具有所保护对象相关的通彻知识;展现出色的动手能力;熟悉不同的文物保护方式;对文物保护科学和分析技术有自己的理解;有能力运用和教授基础的和高级的检测和记档技术;并且具有文物保护标准和做法的相关知识。此外,应聘者还需要有出色的组织能力、口头和笔头沟通能力,并且能够在具有创造性的、有活力的和合作性的环境中工作。

(8) 美国国家非裔美国人历史文化博物馆(National Museum of African American History and Culture)认为:文物保护与修复人员的应聘者需要证明具备出色的文物保护处理能力;出色的动手能力;与化学和材料科学相关的工作知识;与展览、保存和环境条件标准相关的知识;有能力制定文物保护战略,了解艺术家、画作和材料及技术;有能力高效地和建造性地进行独立或团队工作;关注实验室的各项活动;出色的口头和笔头沟通能力;较强的组织和时间管理能力,包括能判别先后顺序、在截止时间前完成任务等;有意愿接受监督和指导。

从上述叙述中可以看到,对于文物保护与修复人员所应具备的素养和才能,不同国家的博物馆和文化机构都存在着一定的共识,将其进行归纳即显示出现代博物馆中文物保护与修复人员最应具备的素养和才能包括:

(1) 文物保护技术与做法,以及与被保护对象相关的专业知识,且能够持续性地自我学习。

(2) 熟练的动手操作能力,包括清理、预防性保护、处理衰败和损坏,以及检测环境等。

(3) 独立工作能力和团队协作能力。

(4) 出色的口头和笔头沟通能力。

(5) 具有批判性思维,有效解决问题和管理工作进程。

(6) 计算机技术,熟悉藏品管理信息系统。

(二) 文物保护与修复人员教育背景和工作经历的探讨

除了自身的素养和才能之外,国际上在探讨文物保护与修复人员的职业资格时,学历水平、专业背景和工作经历是更为常见的评判标准,有些机构甚至将相关标准进行了明确的量化,更便于评判应聘者的职业资格。

《博物馆职业——欧洲参考框架》一文提到,文物保护人员(Conservator)应当有文物保护或相关专业的研究生学历。[1] 就英国而言,英国博物馆协会提到,大多数的文物保护与修复人员是本科毕业生,如果不具备文物保护的第一学历,那么在文物保护培训方面具备研究生学历是十分必要的,拥有 A level 的化学证书也能有所帮助。此外,英国国家就业服务指南中提到文物保护与修复人员通常需要拥有相应的学位,最好是文物保护或化学专业的硕士学位。并根据兴趣所在,决定具体的研究领域,诸如艺术、陶瓷和玻璃、纺织品或考古等。同时,大多数的培训课程和博物馆都希望应聘者拥有相关的工作经历。[2] 英国国家毕业生就业网提到,文物保护与修复人员一般都需要文物保护专业的学位。大多数学位课程集中在艺术或物件保护,以及考古学等方面。而拥有相关学科的学位也可以获得入职机会,通常是艺术或科学领域,尤其是以下学科：[3]艺术保护/艺术史、化学/生物/生物化学、考古学/档案和博物馆研究、材料科学/应用科学/冶金学、美术/视觉艺术、纺织技术、陶瓷和玻璃、纸张保护/书籍艺术。

如英国博物馆协会所提到的,国家毕业生就业网也认为,如果第一学位不是文物保护专业,那么相关专业的研究生资格就十分重要。研究生课程可能涉及文物保护的方方面面,或者专注于一个领域,如纸张、绘画、纺织品

---

[1] Angelika Ruge, *Museum Professions-A European Frame of Reference*,载国际博协网,http://icom.museum/fileadmin/user_upload/pdf/professions/frame_of_reference_2008.pdf,2008.

[2] *Conservator*,载英国国家就业服务网,https://nationalcareers.service.gov.uk/job-profiles/conservator.

[3] *Conservator*,载英国国家毕业生就业网,https://www.prospects.ac.uk/job-profiles/museum-gallery-conservator.

或陶瓷保护等。在申请研究生课程之前,最好能够参观文物保护工作室、与在职文物保护员交流,甚至进行少许的实操工作。除教育背景之外,博物馆的工作经历也很有益,包括有偿的工作经历或志愿者工作经历。

美国博物馆学专家 Elizabeth Schlatter 在探讨博物馆职业时也提到,文物保护与修复人员应当具有工作室艺术和/或化学等专业的学士学位,以及文物保护专业的更高学位。同时,需要在资深的文物保护与修复人员的辅导下有若干年工作经历。[1] 而美国历史和艺术作品保护协会(AIC)在上文所述的文件中提到,现在社会各界越来越认为文物保护与修复人员必须要有大学本科学历。这一正规教育的水平通常被视为有助于提升相关人员的批判性思维、沟通能力,以及资源组织和管理能力。除本科学历之外,文物保护与修复人员也需要在文物保护的相关领域或更具专业性的领域内受过广泛的理论与实践教育和培训。[2]

此外,史密森尼博物馆协会作为大型的综合性博物馆研究机构,也对机构内的文物保护与修复人员的工作和职业资格进行过相关阐述。该协会认为,文物保护与修复人员主要负责评估对象的情况,并且进行相关保护和修复,以防止它们的衰败。这项工作十分依赖于技术,相关领域涉及艺术成像、化学分析技术和其他分析方法,以更准确地评估衰败的程度,并确定保护方法。在传统的文物保护工作中,许多文物保护与修复人员是在工作中学习的。如今,拥有化学背景十分受推崇,而能拥有艺术技能则更好。文物保护员通常专攻于某一领域,例如,丝织品、绘画、相片、木材、书籍、纸张等。应聘者需要有文物保护专业的高级学位。目前,美国境内有一些高校开设了文物保护的硕士点,同时还有许多课程、研讨会、座谈会、实习和学徒机会

---

[1] N. Elizabeth Schlatter, *Museum Careers: A Practical Guide for Students and Novices*, California: Left Coast Press, 2008, p.57.
[2] AIC, *Defining the Conservator: Essential Competencies*,载美国文物保护协会网,www.conservation-us. org/docs/default-source/governance/defining-the-conservator-essential-competencies. pdf, 2003.

来提升职业技能。

除欧美国家外,新西兰国家就业中心提到,为成为一名文物保护员,应聘者需要有文物保护专业的大学认证资格。越来越多的雇主倾向于拥有文物保护专业的硕士学位申请者。但新西兰国内没有这一专业的硕士点,只能在海外,如澳大利亚、英国和加拿大等国学习。而应聘者的中等教育背景也会产生一定的作用,例如,化学和英语等学科基础对于文物保护与修复人员而言十分重要,其他有帮助的教育科目包括艺术史、工作室技术、数学、历史和艺术等。此外,若应聘者拥有下述工作经历,对于获得工作机会也将带来助益,具体包括:

(1) 艺术创作或制作手工艺品。

(2) 博物馆、美术馆或图书馆志愿者或有相关工作经历。

(3) 文物保护技术员工作经历。

(4) 与专业相关的经历,如影像资料保护工作的摄影师等。[1]

新加坡人力资源部门提到,文物保护与修复人员一般需要文物保护、化学和艺术等相关专业的学士及以上学位,至少有5年的工作经历。工作经历少于5年的应聘者可被考虑作为助理文物保护与修复人员。对于文物保护与修复人员而言,实习经历颇具价值,能够有助于锻炼专业洞察力和建立领域内的人脉网。小型博物馆相对于大型博物馆/机构来说,提供的职业机会较少。在大型机构中,文物保护与修复人员一般是全职职员,他们通常从助理文物保护员做起。[2]

澳大利亚统计局所发布的《澳大利亚职业分类标准》(*Australian Standard Classification of Occupations* (ASCO) *Second Edition*,1997)中对文物保护与修复人员的职业资格要求为拥有学士及以上学历,或至少

---

[1] Kaiatawhai Whakaora Taonga,*Conservator*,载新西兰国家就业中心网,https://www.careers.govt.nz/jobs-database/arts-and-media/culture-heritage/conservator/.

[2] *Conservator*,载新加坡人力资源部门就业指南网,http://www.careercompass.gov.sg/Pages/Sectors.aspx?SectorID=100.

5年的相关工作经历。[①]

除上述阐述外,笔者在对2015—2016年不同国家的文物保护与修复人员招聘信息的调查中得知:

(1)英国曼彻斯特人民历史博物馆认为:应聘者需要展示文物保护相关的工作经历,包括有偿的或志愿者经历;熟悉博物馆藏品,尤其是与纺织品相关的环境、处理、保存、展示和运输的相关条件和要求。同时,要求具备纺织品保护或同等的认证资格。

(2)英国国家历史博物馆认为:文物保护应聘者应当拥有文物保护或相关学科的学位,并且具有藏品监管的工作经历。

(3)美国弗吉尼亚州威廉斯堡基金会认为:应聘者应当有本科学历,以及10年的在受过认证的机构中的文物保护经历,或同等的技术性教育和经历。

(4)美国弗吉尼亚国家航空航天博物馆认为:文物保护与修复人员的应聘者应当有执行过手工制品保护的经历,具体包括物件情况检测、保护处理、预防性保护、使用藏品信息系统和撰写物件情况报告。同时,优先考虑拥有在其他相关机构工作经历的应聘者,包括有偿工作和志愿者工作。教育方面,馆方要求具有三年全日制硕士学位或与岗位相关专业的博士学位。

(5)美国佛罗里达RLA文物保护中心认为:文物保护与修复人员的应聘者应当具有艺术品保护专业的硕士学位。最好是AIC协会的专业级会员,或拥有同等的经历。

(6)美国加利福尼亚Balboa艺术品保护中心认为:文物保护与修复人员的应聘者应当拥有至少3年的硕士学习经历或文物保护领域中的其他同等资格。

[①] Australian Bureau of Statistics,*Conservator*,载澳大利亚国家统计局网,https://www.abs.gov.au/AUSSTATS/abs@.nsf/Previousproducts/ABC9731F1C85AA76CA25697E00185215?opendocument,1997.

(7) 美国芝加哥文物保护中心认为：文物保护与修复人员的应聘者应当拥有文物保护专业的高级学位，或同等培训以及至少 3 年的研究生学习经历。

(8) 美国特拉华州温特图尔博物馆认为：文物保护与修复人员必须具有文物保护专业的硕士学位，或者是学士学位，附加同等的工作经历。申请者应当拥有 7 年的文物保护经历，至少 5 年的研究生学习经历或培训项目经历，并且是 AIC 协会的会员。优先考虑有博物馆工作经历的应聘者。

(9) 美国国家非裔美国人历史文化博物馆认为：文物保护与修复人员的应聘者应具有文物保护专业的研究生学历；至少 3 年的文物保护领域的研究生培训经历，或至少 5 年的专业文物保护工作经历。

(10) 加拿大 Reynolds-Alberta 博物馆认为：文物保护与修复人员的应聘者应当具有本科学历，并且在公认的文物保护项目中获得过毕业证书，至少 2 年的文物保护实验室实践经历。

可见，现代文物保护与修复人员在教育背景和工作经历方面的要求会因机构级别和保护对象的不同而存在一定差异。在大型机构中一般要求文物保护与修复人员具有研究生学历，同时拥有 5 年及以上的工作经历，而小型机构中则一般要求本科及以上学历，有时甚至中等教育也能算作资格要求，没有明确的工作年数的要求。但在专业背景方面，却都提出了明确要求，需要是文物保护、艺术品保护和其他相关专业，若不是以这些专业作为第一专业的，那么还需要文物保护专业的硕士学位。综上，文物保护与修复人员的教育背景和工作经历的要求可归纳如下：

(1) 学历水平：学士学位是最低标准，大型机构要求具备研究生学历。

(2) 专业背景：文物保护、艺术品保护、工作室艺术、化学、材料科学或与保护对象相关领域等专业。

(3) 工作经历：多年在博物馆或文物保护机构中进行与文物保护相关的有偿工作或志愿者经历，一般要求 2 年以上，大型机构要求至少 5 年以上。

(三) 国内外差异提示

国内外有关文物保护工作的要求存在着相似性,但其他方面仍然存在着一定的差异,为了更好地与我国博物馆实情相融合,在此特做些许说明,主要针对的是国内外文物保护与修复人员的教育和培训方面的不同。

在欧美等国,他们的中等教育分为学术和职业两个不同的路径,学生可以根据自身的情况和兴趣所在选择自己的发展方向,而这些国家在中等教育阶段就会分不同的专业供学生选择,尤其是选择职业发展路径的学生,中等教育阶段就会接受与未来职业挂钩的专业教育。因此,在上文所提到的文物保护与修复人员的资格要求中会涉及中等教育阶段的教育背景要求。而我国,中等教育中的初中教育属于九年制义务教育的范畴,是每个人必须接受的教育,并且不分专业。中等教育的后半阶段严格来说可分为学术和职业两个不同的路径,但是接受中职教育的学生比例较低,不同于国外已经成为较为普遍的现象。而学术路径即接受高中教育,教材是统一的学习科目和课程大纲,仅仅在高中阶段会分为文科和理科,一些地区还会进一步细分为物理、化学、生物、地理、政治、历史等学科,但这同国外专业划分的概念完全不同,而且对大学阶段的专业选择和未来职业发展的影响也不大。

此外,就研究生教育而言,欧美等国的研究生教育,尤其是博物馆、文物保护等专业的研究生教育都十分注重实践性,可能更倾向于国内的"专业硕士",与职业和工作紧密相关,要求在研究生阶段进行大量的实习或工作。同时,一些研究生课程的名字直接被称为"program"(项目),这不仅仅是学历文凭的代表,也类似于行业协会、博物馆等其他机构组织的培训项目。因此,在上文所提到的文物保护与修复人员的教育背景的要求中就多次出现"研究生学历或接受过同等的培训项目",这里的培训项目一般包括获得过认证的行业协会或博物馆等机构举办的培训项目,也包括获得过认证的高校课程,这些"培训项目"在受训者完成相关要求之后,都会颁发相应的资格证书。在一定程度上,既代表了学历水平,也代表了专业能力。这与我国又有一定的差别,我国的文物保护与修复人员培训尚未形成如此完善的系统,也未达到能够获得各界认可的培训水准,仅仅作为一种在职培训,是专业能力的辅助性证明。因此,我国在设立文物保护与修复人员职业资格标准时,无法将培训项目作为学历文凭的替代。

二、文物保护与修复人员职业资格的国内探讨

文物保护与修复人员职业资格的国内探讨将由三部分内容构成。首先,对于目前我国相关政策法规和专家论述的梳理将从相对成熟和规范的角度审视文物保护与修复人员的职业资格要求。其次,对目前在职文物保护与修复人员的访谈和调研能够从最为实际的工作状态中了解从业人员的想法和需求。最后,对近年来各个单位文物保护与修复人员的招聘信息的统计和分析,能够相对充分全面地分析招聘主体对于文物保护与修复人员所应具备的职业资格的要求和期待。这三个不同的角度能够为我国文物保护与修复人员职业资格标准的建立提供重要参考。

(一) 国内已有的相关政策法规和研究论述

我国《文物保护法》及其《文物保护法实施条例》,对文物保护相关工作的各个方面都做出了明确规定,要求申领文物保护工程或项目的单位必须拥有具备相应专业技术职务的人员。[①] 然而,专就文物保护与修复人员的职业资格来看,国内目前尚未推出相关标准,不过国家文物局在2014年发布了《文物保护工程勘察设计资质管理办法(试行)》《文物保护工程施工资质管理办法(试行)》《文物保护工程监理资质管理办法(试行)》等[②]。上述管理办法主要针对的对象是不可移动文物的保护工程,其中对文物保护工程责

[①] 中华人民共和国国务院:《中华人民共和国文物保护法实施条例》,载中华人民共和国政府网,http://www.gov.cn/zwgk/2005-05/23/content_153.htm,2005年5月23日。

[②] 国家文物局:《文物局关于印发〈文物保护工程勘察设计资质管理办法(试行)〉〈文物保护工程施工资质管理办法(试行)〉〈文物保护工程监理资质管理办法(试行)〉的通知》,载中华人民共和国政府网,http://www.gov.cn/gongbao/content/2014/content_2729584.htm,2014年4月8日。

任设计师、文物保护工程施工专业人员、文物保护工程监理专业人员的职业资格进行了规定。就本章所探讨的研究对象而言,所指的文物保护与修复人员在开章之处就已说明,是指能够承担具体文物保护相关技术工作的专业人员,包含了可移动文物保护与修复人员和不可移动文物保护与修复人员。而《文物保护工程施工资质管理办法(试行)》中所提到的文物保护工程施工专业人员包括施工技术人员和责任工程师,文物保护工程施工技术人员又包括各专业工种技术人员、资料员、安全员等。[①] 因此,文物保护工程施工专业人员所包括的专业人员类型与本章所提到的文物保护与修复人员类型较为相近,《文物保护工程施工资质管理办法(试行)》中所阐述的职业资格标准可作为文物保护与修复人员职业资格探讨的重要参考(见附录2)。其中反映出的对文物保护工程施工专业人员的资格要求分为职业道德、工作经历和年数、工作成果等方面。技术人员的要求较低,责任工程师要求较高,两者之中技术人员的职业资格要求更能作为文物保护与修复人员"准入"要求的参考,即具备三年以上相关工作经历,或相关专业的初级技术职务。

除国家层面颁布的与文物保护专业人员职业资格相关的规定之外,一些地方政府和文物部门也就文物保护与修复人员的职责要求和管理办法出台了一系列文件,例如,甘肃省文物局的《甘肃省文物保护员管理办法》和《文物保护员工作职责》,河南省文物局的《河南省业余文物保护员管理办法(试行)》,并进行了文物保护员登记,颁发《文物保护员证》。

在政府就规范文物保护工作相继出台政策和法律规范的同时,国内的一些专家学者也就文物保护人才队伍建设、文物保护与修复人员的素养和才能要求,以及文物保护专业人才的培养和培训等问题做出过一定的探讨

[①] 国家文物局:《文物局关于印发〈文物保护工程勘察设计资质管理办法(试行)〉〈文物保护工程施工资质管理办法(试行)〉〈文物保护工程监理资质管理办法(试行)〉的通知》,载中华人民共和国政府网,http://www.gov.cn/gongbao/content/2014/content_2729584.htm,2014年4月8日。

和研究。在文物保护专业团队的建构层面,团队需要有宏观视野、整体理念、团队合作和创新思维,并且文物保护应当与科学研究紧密结合,解决当前社会需要的重大问题①。在文物保护人员个人素养才能层面,专业知识水平应当涉及信息技术能力、历史知识能力、物理和化学知识能力、文物保护实践能力和法律知识能力②,同时具备专业判断能力,能够理解和研究保护对象的价值,了解文物保护相关的政策法规。③ 为营造良好的人才职业发展外部环境,相关机构应当优化人才管理制度,提升文物研究和保护水平、完善人才运营机制,为文物保护与修复人员更好地发挥自身能力提供良好的平台。此外,一些专家学者对文物保护人才队伍的现状和专业人才的培养也进行了相关叙述。当下,文物保护领域中专业人才的整体数量、高水平研究人才数量、专业技术人才、文物保护复合型人才的数量都无法满足我国文化遗产事业的实际需求,应当加强文物保护复合型人才的培养和培训④,一方面可以通过国际合作来开拓我国文物保护人才培养的渠道,并提议建立中国修复学院⑤,另一方面可以建立院校、研究中心和其他机构单位相结合的文物保护专业,这一点上美国高校的文物保护专业的设置情况可作为参考。⑥

综上可知,无论是政策法规层面还是专家研究层面都对文物保护与修复人员的职业资格提出了有关职业道德、专业知识和技能、工作经历,以及个人能力素养等各个方面的要求,同时也为针对文物保护与修复人员的培养和培训体系的建立提出了建议。

(二)目前国内在职文物保护与修复人员的访谈和调研

在对专家学者的相关论述进行了解的同时,笔者就文物保护与修复人

---

① 龚良:《文物保护科技的传统与现代》,《东南文化》2012 年第 6 期。
② 徐娟:《论文物保护业务能力培养和人才队伍建设》,《学理论》2014 年第 13 期。
③ 晋宏逵:《当前不可移动文物保护急需的人才》,《东南文化》2010 年第 5 期。
④ 胡继高:《当前文物保护科技发展中人才培养问题》,《中国文物科学研究》2006 年第 1 期。
⑤ 张晓:《在国际合作中探索人才培养之路——访中国文化遗产研究院文物保护修复培训中心主任詹长法》,《国际人才交流》2008 年第 4 期。
⑥ 王永平:《现代文物保护与相关人才培养》,《南京工业大学学报》2004 年第 4 期。

员职业资格的问题也向目前国内的一些在职的或曾经任职过的文物保护与修复人员进行了咨询,他们基于长期的博物馆实践工作经验和相关理论研究,表达了自身的看法。具体阐述如下:

上海博物馆文物保护与修复人员1认为:文物保护与修复人员应当具有良好的职业道德操守,热爱自己所从事的工作,并且有研究专业的技术和钻研学习的态度。

上海博物馆文物保护与修复人员2认为:文物保护与修复人员最重要的素养和职业资格就是能够团结身边的同事,把力量集中起来办大事,在彰显个人独立工作能力的同时,也要拥有团队协作精神。

山西博物院文物保护与修复人员1认为:文物保护与修复人员应当要有客观严谨的工作作风,切忌夸大或虚浮,要尊重文化遗产事业,实事求是;要有对中国历史文化的崇敬之心,只有真正热爱文化才能重视文物,保护好文物;应具备丰富的专业知识,缜密的思维,科学保护文物。

山西博物院文物保护与修复人员2认为:一名合格的文物保护与修复人员应热爱本职工作,肯钻研;拥有综合文化积淀,掌握多学科知识;秉承实事求是,尊重科学的精神,态度严谨、客观;拥有良好的心理素质;耐得住寂寞和清贫,守望人类的文化遗产。

西藏博物馆文物保护修复人员1认为:一名合格的文物保护与修复人员要不断增强做好文物保护修复工作的使命感和紧迫感;要注重培养文物保护修复工作者良好的职业道德与操守;文物保护、保管、研究过程中就必须不断提高业务技能、知识水平和理论研究等专业素质。

西藏博物馆文物保护修复人员2认为:一名合格的文物保护与修复人员要有敬业精神,并且具备岗位所需的专业知识和能力水平。而文物修复人员的职业发展内容也应面对所有博物馆,尤其是边疆博物馆。

西藏罗布林卡博物馆文物保护与修复人员1认为:一名合格的文物保护与修复人员必须知法懂法,了解文物保护的相关政策法规;热爱自己的岗位;拥有民族荣誉感,全身心地为保护文物做出应有的贡献。

(三)我国文物保护与修复人员相关招聘信息汇总与分析

笔者对2012—2016年各级博物馆、文物保护中心、考古研究所等机构发布的招聘启事进行了信息汇总。在这些机构的近千份招聘启事中,有31个关于文物保护与修复人员的招聘信息。对这些信息进行一定的统计处理之后,可以在一定程度上反映出目前我国文物保护与修复人员的职业资格要求。

第一,从学历水平的要求上来看,有97%的岗位都表明了最低学历水平的要求。有3%的岗位要求博士及以上学位,55%的岗位要求硕士及以上学位,36%的岗位要求学士及以上学位,3%的岗位要求大专及以上学历。(见图5-3)对于本书所针对的文物保护与修复人员的最低职业资格要求而言,这一调查结果显示有近六成的岗位要求文物保护与修复人员拥有研究生学历,这一标准反映出了大部分岗位的要求。

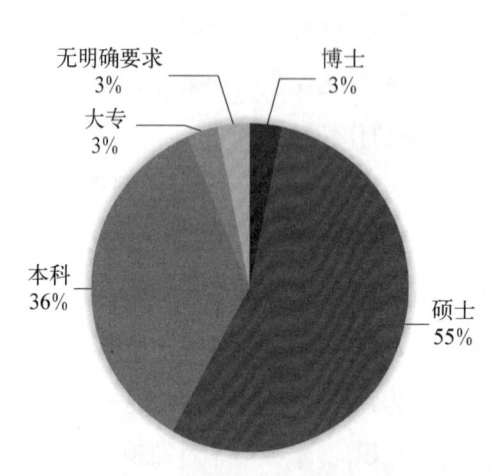

图 5-3 文物保护与修复人员最低学历要求比重图

第二,从专业背景要求上来看,近八成左右的岗位都明确指出了专业背景要求。其中,有超过50%的岗位要求有考古学相关专业背景,近40%的岗位要求有博物馆学或文物保护相关专业背景,有近30%的岗位要求有与保护对象相关的专业背景,超过20%的岗位要求有化学类和文物学相关的专业背景,此外还有一些岗位要求有科技史、建筑类、历史类、环境科学等专业背景。(见图5-4)由此可见,绝大多数的岗位都对文物保护与修复人员的专业背景提出了具体要求,一般而言,同一岗位会列有若干专业供选择。考古学(包括科技考古)、博物馆学、文物保护、化学类和文物学是最为普遍的专业要求,而不少单位也根据保护对象的不同,提出了更有针对性的专业要求,例如,生物学、古建筑保护、景观学、冶金、陶瓷保护等。

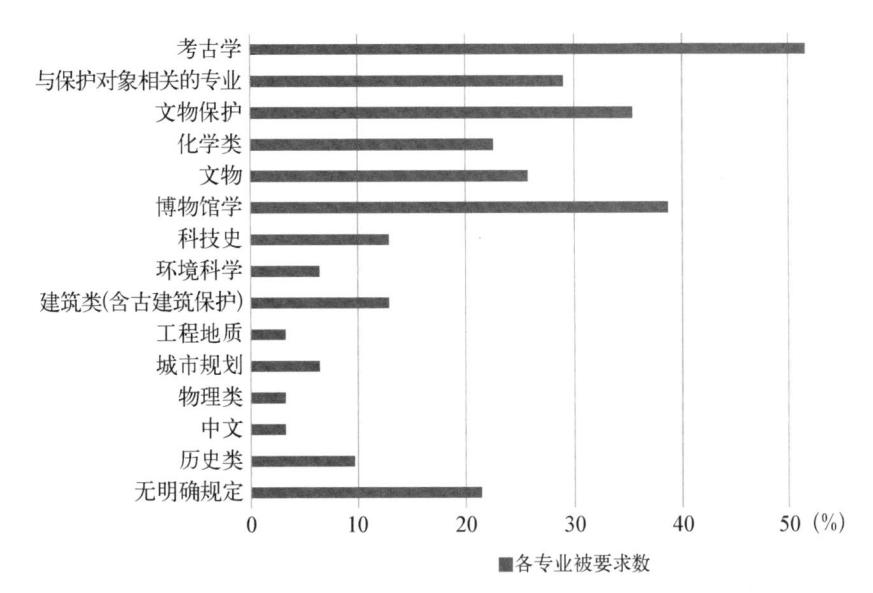

图 5-4　文物保护与修复人员专业背景要求比重图

第三,从素养和能力要求上来看,有近 30% 的岗位提出文物保护与修复人员需要有文物保护相关的专业知识和技能。但是,具体提出素养和能力要求的岗位并不多,往往素养和能力的要求会在笔试和面试等过程中进行考察,较难在招聘信息中予以描述和体现。所列出的素养和能力要求包括组织协调能力、问题解决能力、沟通和表达能力、计算机技术等。(见图 5-5)而这同上文所提到的国际上对文物保护与修复人员素养和能力的要求有高度的相似性。

第四,从工作经历要求上来看,有 23% 的岗位提出了文物保护与修复人员的工作经历要求,其中 10% 的岗位要求有一定的工作经历,但未明确指出工作经历年限,有 3% 的岗位要求有 2 年以上的工作经历,7% 的岗位要求有 3 年以上的工作经历,3% 的岗位要求有 5 年以上的工作经历。(见图 5-6)可见,工作经历方面国内的文物保护岗位并没有过高的要求,但是

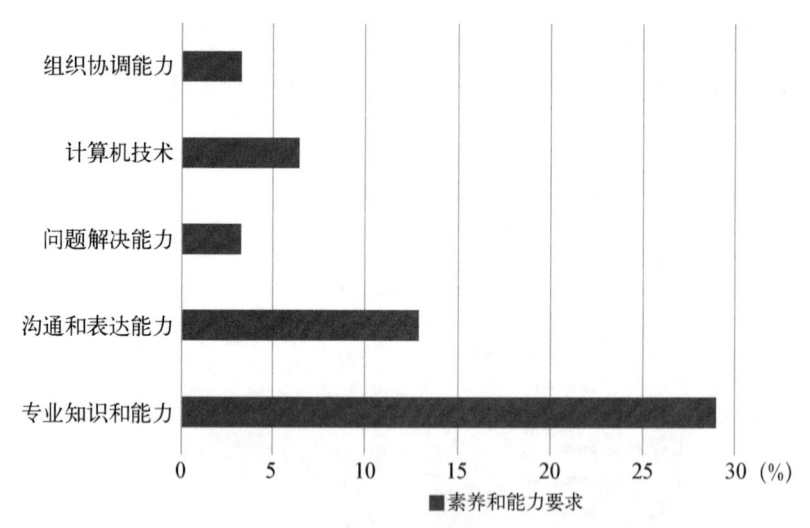

图 5‑5　文物保护与修复人员素养和能力要求比重图

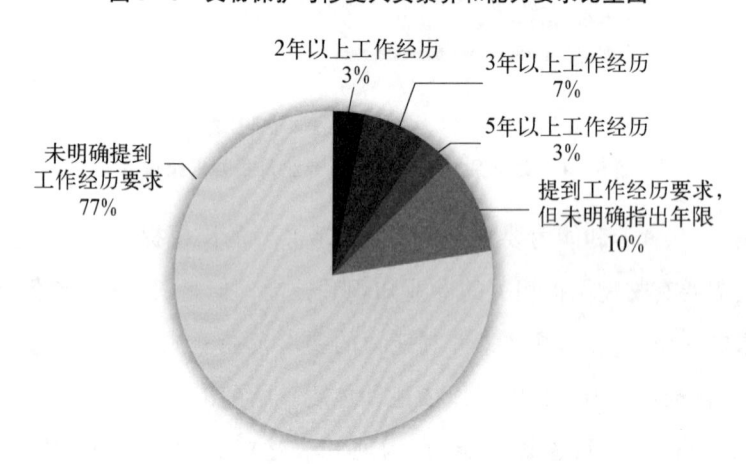

图 5‑6　文物保护与修复人员工作经历要求比重图

拥有一定的文物保护相关工作的经历能够在应聘时被优先考虑。

此外，进一步将信息发布的机构进行级别的划分，可以了解不同级别的机构对文物保护与修复人员职业资格要求的不同，从而在建立文物保护与修复人员职业资格标准时能满足各级单位的要求。鉴于单位规模大小和工作要求的不同，将单位级别分为省级及以上级别和省级以下级别两大类单位，对比分析两组岗位的要求。

第一,学历水平方面,在上文所述的基础上进一步分析可发现,在省级以下级别的单位中有九成左右的岗位要求有学士和硕士学位,而在省级及以上级别的单位中也有超过九成的岗位要求有学士、硕士和博士学位,这一方面要求两组级别的单位基本相同。只是,省级及以上级别的单位中要求硕士及以上学位的比重更高,超过60%;而省级以下级别的单位为40%。(见图5-7)

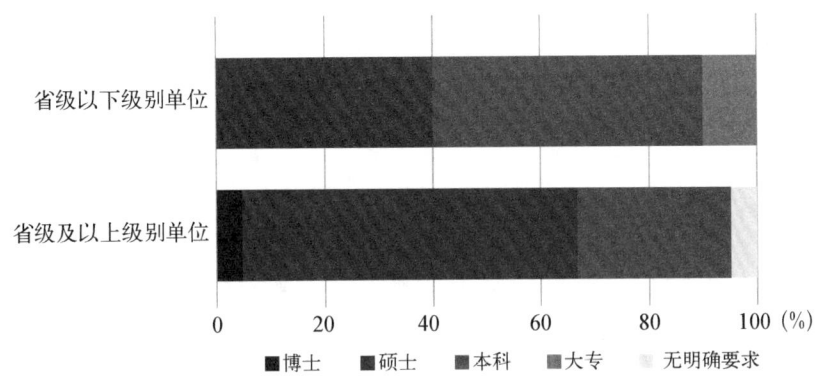

图5-7 文物保护与修复人员最低学历要求比重图

第二,专业背景方面,对比省级以下级别和省级及以上级别单位的岗位要求会发现,各组单位的要求都比较分散,但从总体分类上来看,考古学都是最普遍的专业要求,此外较普遍的专业还包括博物馆学、文物保护、与保护对象相关的专业、文物学等,两组要求也基本相同,只是省级及以上级别的单位更多地要求化学类的专业背景。(见图5-8)

第三,工作经历方面,省级以下级别单位有一成左右的岗位要求有相关工作经历,省级及以上级别单位有近三成的岗位要求有相关工作经历,后者的比重明显更高,也说明省级及以上级别的单位对这方面的要求更高。但这两组数据显示工作经历要求的比重都不算过高,可见工作经历并不是文物保护岗位最主要的要求,而是作为筛选应聘者的辅助参考依据。此外,在工作经历的具体年数要求方面,省级及以上级别的单位有提到2年、3年或

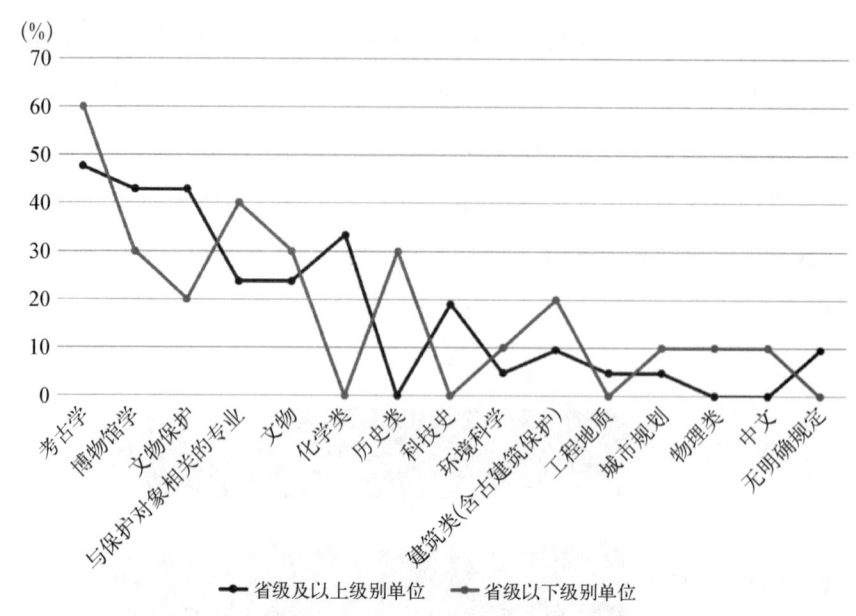

图 5-8　各级单位文物保护与修复人员专业背景要求对比图

5年的,省级以下级别的单位有提到3年的,从这一点来看,两者要求的高低差异并未显现。(见图5-9)

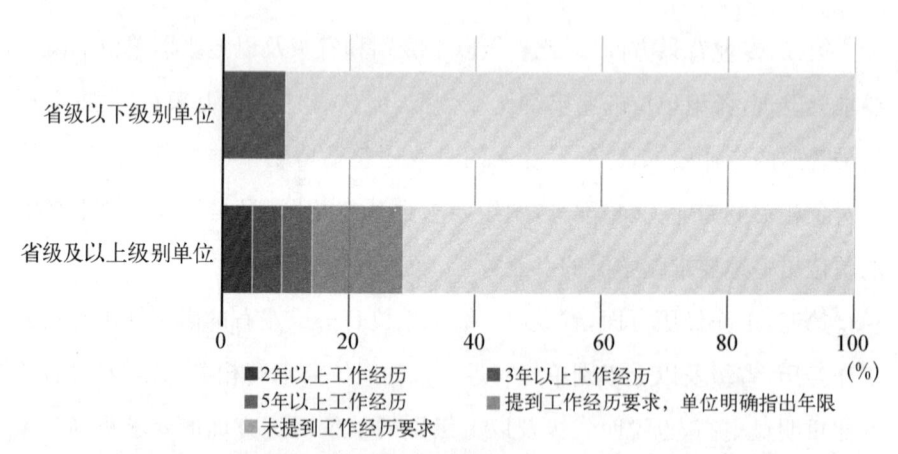

图 5-9　各级单位文物保护与修复人员工作经历要求对比图

总之,就文物保护与修复人员职业资格的最低要求而言,各级别单位的要求除学历水平方面稍有不同之外,并没有明显差异,在制定文物保护与修复人员职业资格标准时，基本可进行统一的考量。

综上，国内情况的探讨与分析可归纳出文物保护与修复人员的职业资格中最重要的要求包括以下几点：

（1）具备良好的职业道德，能够遵循文博从业人员的《职业道德准则》，对文化遗产事业都充满热情，并且具有强烈的责任心。

（2）具有文物保护和与保护对象相关的专业知识。

（3）良好的文物保护实践操作能力。

（4）具备出色的口头和笔头沟通能力。

（5）问题解决能力。

（6）组织协调能力。

（7）掌握一定的计算机技术。

（8）团队工作能力。

就文物保护与修复人员的学历背景和工作经历而言，具体包括：

（1）学历水平：一般要求研究生学历，也有不少单位要求本科及以上学历，尤其是省级以下级别单位。

（2）专业背景：必须与文物保护工作息息相关，包括文物保护、考古学、博物馆学、文物学、化学、科学技术史等专业。

（3）工作经历：有若干年从事文物保护相关工作经历者优先。

三、我国文物保护与修复人员职业资格的分析

基于上述对国内和国外有关文物保护与修复人员职业资格探讨的分析，并结合我国文物保护工作的实情，可得出我国文物保护与修复人员的职业资格要求：

（一）个人素养和才能

就个人素养和才能而言，文物保护与修复人员作为文物保护与修复工作的主要承担者，必须要有良好的职业道德，同时具备出色的专业知识、实

务操作能力、沟通能力、团队协作和独立工作能力,以及计算机技术等,具体阐述如下:

1. 良好的职业道德

文物保护与修复人员的工作直接与人员的历史、文化、艺术和科学等遗产接触,他们工作的每一个环节都会对文物的状况、内在信息和价值产生影响。因此,文物保护与修复人员必须遵循《中国文物、博物馆工作人员职业道德准则》,对文物怀有敬畏之心,秉持着工作热情,实事求是地开展文物保护工作。

2. 丰富而扎实的专业知识

文物保护工作涉及大量专业知识,甚至还包括许多跨学科的知识和信息。专业知识是支撑文物保护与修复人员做出准确的专业判断、制定文物保护计划和实施文物保护操作的重要基础。所涉及的专业知识可包括:

(1) 文物保护相关政策、法规和标准。

(2) 国内外文物保护理念和最佳做法的相关知识。

(3) 文物保护相关操作、设备和材料的相关知识,及其可能造成的影响。

(4) 保护对象的历史、价值和制造工艺等背景知识。

(5) 跨学科相关知识,包括化学、材料化学、物理学等。

3. 文物保护实务操作能力

文物保护与修复人员最重要的职责就是实施文物保护和修复的实务操作。实务操作的熟练度和准确度直接影响到了文物保护措施的实施效果,也会对保护对象形成直接的影响。因此,对文物保护与修复人员实务操作能力的判断,是辨别其能否胜任相应工作的重要指标之一。文物保护实务操作能力具体可包括:

(1) 保护对象情况的检测能力。

(2) 保护环境的检测能力。

(3) 预防性保护的实施能力。

(4) 干预性保护和修复工作的动手操作能力，包括仪器设备的使用、保护材料的选择，以及保护和修复措施的实施等。

4. 团队合作和独立工作能力

文物保护工作既需要依靠个人的专业判断和实务操作，更需要依靠团队协作的力量，结合各方专家不同专业背景和能力实施文物保护和修复工作。具体可包括：

(1) 团队合作能力。

(2) 独立工作能力。

5. 口头和笔头沟通能力

文物保护与修复人员一方面需要准确地进行文物保护的记档工作和撰写文物保护报告；另一方面需要能够向公众传播文物保护理念和做法，以及向相关部门、主管人员和文物保护团队进行文物保护计划和实施措施的沟通。因此，出色的沟通交流能力对文物保护与修复人员而言十分重要，具体包括：

(1) 良好的文字表达能力。

(2) 良好的语言表达能力等。

6. 以控制文物保护工作良好实施为目的的组织管理能力

文物保护工作极具挑战性，往往需要面对风险和压力，因此，要求文物保护与修复人员具有一定的批判性思维，能够针对不同的问题，制定创造性和有效的解决方式，合理地管理工作进程，确保每项工作都能在截止日期前完成。

(1) 批判性思维能力。

(2) 问题解决能力。

(3) 抗压能力。

(4) 时间控制能力等。

7. 计算机技术

现代文物保护工作离不开计算机技术和现代科学技术的支持,为与文物保护相关的检测、监察、记档等工作提供更便捷高效的途径。同时,文物保护与修复人员应当熟悉藏品信息系统。

(二) 学历水平和专业背景

就学历水平而言,一般博物馆和文物保护机构的文物保护与修复人员应该具备研究生及以上学历,但考虑到地方性机构的情况,这一标准可适当放宽至本科及以上学历。

就专业背景而言,文物保护与修复人员需要有文物保护、考古学、博物馆学、化学、材料科学或与保护对象相关领域的专业背景,且参加过由国家文物局和各级文物管理部门、行业组织,以及博物馆组织的文物保护专业人员培训班。

(三) 工作经历

文物保护与修复人员针对文物保护的专业判断和实务操作等工作不仅仅需要扎实的专业知识作为支撑,也需要在长期的实际工作中进行能力培养和经验积累,这可以通过志愿者、实习、学徒、正式工作等途径实现。因此,就工作经历而言,文物保护与修复人员需要一定时间的文物保护实践经历。一般而言,实践年数应在 2 年以上。

第六章
博物馆展览设计人员职业资格分析

陈列展览是博物馆最核心的工作之一,也是博物馆服务社会、展示藏品的最普遍和最直接途径。随着我国文化遗产事业的迅速发展,博物馆的陈列展览理念和策划设计技术也发生了很大变化。博物馆展览已经不再仅仅是陈列藏品,而是被视为一个非常重要的阐释手段:不仅展览所展现的信息需要满足不同的需求,同时展示行为在根本上也应当符合阐释的要求。展览已经成为一个让观众体验艺术、历史、自然或科学的博物馆环境。因此,博物馆展览设计人员的职责范围和专业资格要求都与往日大有不同,展览设计人员既是在展示内容,同样也是在创造内容,自然需要具备理论与技术相结合的素养和能力,由此才能更好地发挥博物馆展览的社会效用。

值得注意的是,国际上对展览策划相关岗位(Exhibition positions)的分类较为细致,不同国家对不同职位的称法也不尽相同。例如,在欧洲,展览相关岗位包括展览和陈列策展人(Exhibition and display curator),主要负责策划和实行临时展览项目,在必要时也会参与常设展览的策划,提供与展览内容研究相关的支持性工作;展览设计人员(Exhibition designer),一般协同策展人和整个博物馆团队策划和实施展览设计。在美国,除了有展览设计人员之外,还有展览研发者(Exhibition developer),他们一般与整个团队共同协作,评估展览的有效性,挑选用于展示的物件,控制项目的进程等;在史密森尼博物学院的岗位中还有展览专员(Exhibits Specialist)一职,他们一般负责展览的模型制作、绘图、橱柜制作、光照安排、艺术品框架修复、标本制作,以及外借或流动展览文物的运输等工作。而在新西兰国家就业中心的文化遗产职业大类中还有展览技术员(Exhibition technician)一职,他们一般负责展览的模型制作、绘图、金工和木工制作等,有时还需要在策划和布展的过程中搬运大型物件。此外,国外常见的还有 Curator 一职,其一般被译为"策展人",然而,Curator 与"策展人"两者在互译时仍然存在着显著的差异。与汉语语境中的"策展人"相比,Curator 的职责范围更为广泛。依据纽约大都会艺术博物馆亚洲艺术部主任屈志仁所言,Curator 在英语语境中的原意为"保管员",如今,Curator 一般指部门或项目组的负责人。[①] 可以说,Curator 负责博物馆藏品的征集、保管、研究、展示和传播等各个环节的工作,他们不仅参与策划,同时也是组织者和协调者,而他们职责中重要的一部分就是展览的策划。

基于上述讨论,考虑到博物馆展览工作的性质和展览设计的流程,本章在将博物馆展览设计人员作为研究对象之后,会再作细分,分为展览内容设计人员和展览形式设计人员两大类。展览内容设计人员较为倾向于国际上的 Exhibition Curator 一职,展览形式设计人员较为倾向于国际上的 Exhibition Designer 一职。本章将针对这两类人员分别作出职业资格分析。

第一节　社会环境变革引发博物馆展览设计理念的转变

一、社会环境与博物馆环境的变革

博物馆所处的社会环境愈发开放和民主,社会对不同文化的包容性就

[①] [美]屈志仁、[中]毛颖:《博物馆策展人:学者 艺术鉴赏家 展览组织者——屈志仁专访》,《东南文化》2011 年第 1 期。

越来越强,同时所需求的知识也越来越丰富。为适应这些社会环境的变化,现代博物馆产生了很大的改变,随之影响了博物馆展览理念的变化。与博物馆展览理念相关的社会环境,以及博物馆环境的变革可详述如下:

(一)社会环境和博物馆环境的开放性提升

就社会环境的开放性而言,在不同地区和不同文化愈发频繁交流的推动下,社会对于知识信息的接受度不断增加,这种包容性促使公众有更强烈的欲望去获取更多元的知识,而获取途径又受益于信息科技的发展而不断扩充,变得极为便捷。因此,公众对博物馆的要求也不同于以往,他们倾向于更开放的博物馆环境,既为他们提供良好的博物馆实地参观体验,也为他们提供更多可能的延伸知识。就博物馆的开放性而言,安来顺认为应当分为建筑开放和更广泛的社会服务两方面。[①] 建筑开放是指博物馆越来越趋于突破建筑环境的束缚,无论是涉及的收藏和展示对象,还是涉及的经营管理事宜都不再仅仅限于博物馆围墙之内,也辐射于博物馆所处的社区以及更广泛的地域范围。社会服务方面,博物馆一方面应加强实体的服务内容,包括展览、教育活动、出版物和文化创意等,另一方面也应加强虚拟渠道的服务内容,包括博物馆网站、博物馆互动设备、博物馆微博和微信等虚拟平台。另外,博物馆如今也更为注重市场营销,以市场需求为导向,不断提升博物馆的社会服务水平。博物馆的开放性是基于知识和创意的,并且应当让更多的,以及不同文化背景和年龄段的受众都能受惠于博物馆的资源。

(二)作为城市文化的重要载体,博物馆对提升文化认同起到愈发积极的作用

博物馆所承担的社会角色和发挥的社会职能越来越丰富,就内部职能而言,它涵盖了收藏、整理、保管和研究之责;就外部职能而言,它涵盖了展

---

① 安来顺:《现代博物馆理念及其对陈列展览的影响》,载中国博物馆学会陈列艺术委员会编:《谛听陈列艺术的脚步声——新世纪陈列艺术发展趋势》,湖南人民出版社2004年版,第17页。

览、教育普及和公共服务之责①。博物馆早已不再仅仅是馆舍内知识信息的传播者,而是被越来越多的城市或地区视为文化标杆,代表了城市的文化形象,博物馆的文化影响辐射到了公众生活的方方面面。随着博物馆观众数量的增加和观众类型的丰富,博物馆的社会影响不断扩大,博物馆利用其所蕴含的人类精神能够对提升博物馆的文化认同起到积极的作用。博物馆传承和传播文化的途径是多元的,其中陈列展览是十分重要的途径之一。博物馆展览通过选取展览主题、设计展览内容思路、展示和传播藏品和后续的展览服务,能够凸显自身的价值优势,将知识传递给观众,并触发观众的认知和共鸣。博物馆的展览主题一般与本国的历史、人文、艺术、自然和科学资源息息相关,能够帮助观众充分了解本国的文化,而即使是对国际不同文化的展示,也能够帮助观众建立对国内外文化比较和相互差异的了解。在理解基础上,最终达到弘扬民族文化,提升文化认同的目的。

(三)博物馆的专业性和多学科性被更为强调

就博物馆的专业性而言,博物馆专业化的发展趋势是将藏品相关学科的专业性逐步融合于博物馆学层面上的专业性,最终将博物馆变为真正意义上的公共文化机构。由此可见,为实现博物馆更广泛深入地惠及公众的目标,博物馆的专业性也应当分为不同的层次,包含博物馆从业人员的专业性、博物馆工作流程和实务操作的专业性、博物馆所展示和传播知识的专业性等。其中,所涉及的学科多样性自然也不言而喻。仅仅以博物馆展览设计工作为例,其中所囊括的学科就有设计学、美学、人体工程学、教育学、与展览内容相关的各类研究学科、管理学、传播学等,各学科相互联系,相辅相成,跨学科的理论与方法的运用是博物馆展览的成功要素之一。多学科理论与方法的共同使用有助于对展览内容与形式的更全面的把握,发掘其中的内在联系,形成更好的展示效果。

---

① 陆建松:《博物馆展览策划:理念与实务》,复旦大学出版社2016年版,第5页。

(四) 博物馆强化民主化程度,鼓励公众参与博物馆的工作

现代博物馆越来越意识到自身已不是知识和资源的垄断者,甚至不是决策的最终制定者,博物馆越来越强调公众的参与程度,而这种参与不仅限于将观众作为博物馆社会服务的接受者,也倾向于在博物馆的实际工作中纳入公众的意见和建议,即博物馆的民主化程度在逐步加强。如今,民主意识已慢慢渗透至博物馆工作的各个环节,博物馆认识到公众是博物馆的真正拥有者,而不是包括博物馆从业人员在内的其他任何人。[1] 因此,博物馆将不同文化背景和知识水平的公众都视为平等的整体,博物馆与公众整体之间也应当是平等关系,公众应更大程度地参与到博物馆的工作之中,而博物馆也应当更大程度地融入公众群体,以他们的需求为考量。博物馆的展览工作亦是如此,我国目前所实行的一些博物馆展览评选活动,也都以专家和观众双重评分为依据。而在我国博物馆展览设计的过程中,也越来越注重观众研究和调研,甚至邀请公众参与展览项目的策划和评审工作,汲取他们的观点。

二、博物馆展览设计理念的转变

展览是博物馆最直接面向公众的一面。在展览中对藏品和信息的有效展示是博物馆的一项特有活动,而大多数观众都是通过展览开启了对博物馆和藏品的了解。成功的博物馆展览应当在物质、思想和情感等方面都能够引人入胜,并且可以让最广范围的受众触及。陆建松就曾对成功展览的标准有过这样的设定,即需要达到"知识性和教育性""科学性和真实性""观赏性和趣味性"六要素相融合的要求。[2] "知识性和教育性"是博物馆展览的目的,指博物馆展览的宗旨是进行知识普及和文化传播、服务公众教育的需

---

[1] 安来顺:《现代博物馆理念及其对陈列展览的影响》,载中国博物馆学会陈列艺术委员会编:《谛听陈列艺术的脚步声——新世纪陈列艺术发展趋势》,湖南人民出版社 2004 年版,第 18 页。
[2] 陆建松:《博物馆展览策划:理念与实务》,复旦大学出版社 2016 年版,第 11 页。

要。展览要有文化学术概念,有思想知识内涵,能起到传播观念和思想、知识和信息、文化和艺术的作用。"科学性和真实性"是博物馆展览的前提,指博物馆展览的建设要有扎实的学术支撑,要以文物标本和学术研究成果为基础,图文版面的设计、艺术的或科学的辅助展品的创作等都应当是有依据的还原、创作和重构。"观赏性和趣味性"是博物馆展览手段,指博物馆展览要有较高的艺术感染力和观赏性。博物馆是个非正规教育机构,参观展览是一种寓教于乐式的学习,作为一种视觉和感性艺术,其表现的形式应该是感性的,这意味着一个成功的博物馆展览,不仅要有思想知识内涵、文化学术概念,还要符合现代人的审美需求。基于这三大评价标准,"博物馆展览策划就是一项文化创意活动"的这一观点被提出,即展览是"创新"思想、"文化"思想和"活动"思想的结合体。

现代博物馆展览愈发趋于复杂,这种复杂性并不是指展览的内容形式,而是指展览的根本理念、展览的类型和创造展览的过程。宋向光认为,博物馆陈列展览是一种不间断的过程,从展览创意的提出,历经对象调研、学术支撑构建、展览逻辑安排、展览主题确定、内容层次搭建、展品选择、形式设计、布展制作与施工、开展、参观、配套宣传与活动的实施,直至撤展和后续评估,始终需要博物馆策展团队之间,以及策展团队与公众之间保持沟通与协作,不断提升博物馆陈列展览的综合效益。[1] 如今,国内外的各个博物馆都越来越意识到有效的规划、资源管理、研究和诠释、藏品管理、市场营销、设计和组建、公众项目、出版物,以及资金筹措都成为展览设计与实施过程中关键的工作环节,并且都能对实现博物馆宗旨有所贡献。若将这些工作环节进行一定的拆分,便可从不同的角度对现代博物馆的展览理念有所洞见,具体阐述如下:

(一)"以人为本"的理念强化对观众体验的关注

在提升博物馆社会服务职能这一理念的影响之下,博物馆的各项工作

---

[1] 宋向光:《博物馆陈列的性质与价值取向》,《中国博物馆》2005年第2期。

越来越趋向于从"人"出发,并又最终落至"人"。现代博物馆展览的核心理念之一就是创造以观众体验为导向的展览,以观众需求为根本出发点,为观众创造愉快的体验,并设计探索式展示和现场体验①。为达到这一目标,一方面要将博物馆的观赏性、趣味性、通俗性和知识性做进一步提升,另一方面要结合教育活动和文化创意产品帮助观众更好地了解展览内容,最终在最大限度上建立展览内容和观众之间的联系。美国《非正规学习评论》(the Informal Learning Review)杂志的合作编辑 Robert L. Russell 曾提出提升观众体验的十点展览设计要素,包括:提供出色的内容组织框架;设计可及的、具有吸引力的和可参与性的展览环境;设计可及的和易于利用的展览;展示真实的物件和现象;迎合观众在教育、娱乐和社交方面的期待;向观众提供与其自身可建立联系的切入点,以更好地满足他们的需求;向观众提供选择、控制和回馈的机会;通过说明文字、导览员和互动参与活动支持观众的直接参观体验;提供展览前中后各个阶段的教育活动和平台;进行前置评估、形成性评估和总结性评估。② 这十点所涉及的内容与当前我国博物馆展览在提升观众参观体验方面的发展方向基本吻合,既强调了展览设计本身,也涵盖了展览所延伸出的教育、互动和评估等环节的相关要求。

(二) 信息技术的普及提升了展览的趣味性和互动性

信息科技凭借自身形象性、易操作性、延伸性和互动性等优势,已经成为博物馆展览的重要组成部分,并成为博物馆展览展示和传播知识信息的重要渠道。当前,信息技术在博物馆展览中的运用包括:展厅中声、光、电和互动设备的设计安排、博物馆各个在线平台上对展览内容的多形式展示、展览配套的教育活动和营销活动中高科技和多媒体资料与设备的使用等。通过信息技术,能够丰富展览设计人员的设计思路、将传统博物馆中的静态

---

① 陆建松:《博物馆展示需要更新和突破的几个理念》,《东南文化》2014 年第 3 期。
② RL Russell, *Designing Exhibits That Engage Visitors: Bob's Ten Points*, *Informal Learning*, November-December 2000.

展览实现动态展示、增加博物馆展览知识信息的含量、拓宽观众了解展览内容和展品内涵的渠道、优化观众的博物馆体验并将博物馆体验在他们的日常生活中予以延伸和渗透。信息技术的运用现已成为我国博物馆的一个普遍现象,但在使用的过程中需要规避滥用和错用的误区,始终秉持着信息技术应是展览的辅助手段,应该为展览内容服务的理念予以使用,同时注重内容和形式两个方面。

（三）重视展览文本的重要性,提升展览的科学性

现代博物馆中的展览多以展示知识和传播知识为目的,基本都属于解读性展览,这种展览的根本基础在于内容文本,而这一点在多媒体技术和数字化技术迅速普及的当下,却往往在我国博物馆展览设计过程中被忽视,使得一些展览成为炫技的秀场而徒有其表。随着观众对博物馆展览要求的不断提升,我国博物馆对于展览文本设计的重视程度正在逐步增加,在展览设计的过程中往往会组织不同领域的专家组成展览文本设计团队,并且对文本进行一次次的论证和完善。展览内容文本的重要性体现在其被视为博物馆展览所述故事的脚本,一个优秀的故事内容和叙述方式是博物馆展览成功的一半,其中涉及严密清晰的逻辑结构、扎实准确的学术支撑、简洁到位的说明文字、多样可行的配套展品提示等,这是展览达到准确性和真实性的根本基础。如今,博物馆在与许多形式的媒体和娱乐设施竞争,一个扣人心弦、逻辑严密、支撑充分的故事线是抓住和维持观众兴趣的完美策略。[1] 博物馆的展览文本是展览与观众建立对话的重要依托,展览设计人员应当尝试着为每一名观众撰写脚本,并且让展览文本成为一个交互性的体验,不要限制展览中广泛的故事叙述能力。

（四）艺术性和学术性相结合,突出展览的知识价值

博物馆利用展览传播知识,这是公众对博物馆最直接的期许。观众对

---

[1] Debbie Sharp, *Blockbusters and Flops: Exhibit Development*, *Museum*, July/August 2010.

博物馆的展览要求既需要其生动形象、浅显易懂；又需要其蕴含丰富的知识，具备扎实的学术性。就博物馆的艺术性而言，博物馆传播知识的最基本工具就是物件、文字、图片，通过文字、物件和图片的结合和归类来展现空间、光照和色彩等展览元素，有助于创造陈列的语境、氛围和环境，更好地诠释博物馆展览的内涵信息。就博物馆的学术性而言，展览应该建立在学术性，尤其是体现将学术资料进行智慧整合的基础上。为了显示博物馆展览巨大的知识创造力，在展览制作过程中要考虑多种影响因素，诸如展品、文献资料、口述历史、图像、音乐等，以及这些因素将如何影响观众对特定事务的理解。除了确定陈列的关键组成之外，同样重要的是明确这些组成之间在展示系统中如何互补和相互促进。因此，展览设计人员扮演着十分关键的角色——不仅仅是展示内容，同样也是在创造内容。

（五）向展览的多样化和精品化发展

根据国家文物局于 2016 年"国际博物馆日"所公布的数据，目前，全国博物馆每年举办展览超过 2 万个，参观人数约 7 亿人次，每年文物进出境交流展览项目近百个。[1] 博物馆展览数量的提升也带动了展览类型的不断丰富，同时，对展览的内容和形式要求也不断提高。早在 2008 年《关于全国博物馆、纪念馆免费开放的通知》中就要求针对公众的精神需求和特点，在展览内容上、形式上积极探索和大胆创新。[2] 就展览的多样化而言，我国各级博物馆都在寻求个性化的突破，积极举办更具吸引力的临时展览，趋于将展览视野深入区域文化，又扩展至世界各国文明，既有综合性展览，又进一步增加专题性展览。展览的多样化还包括展览设计团队构成的多样化，除展览设计人员之外，也可能包括博物馆教育人员、藏品保管人员、藏品研究人员和文化创意产品设计人员等，甚至一些非博物馆背景的工作人员。就展

---

[1] 勿日汗、姜潇、周润健、蒋芳、冯国：《我国 85% 博物馆免费开放 每年约 7 亿人次参观》，载新华网，http://news.xinhuanet.com/shuhua/2016-05/19/c_128996062.htm，2006 年 5 月 19 日。
[2] 高红清：《博物馆临时展览工作基础实务》，北京燕山出版社 2016 年版，第 9 页。

览的精品化而言,展览需要达到完整成熟、主题鲜明、特色突出、形式新颖,并且思想性、科学性、艺术性都达到一定的高度。[1] 在每年举办的"全国博物馆十大精品展览"的评选过程中,这些要求被进一步量化和细化,形成了评估博物馆展览的一些标准,而各个博物馆也正将展览不断进行改善。除此之外,被我国博物馆所忽视的一个重要的展览设计环节是提出明确的展览概念,也就是欧美等国常常提到的博物馆展览的"Big Idea",这一点在我国博物馆中并不受到重视。"Big Idea"是基于展览的目的、目标观众、内容框架、需求与资源分析,而形成的对展览意义、内涵和效果的理解性阐释。[2] 展览后续的一切工作都应当围绕这一展览概念而展开,由此所形成的展览必然主题更为鲜明、逻辑更为严谨、内容更具针对性、传播更为有效。

（六）"绿色展览"(Green exhibit)的理念逐步深入

环保意识在现代博物馆的建设和运营过程中逐渐渗透,在博物馆展览设计中更是如此。"绿色展览"主要包括 Reduce（减少）、Reuse（再利用）、Recycle（回收）三个因素[3],影响到了展览的设计思路、材料选择、预算造价、施工安排等各个环节,在满足博物馆展览所需达到的观赏性、知识性和趣味性等要求的前提下,尽可能地减少展具的使用、增加环保材料的使用、提高展具的利用率和利用次数。此外,"绿色展览"的理念不仅限于博物馆展览本身,从宏观意义上来看,更强调了博物馆展览与环境、社会和经济之间的关系,在寻求平衡的过程中提升博物馆展览的可持续性,其中环境包括空气、水资源、土地、植被和生物等因素；社会包括教育、健康、安全、机遇等因素；经济包括经费、工作、交易和商业关系等因素。三者之间相互影响,也相互促进。（见图6-1）

---

[1] 姚安:《博物馆12讲》,科学出版社2015年版,第33页。
[2] Tom Klobe, *The Concept of an Exhibition*, *Museum*, March/April 2013.
[3] 李志:《浅谈绿色设计在博物馆展览中的应用》,载《百年传承 创新发展——北京地区博物馆第六次学术会议论文集》,中国书籍出版社2013年版,第432页。

图 6-1 "绿色展览"影响因素①

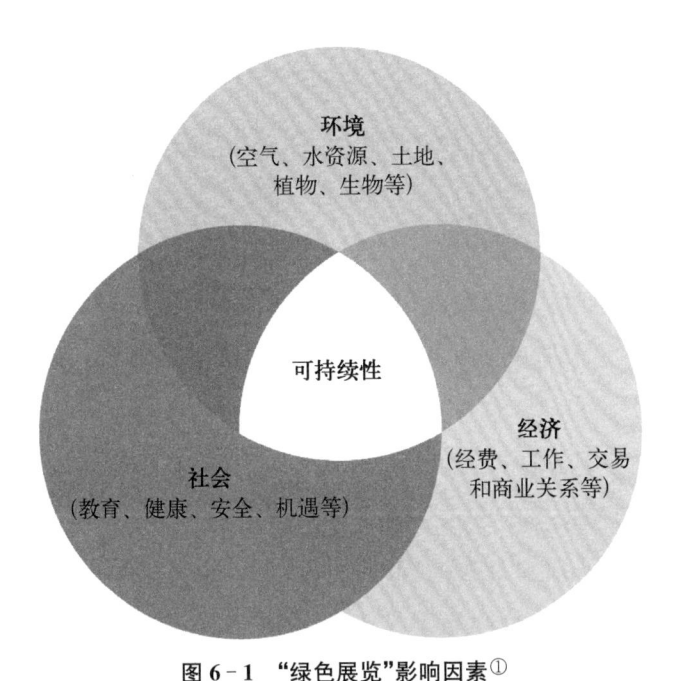

第二节 博物馆展览设计人员的重要性及其职责范围

一、现代博物馆展览设计人员的重要性

博物馆展览设计人员是将不同部门所提供的内容转变为可参与和可触及的形式,为博物馆受众提供更丰富的知识和更优质的服务。因此,博物馆展览设计人员在博物馆展示知识、传播知识和服务公众等方面扮演着越来越重要的作用。具体可阐述如下:

---

① Kari Jensen, Paul Orselli, Margaret Kock, *Green Exhibit Checklist: Incorporating Sustainability into Exhibit Development*,载美国博物馆联盟网,https://www.aam-us.org/programs/resource-library/education-and-interpretation/exhibit-conservation/,2013.

（一）展览设计人员是展示博物馆精神文化内涵的主要承责者

每一座博物馆都应当有自身的特色和精神文化内涵。在面向受众时，这一特色和内涵的体现能够有助于加深受众对博物馆的印象和辨识度，更易于对博物馆所欲传达的信息有所把握，而展览是博物馆精神文化内涵最直接的体现，也是受众对此进行了解的首要渠道。这就要求博物馆展览在内容阐释方面能够做到更清晰、准确和有效，而此亦是展览设计人员日常工作的基本要求。展览设计人员能够利用博物馆的藏品和各部门对藏品的研究成果，以及馆外资源，选择合适的展览主题，并对此进行深入研究，设计出形式多样、内容丰富的常设展览和临时展览。而展览主题内容和展示风格的选择往往与博物馆的宗旨和每座博物馆所特有的精神气质紧密联系。因此，展览设计人员对相关内容的把握，以及对相关展览形式的安排，都直接作用于展览最终的内涵阐释效果，这些阐释效果又是构筑博物馆精神文化内涵的重要基础。可见，博物馆的精神文化内涵和博物馆展览的阐释效果是相辅相成的关系，展览设计人员在其中就起到了独特的桥梁作用。

（二）展览设计人员是博物馆社会教育职能的重要协助者

博物馆展览所传达的既是博物馆的精神文化内涵，也是城市、国家和民族的精神文化内涵，具有重要的社会教育意义。随着人们生活水平的提升，他们更为注重对自身精神文化素养的培养，也更希望通过博物馆了解更多不同主题的展览内容。博物馆的展览是博物馆最直接面向公众的一面，也是许多博物馆教育活动的重要依托。因此，从主题提炼，到内容和形式设计，以及延伸出的相关活动和产品，博物馆展览都直接影响观众对相关知识信息的接受程度。为达到这一期许，就要求展览设计人员在设计展览的过程中全面注意各个要素，以实现展览的科学性、知识性、趣味性和互动性为依据，注重展览的教育作用。虽然，如今在博物馆展览设计的团队中，成员构成越来越趋于多样化，很多情况下也纳入了博物馆教育人员，一同出谋划策,但是展览设计人员仍然是展览策划的主体,他们的专业知识和能力能够提升展览的传播力和教育效用,使得展览的内容形式和配套的产品活动能够尽可能适用于最大范围的博物馆受众。

(三) 展览设计人员是博物馆公共服务的重要执行者

博物馆的展览是观众最直接的参观体验,是博物馆进行观众服务的主要途径之一。因此,一个成功的展览必然是以观众需求为根本,各个环节都应当体现博物馆对公众服务工作的重视和用心。若从展览的角度来审视博物馆的公众服务,那么展览的选题应当多元并独到,必须贴近公众,能够与公众的生活建立联系;展览的内容安排应当逻辑清晰、层次分明,并简明易懂;展览的互动设备应当紧扣展览相关内容,为公众提供亲手体验和了解更多信息的机会,拉近展览与公众之间的距离;展览的整体设计和配套设施应当"以人为本",一方面通过人体工程学和视觉艺术的相关研究进行布展,使得观众在参观时有更优质的感受;另一方面也应当安排休憩的空间,便于公众在参观的过程中进行短暂的停留,而这些空间的外观设计和使用功能最好能与展览内容相互融合;展览的教育活动和文化创意产品应当服务于展览内容,以帮助观众更好地了解展览相关信息为根本目标。由此可见,展览是博物馆公众服务能力的重要体现,方方面面都离不开展览设计人员的精思妙想和反复斟酌,展览设计人员的设计理念将会反映在展览最终呈现的观众服务成效之中。

(四) 展览设计人员是博物馆建立外部合作关系的重要依托者

博物馆的展览分为常设展览和临时展览两大类,常设展览一般在建馆之后不会做轻易变动,临时展览越来越成为博物馆展览设计部门日常工作的重点。临时展览往往需要借助其他机构的资源,因此,在选择临时展览主题和执行临时展览策划到最终实施的过程中,博物馆展览设计人员是外联团队中的重要组成人员,需要与不同机构和组织的相关人员进行沟通交流,了解双方的情况、协商展览主题和展品的借用问题,并达成最终的合作意向。在此过程中，不同机构之间往往会逐渐建立起良好的合作伙伴关系，为今后的资源共享和其他资源的拓展提供更广阔的空间。如今博物馆的许多展览项目会依托第三方单位承担，博物馆内部的展览设计人员也需要同他们进行及时的沟通，而优秀的展览策划单位也能够通过一个个的展览项目得到公众和业界的认可，成为博物馆的重要合作伙伴。此外，博物馆展览设计人员在策划展览的过程中也需要与不同背景的专家学者或展览所涉内容的亲历者等相关人员进行沟通。因此，展览设计人员专业知识和能力水平的高低会对博物馆对外合作关系的建立产生一定的影响。

二、现代博物馆展览设计人员的职责范围

展览设计人员的角色作用是在特定空间内提供整合良好和极具吸引力的方式来传递所有内容，以及在展的标本、手工制品、模型、互动项目和其他与展览相关的元素。展览设计人员依据他们的工作职责可以分为展览内容设计人员和展览形式设计人员。两者的职责范围虽然有一定的交叉性，但从工作内容上看，仍存在明显的差异。因此，在对现代博物馆展览设计人员的职责范围进行探讨时，将对上述两者分别进行阐述。

（一）博物馆展览内容设计人员职责探讨

1. 明确展览主题和传播目的

展览内容设计人员需要依据相关研究成果和展览资源，为每一个展览项目的筹划阶段做出相应的基础性准备。

（1）提出展览规划。展览内容设计人员应该依据博物馆的发展方向和工作规划，利用相关资源，提出符合博物馆宗旨的展览规划。

（2）明确展览主题。根据展览规划，制定可行的展览内容，并通过相关资料的研究和专家评审，明确展览主题。

（3）明确展览传播目的和目标观众。根据既定的展览主题，撰写特定展览的项目规划，明确展览的传播目的以及主要针对的观众群体，以此为后

续展览内容文本的撰写定下基调。

（4）判断展览的可行性和影响。了解公众需求，根据展览主题而预判展览效果。

2. 展览内容相关资料研究

展览内容设计人员应当对展览内容相关的资料进行全面深入的研究，并同相关领域的专业人员不断沟通，以确保对内容的理解是准确到位的。相关资料具体包括：文献资料、实物资料、口述资料、数字资料、实地调研和探访等。资料是展览最重要的学术支撑和最重要的文本依据，在研究过程中，应当统筹知识资料，对后续展览内容文本的撰写做充分的准备。

3. 撰写展览内容文本

展览内容文本的撰写分为几个阶段，具体包括：展览内容大纲、展览内容文本初稿和展览内容文本终稿等。每一阶段在完成之后，都需经由相关专家进行评审，针对所提出的意见建议做相应的调整和修改。

（1）撰写展览内容大纲。在展览内容制定的初期，应当将展览内容的基本逻辑和思路理清，明确部分、单元、组等各层级的主要内容和标题。

（2）撰写展览内容文本。在展览内容大纲的基础上，详细撰写展览的内容文本，包括各块内容的标题、传播目的、说明文字、背景参考资料、展品和展示形式提示、配套活动提示等。

（3）提供所有的展览内容背景参考资料。在展览内容文本撰写的过程中，应当注意为后续的形式设计工作提供必要且充足的背景参考资料，以帮助展览内容文本的使用者更好地理解内容文本的结构思路和内涵。

4. 明确展览所需的图像和物件资源，并进行相应的征集工作

展览内容的撰写和展览内容的落实是两个相伴相生的工作。在展览文本撰写的过程中就应当将不同部分所需的展品纳入考量，并参与展品的落实工作。

（1）上展文物的安排。厘清所需的馆藏文物，以及需要另外征集、借展

和复制的文物。[①] 同时,在开展之前,对这些文物进行一定的保护和维护工作,使得文物能够满足展出的要求,并确保展出期间文物始终保持良好的状态。

(2) 上展辅助展品的安排。展览内容设计人员需要依据展览的各部分内容决定所需的辅助展品。一般而言,展览的辅助展品包括表、图像资料、模型、场景、音频和视频资料、互动设备等,辅助展品的内容形式现朝着更多样化的趋势发展。在提出辅助展品的构想之后,配合展览形式设计人员设计辅助展品,并且负责部分辅助展品的内容脚本的撰写工作。

5. 配合展览形式设计人员执行展览项目

在展览文本基本定稿之后,协助展览形式设计人员执行后续的展览设计工作,一方面,与展览形式设计人员进行不断沟通,帮助他们对展览的内容思路形成更好的理解,并将其体现在形式设计之中;另一方面,展览内容设计人员也能够根据展览策划工作的进一步推进,而不断对展览内容文本进行修改,精益求精。

(二) 博物馆展览形式设计人员职责探讨

1. 理解展览内容文本

对展览内容文本进行深入解读,对展览内容形成充分的把握,了解展览主旨、思路和详细内容,以及各块内容在展览整体中的重要程度和前后关系,以及每一部分内容中的重点和亮点。

2. 对展览空间进行评估和规划

对博物馆展厅实际情况进行调研,基本明确展览动线,以及各部分内容在展厅中的安排,包括所处位置和空间分配等。同时,与策展团队的其他成员商议,提议一系列的设计组合来构建主题,最终决定展览的主要呈现形式,以确保就展览的内容接受度和观众的参与质量而言,这种形式是最

[①] 齐玫:《博物馆陈列展览内容策划与实施(修订版)》,文物出版社2015年版,第69页。

佳的。

3. 进行展览形式设计

展览形式设计分为几个阶段，主要包括概念设计、深化设计和最终设计等。每一阶段在结束之后，也需要同内容设计一样，请专家学者进行评审，提出改进建议。

（1）概念设计。展览设计人员在了解展览需求和理解展览内容之后对展览形式做出初步设计，包括草图、初步制图等，这是一个由简至精的过程。

（2）深化设计。在概念设计获得基本认可之后，对展览各部分内容做精细化设计，注意展览的每一个细节，基本呈现最终展览的形态，包括展厅环境的详细制图、文字和图片的样式安排、展品陈列的方式、辅助展品的模型和样例制作等。

（3）最终设计。对深化设计进行反复推敲，展览形式设计人员需确保最终交付的展览内容和形态不会引起重读、错误展示或质押信息等问题，同时致力于寻找吸引观众的最有效方式，包括知识和情感层面。在此基础上形成最终形式设计稿，并予以施工布展。

4. 创造良好的观众互动体验

在展览中利用互动设备、视听设备、多媒体技术等手段提升观众体验。展览形式设计人员的职责从属于交互，既是形式上的，也是功能性的。设计人员必须确保互动设备在展览中得以恰当运用，探索可能的互动概念，并且设计最优的选择。

5. 参与展览的施工布展

始终参与展厅的装修、展具和辅助展品的制作，以及布展安排，监督展览项目的推进。

（1）展厅装修。参与和监督吊顶、墙体和地面，以及照明、温湿度控制、电路、防烟防火装置等安排。

（2）展具和辅助展品的制作。参与和监督展柜、托台、板面和辅助展品的制作。

（3）布展安排。制订布展工作计划，监督最终布展过程，包括展品的运输和移动、展厅的布置、各类设备的调试，直至最终开展。

（4）项目进程控制。包括预算控制、人员安排、时间控制等，确保每一环节都能符合展览施工的相关要求，并及时解决出现的各类问题。

6. 与其他专业人员进行沟通与合作，制定展览相关的具体事宜

（1）与甲方或乙方工作人员沟通合作。一些情况下，展览形式设计人员是博物馆的在职人员，展览设计工作交托于外部展览设计公司承担，那么他们就应当与乙方的展览设计人员就展览的设计要求进行不断沟通。另一些情况下，展览形式设计人员是乙方的工作人员，且展览项目也交由乙方承担，那么展览设计人员就应当与博物馆的项目负责人和其他专业人员进行沟通，了解甲方的预期和要求。

（2）与展览内容设计人员合作。了解展览内容设计中的准确意图和知识内涵。

（3）与博物馆教育人员合作。设计展览配套的教育活动，增进观众对展览内容的理解。

（4）与藏品保管人员合作。了解藏品搬运、保存、装包等各个环节的操作规范。

（5）与文物保护与修复人员合作。对展厅的照明、温湿度等展览条件进行控制，并制定展品在展时的保护方案，以及遭遇突发情况时所应有的应急预案。

（6）与文化创意产品设计人员合作。就展览的相关形式内容与文创产品设计人员沟通，帮助他们形成更好的产品创意。

7. 展览开展后的维护工作

在开展之后，展览形式设计人员需要对展览情况进行跟踪，并对展品和展览相关设备的维护工作负责，若发现有不妥之处，应及时加以调整和修复。

第三节　博物馆展览设计人员的职业资格分析

一、博物馆展览设计人员职业资格的国际探讨

无论在传统博物馆中，还是在现代博物馆中，陈列展览始终是博物馆最重要的工作和职责之一。博物馆展览理念的变化以及展览要求的提升，促使博物馆展览设计人员的职责范畴持续扩大，从而带动了展览设计人员职业资格要求的变化。各国对于展览设计人员的职业资格要求有过不少论述，但正如本章开篇所述，展览设计岗位在各国都存在着一定的差异，并且类型丰富，无法完全适用于我国展览内容设计人员和展览形式设计人员两大类型进行分别阐述，因此，对于博物馆展览设计人员职业资格的国际探讨的分析，将会就整体情况进行论述，而不细分为展览内容设计人员和展览形式设计人员等类别。

（一）博物馆展览设计人员个人素养和才能的探讨

1. 英国的职业资格要求

英国《国家就业服务指南》中提到展览设计人员应当具备：[①]

（1）出色的设计和艺术技能。

（2）能够创造性地进行横向思考。

（3）良好的绘画技能。

（4）会使用展览设计软件。

（5）模型制作技能。

（6）良好的时间管控能力。

（7）良好的沟通能力。

[①] *Exhibition Designer*，载英国国家就业服务指南，https：//nationalcareers.service.gov.uk/job-profiles/exhibition-designer.

(8) 对健康和安全问题的全面意识。

(9) 团队协作能力。

(10) 项目管理能力(针对高层角色)等。

2. 新西兰的职业资格要求

新西兰国家就业中心对博物馆展览设计人员的素养和才能的要求是:[1]

(1) 具有解决实际问题和后续问题的能力。

(2) 对细节有良好的洞察力,注重展览设计的准确性。

(3) 能够把控工作进程,在规定时间内完成工作。

(4) 有耐心。

(5) 有团队合作能力,能够与不同背景的人共事。

(6) 有清晰的逻辑条理。

(7) 能够把控预算。

3. 美国的职业资格要求

就美国而言,一些博物馆专家认为博物馆展览设计人员应当是"万事通"(Jack-of-all-trades),他们需要具备不同的能力才能在博物馆展览设计生涯中获得成功,而这些能力所涉及的领域包括艺术、历史、设计、照明,也可能包括木工等。[2] 美国博物馆学专家 Glaser 和 Zenetou 曾在 1996 年时就提出展览策划人员(Exhibition Curator)应该具备以下专业知识和能力:(1) 博物馆藏品相关知识;(2) 对博物馆运作技巧的掌握;(3) 具备一定的计算机技能;(4) 熟悉法律和道德事宜;(5) 藏品解读能力;(6) 研究能力;(7) 管理能力;(8) 沟通能力;(9) 经费管理知识。[3]

---

[1] Kaihangarau Whakaaturanga, Kohinga, *Exhibition and Collection Technician*,载新西兰国家就业中心网,https://www.careers.govt.nz/jobs-database/arts-and-media/culture-heritage/exhibition-and-collections-technician/.

[2] Leah Jachimowicz, *Take Exhibits from Concept to Reality with a Museum Design Career*,载艺术职业网,http://www.theartcareerproject.com/museum-exhibit-designer/1277/.

[3] Yi-Chien Chen, *Educating Art Museum Professionals: The Current State of Museum Studies Programs in The United States*, The Florida State University School of Visual Arts and Dance, 2004, p.64.

前章所提到的 YI‐CHIEN CHEN 博士的调查中也有展览设计相关岗位要求的统计，涉及的职位包括策展人(Curators)、助理策展人(Assistant Curators)和展览准备人员(Exhibition preparation staff)等。这些岗位中，对应聘者的素养和能力要求如图 6‐2 所示：

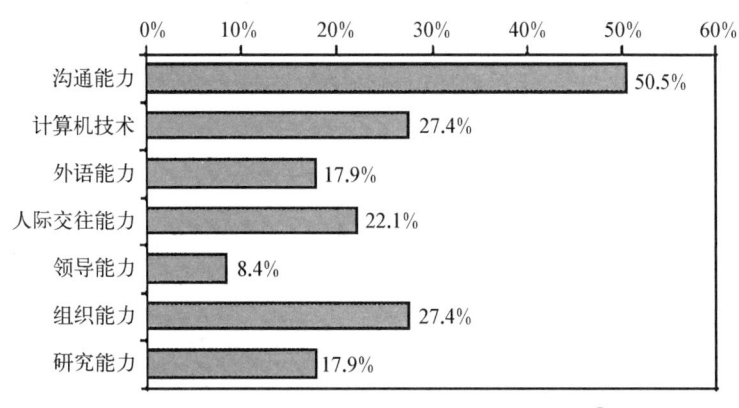

图 6‐2　展览设计人员职位的能力要求比重[①]

能力	比重
沟通能力	50.5%
计算机技术	27.4%
外语能力	17.9%
人际交往能力	22.1%
领导能力	8.4%
组织能力	27.4%
研究能力	17.9%

由图可知，相关岗位中要求应聘者具有良好的沟通能力的占 50.5%，具有计算机技术的占 27.4%，外语能力的占 17.9%，人际交往能力的占 22.1%，领导能力的占 8.4%，组织能力的占 27.4%，研究能力的占 17.9%。其中，沟通能力是最普遍的能力要求，其次是计算机技术、组织能力、外语能力和研究能力等。

4. 博物馆和文化机构的要求

此外，笔者也对 2012—2016 年美国多家博物馆和文化机构的展览设计人员的招聘信息进行了调查。这些组织机构包括博物馆组织、自然历史博物馆、历史博物馆、专题博物馆和大学博物馆等，类型和规模都各不相同。在他们的展览设计人员的招聘信息中有如下阐述：

玻璃博物馆(Museum of Glass)认为：博物馆展览设计人员应当有较强的博物馆阐释性陈列展览的设计和项目管理背景，计算机技能，对艺术处

[①] Yi-Chien Chen，*Educating Art Museum Professionals: The Current State of Museum Studies Programs in The United States*，The Florida State University School of Visual Arts and Dance，2004，p.88.

理和准备技术的通彻知识，出色的木工技能，文物保护事宜的实践知识，规划和管理多重项目、时间表和预算的能力，与研究者、其他设计人员、艺术手工艺者和所有博物馆部门共同合作的能力，高效工作的能力。

匹兹堡卡耐基博物馆（Carnegie Museums of Pittsburgh）认为：博物馆展览设计人员应当具有出色的组织、沟通和问题解决能力，必须适应团队协作，能够同时执行多个项目。熟悉计算机技术，尤其是相关软件的运用，能够设计图像。了解博物馆专用的材料和建造技术，同时了解空间规划、博物馆展览的最佳做法和标准、展览光照和多媒体概念等。

美中艺术联盟（Mid-America Arts Alliance）认为：博物馆展览设计人员应当具有博物馆实践的相关知识，较强的图像设计、数字媒体、3D设计等技术能力，较强的预算和项目管理能力，问题解决能力和团队协作能力等。

古根汉姆基金会（the Solomon R. Guggenheim Foundation）认为：博物馆展览设计人员应当具有平面手绘技能、3D模型技能等，熟悉建筑规范和公共安全要求；熟悉艺术，尤其是当代艺术的相关知识；有能力在不同的建筑环境中进行抽象思考和创造性的设计；出色的细节专注力；出色的笔头和口头沟通能力；团队协作能力；在多变的和快速的环境中工作的能力。

民俗艺术博物馆（the Craft and Folk Art Museum）认为：博物馆展览策展人应当具有涉及解读和展览相关方法、技术和程序的知识；较强的笔头和口头沟通能力和公众演说能力；管理预算和运用博物馆方法进行工作的能力；同职员、观众、志愿者、捐赠者、收藏家、专业同事和其他博物馆社区成员建立和维系有效工作关系；较强的组织、规划和研究能力等。

辛辛那提艺术博物馆（Cincinnati Art Museum）认为：博物馆展览设计人员应当具有空间规划、博物馆陈列和预防性文物保护标准等相关知识，有能力制定设计规划和建设文件。较强的数学能力，能够运用建筑术语和建筑学词汇。较强的时间管理、项目管理和组织能力。同时有一定的计算机技术，能够运用相关软件；具备一定的手绘技术和/或了解其他的设计建模工具。

布洛克德克萨斯州历史博物馆(the Bullock Texas State History Museum)认为：博物馆展览策展人应当能够准确运用主要的研究材料、出色的笔头和口头沟通能力、综合分析复杂历史概念的能力、项目管理能力和计算机技能。优先考虑有西班牙和英语能力的应聘者。

从各国的论述和实际招聘信息中可以总结出，各国的博物馆认为作为博物馆教育人员最应具备的素养和能力包括：

（1）具备与博物馆展览相关的专业知识，包括艺术设计相关知识、博物馆展览设计的方法和技术相关知识、博物馆展览最佳做法和标准的相关知识、展览内容相关的知识、文物保护相关知识、公共健康和安全相关知识等。

（2）艺术设计的相关技能。包括绘画和模型制作等。

（3）计算机技术，能够运用展览设计相关软件。

（4）展览项目的组织与管理能力。能够监督管理项目进程、控制预算、掌握时间节点，及时解决项目中出现的问题。

（5）出色的口头与笔头沟通能力和人际交往能力。能够清晰地表达自己的观点，与不同对象进行交流。

（6）团队合作能力，能够与不同背景的人员共同合作，策划展览。

（7）创新能力，运用创造性思维，使得展览视角独特、内容合理、形式多样。

（8）研究能力，通过实践工作和理论研究不断提升自身综合素养。

（9）细节注意力，能够洞察展览工作的每一个细节，细心安排内容与形式。

（二）博物馆展览设计人员教育背景和工作经历的探讨

《博物馆职业——欧洲参考框架》一文提到，展览和陈列策展人（Exhibition and display curator）应当具有与博物馆藏品相关专业的研究生学历；展览设计人员（Exhibition designer）应当具有与此合适的相关专业研究生学历，并具有一定的展览策划经验。[1]

---

[1] Angelika Ruge, *Museum Professions-A European Frame of Reference*, 载国际博协网, http://icom.museum/fileadmin/user_upload/pdf/professions/frame_of_reference_2008.pdf, 2008.

英国国家就业服务指南网提到,博物馆展览设计人员应当具有展览空间设计、室内设计、三维设计和图像设计等专业的学士学位。[1]

新西兰国家就业中心要求博物馆展览设计人员能够具有工业设计、模型制作、美术或技术性绘画、项目管理、金工、家具制作、细木工匠和木工手艺等知识背景,并且具有艺术设计、木工、金工、手工技艺,以及美术馆、博物馆或剧院的工作经历。[2]

就美国而言,一些博物馆专家认为,博物馆展览设计人员需要有博物馆学的专业学位,这被视为是博物馆展览设计生涯的最佳起点,鉴于设有博物馆学专业的高校有限,因此,学生们也会学习艺术或艺术史专业作为替代,所涉及的课程包括绘画和雕塑等。此外,推荐的专业还包括空间设计和工业设计等。在获得学士学位之后,为了能够获得更好的职业发展,应当进一步修读博物馆学的硕士学位,这也是美国不少博物馆在招聘展览设计人员时所明确提出的要求。正如美国博物馆学专家 Elizabeth Schlatter 在其《博物馆职业》(*Museum Careers*)一书中所明确提到的,博物馆展览设计人员需要有图像设计、建筑学、室内设计、工业设计或剧场设计等专业的本科学历,若有研究生学历则能被优先考虑。同时应聘者还必须有设计软件的相关经历。[3]

史密森尼博物馆协会的工作要求中提到,展览设计人员应当会运用最新 CAD 软件,一般需要有绘图、工业设计或建筑学等专业的学位,并学习过与工作相关的专业科目。[4]

---

[1] Exhibition Designer,载英国国家就业服务指南网,https://nationalcareers.service.gov.uk/job-profiles/exhibition-designer.
[2] Kaihangarau Whakaaturanga, Kohinga, *Exhibition and Collection Technician*,载新西兰国家就业中心网,https://www.careers.govt.nz/jobs-database/arts-and-media/culture-heritage/exhibition-and-collections-technician/.
[3] N. Elizabeth Schlatter, *Museum Careers: A Practical Guide for Students and Novices*, California: Left Coast Press, 2008, p.61.
[4] Working at the Smithsonian • Exhibits Specialist,载史密森尼博物馆协会网,https://www.si.edu/OHR/workingsi_exhibit.

同样地，YI‐CHIEN CHEN 博士的调查显示，博物馆展览设计相关岗位中要求至少拥有学士学位的占 14.7%，至少拥有硕士学位的占 57.9%，拥有艺术硕士学位的占 4.2%，拥有博士学位的占 25.3%，有学士学位以下但未做出明确规定的占 13.7%。此外，还有 6.3% 的岗位没有提到学历水平要求。（见图 6‐3）可见，大部分岗位要求最低学历为硕士学位。

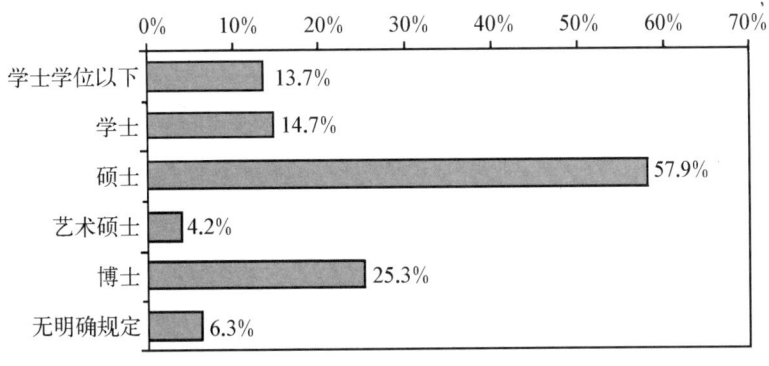

学历	比重
学士学位以下	13.7%
学士	14.7%
硕士	57.9%
艺术硕士	4.2%
博士	25.3%
无明确规定	6.3%

图 6‐3　展览设计人员职位的学历要求比重[1]

对应聘者的专业要求如图 6‐4 所示：

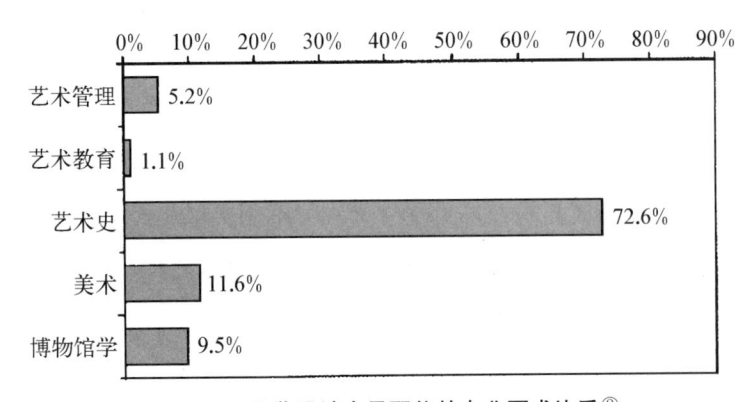

专业	比重
艺术管理	5.2%
艺术教育	1.1%
艺术史	72.6%
美术	11.6%
博物馆学	9.5%

图 6‐4　展览设计人员职位的专业要求比重[2]

---

[1] Yi-Chien Chen, *Educating Art Museum Professionals: The Current State of Museum Studies Programs in The United States*, The Florida State University School of Visual Arts and Dance, 2004, p.86.
[2] Ibid.

由图 6-4 可知,展览设计人员的任职要求中需要有艺术管理专业背景的占 5.2%,艺术教育专业背景的占 1.1%,艺术史专业背景的占 72.6%,美术专业背景的占 11.6%,博物馆学专业背景的占 9.5%。由此可见,大多数的岗位都提出了应聘者专业背景的要求,其中,艺术史、博物馆学、美术是较为常见的专业背景要求。

对应聘者的博物馆工作经历要求如图 6-5 所示:

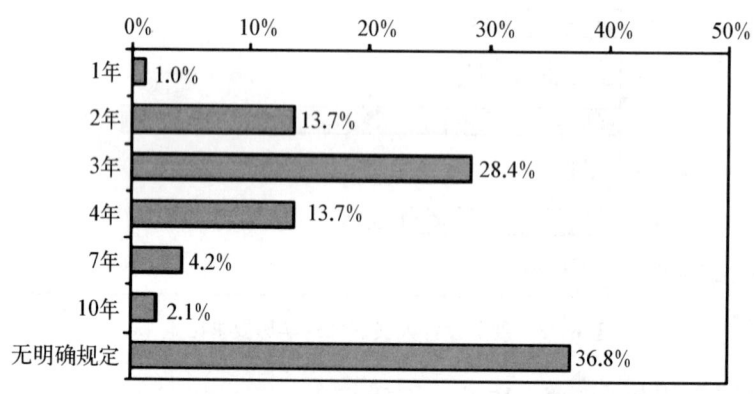

图 6-5　展览设计人员职位的博物馆工作年数要求比重[①]

由图 6-5 可知,有 1.0% 的岗位要求应聘者有 1 年及以上相关工作经历,13.7% 的岗位要求有 2 年及以上相关工作经历,28.4% 的岗位要求有 3 年及以上相关工作经历,13.7% 的岗位要求有 4 年及以上相关工作经历,4.2% 的岗位要求有 7 年及以上相关工作经历,2.1% 的岗位要求有 10 年以上相关工作经历。另外,有 36.8% 的岗位没有做出明确规定,可见,大部分的岗位都提出了相关工作经历的要求,具体到年数上 2 年、3 年和 4 年工作经历的要求相对较多。同时,有 76.5% 的岗位要求应聘者具有博物馆藏品登录、命名、藏品编目和博物馆数据库等方面的专业知识。而对于已具备的

[①] Yi-Chien Chen, *Educating Art Museum Professionals: The Current State of Museum Studies Programs in The United States*, The Florida State University School of Visual Arts and Dance, 2004, p.90.

工作经历而言,41.1%的岗位要求有丰富的策展经历,21.1%的岗位强调需要有学术发文记录,其他的相关经历还包括藏品发展、社区与公共关系、财政管理、博物馆藏品登录、学术教学、博物馆文物保护、市场营销等。

值得注意的是,这一调查所涉及的对象与本章所研究的对象存在一定差异,这一调查更倾向于 Exhibition curators 的调查,可能更倾向于展览相关的内容研究和策划工作,而并没有过多涉及展览设计人员的相关要求,因此在借鉴时只能作为辅助性参考,无法作为美国展览设计人员总体岗位要求的判断依据。

此外,在笔者对 2012—2016 年间美国博物馆展览设计人员招聘信息的调查中显示:

玻璃博物馆认为:博物馆展览设计人员应当具有相关领域的学士学位,并且有至少 5 年的博物馆工作经历。

匹兹堡卡耐基博物馆认为:博物馆展览设计人员应当具有展览设计、工业设计、建筑学或其他相关设计领域专业的学士及以上学历。至少有 3 年博物馆阐释性展览的设计经验。

美中艺术联盟认为:博物馆展览设计人员应当至少具有学士学位,以及设计、建筑学、博物馆研究或/和相关领域的更高学位。

古根汉姆基金会认为:博物馆展览设计人员应当具有建筑学或相关领域中的学士学位,以及 2—3 年的相关工作经验。

民俗艺术博物馆认为:博物馆展览策展人应当具有艺术、艺术史、博物馆学或相关领域的硕士学位,至少 3 年的专业博物馆工作经历,主要专注于手工制造、设计和当代艺术。

辛辛那提艺术博物馆认为:博物馆展览设计人员应当具有美术或设计专业的学士学位,并且具有至少 4 年的博物馆展览设计相关的工作经历。

布洛克德克萨斯州历史博物馆认为:博物馆展览策展人应当具有博物馆学、历史学、博物馆教育、公共历史或相关领域的硕士学位。至少 5 年的展览规划相关的博物馆工作经历。

综上,各国对博物馆展览设计人员任职资格中教育背景和工作经历的要求包括:

(1) 学历水平:以学士学位和硕士学位为多。

(2) 专业背景:展览设计、艺术设计、空间设计、美术、工业设计、建筑学、博物馆学、艺术管理、历史学等相关专业。

(3) 工作经历:展览策划、藏品保管、藏品发展、公共关系等相关工作经历,工作年数要求不定,一般要求3年及以上。

二、博物馆展览设计人员职业资格的国内探讨

从目前所掌握的博物馆展览设计人员职业资格的国内资料来看,虽然在博物馆展览设计的过程中会将展览设计人员分为展览内容设计人员和展览形式设计人员,但是在对其进行任职要求的分析时,基本没有将这两者进行明显的区分,这与博物馆的实际工作要求不相符合,也是本章对这两者进行划分的重要原因之一。然而,依据目前国内的研究成果,本部分内容难以将展览内容设计人员和展览形式设计人员的职业资格分别进行论述,因此,同样将展览设计人员作为一个整体进行国内相关探讨的分析。

(一) 国内已有的相关政策法规和研究论述

近年来,国家加大了对博物馆的扶持力度,也对博物馆的相关工作提出了更高的要求,针对博物馆展览设计工作,先后出台了《博物馆陈列展览设计施工资质管理办法(试行)》(2014)、《博物馆陈列展览形式设计与施工规范》(2016)等文件,国家文物局也以委托课题的形式立项了《博物馆陈列展览导则》等研究,以规范博物馆展览工程的工作标准。其中,《施工资质管理办法(试行)》将博物馆陈列展览设计施工单位的设计资质和施工资质都分别设立了三个等级[①],并对每一个等级做出了详细的资质要求说明,可以作

---

① 中国博物馆协会:《中国博物馆协会关于博物馆陈列展览设计施工资质管理办法(试行)》,载中国博物馆协会网,http://chinamuseum.org.cn/a/xiehuigonggao/20140217/4815.html,2014年1月1日。

为设立博物馆展览设计人员职业资格要求的参考。此外,2005年,《全国县级博物馆展示服务提升"十一五"规划》方案的提出也促使地方博物馆的陈列展览水平得到提升,同时促进了基层博物馆展览设计人员的培养。[①] 2015年颁布的《博物馆条例》也对博物馆展览提出了相应的要求,包括展览主题和内容、展览形式表现手法、展品、说明文字和讲解服务等方面,这些要求也是制定展览设计人员职业资格要求的重要参考。

目前,在我国《国家职业标准》目录中有"陈列展览设计人员""会展设计师""会展策划师"等职业类型与本章研究对象相关。其中,最直接相关的是"陈列展览设计人员"一类,其虽并不完全针对博物馆的展览设计,也没有明确"展览内容设计人员"和"展览形式设计人员"的差异,但这一职业类型却涵盖了博物馆展览设计人员,相关职业资格的标准可以作为本章研究的重要参考(见附录3)。国家职业标准中提到,陈列展览设计人员需要具备大专及以上学历水平和2年以上工作经历,以及良好的学习能力、表达能力、计算能力、空间能力、肢体能力、色觉和手指灵活性,同时需要通过国家职业资格认证的笔试和面试之后,才能获得相应的职业资格。

除国家层面对博物馆展览设计人员的职业要求做出相应规定之外,博物馆领域中的专家学者也对此做过一定的探讨。其中,毕靖华曾经针对自然类博物馆的展览设计人员提出了相应的职业素养要求。总体而言,展览设计人员应当具有充分的专业知识,对国内外自然类博物馆的展览趋势和展览设计过程中所涉及的知识都有充分的把握,视野宽阔、意识先进。毕靖华还进一步对自然类博物馆展览内容设计人员和展览形式设计人员的素养要求分别做了分析。前者需要对国内外趋势和美学知识有所把握,并且有自然类相关学科的知识背景和科普意识,撰写能力强。后者需要有先进的

---

① 单霁翔:《浅谈博物馆陈列展览》,故宫出版社2015年版,第19页。

和创新性的设计理念,了解自然类博物馆的主要展陈形式和最新发展方向,掌握展示方式,同时拥有丰富的自然科学相关知识。① 此外,另一些专家也提出:博物馆展览设计人员应当具备一定的美术功底;能够熟练运用展览设计软件和其他相关的计算机或多媒体技术;充分了解各种展示材料和展览相关的高新技术;具有良好的沟通能力②,同时具备良好的团队合作精神和创新精神。③ 具体针对博物馆展览内容设计人员,齐玫强调了内容设计与形式设计相结合的重要性,认为展览内容设计人员不仅需要有展览内容设计的能力,也需要了解和具备展览形式设计的理念和素养,④由此才能使展览内容的可行性和展示效果不断提升,并且也能够增强与展览形式设计人员的沟通效果,将设计内容充分落实。针对博物馆展览形式设计人员,周丽婷和贺丽莉认为,应当具备室内设计和平面设计相关的专业知识和技能,以及掌握有关人体工程学、多媒体设计、力学和照明等展览相关的专业知识,同时对社会心理学的理论与方法有所了解。⑤

(二)目前国内在职博物馆展览设计人员的访谈和调研

除了书面文件和研究成果之外,笔者也就博物馆展览设计人员职业资格的问题向目前国内的一些在职的博物馆展览设计人员进行了咨询,他们基于长期的博物馆实践工作经验,表达了自己的观点。具体阐述如下:

上海博物馆展览设计人员 1 认为:作为一名展览设计人员首先要热爱博物馆,其次要热爱中国传统文化。对传统文化有相应的了解以及对文物的理解决定了博物馆陈列设计的基础。

上海博物馆展览设计人员 2 认为:作为一名展览设计人员所应具备的

---

① 毕靖华:《对我国自然类博物馆陈列形式的回顾与展望》,《中国博物馆》2003 年第 3 期。
② 谢勇:《如何成为优秀的博物馆陈列策展人》,《学理论》2010 年第 16 期。
③ 张金凤:《进一步探讨陈列的内容设计与形式设计》,载中国博物馆协会陈列艺术委员会博物馆陈列艺术网,http://www.clys.net.cn/plus/view.php?aid=125。
④ 齐玫:《博物馆陈列展览内容策划与实施(修订版)》,文物出版社 2015 年版,第 168—170 页。
⑤ 周丽婷、贺丽莉:《论博物馆陈列设计人员应有的职业素养》,《现代装饰:理论》2012 年第 7 期。

基本素质包括责任心、执行力和沟通能力。专业素质包括研究能力、策划能力、进程控制能力。

上海博物馆展览设计人员3认为：作为在博物馆工作的人员首先要拥有一颗热爱文物、热爱博物馆和文化遗产事业的心；作为一名与博物馆特别展览事务相关的工作人员而言，更是要抱有一种将全国以及世界各地的优秀文化遗产介绍普及给大众的信念，而且在具体的工作过程中，应该考虑到普通观众的观展需求，让大家在舒适优雅的环境中观赏展览。另外，英语也是一项重要的技能，有助于我们同世界各地的同行进行交流和沟通；平时我们也应该与时俱进，不断地学习和了解世界艺术，不断扩充自己的知识，开阔自己的眼界，这样才能有助于我们将更好的展览带给大众。

苏州戏曲博物馆展览设计人员1提道：在博物馆中，展览设计是一项既对内又对外的工作；既要储备扎实的文物与历史知识，又要了解掌握最新颖最恰当的展陈方式。一场成功的展览不可闭门造车，也不可言之无物。个人认为作为博物馆展览设计人员，应当具备以下素质：（1）内容设计是展览的灵魂所在，从选题到撰写展陈大纲再到挑选文物这一系列过程，要求展陈人员对整个展览的主题内涵，对馆内甚至整个领域的文物有一定的了解，这是一个日积月累，厚积薄发的过程；（2）在形式设计的过程中，专业性和艺术性需要并行，要用观众的思维去解读，再以高度审美的眼光去实现，这需要不断学习拓宽视野，并学会将不同领域的艺术手段为展览所用，融会贯通；（3）展览的呈现也需要一定的宣传、社教活动以及衍生产品开发，这些周边产物是与展览相辅相成的，实施过程中需要博物馆人员与外界保持良好的联系，并将展览精神合理渗透。

（三）我国博物馆展览设计人员相关招聘信息汇总与分析

笔者对2012—2016年各个文博相关机构发布的招聘启事进行了信息汇总。在这些机构的近千份招聘启事中，有40个关于博物馆展览设计人员的招聘信息。但这些招聘信息中没有对展览内容设计人员和展览形式设计人员的岗位进行细分，仅仅从招聘信息中也很难将这两者进行甄别，因此在下文的数据分析中，会针对博物馆展览设计人员的整体进行，不再细分展览形式设计人员和展览内容设计人员。对于这些信息进行一定的统计处理之后，可以在一定程度上反映出目前我国博物馆展览设计人员的职业资格要求。

（1）从学历水平要求上来看，有97%的岗位都有最低学历水平的要求。其中，有2%的岗位要求有博士学位，25%的岗位要求有硕士及以上学位，60%的岗位要求有学士及以上学位，10%的岗位要求有大专及以上学历。（见图6-6）由此可见，有六成的岗位要求本科及以上学历，这反映出了大部分展览设计岗位对最低学历的要求。

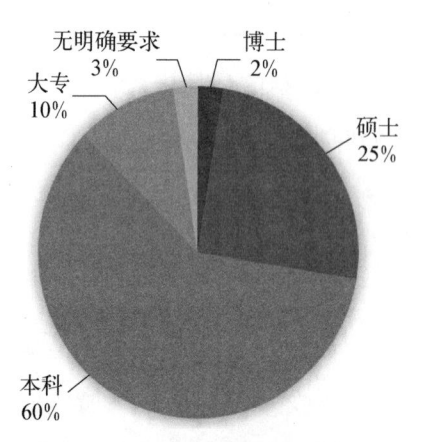

图6-6 展览设计人员最低学历要求比重图

（2）从专业背景要求上来看，超过九成的岗位都明确指出了专业背景要求。其中，有超过60%的岗位要求有艺术设计与美学相关的专业背景，超过20%的岗位要求有博物馆学专业背景或与展示对象相关的专业背景。此外，所要求的专业中还包括陈列展示设计、考古学、建筑设计、传播学、计算机与数字媒体等。（见图6-7）由此可见，绝大多数的岗位都对展览设计人员的专业背景提出了具体要求，一般而言，同一岗位会列有若干专业供选择。艺术设计与美学、博物馆学、与展示对象相关的各个专业是最为普遍的专业要求。

（3）从素养和能力要求上来看，岗位要求中提到较多的是陈列展览相关的知识和能力、计算机技术（包括相关软件的运用）等。此外，还包括独立工作能力、团队协作能力、细节注意力、沟通能力和文字处理能力等。（见图6-8）

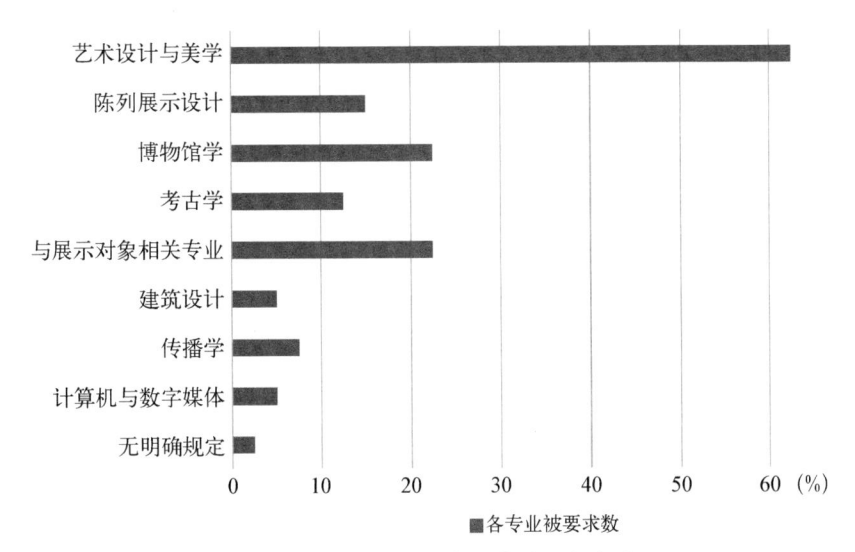

图 6-7　展览设计人员专业背景要求比重图

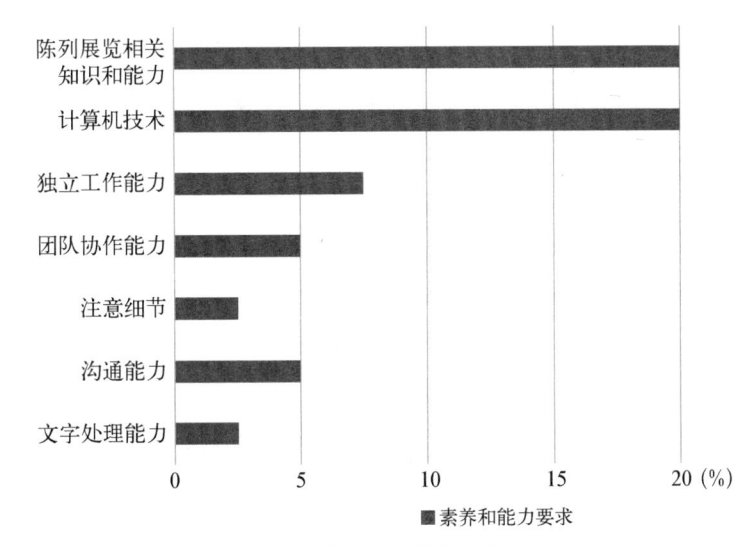

图 6-8　展览设计人员素养和能力要求比重图

（4）从工作经历要求上来看，有35%的岗位提出了展览设计人员的工作经历要求，其中，15%的岗位要求有一定的工作经历，但未明确指出工作经历年限，有2%的岗位要求有1年以上的工作经历，10%的岗位要求有2年以上的工作经历，3%的岗位要求有3年以上的工作经历，5%的岗位要求有 5 年以上的工作经历。(见图 6-9)可见,工作经历方面,国内的大多数展览设计岗位并没有硬性要求,但是拥有一定的陈列展示相关工作的经历能够在应聘时被优先考虑。

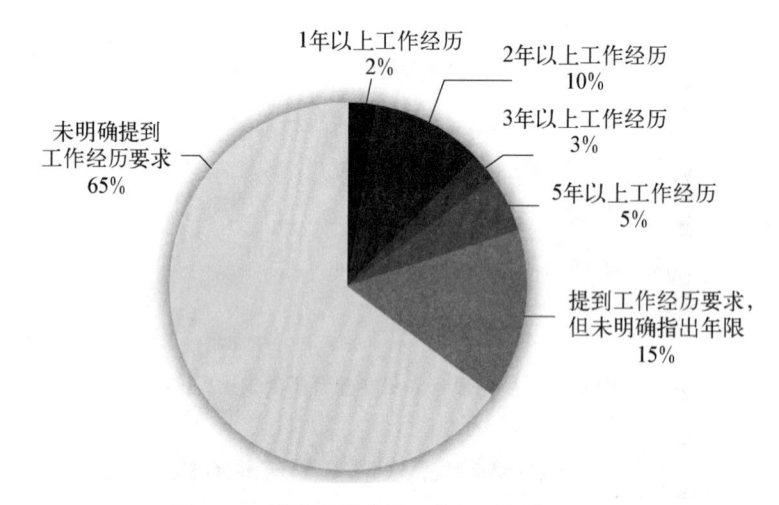

图 6-9 展览设计人员工作经历要求比重图

此外,进一步将信息发布的单位进行级别的划分,可以了解不同级别的单位对于展览设计人员职业资格要求的不同,从而在建立文物保护与修复人员职业资格标准时能满足各级单位的要求。具体分析如下:

(1)学历水平方面,在上文所述的基础上,进一步分析可发现:在省级以下级别的单位中有 65.22% 的岗位要求至少有学士学位,而在省级及以上级别的单位中也有 52.94% 的岗位要求至少有学士学位,反映出了大部分岗位的要求。但是在省级及以上级别的单位中,剩下的岗位都要求有研究生学历,包括硕士研究生 41.18% 和博士研究生 5.88%;而省级以下级别的单位中,有 13.04% 的岗位要求有硕士学位,但也有 17.39% 的岗位要求大专及以上学历,以及有 4.35% 的岗位没有明确的学历要求。总体而言,省级及以上级别的单位对博物馆展览设计人员的学历要求更高,但是各级单位的大多数岗位都是要求博物馆展览设计人员至少有本科学历。(见图 6-10)

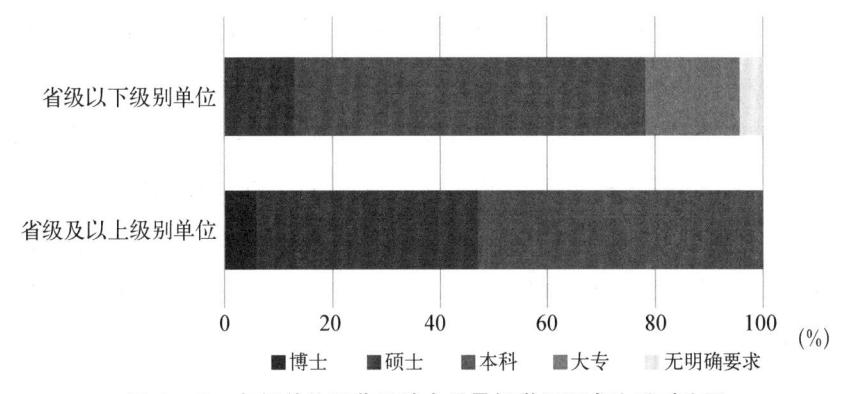

图 6-10　各级单位展览设计人员最低学历要求比重对比图

（2）专业背景方面，各级单位的岗位要求中都以艺术设计与美学相关专业占主要比重，其次为博物馆学、考古学、与展示对象相关的各个专业，以及陈列展示设计等专业要求也较为常见。（见图 6-11）在省级以下级别的单位中，有近 20% 的岗位没有明确的专业背景要求，可见相较之下，省级及以上级别的单位对于专业背景的要求更为明确。

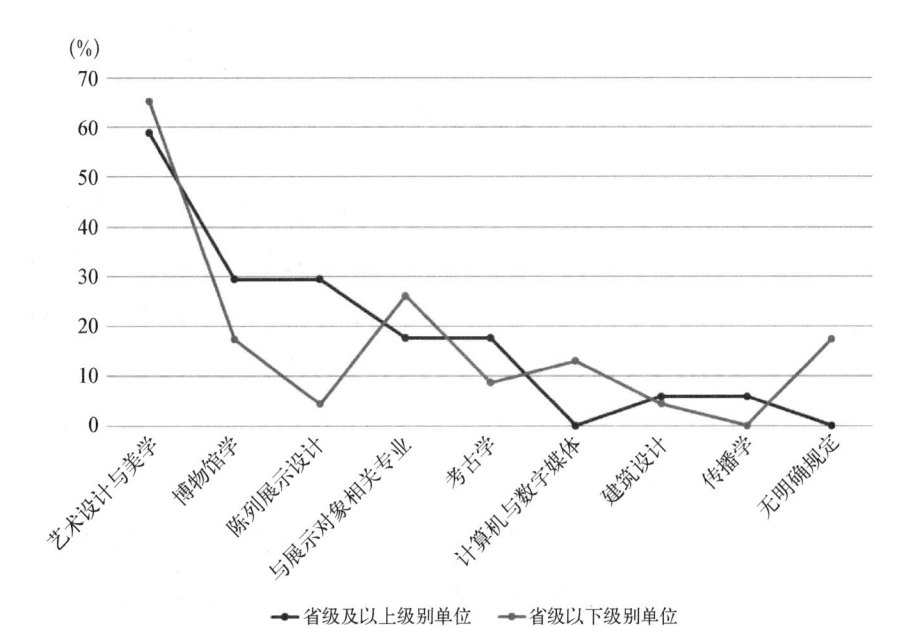

图 6-11　各级单位展览设计人员专业背景要求对比图

（3）工作经历方面,省级以下级别单位有三成左右的岗位要求有相关工作经历,省级及以上级别单位有近四成的岗位要求有相关工作经历,后者的比重稍高。其中有具体年数规定的单位,省级及以上的占二成左右,省级以下的也有近二成左右,两者差距不大。在具体年数的规定中,省级及以上级别的单位有要求2年、3年或5年的,省级以下级别的单位有要求1年、2年或5年的,两者要求的高低差异并不明显,省级及以上级别单位的要求略高。(见图6-12)

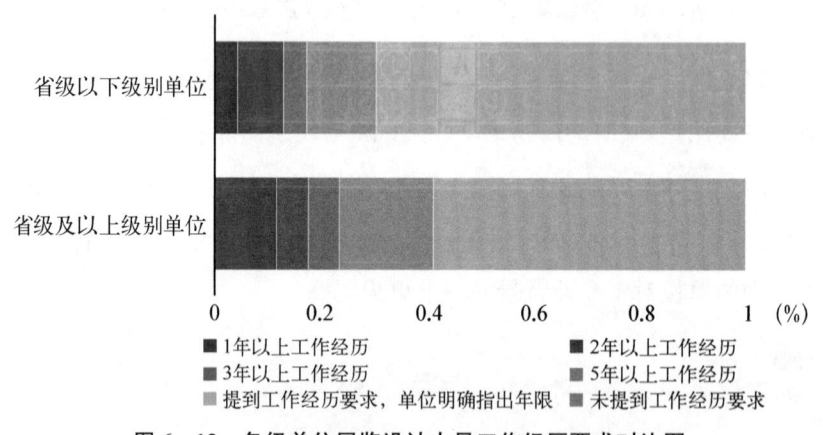

图6-12 各级单位展览设计人员工作经历要求对比图

总之,就博物馆展览设计人员职业资格的最低要求而言,省级及以上级别的单位较省级以下级别的单位要求稍高,包括在最低学历要求和工作经历要求等方面,但是差异并不显著。在制定博物馆展览设计人员职业资格标准时,基本可进行统一考量。

综上,根据国内情况的探讨与分析,可归纳出博物馆展览设计人员的职业资格中最重要的要求包括以下几点:

（1）具备良好的职业道德和强烈的责任心,对文化遗产事业充满热情。

（2）掌握与博物馆展览设计和博物馆展览内容相关的专业知识。

（3）具有广博的视野和出色的展览意识。

（4）良好的空间感觉。

（5）掌握一定的计算机技术，熟练运用展览设计相关软件。

（6）出色的口头和笔头沟通能力。

（7）团队工作能力和独立工作能力。

（8）项目进程管理能力和组织协调能力。

（9）创新能力。

（10）研究能力。

（11）自我学习能力。

（12）细节注意力。

就博物馆展览设计人员的学历背景和工作经历的要求而言，具体包括：

（1）学历水平：一般要求本科学历，也有不少单位要求研究生及以上学历，尤其是省级及以上级别单位。

（2）专业背景：主要包括博物馆学、历史学、考古学、建筑学、传播学，以及同博物馆藏品性质相关的各个专业。

（3）工作经历：有一定的博物馆展览设计相关工作经历。

三、我国博物馆展览设计人员职业资格分析

从上文所作的相关分析来看，相较于国内的情况而言，国外展览设计人员的专业背景要求更多样化，并且对于工作经历的要求更高，但是国内和国外有关博物馆展览设计人员的职业要求有较大的相似性，因此可以将两者做一定的结合，提出适用于我国博物馆未来发展的展览设计人员的职业资格分析。根据上文所述的展览内容设计人员和展览形式设计人员的职责范围的分析，以及展览设计人员整体的职业资格探讨，下文将分别对我国展览内容设计人员和展览形式设计人员的职业资格进行论述：

(一)展览内容设计人员职业资格分析

1. 个人素养和才能

就个人素养和才能而言,展览内容设计人员首先应具备良好的职业道德,在此基础上需要同时具备出色的专业知识和技能、团队协作和独立工作能力、良好的沟通能力、创新思想,以及研究能力等,具体阐述如下:

(1)良好的职业道德。展览内容设计人员承担着研究、组织和阐释展览内容的主要职责,因此他们必须具备对文化遗产事业的巨大热情,并且遵守《中国文物、博物馆工作人员职业道德准则》,以严谨且具创造性的态度对待展览内容设计工作,富有责任心。

(2)丰富而扎实的专业知识。展览内容的策划是一项极具挑战性和创造性的工作,同时又需要科学严谨的学术资料作为支撑,展览内容设计人员不仅需要对展览内容相关知识有充分的把握,同时也需要熟知展览设计的相关知识,使得所撰写的文本能够运用于博物馆展览,并且符合观众的实际需求。所涉及的专业知识可包括:

① 国内外博物馆展览策划的相关政策、法规和标准。

② 充分掌握本馆藏品及其背后的历史、文化和科学信息,并对其他博物馆和相关机构的藏品有一定的了解。

③ 掌握国内外博物馆展览内容策划的理念和方法。

④ 对博物馆观众有一定的研究。

⑤ 了解展览形式设计的相关知识。

(3)口头和笔头沟通能力。口头沟通方面,博物馆展览内容设计人员一方面需要与专家学者、事件亲历者,以及其他博物馆展览内容相关人员进行不断的沟通,完善展览内容设计方案,另一方面也需要与展览形式设计人员进行沟通,将内容文本所欲传达的理念和信息做进一步的解释。文字撰写方面,展览内容设计人员必须具有出色的文字撰写和处理能力,才能使得展览文本足以达到逻辑清晰、层次分明、阐述到位、语言优美等要求。具体包括:

① 良好的文字表达能力。

② 良好的语言表达能力等。

(4) 研究能力和自我学习能力。博物馆展览内容策划要求设计人员对展览所涉及的内容进行充分的研究,包括阅读大量的材料和实地考察取材,并且对这些材料进行详细的分析和准确的取舍,提炼其中的逻辑关系和亮点,最终思考展览所应呈现的层级结构,以及每一部分内容中所应突出的重点。而这些工作都要求展览内容设计人员有较强的研究能力,并且在工作中不断进行自我学习,提高综合能力。

(5) 团队协作能力和独立工作能力。博物馆展览策划一定是依靠团队执行的,而展览内容设计人员是团队中的一员。因此,在进行展览内容策划时,既需要依靠团队的合作,也需要内容设计人员能够独立完成自己被分配到的任务。具体可包括:

① 团队合作能力。

② 独立工作能力。

(6) 细节注意力。展览的内容设计会直接反映在展览形式设计和最终面向观众的展览之中,而展览又是观众了解博物馆和获取博物馆资源知识的最普遍和最直接的途径,因此,展览内容文本中的每一个细节都必须经过反复斟酌,做到精益求精,这便要求展览内容设计人员能够秉持严谨的态度,留意每一个细节。

(7) 创新能力。如今,博物馆展览的内容形式正朝着越来越多样化的形态发展,公众对博物馆展览的要求也在日益提高。展览内容的主题选择、逻辑架构、组织形式、阐释方法,以及展览和辅助展品的选择方法也在不断发展。因此,展览内容设计人员需要具备创新能力,以独到的视角进行展览内容的设计。

2. 学历水平和专业背景

就学历水平而言,不同博物馆的要求虽然有所差别,但一般情况下基本要求博物馆展览内容设计人员具备本科及以上学历。

就专业背景而言,博物馆展览内容设计人员需要有历史学、博物馆学、艺术史、展览设计、传播学等专业背景,以及与展示对象相关的其他专业背景。

3. 工作经历

博物馆展览内容设计工作是博物馆执行展览项目的重要基础,展览内容决定了最终展览的呈现形态和知识信息含量,因此展览内容设计人员应当具备展览策划、文本撰写、藏品保管,或博物馆其他岗位的工作经历。一般而言,实践年数在2年左右。

(二)展览形式设计人员职业资格分析

1. 个人素养和才能

就个人素养和才能而言,展览形式设计人员如同其他文博行业的从业人员一样,首先应具备良好的职业道德,在此基础上需要同时具备出色的专业知识和技能、团队协作和独立工作能力、计算机技术、良好的沟通能力,以及创新思想等,具体阐述如下:

(1)良好的职业道德。展览形式设计人员也需要有良好的职业道德,遵守《中国文物、博物馆工作人员职业道德准则》,严谨负责地进行展览形式设计工作,尊重展览内容事实和展品,尽心而到位地将展览内容予以呈现。

(2)专业知识和技能。博物馆展览形式设计是一项综合性非常强的工作,涉及大量不同方面的专业知识和技能,从这一点考虑,对展览形式设计人员的要求包括:

① 充分了解国内外博物馆展览策划的相关政策、法规和标准。

② 充分了解国内外博物馆展览设计趋势和最新理念。

③ 充分掌握平面设计、室内设计和美术等相关知识,以及具备良好的绘画技能和模型制作能力。

④ 熟悉展览所需的各类材料及其优劣之处。

⑤ 对人体工程学、力学、照明等领域知识有一定的了解。

⑥ 对博物馆观众有一定的研究。

（3）计算机技能。在展览形式设计的过程中，会涉及大量的计算机制图和建模的工作，因此，展览形式设计人员需要能够熟练运用平面设计、多媒体设计、三维设计等各种与博物馆展览形式设计相关的软件。

（4）良好的空间感觉。能够针对不同的展厅环境进行相应的内容安排，既能形成适合于参观的展览动线，也能够突出每一部分展览内容的重点和亮点。

（5）创新能力。创新能力对于展览形式设计人员而言尤为重要，他们需要通过抽象的思考和实际的设计，运用多样化的方式就不同的展览内容进行展示。展示方式是无穷的，如何在其中择取最佳的展示手段，就需要依靠展览形式设计人员的创新能力。

（6）团队合作能力和独立工作能力。展览形式设计人员十分依赖于团队合作，并且应当将团队作为提升他们专业知识的一种重要资源。展览团队中不同知识背景的成员能够为展览形式设计人员提供更开阔的展览思路，以专业建议帮助展览形式设计人员解决工作中的难题。

（7）口头和笔头沟通能力。展览形式设计人员需要同各方进行不断的沟通，一方面是与展览内容策划相关的人员和专家就文本内容进行沟通，充分了解文本所包含的知识信息；另一方面是与展览形式策划和施工团队的成员进行沟通，调整和完善展览所呈现的形式。此外，沟通的对象还包括文化衍生产品设计者、文物保护与修复人员、博物馆教育人员、辅助展品制作人员等，讨论项目中与他们相关部分的议题。这方面能力具体包括：

① 良好的语言表达能力。

② 良好的文字表达能力。

（8）组织管理能力。展览形式设计人员除了专注于展览形式策划工作之外，往往还需要控制展览项目的进程，以及协调展览设计团队中成员工作的安排，并且解决在展览策划过程中所遇到的各种问题。具体包括以下能力：

① 组织能力。

② 监督能力。

③ 协调能力。

④ 抗压能力。

⑤ 问题解决能力等。

（9）细节注意力。如同展览内容设计一样，展览形式设计工作也要求严谨的工作态度，展览形式设计人员需要细心地工作，关注展览最终呈现出的每一个细节，包括照明、色彩、空间安排、字体、物件位置等，这些都与展览的展示效果和观众的参观体验直接相关，因此，展览形式设计人员也需要有较强的细节注意力。

（10）自我学习能力。展览形式设计是一个发展迅速和持续变化的领域，新的理念和方法层出不穷，而如今展览类型和展示对象都越来越丰富，观众的要求也越来越高，在这种情况下，展览形式设计人员需要有较强的自我学习能力，强化自身的知识储备。

2. 学历水平和专业背景

就学历水平而言，博物馆展览形式设计人员与展览内容设计人员要求相近，一般情况下基本要求博物馆展览形式设计人员具备本科及以上学历。

就专业背景而言，博物馆展览形式设计人员需要有展览设计、艺术设计、室内设计、美术、工业设计、建筑学、博物馆学等专业背景，以及与展示对象相关的其他专业背景。

3. 工作经历

博物馆展览形式设计是一项十分强调专业性和创新性的工作，工作经验的积累能够帮助展览形式设计人员更好地掌握博物馆的展陈方式和对应的公众接受程度。因此，展览形式设计人员应当具备一定的展览策划、设计规划、藏品保管、项目管理和公共关系等领域的工作经历。一般而言，实践年数在2年左右。

第七章
博物馆教育人员职业资格分析

多年以来,各类型的博物馆都经历了意识形态的转变,将观众的思想、需求和体验纳为他们在综合性规划时的重要考量。博物馆的对外服务模式已经慢慢从向被动型观众传授知识转变为向社区成员主动进行交流和互动,更大程度地发挥了博物馆对艺术、历史、文化、科学和思想的教育职能。而教育职能如今也被博物馆置于更重要,甚至是首要的位置,以促进观众动态的对话型体验,激发观众的想象力、思想和情感,并且鼓励他们进行更多的自省和社会参与。因此,博物馆中教育部门的职责已然发生了深刻的变化,同时,就更前沿的专业知识、组织结构和角色作用而言,对教育人员提出了更高的要求,鼓励博物馆教育人员发挥更重要的角色作用。

需指出的是,为了适应博物馆教育职能的扩充和博物馆教育部门职责的丰实,现代博物馆的教育人员构成越来越趋于多样化。目前,博物馆专职的教育工作者包括教育活动的策划者、导览员/讲解员及博物馆教师等[①]。而本章所提的博物馆教育人员主要针对的是博物馆教育活动的策划者,他们是博物馆教育项目规划、设计和实施的主力军,也是博物馆发挥教育职能的核心力量。

---

① 郑奕:《博物馆教育活动研究》,复旦大学出版社2015年版,第89页。

第一节 社会环境变革引发博物馆教育理念的转变

一、社会环境的变革

进入21世纪之后,社会的高速发展对博物馆产生了巨大影响,社会环境的变革也是博物馆社会职能转变以及教育理念转变的最主要诱因。在过去的几十年间,博物馆已经成为公共利用的文化和教育实体。同时,博物馆已经认识到教育和外延、技术和展示等的重要性。而触发我国博物馆转变的社会变革可归纳如下:

(一)博物馆的社会职能不断经历转变和扩充

博物馆作为一个教育机构的社会角色已在国际上被广为认可,在我国博物馆界亦是如此。更多的博物馆不再仅仅关注自身藏品的征集、保存和利用,而是愈发关注所服务的观众群体,以及外延市场的实际需求,形成"展""教"并重,甚至"教"重于"展"的态势。这一转变其实早已发生于国外的各个博物馆中,按照美国博物馆学家Stephen Weil的说法,即博物馆是从"关于某些物变成了关于某些人"。教育角色的凸显使得现代博物馆形成了"以人为本"的核心理念,也促使博物馆成为最广泛的公众进行终身学习的阵地和接受素质教育的"第二课堂",积极参与和服务于公众的期望。如今,博物馆的社会职能仍在不断丰富,新增了"communication"(传播)和"entertainment"(娱乐)等内涵,其实质上是教育职能的进一步细化和扩充。这也就意味着博物馆的社会职能中以教化公众为本质的职能占比越来越大,博物馆所承担的教育使命也越来越重。

(二)博物馆正朝着基于社区的全球化迈进

社区既具虚拟性,又具实体性,作为置身于社区之中的现代博物馆,无法忽视利用技术以缩短博物馆之间,以及博物馆和使用者之间的距离。利用虚拟空间构建起的社区能够极大提升博物馆的公民参与度,而公民的实体参与则主要依赖于博物馆所提供的项目内容和合作机遇。博物馆若既能有效服务于其自身所处的社区,又能传播至世界其他地区的社区,这便是全球化的博物馆。在全球化的进程中,博物馆应当意识到让经济强国主导对话的危险。进一步而言,博物馆应当具备这样的意识,即他们的宗旨、服务和角色应当能够让远不可及的社区受众所了解。巡展、多语言展览、邀请国际专家、国际化的项目和活动都是为全球观众服务的手段。为了平衡在全球化环境中博物馆被提出的各种要求,他们应当考虑到在网络主宰的时代中,各地区政治、文化和发展程度的差异,始终保持恰当的价值观,并承担更多的职责来处理与全球化相关的事宜。

(三)观众群体作为博物馆社会服务核心构成而出现的变化

现代博物馆理念中,博物馆与观众的关系是平等互动的,博物馆不再仅仅是知识的给予者,观众也不再仅仅是知识的接受者,博物馆服务观众的方式应当相应地产生一定的变化。此外,自从2008年我国博物馆免费开放政策实施以来,博物馆的观众构成和数量产生了显著变化——不仅参观人次呈现显著递增,同时观众群体的构成成分也较过去有明显差异。从参观形式上看,观众群体的成分中团队比重降低,散客比重增加。从类型上看,博物馆观众群体的类型也愈发趋于多元化,包括年龄段的丰富、弱势群体的增加、知识素养水平的提升等。为了满足不同观众的需求,教育活动能够起到积极作用,教育活动是信息的补充衍生和再阐释,通过互动沟通和参与式体验,帮助观众获得更有效和优质的博物馆体验。

(四)博物馆教育成为特定职业和院校专业

一方面,随着博物馆的社会教育职能受到越来越广泛的关注,博物馆教育工作也在发展的过程中逐渐成为一个特定的职业,在多国的国家职业分类标准和有关博物馆从业人员职业资格的探讨中,都将博物馆教育人员列入其中。另一方面,20世纪后期开始的新博物馆学(New museology)研究提出了"Free-choice learning"(自由选择学习)等理论[1],即要求博物馆教育人员在制定教育活动时能够考虑观众获得知识的新理念与新方式,并重新思考博物馆教育人员的职业角色。由此,针对博物馆教育的专门性研究逐渐展开,在理论与实践双向发展的情况下,"博物馆教育"专业也最终成形。目前,国际上的许多院校都开设有"Museum education""Art gallery education"等专业,例如,美国乔治·华盛顿大学在开设有"Museum studies program"(博物馆学专业)之外,还单独开设了"Museum education program"(博物馆教育专业)。但是我国高校中的博物馆学专业尚未达到如此细分的程度,自然也未形成博物馆教育人员的专门培养模式,不过几年来在国家和地方层面的博物馆培训计划中,针对博物馆教育人员的项目在逐年增加。

(五)信息技术使得博物馆的边界越来越模糊化,并持续向外拓展

信息技术已经成为交互式教育的重要工具,可以超越博物馆空间的限制。近几年,国际博物馆界探讨较多的议题之一是有关博物馆的"可及性"(Accessibility),其不仅针对的是博物馆实体资源的可及性,包括藏品、场地等,也包括虚拟空间的信息传播。而信息技术便可以将"可及性"无限扩展,惠及最广泛的博物馆受众。基于这样的积极作用,信息技术在博物馆教育工作中成了不可取代的工具。越来越多的博物馆利用信息技术和新媒体平台,推广博物馆信息、传播博物馆教育资源,并在内容和形式上不断更新,便于受众对资源的获取和多次利用,以及形成知识的延伸和自建。

二、博物馆教育理念的转变

上述社会环境的变革是博物馆教育理念转变的重要触发点,促使教育从博物馆的辅助性社会职能向博物馆的核心社会职能演化。这一演化过程

---

[1] David Ebitz, *Qualifications and the Professional Preparation and Development of Art Museum Educators*, Studies in Art Education, No.2, 2005.

可简述如下：

在博物馆发展初期，教育并没有被公认为是博物馆的主要社会职能。例如，美国博物馆协会在 1906 年成立之时，将博物馆定义为"组织性和永久性的非营利机构，尤以教育或审美为目的，具备专业人员，拥有和利用有形文化遗产，保管它们，并且将其向公众予以展示"[1]。在这一定义中，美国博物馆协会为博物馆管理制定了大方向，即当时他们仍然认为博物馆的主要职能应该是收藏（"拥有和利用有形文化遗产"）、保护（保管它们），以及展示（将其向公众予以展示）。尽管美国博物馆协会的陈述中指出博物馆的终极目标应该是教育，但是其并没有将教育设立为博物馆的一个特定职能，也未将博物馆教育作为一门应用性学科。取而代之的是，教育融于收藏、保护和展示的职能之中，倘若博物馆成功实现这三项职能，那么其教育目的便也随之实现。

1916 年，纽瓦克博物馆协会主席 John Cotton Dana 指出，"博物馆获得藏品容易，获得'大脑'难"。[2] 这里所谓的"大脑"应是指博物馆的实用性，尤其是指博物馆与其社区的关系。这一阶段中，各地的博物馆纷纷开始意识到博物馆教育成分的价值。早期的博物馆教育活动主要是为观众提供在博物馆环境中非学术性的、为普通观众所接受的学习机会。可见，20 世纪初期，博物馆教育只是在藏品和观众之间建立联系的一种沟通方式。并且在此后的很长一段历史时期内，教育始终只是作为博物馆实现其他职能的基础，尽管博物馆努力尝试去教化、教育和提升大众，但尚未能够跨出他们的机构边界，与社会中的其他机构合作。

20 世纪晚期，专家学者开始思考新世纪的博物馆发展方向，美国博物

---

[1] Yi-Chien Chen, *Educating Art Museum Professionals: The Current State of Museum Studies Programs in The United States*, The Florida State University School of Visual Arts and Dance, 2004, p.15.

[2] Dana J.C., *The New Museum: Selected Writings by John Cotton Dana*, W.A. Peniston, 1999, p.99.

馆协会的一项报告中提到了博物馆教育角色的重要性："如果藏品是博物馆的心脏，那么我们称之为教育的便是以非正规和自然而然的方式展示物件和思想的义务，这是一种精神。"[1]在发展博物馆教育的过程中，首先被证明有益和有效的是博物馆在艺术教育领域所能起到的重要作用。艺术教育的目的在于发展大众的视觉欣赏力和美学敏感度，使他们了解艺术遗产，并做出一定的美学评判，表达个人的鉴赏感受。而艺术课应该能够教授事实、概念、技能和态度。博物馆就这一层面能够有助于此目标的实现，因此应该成为艺术项目的核心。良好的战略设计能够帮助观众理解艺术作品，并且从中获得知识。

随着践行的深入，教育成为博物馆公众服务的核心成分，这是各国博物馆的发展趋势和普遍做法。为了使教育项目能够更清晰地传达博物馆的宗旨、更具包容性、更真实地反映社会的多元主义、更明确地实现博物馆对公众服务所具有的动态性和有力性的领导能力，博物馆运用了不同的方式不断改善他们的教育项目设计。一是开发针对孩子、家庭和成人等不同学习风格的非学校教育体验；二是引导博物馆开始与学院、大学和其他博物馆进行合作，共同进行学术研究；三是促成了针对教师的课程设计，以帮助学生利用博物馆中的物件来理解和欣赏艺术的价值。这些方式一方面提升了博物馆的教育活动；另一方面也提升了博物馆职员对文化多样性价值的意识。

传统的博物馆教育着重于图像研究和学校巡展，这一理念已不再适合现代社会。进入21世纪之后，教育作为博物馆重要职能的这一理念已被广为接受，博物馆教育工作的范围已经拓展为针对博物馆观众和社区的更广泛的教育项目，并且仍在持续扩大。简言之，教育已经成为21世纪博物馆的核心职能。而现代博物馆对教育职能的认知囊括了在博物馆与观众之间进行知识互递的所有行为，包括非正规学习和娱乐休闲等，只是教育的目的

---

[1] Ellen Cochran Hirzy, *Excellence and equity: Education and the Public Dimension of Museums*, Washington D.C.: American Alliance of Museums Press, 1992, p.10.

不再是单纯的信息传播,更重要的是价值观和思想情感的构建,因此,博物馆教育越来越挣脱于传统的固有形式,形式越来越趋于多样。美国博物馆协会下属的教育专业委员会总结了现代博物馆教育的三大原则:可及性(Accessibility)、责任感(Accountability)和支持性(Advocacy)[1]。"可及性"的内涵包括鼓励社区参与,并服务博物馆受众;表达和利用不同观点。具体涉及发展和维系与不同机构和组织的关系,提升公众参与的范围;折射出社会环境的复杂性和不断变化的需求;形成对更广博议题的理解与阐释;形成对不同观点更深入的理解;提供对不同内容的多层次与多角度理解途径;鼓励社区成员为博物馆的藏品阐释提出建议;消除博物馆在实体展示、贡献于社会经济和文化传播等方面的阻碍。"责任感"的内涵包括展现在内容知识方面的卓越性;将学习理论和教育研究成果融于实践;利用多重恰当的教育工具来提升学习效果。具体涉及掌握与博物馆藏品、展览和宗旨相关的内容;同专家协作;实施相关研究以加强机构的专业化水平;为新进和资深职员提供职业发展和培训机会,来分享当前的教育方法、新媒体技术和学术发展情况;掌握博物馆阐释的基本方法;能够在博物馆内发生的学习行为中融合博物馆教育相关的理论知识与实践经验;展现对传播策略和媒介的广泛理解;利用一定的技术实现教育目标、阐释内容与理念,并服务于受众;评估机构所用的教育工具。"支持性"的内涵包括将教育职能置于博物馆宗旨的核心地位;制定目标,并运用相应的策略以实现和记录这些目标;促进博物馆专业人员的职业发展;强化广纳建议的精神;影响公众政策以支持博物馆学习。

而就博物馆教育的发展趋势来看,未来一段时期内博物馆对教育工作的支持和投入力度将会越来越大。以美国博物馆数据为例,每年在教育工作中的经费投入总额超过 20 亿美元,其中约有 3/4 的经费被用于针对

---

[1] Committee on Education, *Museum Education Principles and Standards*,载美国博物馆联盟网, http://www.aam-us.org/docs/default-source/accreditation/committee-on-education.pdf?sfvrsn=0, 2005.

K-12年龄段学生的教育,而全美博物馆每年学生的参观人次超过5 500万人次①。事实上,在我国博物馆教育活动的受众人群中,青少年学生是较大的群体。针对这样的服务对象,以他们的认知能力和学习特点为参照,未来的博物馆教育方向应当是以自我主导型、经验型、社会性和零散型学习为特点,建立博物馆教育的生态系统。

第二节 博物馆教育人员的重要性及其职责范围

一、博物馆教育人员的角色演变

在探讨博物馆教育人员的重要性及其职责范围之前,认识教育人员在博物馆中的传统地位十分重要,并且需要厘清他们为何在应对观众与博物馆建立联系的方式变化中扮演着越来越重要的角色。

传统意义上,教育人员在博物馆的战略规划和展览策划中仅仅扮演了一个支持性的角色。英国博物馆教育专家 Graeme Talboys 曾经就此解释到,教育一度"被其他博物馆职员或社区成员视为并非是一项真正意义上的博物馆工作"②。尽管博物馆教育人员将他们的大部分时间用于思考如何更好地服务公众,但他们的工作常常远离了许多博物馆所关注的重心,即博物馆的藏品。这便导致了一个尴尬的境地——许多教育人员从本质上和心理上偏离了博物馆工作的主线,同时他们的工作常常需要取决于他人的决定。

---

① Elizabeth Merritt, *Setting the Stage*, *Center for the Future of Museums. Building the Future of Education-Museums and the Learning Ecosystem*,载美国博物馆联盟网,http://www.aam-us.org/docs/default-source/center-for-the-future-of-museums/building-the-future-of-education-museums-and-the-learning-ecosystem.pdf?sfvrsn=2, 2014.
② Graeme Talboys, *The Museum Educator's Handbook*, Aldershot: Ashgate Publishing Co., 2005, p.19.

教育人员需要将由研究员提供的内容翻译成能为公众导览和学校教师学习所用的内容,并且创造观众参与型项目。尽管这是非常重要的工作,需要有较高的技能和经验,但对博物馆传统展览项目和财务管理理念及具体实施并无直接影响。

随着文化遗产事业的发展,在对博物馆的社会职能不断进行反思的过程中,结合博物馆的工作实际,许多博物馆开始改变教育人员在博物馆工作中的地位,将他们从博物馆运作的等级模式中的边缘地位转向核心地位。但在为博物馆教育人员开创一个新局面的同时,博物馆可能也在冒着忽视边缘效益的风险。边缘往往能够挑战高阶统治和重塑等级制度。而在博物馆背景中,教育人员被期望能够成为让博物馆由学术权威转向社会服务者的重要推动力,这便凸显了教育人员边缘地位的优势。边缘置于主体外部,更具开放性、创造性和转变性,可以发展出更独特的角度来审视现实情况,也就是说,能够从边缘和中心同时理解运作,而非仅仅是中心。这一比喻完全适用于博物馆教育人员,他们应该不仅仅是教育专家,也需要有博物馆学、传播学和藏品相关的知识。因此,若将教育人员简单视为现代博物馆职员等级中的核心显然存在着一定的问题。首先,在许多情况下这与现实情况相悖。许多博物馆仍然在观众的个性化体验、博物馆阐释规划、展览的解读性等方面并没有实质性的提升,不少博物馆仍然没有将阐释性装置作为空间布局中的首要选择。其次,正如上文所提及的边缘亦有益处。教育人员从边缘和中心两个方向来审视问题,能够激发更具动态性、包容性和相关性的观众体验。

简言之,教育人员在传统博物馆的运作模式中扮演着辅助性和支持性的角色,帮助博物馆更好地进行收藏、保护、展示和研究。这一时期内,许多博物馆教育人员认为博物馆教育并不是一份正式的职业,而仅仅是一种身份,他们在更多的情况下被认为是教育者或教师。从20世纪晚期开始,教育人员慢慢向博物馆人员构成中的核心地位发展,并形成了博物馆教育这一特定的职业类别,他们在博物馆的对外服务和教育活动中扮演主导性的角色。但准确地说,在现代博物馆中,教育人员仍然处于边缘和核心之间的地位,这是由博物馆教育工作的性质所决定的,这样的角色定位恰恰能够满足博物馆教育实际工作的需求,既能站在博物馆的核心分析博物馆的宗旨和教育目标,又可以兼具外部视野了解不同受众的要求。而这样的地位也显示出对现代博物馆的教育人员的职责要求要远高于以往,他们既要承担博物馆对外服务相关的教育活动和互动体验等工作,又要参与博物馆的展览策划、文化产品开发、项目规划等工作。

二、现代博物馆教育人员的重要性

博物馆教育人员通过创造和评估非正规教育的机会来推进和扩大博物馆的教育宗旨。在博物馆教育职能和对外服务越来越被重视的大环境之下,教育人员对于博物馆的社会服务、公共关系、观众研究、教育项目规划与实施等方面工作的开展起到了日益重要的作用。具体阐述如下:

(一)教育人员是博物馆对外服务的排头兵

教育活动是博物馆对外服务的重要窗口之一,教育活动不受场地和时间的限制,既能服务于实体观众,也能服务于更广阔范围内的虚拟观众。在参与博物馆教育活动和获取博物馆教育资源的过程中,观众能够享受轻松和"寓教于乐"的非正规教育形式,了解博物馆的宗旨、展览信息和延伸性知识,并且根据自身的喜好和要求进行自主选择。而这些教育活动和教育资源的策划和设计主体便是博物馆教育人员,并且在许多教育活动的实施过程中,教育人员也会全程参与,这意味着教育人员能够在第一线接触和面对观众、社区、其他组织机构和社会媒体。因此,教育活动的实效性、接受度和实施效果,以及教育人员的素养能力直接代表了博物馆的对外服务水平。

(二)教育人员是博物馆建立对外关系的重要桥梁

一方面,教育人员在设计和实施教育活动之前,需要明确教育活动所服务的目标对象。为了进行广泛的对外宣传或更具针对性地吸引特定对象参与到教育活动中来,交流和联系是必不可少的工作,对象可能包括学校教师、家庭成员、社区组织和其他机构等,往来最终有助于建立长期有效的合作伙伴关系。另一方面,不少教育活动的成功开展需要借助其他组织机构的场地、人员、教育资料等资源,有时甚至需要博物馆之外的经费支持。因此,在落实项目的进程中,教育人员也需要不断地与其他组织机构或个人进行沟通,形成合作模式。可见,沟通和交流是博物馆教育人员日常工作的重要组成部分,也正是由于被这样的工作内容所决定,教育人员在极大程度上能够帮助博物馆扩大对外合作、优化公共关系和树立良好的公共形象。

(三)教育人员是博物馆洞悉时代需求的最敏锐群体

在信息时代和知识时代之中,社会对于知识信息的需求持续增加,接受教育和获取知识的方式也不断丰富和变化,尤其是信息技术和互联网平台的普及,为信息传播带来了翻天覆地的变化。教育活动不同于展览、藏品保管和文物保护等其他工作,具有应变性高、易于调整和适应性强等特点。教育人员在与博物馆的不同受众和组织机构进行接触的过程中,可以洞察到博物馆领域的最新发展动向,将新的理念与方法不断融入教育活动的策划之中,并且可以依据需求的变化而及时作出调整,有助于博物馆的对外服务工作始终保持生命力。因此,越来越多的教育人员在规划和实施现代博物馆的教育项目时,会将多媒体手段和信息技术纳入其中,并结合心理学、教育学和传播学等学科的最新研究成果,提升教育活动的社会影响力和传播效益。

(四)教育人员是博物馆了解受众需求的主要渠道

教育人员所承担的工作都与博物馆的受众紧密相关。相较于博物馆的其他工作人员,教育人员有更多的机会与观众接触和交流,了解他们对博物馆的期待、对博物馆各个项目和活动的评价,以及对博物馆对外服务的建议。在接收和整合这些信息之后,教育人员能够优先获知博物馆受众的需求,并完善和提升后续工作和活动。这也印证了如今博物馆的一个发展趋势,即越来越多的博物馆开始注重观众研究,包括他们的行为特征、参观喜好、知识水平等各个细节,以此推动博物馆进行更充分和更完善的社会服务。而在博物馆内部管理体系之中,观众研究的开展仍然主要依托于博物馆的教育人员,利用他们在采集相关信息和与相关人员交流等方面的优势,为研究提供有益资源。

(五) 教育人员是博物馆各项工作向观众需求导向转变的重要依托

在现代博物馆中,教育人员不仅仅限于教育活动相关的工作,同时也会参与到展览策划、文化产品开发、藏品管理等跨部门工作之中。邀请甚至要求教育人员参与的最主要目的在于帮助博物馆的其他项目和工作能够在观众的可接受度和可触及性等方面得到显著提升,而避免博物馆在运作中以传统的主观意愿为主导开展各项工作。现代博物馆的经营理念是将博物馆明确定义为一个教育机构,而并非仅仅是单纯的文化机构,因此与保存、保护、展览、研究和阐释藏品相关的一切工作都应以观众需求为出发点。而教育人员对博物馆的观众情况有最清晰的把握,他们与博物馆其他部门进行合作,尤其是针对博物馆与对外服务相关工作的开展,能够起到提高可行性、控制风险和预估效果等积极作用。

三、现代博物馆教育人员的职责范围

现代博物馆中的教育人员既要扮演教师的角色,也需要是博物馆学家、经理和行政人员,以及他们所属领域的专家,所要承担的职责越来越零散化和多样化,主要包括以下类型:

(一) 制定教育部门的战略规划

为博物馆教育部门的未来发展明确方向,并参与到博物馆整体的战略规划之中①,使博物馆的教育活动能够始终紧扣博物馆的宗旨和原则。

---

① 郑奕:《博物馆教育活动研究》,复旦大学出版社 2015 年版,第 84 页。

(二) 教育活动的策划和实施

博物馆教育工作大多以项目的形式开展。这些项目可以在博物馆的公共空间中进行,也可以在博物馆馆舍外进行,所针对的对象包括博物馆的普通观众或不同的特定群体。许多博物馆的教育人员都认为他们工作中的一大部分时间都是用来思考、设计、组织和监管项目的。[①] 可见,教育活动的策划和实施是博物馆教育人员最重要的职责,也是工作的重心。面对不同的服务对象、不同的教育目的和不同的项目背景,博物馆教育人员需要策划和实施不同类型的教育活动。具体而言:

(1) 学校教育活动和家庭亲子活动。主要以青少年学生和学龄前儿童为服务对象进行教育活动策划。学校教育活动一方面应当辅助学校教学大纲的教学内容;另一方面也应当作为学校教育内容的延伸和拓展。家庭亲子活动应当更注重对幼龄儿童学习特点和认知能力的研究,吸引家长共同配合参与。教育人员在这些活动中需要负责教育活动策划的制定、教育活动相关材料的制作与维护、教育活动的宣传与组织、教育活动的实施及协调,以及教育活动的评估与研究等。

(2) 特别活动。特别活动的服务对象类型更丰富、范围也更广泛。特别活动的主题与内容也没有特定的范围,一般会与临时展览相结合,或由教育人员制定特别主题。博物馆教育人员所应承担的职责与其在学校教育活动和家庭亲子活动中所应承担的职责基本相同。

(3) 在线活动。信息化技术在博物馆的各项工作中被越来越广泛地运用,博物馆教育工作亦是如此。首先,博物馆教育人员应当开发越来越多的在线活动,包括博物馆教育资源的共享、远程课程的设立、在线活动的开发等,而在线平台可以利用网站、手机 app、微博/微信、网络直播等各类新媒体技术,并保持进一步的维护。其次,利用信息化技术搜集更多教育活动的

---

① Elsa B. Bailey, *Researching Museum Educators' Perceptions of Their Roles, Identity, and Practice*, The Journal of Museum Education, No.3, 2006.

相关信息,包括观众的反馈、教育活动的评估等。

(4) 导览讲解。对展览内容向不同的观众群体进行知识信息的传播,帮助观众对展览予以更准确而全面的了解。

(5) 建立和维系对外关系。这是博物馆教育项目在策划和实施过程中沟通和交流的成果,既能为未来教育活动的开展提供便利,也能为博物馆的其他部门提供社会资源。建立合作关系的对象包括但不限于管理部门、其他博物馆和组织机构、学校、社区、专家学者等。

(三) 相关人员培训

博物馆教育人员需要为博物馆教育项目的更好实施而对相关人员进行讲解、教学和引导等方面的培训。相关人员包括部门内部的教育人员、讲解员、志愿者和学校教师等。讲解员和志愿者是博物馆向外提供服务的人员,学校教师是接受和传播博物馆社会服务的人员,他们由内外双向促使教育活动的有序和有效开展。具体而言:

(1) 教育人员培训。博物馆教育人员不一定具有教育学和实际教学的相关背景,对博物馆的部分展览内容和项目信息也可能缺乏必要的专业知识,影响教育活动的策划和实施。对他们进行相关培训能够有效缓解这些方面的不足。

(2) 讲解员培训。就博物馆展览的主题含义、传播目的、结构内容,以及拓展信息对讲解员进行培训,指导他们对讲解词形成深入的理解和准确流畅的表达。除讲解内容之外,对讲解礼仪也一并作指导。

(3) 志愿者培训。志愿者是博物馆实施教育活动的重要协助者,他们往往具有不同的文化背景和知识水平,并且也是来自博物馆的普通观众。接受培训后能够以最能为公众所接受的语言和表达方式传递知识信息。

(4) 教师培训。教师能够协助博物馆教育人员对学生群体进行组织管理和信息传播。对教师的培训内容既包含了与特定教育活动相关的知识背景和实施流程,也包括了长期与博物馆展览和藏品相关的内容,形成对相关知识的综合把握,并通过教师向学生群体传达。

(四) 教育活动相关资料的开发和维护

包括相关资料的研发和编写,以及材料和场地等资源的维护。具体而言:

(1) 通讯和出版物编辑。出版物的类型具体涉及博物馆的展览指南、教育普及性读物、与活动内容或展览内容相关的资料、在线平台的相关资料等。工作内容包括编写、修订、排版、印刷、邮寄等。

(2) 维护和监管用于教育活动的藏品、材料和设备。定期对教育活动所用的藏品、标本、材料和设备进行检查,及时处理损坏、丢失等问题,并保持更新。有时还负责教育活动所涉及的活动中心、工作坊、教室和实验室等场地的开放和管理[1]。

(五) 教育活动的相关管理

(1) 活动实施不同阶段的评估。评估的过程包括博物馆教育活动在策划过程中、实施过程中和活动结束后各个阶段的评估。策划过程中的评估相当于根据活动策划内容和目标受众的情况对活动效果进行预判,对可能遇到的问题和风险制定有效的解决或规避方式。实施过程中的评估相当于是对活动过程中的各个环节和受众反馈的情况进行详细记录,以待后续研究。活动结束后是总结性评估,相当于根据活动实施的具体情况分析其中存在的问题、问题产生的原因,以及可保留的成功经验等,并由此推导出未来改进的对策。评估信息的来源包括活动受众、博物馆教育人员、相关专家,或第三方机构等。

(2) 相关经费的筹措与管理。教育人员需要在活动策划过程中提出明确的经费预算、经费来源、筹资计划和经费管理安排。在活动得到实施批准后,着手进行经费的筹措和安排。在活动实施的过程中,明确记录经费使用情况,形成明细账目,在活动结束后再进行审结。

---

[1] 郑奕:《博物馆教育活动研究》,复旦大学出版社 2015 年版,第 85 页。

（六）跨部门和跨领域合作

向博物馆整体性的经营管理提供支持，以及向其他部门提供专业协助，使他们的工作更以观众需求为导向。具体而言：

（1）参与展览项目。教育人员应当成为博物馆展览项目策划团队中的成员，一方面根据自身专业知识和对博物馆观众的了解，为博物馆展览项目提供建议与要求，包括展览内容的编排和撰写、展览的呈现形式等。另一方面参与博物馆展览项目策划的整个流程，能够帮助教育人员对展览主题与内容予以更深刻的理解，从而策划出更合适的教育活动。

（2）参与博物馆文化产品营销。教育人员应当参与博物馆文化创意产品、教育产品的设计、研发、推广和营销。

（七）观众服务

观众群体包括普通观众和博物馆会员。具体而言：

（1）普通观众服务。包括观众研究和调研、观众组织和接待、观众咨询解答和观众评议的反馈等工作。

（2）会员服务。包括制定会员条例、组织会员活动、为会员定期提供相关资料和信息等。

（八）进行与博物馆教育相关的学术研究

一方面始终与时俱进，了解当下博物馆教育的研究成果和最佳做法；另一方面结合实践工作和理论研究，对博物馆教育的相关问题进行深入思考和研究。

第三节　博物馆教育人员的职业资格分析

一、博物馆教育人员职业资格的国际探讨

随着博物馆教育职能被日益重视，各国博物馆开展教育活动也越来越

风生水起。结合博物馆教育工作的实际需要,以及在教育工作开展过程中所遇到的问题和瓶颈,世界各国纷纷对博物馆教育人员的素养能力和职业资格进行了探讨和研究。

(一) 博物馆教育人员个人素养和才能的探讨

美国博物馆协会下属的教育专业委员会认为,现代博物馆中的教育人员应当了解和尊重他们所服务的受众和社区群体,并将其始终置于关注的核心;应当善于听取不同的观点,并利用文化、历史、自然科学等领域的专业知识解读博物馆信息,促进观众的理解;能够掌握与他们机构相关学科的历史、理论和实践,以及相关的教育与学习理论。教育人员还应当激励团队协作精神,将受众的利益最大化;同时热衷于学习,不断提升自身的素养和能力水平。[1]

美国博物馆教育专家 Anna Johnson 认为,博物馆教育人员所需的必要能力应该包括培训技能、创新能力、评估能力、组织能力、管理能力、推动能力、问题解决能力和沟通能力等。[2] 培训技能能够帮助培训对象更准确地了解博物馆的相关知识。创新能力能够帮助教育人员创造出更丰富多样的教育活动,从导览到大型项目。评估能力能够帮助教育人员获悉公众和博物馆职员对教育活动的反馈。组织能力能够帮助教育人员有序安排活动时间、注册等事宜。管理能力能够帮助教育人员更高效地管理相关人员(包括活动参与者、志愿者和博物馆职员等)和活动进程。推动能力能够帮助提升观众的体验和博物馆职员对于教育活动的期待。问题解决能力能够帮助教育人员迅速应对各类突发情况。沟通能力能够帮助教育人员更准确地传递项目信息,使得公众有意愿参观博物馆和参与教育活动。除此之外,Anna Johnson 认为教育人员还应当有战略性思考和行动的意识,并且做到随机应变。[3]

---

[1] Committee on Education, Museum Education Principles and Standards,载美国博物馆协会网, http://www.aam-us.org/docs/default-source/accreditation/committee-on-education.pdf?sfvrsn=0, 2005.

[2] Anna Johnson, *Museum Education and Museum Educators*, *the Museum Educator's Manual*, Plymouth: AltaMira Press, 2009, pp.10 - 11.

[3] Ibid.

另一位美国博物馆研究者 Elsa Bailey 对诸位博物馆教育人员进行了访谈。从访谈结果来看，受访者认为自我导向的学习能力、在持续变化的环境中的工作能力、面对风险和挑战的应变能力是博物馆教育人员需要具备的素养。[1] 此外，下述知识和技能也是博物馆教育人员顺利开展工作的重要依托，包括：教学和学习的能力，项目和展览研发能力，展示演说能力，项目管理和问题解决能力，以及组织性的理解能力等。[2] 一些教育人员在从事这项工作之前都有一定的专业知识，却缺乏教学技能，因此，需要在实践中逐步提升教与学的能力。项目和展览是教育人员履行博物馆教育职责的主要依托渠道，项目和展览的研发能力以及后续的管理和维系能力自然成为教育人员开展工作的重要能力要求。而面对博物馆教育项目的受众，教育人员在执行项目时，良好而清晰的表达能力也必不可少，包括与不同年龄段的观众进行阐释性活动，以及在教师研习班和其他类似的博物馆教育项目中都需要教育人员的讲授和引导。一些教育人员甚至在考量是否需要个性化的讲演风格，包括增添幽默感等，以更好地达到传播效果。此外，任何教育项目和展览都应符合博物馆的宗旨和机构文化，因此，要求教育人员对博物馆中工作的制定和执行有深入了解。

英国博物馆教育专家 Graeme Talboys 在其撰写的《博物馆教育人员手册》(Museum Educator's Handbook)一书中，对博物馆教育人员从业素养和能力有明确要求，包括沟通能力、计算机技能、出版过程的熟悉度、方法的变通能力、情感唤醒能力、弹性工作能力、对外交际能力等。[3] 对于 Graeme Talboys 的这一提法可做如下浅析：（1）博物馆教育人员的工作涉及大量与他人沟通的情况。他们往往需要将想法理念，以及复杂的甚至尚不完善

---

[1] Elsa B. Bailey, *Researching Museum Educators' Perceptions of Their Roles, Identity, and Practice*, The Journal of Museum Education, No.3, 2006.
[2] Ibid.
[3] Graeme Talboys, *The Museum Educator's Handbook*, Aldershot: Ashgate Publishing Co., 2005, pp.29-31.

的信息快速而清晰地传达给观众,而沟通的方法和形式又千差万别,涉及说、写和多媒体演示等。(2)博物馆教育人员常常需要进行文字处理、数据处理、图像处理、网络资源处理和网站设计等。这些工作都离不开计算机技能,但又不同于大多数人在家中使用电脑的状态,需要一定的计算机专业知识。(3)教育人员需要对教育读物和活动资料的设计和出版负责。因此,具备出版相关的基础知识十分重要,包括文本和图像的准备、排版、出版行业的专业术语,每一阶段所需花费的时间,一般出版物的出售率以及印刷数量等。(4)教育人员因其特殊的工作性质,在工作中需要扮演不同角色,而每一个角色所被赋予的表达方式又不尽相同,教育人员需要具备足够的应变能力以适应不同环境所带来的挑战。(5)教育活动涉及的不仅仅是博物馆及其藏品,更重要的是每个活动背后所包含的人与人之间的联系。教育人员与手工制品的制作者、使用者、收藏者和研究者建立情感共鸣十分必要,这需要基于事实、知识和理解。同时,教育人员也需要与教育活动的受众建立情感共鸣,帮助他们更好地融入博物馆和教育活动所处的环境。(6)教育人员在很多情况下需要独立工作,无论是工作时间、工作内容、工作对象和工作形式都充满了不确定性,因此适当的自我调节,享受弹性工作带来的乐趣对于教育人员而言也是不可或缺的一种能力。(7)教育人员的对外交际对象包括博物馆的其他职员和博物馆的各类观众。在与不同对象进行交流的过程中,教育人员需要对自己所理解的博物馆、藏品、修复、保护等内容充满自信,并清晰阐释。

　　上述几位专家学者的理论研究以及在国际范围内的深远影响,也代表了目前博物馆界的主流判断;对博物馆实际工作和教育人员的招聘要求的分析又能对这一问题提供不同视角。不同国家在就业公告、招聘启事和从业人员的调查访谈等材料中对博物馆教育人员的素养和能力要求阐述如下:

　　爱尔兰的国家就业规划中心提道:博物馆教育人员需要有对历史和文化遗产的强烈兴趣和广博知识;出色的笔头和口头沟通能力;出色的组织、

项目管理和演说技能；文化项目的筹资知识；有能力与博物馆数据库和信息部门合作；有能力更好地进行团队协作；出色的研究能力等。[1]

英国国家就业网认为：合格的博物馆教育人员应该具备良好的笔头和口头沟通能力；处理公共事务的自信；良好的教学能力，来规划和实施教育活动；设计活动和教育资源时的想象力和创造力；能够与成年人、家庭、青年人和有特殊需求的群体一起工作；人员、经费预算和教育资源的管理能力；团队协作能力；自我激励和独立工作的能力；良好的组织和行政管理能力；对文化和残疾人议题的知识和敏感度。[2]

就美国而言，美国博物馆联盟于2003年进行了一项调查显示，接受访谈的109名博物馆教育人员中，认为博物馆教育人员需要具备信息技术/计算机知识的占34%、博物馆教育/教育相关知识的占30%、艺术史相关知识的占25%、经费和筹资相关知识的占8%、第二语言的占6%、项目评估相关知识的占6%、笔头/口头交流能力的占81%、人际关系/组织关系能力的占50%、领导/管理/监督能力的占50%、预算制定能力的占24%、团队协作能力的占23%、教学能力的占10%、与不同类型观众接触的技能/经历的占7%。(见图7-1)可见，被访者认为，教育人员首先最不可或缺的素养是沟通能力；其次是人力管理和组织管理能力，专业知识和信息技术也十分重要；再次为预算管理和团队协作能力。综上，教育人员的素养能力最重要的是基于与他人的相处和交流。

此外，YI-CHIEN CHEN博士的调查中对博物馆教育人员的职业资格要求也有所统计和分析，相关岗位包括：博物馆教育策展人、博物馆教育人员、教育协调者和学校项目主管。从结果来看，在与博物馆教育人员相关的岗位中，对应聘者的素养和能力要求如图7-2所示：

---

[1] *Museum Education Officer*，载爱尔兰毕业求职网，https：//gradireland.com/careers-advice/job-descriptions/museum-education-officer.
[2] *Museum Education Officer*，载英国国家就业网，www.prospects.ac.uk/job-profiles/museum-education-officer.

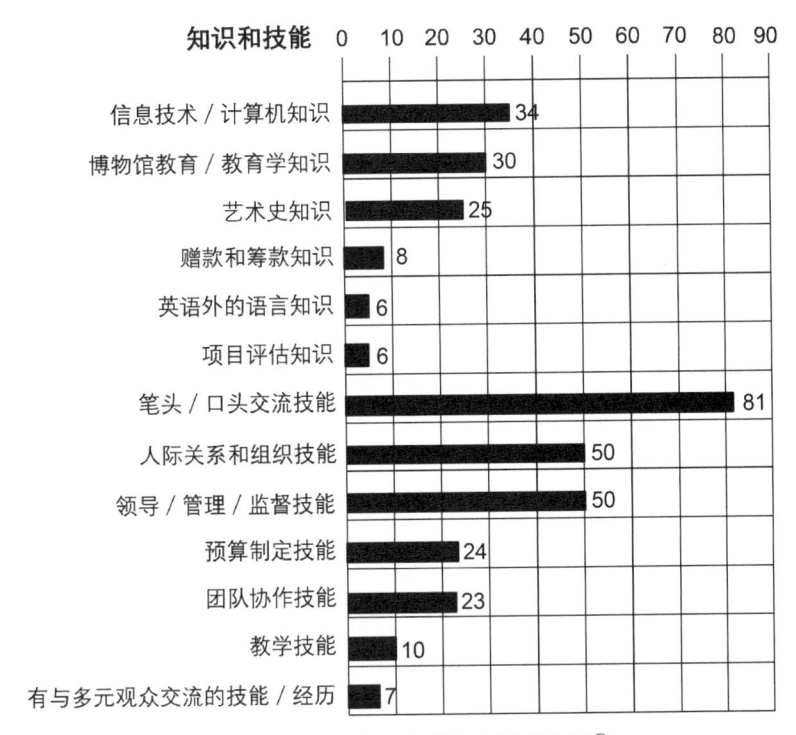

知识和技能	值
信息技术/计算机知识	34
博物馆教育/教育学知识	30
艺术史知识	25
赠款和筹款知识	8
英语外的语言知识	6
项目评估知识	6
笔头/口头交流技能	81
人际关系和组织技能	50
领导/管理/监督技能	50
预算制定技能	24
团队协作技能	23
教学技能	10
有与多元观众交流的技能/经历	7

图 7-1　教育人员素养能力要求比重[1]

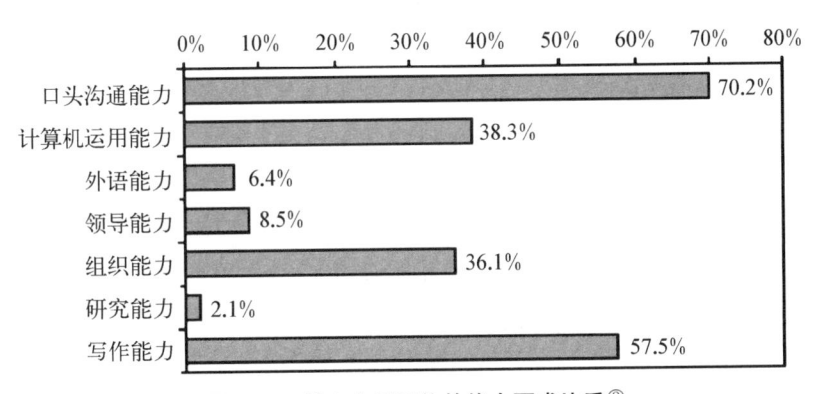

能力	比重
口头沟通能力	70.2%
计算机运用能力	38.3%
外语能力	6.4%
领导能力	8.5%
组织能力	36.1%
研究能力	2.1%
写作能力	57.5%

图 7-2　教育人员职位的能力要求比重[2]

---

[1] David Ebitz, *Qualifications and the Professional Preparation and Development of Art Museum Educators*, Studies in Art Education, No.2, 2005.
[2] Yi-Chien Chen, *Educating Art Museum Professionals: The Current State of Museum Studies Programs in The United States*, The Florida State University School of Visual Arts and Dance, 2004, p.94.

由图7-2可知,作为一名博物馆教育人员,要求具备出色的口头沟通能力的占70.2%,具备写作能力的占57.5%,具备组织能力的占36.1%。此外,要求应聘者具有较强的职员管理能力的占46.8%,合作能力的占59.6%,计算机运用能力(包括基础的计算机能力和网站设计能力)的占38.3%。

此外,笔者也对2011—2016年美国多家博物馆和文化机构的教育人员招聘信息进行了归纳。这些组织机构包括博物馆组织、自然历史博物馆、历史博物馆、专题博物馆和大学博物馆等,类型和规模都各不相同。在他们的教育人员招聘信息中有如下阐述:

密苏里州蝴蝶和昆虫馆(The Missoula Butterfly House and Insectarium)认为:具有自然历史、自然科学或昆虫学的相关知识;基于展览的课程规划能力;青少年教育方式和课堂管理的最佳做法的相关知识;有效且充满热情地教授不同年龄段对象的能力;以专业的、友善的和充满热情的方式与职员、教师、学生、家长和公众群体等不同对象进行交流和沟通的能力;监督和管理能力;出色的组织能力,注意细节;独立工作,以及管理和安排不同任务的能力;出色的写作和人际交往能力;熟练的计算机技能的应聘者会被优先考虑。

华盛顿郡博物馆(The Washington County Museum)认为:具有对俄勒冈州人口多样性文化的相关知识;在学校或非正规学习环境中的演示能力;良好的公众演讲能力;出色的人际沟通能力;对学习充满好奇心和兴趣;面对不同情况的应变能力;应对弹性工作的调节能力;西班牙语言能力的应聘者会被优先考虑。

ABBE博物馆(ABBE Museum)认为:具有项目评估能力;与部落群体共事经历;美国土著历史、文化和事宜的相关知识;与普通观众合作和发表公众演讲的能力;有难度议题的处理经历,例如,种族成见和种族歧视等;与孩子合作的经历;出色的笔头和口头沟通能力;出色的组织能力的应聘者会被优先考虑。

国家数学博物馆(The National Museum of Mathematics)认为：具有能够向不同群体的观众成功传达现代数学的美感、生动性和实用性的能力；同 K-12 学生群体一起开展数学活动的热情和经历；对传播数学理念的热忱，尤其是让更广泛的公众了解数学的意义；课堂管理能力，营造一个引人入胜、激发思考和有趣体验的能力的应聘者会被优先考虑。

Antioch 大学博物馆(Museum of Antioch University)认为：具备在聘用和培训等方面的监管能力；制定预算、完成预算和收入目标的能力；较强的笔头和口头沟通能力；适应于表演和/或公众演讲，具有公众展示的天资；课程研发经历；策划、创造和实施教育项目的能力；了解良好的客户服务原则，以及出色的人际交往和组织领导能力；与不同的种族/社会文化人口一起工作的经历；多种语言能力；有效管理不同任务和时间的能力；独立工作以及团队协作能力；在快速发展的环境中享受工作，同时具备随机应变能力的应聘者会被优先考虑。

加州大学伯克利分校博物馆(Museum of UCLA)认为：具备高效的阅读、协作和组织及人际关系能力；有效的口头展示和公众演讲能力，尤其是面对人数较多的群体，例如 30—300 人；与学生融合，创造一个具有包容性学习环境的能力；积极的公众服务态度；多学科(最好是化学或天文学)或工程的大学知识水平，以及教育技术和儿童认知发展的知识；基础学科、工程学和数学的广泛知识；与商业软件系统相关的计算机技能；教育项目实施和管理能力；分析能力，执行项目或针对目标观众所需评估能力的应聘者会被优先考虑。

捕鲸博物馆(The Whaling Museum)认为：具备针对不同学习风格而创造分众化教育材料的能力，包括动手、基于询问的学习理论；有创造性、激励性和热情的态度，乐于尝试；出色的公众演讲能力；将学习转变为一个有趣探索体验的能力；具有与长岛的海洋史/鲸鱼相关的生物知识，并且有学习的意愿；是值得信赖和守时的；同时承担多重任务，有效管理实践的能力；独立工作或团队协作能力；出色的口头和笔头能力；较强的组织能力；熟悉计算机技能的应聘者会被优先考虑。

肯高迪亚在线教育机构（Concordia Online Education）认为：具备出色的组织能力来监管展览的策划、预算和实施；清晰地以笔头和口头的方式同其他人沟通的能力；相关计算机知识的应聘者会有更大的可能性获得工作机会。[1]

美国最佳职业描述网（Best Sample Job Description）认为：教育人员需要是一名出色的传播者，应该有出色的口头和笔头沟通的能力；有出色的人际关系能力，以建立有效的工作关系；有效的人员管理能力；基本的计算机知识；能够处理博物馆数据库，并且能够配合处理文字和宣传单；有出色的组织能力，以恰当地开展工作。[2]

从上述研究成果和实际招聘信息中可以总结出，各国博物馆认为作为博物馆教育人员最应具备的素养和能力包括：

（1）口头和笔头沟通能力，为博物馆建立良好的对外关系。

（2）公共展示和演说能力，对象的规模大小不限。

（3）组织和管理能力，包括人员组织和项目管理。

（4）应变能力，适应不同的工作环境和工作对象，接受弹性工作性质，及时应对不同的问题和挑战。

（5）创新能力，不断丰富博物馆教育活动的形式和内容。

（6）教学能力，面对不同对象形成有针对性的教学方式。

---

[1] Robbie Bruens, *Children's Museum Educator: Career Outlook and Requirements*，载波特兰康考迪亚大学网，https：//education.cu-portland.edu/blog/teaching-careers/childrens-museum-project-coordinator/，October 4th 2012.

[2] *Museum Education Officer Job Description*，载最佳职业描述案例网，www.bestsamplejobdescription.com/education-job-description/museum-education-officer-job-description/，November 18th 2011.

(7) 培训能力，能够针对不同对象实现教育活动所需技能和专业知识的传递。

(8) 评估能力，对教育活动的实施效果及时分析，并不断完善。

(9) 熟悉计算机知识，并具备一定的计算机技能。

(10) 自我学习能力，并具备相关的专业知识和一定的学术研究能力。

(11) 懂得一门第二外语。

(二) 博物馆教育人员教育背景和工作经历的探讨

除了素养和能力之外，国际上博物馆在招聘教育人员时对他们的教育背景和工作经历也十分强调，不少专家学者也对此进行过分析研究。

在《博物馆职业——欧洲参考框架》中就有对"教育与观众服务主管"和"教育与观众服务人员"职业资格的描述，"教育与观众服务主管"需要具备与博物馆藏品、博物馆学或教育学相关专业的硕士学位，并有在博物馆教育部门或类似机构工作的丰富经历；"教育与观众服务人员"需要具备与博物馆藏品、教育学或传播学相关专业的学士学位。[1]

爱尔兰的国家就业规划中心对大部分博物馆教育人员的岗位都要求应聘者有本科学历，但没有明确的专业限制，一般最好是人类学、考古学、艺术、艺术史、艺术管理、教育、项目管理和历史等相关学科。许多博物馆倾向于招聘拥有博物馆学、艺术管理等专业的硕士学位或类似资格的应聘者。[2]

Graeme Talboys 也曾提到博物馆教育人员应该对教育心理学、哲学和社会学、教育理论与实践等方面的知识有一定的掌握和了解，这样的基础背景能够在教育人员形成决策和执行项目的过程中起到极大的辅助作用。此

---

[1] Angelika Ruge, *Museum Professions-A European Frame of Reference*, 载国际博协网, http://icom.museum/fileadmin/user_upload/pdf/professions/frame_of_reference_2008.pdf, 2008.

[2] *Museum Education Officer*, 载爱尔兰毕业求职网, https://gradireland.com/careers-advice/job-descriptions/museum-education-officer.

外,具备博物馆工作经历和教学经历的应聘者在求职过程中也有明显的优势。①

英国国家就业网认为尽管博物馆教育人员的岗位面向所有毕业生,但若有下述学科的学位能够增加获聘的概率,具体包括历史学、考古学、档案和博物馆研究、教育、社区教育、环境科学、文化研究、艺术史、美术等。此外对国家课程有一定的了解和具有实践经验的应聘者,以及拥有博物馆学的研究生资格和相关工作经历的应聘者能够被优先考虑。②

就美国而言,Elizabeth Schlatter 在其《博物馆职业》(Museum Careers)一书中提到博物馆教育人员需要有教育和/或博物馆相关专业的学士学位。而教育部门的高层岗位则要求有博物馆教育、博物馆学或教育等专业的硕士学位。一般情况下,拥有教育、观众发展或观众互动(诸如观众导览等)经历的应聘者能被优先考虑。此外,正规教育(诸如课堂教学)的经历也十分具有实用性。③

根据上文所提到的美国博物馆联盟的一项调查,图 7 - 3 显示受访者的学历水平、专业背景和工作经历的比重。可见,美国博物馆教育人员的学历普遍较高,拥有硕士学位者占了六成以上,其中有不少人拥有艺术史和教育学的双学位,以更好地满足博物馆教育工作的需要。同时,大多数人都具备与博物馆藏品、博物馆经营管理和博物馆教育相关的专业背景。

在 YI - CHIEN CHEN 博士的调查中也显示,与博物馆教育人员相关的岗位中,对应聘者的学历要求如下(见图 7 - 4):

---

① Graeme Talboys, *The Museum Educator's Handbook*, Aldershot: Ashgate Publishing Co., 2005, pp.25 - 29.
② *Museum Education Officer*, 载英国国家就业网,www.prospects.ac.uk/job-profiles/museum-education-officer.
③ N. Elizabeth Schlatter, *Museum Careers: A Practical Guide for Students and Novices*, California: Left Coast Press, 2008, pp.83 - 84.

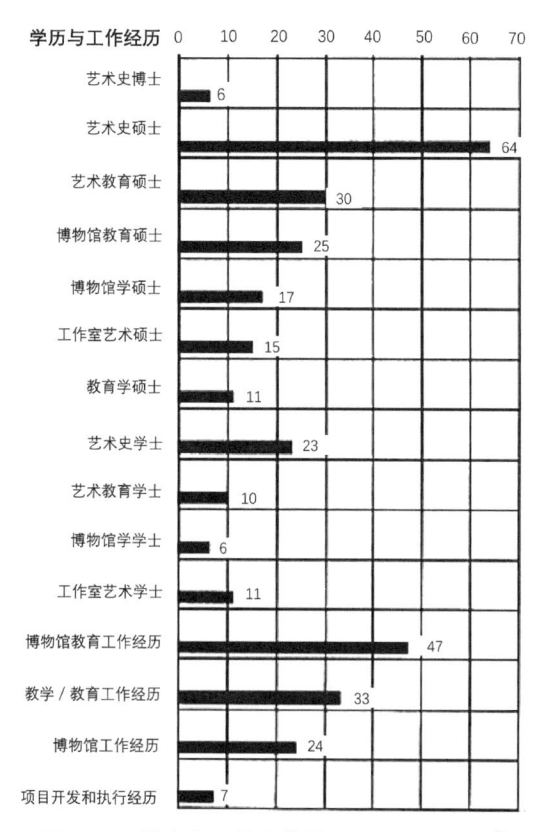

图 7-3 教育人员教育背景和工作经历比重①

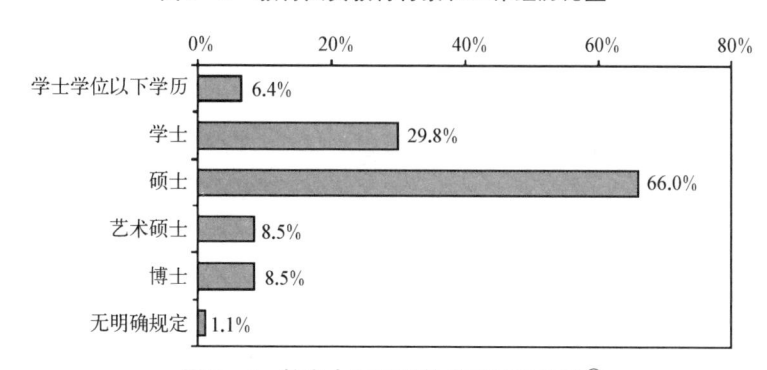

学历与工作经历	数值
艺术史博士	6
艺术史硕士	64
艺术教育硕士	30
博物馆教育硕士	25
博物馆学硕士	17
工作室艺术硕士	15
教育学硕士	11
艺术史学士	23
艺术教育学士	10
博物馆学学士	6
工作室艺术学士	11
博物馆教育工作经历	47
教学/教育工作经历	33
博物馆工作经历	24
项目开发和执行经历	7

图 7-4 教育人员职位的学历要求比重②

学历要求	比重
学士学位以下学历	6.4%
学士	29.8%
硕士	66.0%
艺术硕士	8.5%
博士	8.5%
无明确规定	1.1%

---

① David Ebitz, *Qualifications and the Professional Preparation and Development of Art Museum Educators*, Studies in Art Education, No.2, 2005.
② Yi-Chien Chen, *Educating Art Museum Professionals: The Current State of Museum Studies Programs in The United States*, The Florida State University School of Visual Arts and Dance, 2004, p.92.

图7-4显示,教育人员任职要求中需要学士学位以下学历占6.4%、学士学位占29.8%、硕士学位占66.0%、艺术硕士占8.5%、博士学位占8.5%、没有明确规定的占1.1%。可见,超过六成的岗位要求硕士及以上学位,若加上学士学位的要求,则总比重超过了九成,占据了绝大部分。

对应聘者的专业要求如图7-5所示:

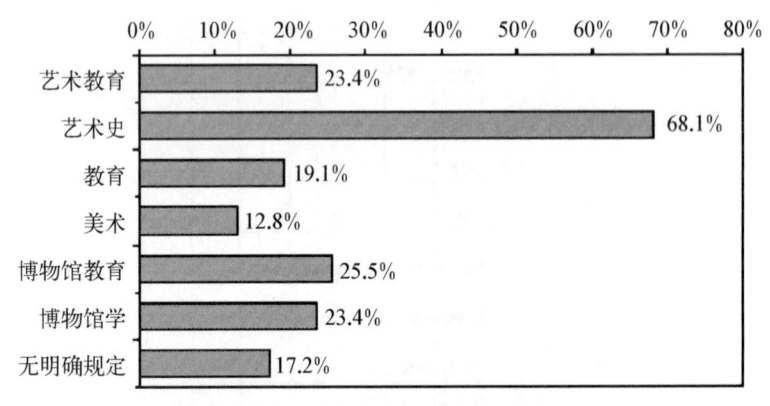

专业	比重
艺术教育	23.4%
艺术史	68.1%
教育	19.1%
美术	12.8%
博物馆教育	25.5%
博物馆学	23.4%
无明确规定	17.2%

图7-5 教育人员职位的专业要求比重①

图7-5显示,教育人员任职要求中需有艺术教育专业背景的占23.4%、艺术史专业背景的占68.1%、教育背景的占19.1%、美术专业背景的占12.8%、博物馆教育专业背景的占25.5%、博物馆学专业背景的占23.4%、没有明确规定的占17.2%。可见,大多数艺术博物馆都提出了对于应聘者专业背景的倾向,其中艺术史、博物馆教育、艺术教育和教育等专业是教育岗位更为偏好的专业。

对应聘者的博物馆工作经历要求如图7-6所示:

---

① Yi-Chien Chen, *Educating Art Museum Professionals: The Current State of Museum Studies Programs in The United States*, The Florida State University School of Visual Arts and Dance, 2004, p.92.

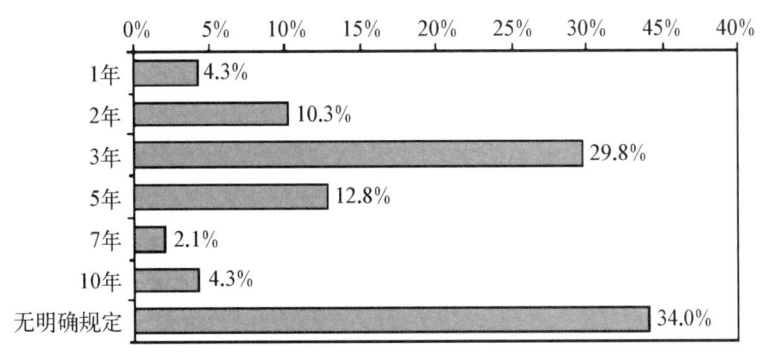

图 7-6 教育人员职位的博物馆工作年数要求比重[1]

图 7-6 显示，教育人员任职要求中需至少 1 年博物馆工作经历的占 4.3%、2 年博物馆工作经历的占 10.3%、3 年的占 29.8%、5 年的占 12.8%、7 年的占 2.1%、10 年的占 4.3%、没有明确规定的占 34.0%。其中，超过七成的博物馆教育岗位寻求应聘者曾有参与教育项目的博物馆工作经历，超过二成的博物馆教育岗位偏向应聘者具有 K-12 的教育经历。

此外，在笔者对 2011—2016 年间美国博物馆教育人员招聘信息的调查中显示：

史密森尼博物馆学会（Smithsonian Institution）要求：应聘者修过儿童和/或成人发展教育相关的课程，或具备相关学位证明，并有过在正式或非正式环境下的博物馆工作和教学经历。[2]

密苏里州蝴蝶和昆虫馆要求：博物馆教育人员的应聘者拥有教育学或与教育相关的自然科学等的学士学位；3 年以上的开发和执行动手的、以学习者为中心的和基于展览的课程经历，最好拥有在博物馆、水族馆、动物园、自然科学中心或类似环境教育机构中的非正规教育工作知识，以及具备青

---

[1] Yi-Chien Chen, *Educating Art Museum Professionals: The Current State of Museum Studies Programs in The United States*, The Florida State University School of Visual Arts and Dance, 2004, p.95.
[2] *Working at the Smithsonian · Museum Educator*, 载史密森尼博物馆协会网, https://www.si.edu/OHR/workingsi_museum_educator.

少年教育方式和课堂管理的最佳做法的相关知识等。

华盛顿郡博物馆要求：博物馆教育人员的应聘者拥有教育、历史、博物馆教育或相关领域的学士学位及以上或同等的经历。

ABBE博物馆要求：博物馆教育人员的应聘者拥有教育、人类学、美国土著研究或相关领域的学士学位，优先考虑具有课堂教学经历和评估经历者。

国家数学博物馆要求：博物馆教育人员的应聘者拥有至少一年的正规K-12课堂教学经历，以及政府颁布的相关职业能力证书或博物馆工作经历。

Antioch大学博物馆要求：博物馆教育人员的应聘者拥有理科或教育学的学士学位；具备一般的理科背景，并具有天文学的研究能力，以及物理学或数学知识；证明在正规和/或非正规教学方面的经验。

加州大学伯克利分校博物馆要求：博物馆教育人员具有理科的学士学位，最好是化学或天文学。

捕鲸博物馆要求：博物馆教育人员拥有教育学学位，而具有硕士学位的则优先考虑；或拥有生命科学/历史/博物馆学等相关学科的学位，以及较强的教学背景；至少两年的课堂教学和非正规博物馆环境中的教学经历。

肯高迪亚在线教育机构要求：儿童博物馆教育人员一般需要有教育和商业管理的本科学历。一些博物馆也会聘用只有高中学历但有博物馆工作经历的人。[1]

美国最佳职业描述网要求：博物馆教育人员至少需要有历史或社会科学等学科的学士学位，或中学历史教学经验；过去在类似博物馆教育的岗位上有过2—3年的工作经历。[2]

---

[1] Robbie Bruens, *Children's Museum Educator: Career Outlook and Requirements*，载波特兰康考迪亚大学网，https://education.cu-portland.edu/blog/teaching-careers/childrens-museum-project-coordinator/，October 4th 2012.

[2] *Museum Education Officer Job Description*，载最佳职业描述案例网，www.bestsamplejobdescription.com/education-job-description/museum-education-officer-job-description/，November 18th 2011.

从上述信息中可以看到,美国博物馆在教育人员的招聘信息中都提到了学历要求,对于一般博物馆教育人员而言基本要求拥有学士学位及以上学历,对于博物馆教育部门中的高层岗位则需要有硕士及以上学历。而专业背景方面,博物馆更倾向于选择具有教育、博物馆学、博物馆教育、艺术教育、艺术史等相关专业背景的应聘者。此外,虽然教学经历和博物馆工作经历并非必需的工作经历要求,然而拥有博物馆观众服务、博物馆相关工作、正规和/或非正规教育经历的应聘者有更大的几率能获得工作机会。就工作经历的时长,许多博物馆并没有做出明确规定,即使提出相关要求也较为宽松,一般在1—3年。

综上,无论是美国还是英国、爱尔兰或欧洲其他国家,对于博物馆教育人员任职资格中教育背景和工作经历的要求包括:

(1) 学历水平:一般要求学士学位,有些博物馆将最低标准设为高中学历。

(2) 专业背景:与教育、博物馆学、博物馆教育、或与本博物馆性质相关的专业。

(3) 工作经历:博物馆相关工作、正规和/或非正规教育和课堂教学经历,并有相关的经历和能力证明,时长要求相对灵活。

二、博物馆教育人员职业资格的国内探讨

(一) 国内已有的相关研究论述

博物馆教育是近20年来我国博物馆所关注的一个热点议题,尤其进入21世纪之后,随着国际上对于博物馆社会职能的重新认知,教育成为我国博物馆发挥社会服务功能的一项重点工作。因此,无论是国家层面,还是地方层面或各个博物馆个体都扩大了博物馆教育人员的队伍,并且通过各种方式为他们提供提升自身素养能力和良好职业发展的机会。与此同时,专家学者也就博物馆教育人员所应具备的素养能力和职业资格进行了一定的

探讨。

早在 20 世纪 90 年代初,楼锡祜和李春兰就对博物馆社会教育部门的合理结构进行了思考。① 当时,我国博物馆的教育部门成员仍以讲解员为主,他们结合了当时的国际发展趋势,提出了更具前瞻性的想法,即博物馆的教育人员应更具多样性,并且有专职人员,尤其是维持骨干成员的稳定性,避免讲解员流动性大的弊端;而在知识和技能方面,教育人员也需要满足不同工作的要求,做到"一专多能",具备包括讲解、咨询、撰写、摄影、计算机技术等在内的各种能力。②

进入 21 世纪,尤其是 2010 年之后,我国博物馆的教育理念发生了巨大变化,对博物馆教育人员的职业资格审视和培养也更为重视。郑奕在其《博物馆教育活动研究》一书中专辟一章介绍了现代博物馆教育活动的组织与管理,其中就包括以全球化的视野分析博物馆教育工作者的构成与职责;③ 对博物馆教育工作者的类型进行了划分,明确了一般意义上"教育人员"所指向的对象,同时分析了在现代博物馆教育部门的工作要求之下,博物馆教育人员的工作边界。另外,她在《论教育工作者在博物馆策展团队中的作用》一文中,依据国际博物馆发展趋势,鼓励教育工作者参与展览策划过程,并且分析了在展览团队中教育工作者所扮演的不可替代的角色。④ 由此,在现代博物馆教育人员的工作职责中增添了参与博物馆展览策划一项工作,并要求教育工作者具有与之匹配的素养能力。

另有学者认为博物馆教育人员应当具备基础的教育知识、良好的教育能力和一定的研究能力,同时吸取博物馆学和心理学的方法和经验,并拥有良好的职业道德素质,⑤ 而其中被认为最重要的两种能力是实践中的认知能

---

① 楼锡祜、李春兰:《博物馆社会教育部门的合理结构》,《中国博物馆》1991 年第 1 期。
② 同上。
③ 郑奕:《博物馆教育活动研究》,复旦大学出版社 2015 年版,第 89 页。
④ 郑奕:《论教育工作者在博物馆策展团队中的作用》,《东南文化》2013 年第 5 期。
⑤ 李茜子:《试论博物馆教育人员的专业素养构成》,载《湖南省博物馆学会博物馆学文集 7》,岳麓书社 2011 年版,第 245—258 页。

力和反思能力,尤以反思能力为重。① 针对科普场馆的教育人员,有学者提出此类教育人员需要具备的基本能力素质包括综合的科学素养、基本的科普创作能力、基本的科普宣传能力、基本的科普展览策划与设计能力、把握科普动态与科学发展的能力等。② 这些能力与专业知识体系的结合才能确保科普场馆的教育人员更准确、清晰、有效地将科学知识传递给广泛的观众。此外,严把招聘关卡、明确工作职责、注重岗位培训和引导职业发展可以成为控制和提升馆内人员专业化水平和职业素养能力的基本途径。③

(二) 目前国内在职博物馆教育人员的访谈和调研

笔者就博物馆教育人员职业资格的问题向目前国内的一些在职的博物馆教育人员进行了咨询,他们基于长期的博物馆实践工作经验和相关理论研究,表达了自身的看法。具体阐述如下:

上海博物馆教育人员1认为:博物馆教育人员的素养能力大概有以下标准:富有人文精神和社会担当精神,乐意为社会服务;具有博物馆学及教育学的基础、与本博物馆性质相关学科的知识;良好的表达能力和人际交往的能力;具有一定的人格魅力。即涵盖了职业意识、职业素养、职业能力这三个方面。职业意识是指具有"教育"的自觉意识,并热爱教育工作;职业素养是指具有表达(口头与文字)能力和人际交往能力,具有职业敏感性,善于发现受众的需求并策划活动;职业能力是指扎实的学科知识和学术素养。前者与所在博物馆的知识系统相关,如作为中国古代艺术博物馆的上海博物馆,其知识结构为:艺术史、考古学、历史学;后者指向的是对学科的深入理解,虽不直接研究,但把握学科的精髓、研究方法,能将各种学科融会贯

---

① 郑旭东:《培养反思性实践者:博物馆教育工作者专业发展的现实与未来》,《现代教育技术》2015年第7期。
② 张进宝:《高校人才培养视角下的科普场馆教育人员专业能力》,载《科普惠民 责任与担当——中国科普理论与实践探索——第二十届全国科普理论研讨会论文集》,科学普及出版社2013年版,第642—645页。
③ 李莎:《浅谈博物馆社会教育队伍构建——以国家博物馆为例》,《博物馆研究》2012年第4期。

通,运用自如。外加人格魅力,能感染人、吸引人,具有激励人的精神力量。简言之,博物馆教育人员需要有能力,会表达,敬业乐群。

首都博物馆教育人员1认为:博物馆教育人员至少应该具备硕士以上学位,最好具有历史、教育、艺术、考古等相关专业背景,当然学科专业也可以更宽泛一些,可以根据不同博物馆的特点而有所侧重。博物馆教育人员要有正确的基本价值观,这是从事教育工作特别是以青少年为主的教育所必须具备的。博物馆教育人员对所从事的工作要有一种使命感和责任心,对文化有一种深深的热爱和敬畏。唯此,才能做好这项工作。博物馆教育人员不管是否受过专业的教育学训练,都应该懂得基本的教育理论。博物馆教育需要开展一些基础性研究作为活动开发的学术支撑,但同时也是一个实践性很强的工作,所以从业人员既要有研究能力,更要有实践能力,要能够策划和组织各种教育项目;要与社会组织进行联系,因此要具备良好的交流沟通能力、创意创新能力;因为要参与活动,直接为观众服务,还要有很好的语言表达能力、活动中的应变能力,以及观众组织能力;等等。博物馆教育人员要具备较强的文字能力,特别是与编写科普材料有关的文字能力,参与编写科普书籍或与博物馆有关的教育类文章。由于文化遗产事业的发展,国际间博物馆交流越来越多,博物馆教育需要及时了解国际文博发展趋势,因此英语等外语水平的要求也会越来越高。对于基层博物馆而言,根据不同的情况会降低一些要求,硕士研究生不是必需的,但在今天中国教育发展的背景下,硕士已经不算很高学历了,只是从业务研究的角度,硕士受过一些基本训练会更好。

广西壮族自治区博物馆教育人员1认为:博物馆教育人员应当:(1)具备博物馆的基本知识。真正懂得什么是博物馆及博物馆教育。因为很多教育领域的人不一定懂得如何搭建甚至充分利用自身博物馆资源更灵活地传播博物馆文化。(2)联系群众工作。所有社教活动都依靠群众,只有把策划方案拿到群众中实践,明确不同类型观众的心理,才能不断提升和完善。(3)具备基本素养：职业道德、责任心、事业心、礼仪规范、心理素质、美学素质。此外，教育人员能具备一定营销能力则更好，现在很多社教活动需要借助社会力量共同开发教育项目，既能达到更多社会效益又能产生共赢。教育教学经历比较重要，毕竟教育人士在知识、能力、经验、教育的方式方法等方面比较专业。

四川博物院教育人员1认为：博物馆教育人员应既懂得受教对象的身心特点、认知水平和情感能力，又熟悉教育资源，即文物的信息，同时还应该掌握资源转化能力，即把文物资源转化为教学资源的能力。从学历水平来讲，研发博物馆教育的人员应该在研究生学历以上；从专业背景来讲，一个博物馆教育工作团队里应包括教育、历史、考古、艺术、自然、生物等不同专业背景的人员；从个人素养和能力来讲，博物馆教育人员应具备持续学习、跨专业工作的能力，具有消化吸收行业内外新成果的能力。

(三) 我国博物馆教育人员相关招聘信息的汇总与分析

笔者对2012—2016年各级博物馆和相关的文化文物机构发布的博物馆教育人员招聘启事进行了信息汇总。在这些机构的近千份招聘启事中，有28个关于博物馆教育人员的招聘信息。对于这些信息进行一定的统计处理之后，可以在一定程度上反映出目前我国博物馆教育人员的职业资格的要求。

第一，从学历水平的要求上来看，所有岗位都表明了最低学历水平的要求。有18%的岗位要求硕士及以上学历，57%的岗位要求学士及以上学历，25%的岗位要求大专及以上学历。(见图7-7)对于本书所针对的文物保护与修复人员的最低职业资格要求而言，这一调查结果显示有近六成的岗位要求博物馆教育人员拥有本科及以上的学历水平，这一标准反映了大部分岗位的要求。

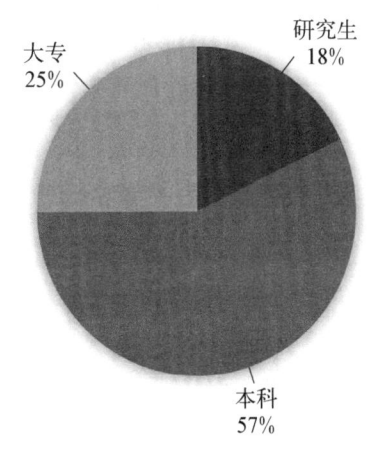

图7-7 教育人员最低学历要求比重图

第二，从专业背景的要求上来看，近八成左右的岗位都明确指出了专业背景要求。其中，有超过40%的岗位要求有博物馆学相关专业背景，近40%的岗位要求有中文系汉语言文学相关专业背景，近30%的岗位要求有教育学相关的专业背景，25%左右的岗位要求有艺术类（包括播音主持）相关专业背景，20%左右的岗位要求有新闻传播相关专业背景，其他相对普遍的专业还包括历史学、考古学、社会学、心理学和旅游管理等。此外，近八成的岗位提出了专业背景要求。（见图7-8）由此可见，绝大多数的岗位对博物馆教育人员的专业背景要求做出了明示，一般而言，同一岗位会列有若干专业供选择。博物馆学、中文、教育学、艺术类、新闻传播是最为普遍的专业要求。而这一专业背景要求情况的出现，同目前我国不少博物馆，尤其是中小型博物馆仍然将博物馆教育人员视为讲解接待人员的观念有关，而博物馆教育岗位专注于教育活动的策划和实施程度还明显不够，对博物馆教育人员职业资格的认知还存在一定偏差。

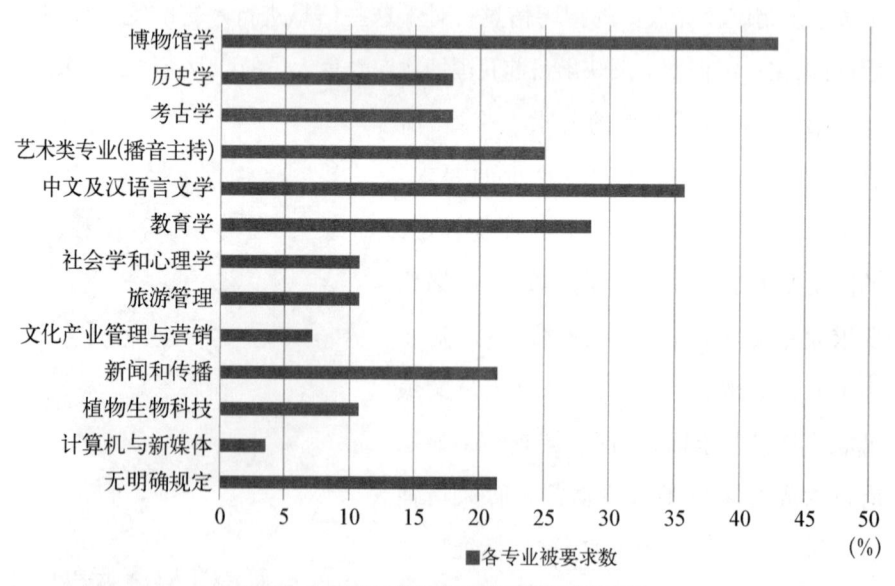

图7-8 教育人员专业背景要求比重图

第三,从素养和能力要求上来看,具体提出素养和能力要求的岗位并不多,有14%左右的岗位提出博物馆教育人员需要有策划和组织能力,10%左右的岗位要求有良好的沟通和表达能力,7%左右的岗位要求有一定的艺术特长,不到4%的岗位要求有亲和力、计算机技术和良好的学习能力。(见图7-9)而这同上文所提到的国际上对于博物馆教育人员所要求的素养和能力相比,较为简单和笼统。

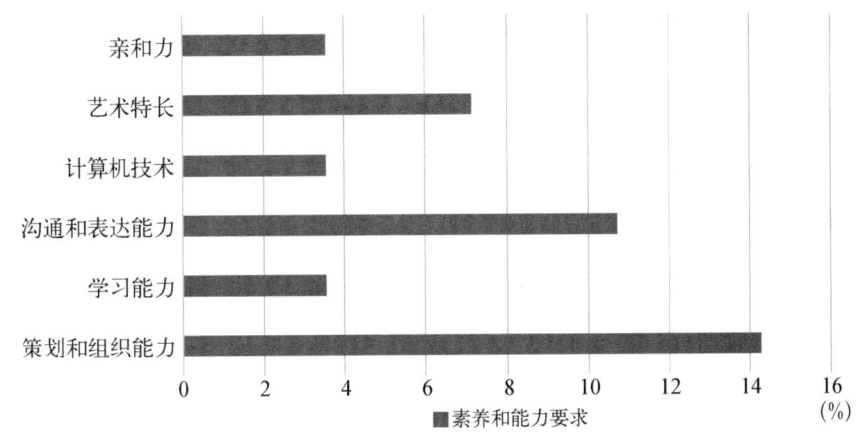

图7-9 教育人员素养和能力要求比重图

第四,从工作经历要求上来看,有近30%的岗位提出了博物馆教育人员的工作经历要求,其中14%的岗位要求有一定的工作经历,但未明确指出工作经历年限,有11%的岗位要求有1年以上的工作经历,4%的岗位要求有3年以上的工作经历。(见图7-10)可见,工作经历方面国内的博物馆教育岗位并没有过高的要求,但是拥有一定的博物馆相关工作和教育教学的经历能够在应聘时被优先考虑。

此外,进一步将信息发布的机构进行级别划分,可知不同级别的机构对于博物馆教育人员职业资格要求有所不同,从而在建立博物馆教育人员职业资格标准时能满足各级单位的要求。

第一,学历水平方面,图中显示无论是省级及以上级别单位,还是省级

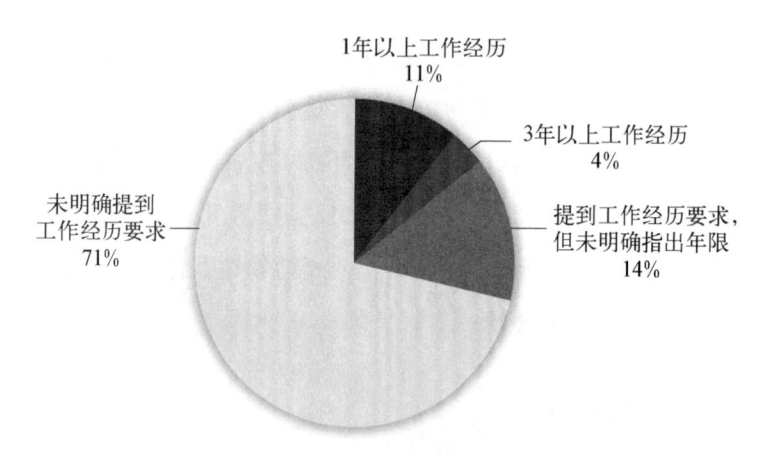

图 7-10 教育人员工作经历要求比重图

以下级别单位,本科及以上学历要求所占比重皆为最高,均在六成左右,即无论单位级别的高低这都是大部分岗位的最低学历要求。(见图 7-11)而研究生学历要求的比重,省级以上级别单位为 25%,省级以下级别单位为 12.50%,后者比重较低。

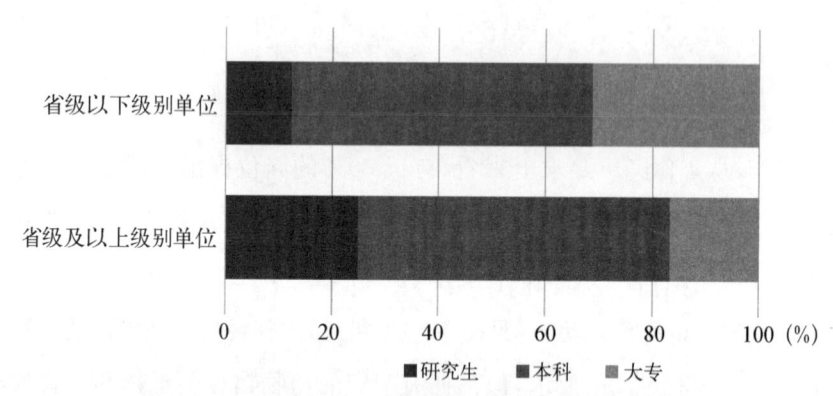

图 7-11 各级单位教育人员最低学历要求比重对比图

第二,专业背景方面,各组单位的要求都比较分散,但从总体分类上来看,博物馆学、中文、艺术类和新闻传播都是普遍的专业要求,省级及以上级别单位更多要求教育学专业背景。但两组数据中,都有 20% 左右的岗位没有提到专业背景的要求,说明对博物馆教育人员而言,专业背景更多元化。(见图 7-12)

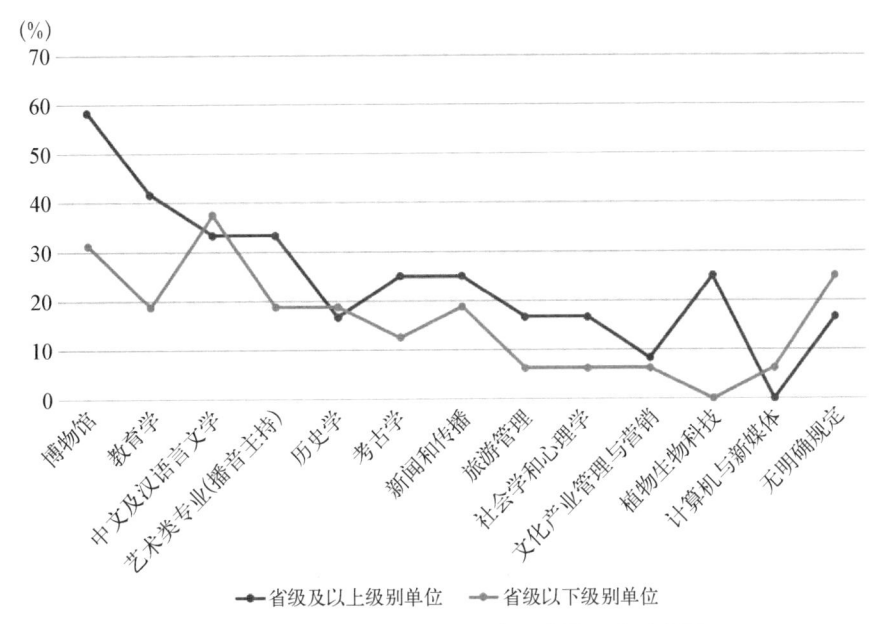

图 7-12　各级单位教育人员专业背景要求对比图

第三,工作经历方面,省级以下级别单位和省级及以上级别单位都有三成左右的岗位要求有相关工作经历,后者的比重稍高。而在具体年数方面,省级及以上级别的单位有提到 1 年或 3 年的,省级以下级别的单位有提到 1 年的。从这一点上看,前者的要求稍高于后者。但这两组数据都显示工作经历并不是博物馆教育岗位最主要的要求,而是作为筛选应聘者的辅助参考依据。(见图 7-13)

综上,从博物馆教育人员职业资格的最低要求来看,各级别单位的要求并没有存在明显的差异,在制定博物馆教育人员职业资格标准时,基本可进行统一的考量。大体上,博物馆教育人员的职业资格中最重要的包括以下几点:

(1) 具备良好的职业道德,能够遵循文博从业人员的《职业道德准则》,对文化遗产事业和教育事业都充满热情。

(2) 与博物馆学、教育学、博物馆教育、本馆性质相关的专业知识背景。

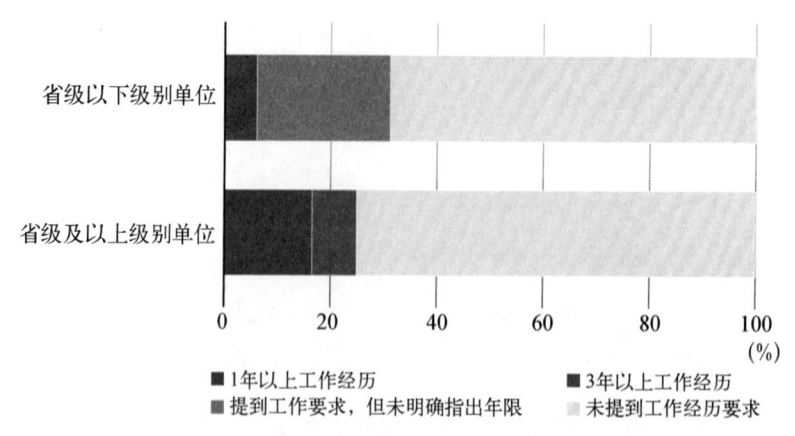

图 7-13　各级单位教育人员工作经历要求对比图

（3）表达能力，包括笔头和口头。

（4）人际交往能力，包括与不同对象的沟通能力。

（5）创新能力，能够策划和设计博物馆教育活动。

（6）学习能力，包括跨学科的学习与运用能力（心理学、传播学等）、一定的学术研究能力。

就博物馆教育人员的学历背景和工作经历而言，具体包括：

（1）学历水平：一般要求本科学历，也有一些单位要求研究生及以上学历。

（2）专业背景：包括博物馆学、中文及汉语言文学、艺术类、教育学、新闻传播等专业。

（3）工作经历：有若干年从事博物馆教育相关工作经历的为优。

三、我国博物馆教育人员职业资格的分析

从上文分析中，可以看出国外与我国的博物馆教育人员在工作职责上并没有明显差异，在确定我国博物馆教育人员职业资格时，可以借鉴国外做法。据此，可得出我国博物馆教育人员的职业资格要求。

（一）个人素养和才能

教育人员作为博物馆发挥社会教育职能的主要承担者，必须有良好的

职业道德，同时具备出色的沟通能力和表达能力、组织管理能力、创新能力、学习与研究能力等。

1. 良好的职业道德

教育人员所面对的工作对象具有多样性、广泛性、不确定性等特点，甚至包括孩子、学生、残障人士等诸多群体，教育人员需要对文化遗产事业和教育事业充满热情，致力于博物馆社会教育和对外服务职能的发挥，具有良好的品行，能够遵守《中国文物、博物馆工作人员职业道德准则》。

2. 一定的专业知识

专业知识既涉及教育活动内容本身相关的学科知识，也包括博物馆运营管理、学校教育教学等基础性知识。具体包括：

（1）博物馆、博物馆教育、学校教育相关政策法规。

（2）博物馆学、博物馆教育，以及与所在博物馆性质相关的学科知识，例如历史、艺术史、美学、自然科学、民俗等知识。

（3）教育学、学校教育教学的基本理论与方法。

（4）展览策划和实施的相关知识和技能。

（5）最好掌握一些跨学科知识，包括心理学、传播学等。

3. 沟通与表达能力

博物馆教育人员需要与不同对象进行大量的交流，与各类合作者的沟通，更包括与教育活动的受众进行信息的传递。教育人员沟通能力的强弱直接影响博物馆教育活动的实施效果。沟通能力具体包括：

（1）语言和文字表达能力。

（2）人际交往能力。

（3）公共展示与演讲能力。

（4）团队协作能力等。

4. 组织与管理能力

在博物馆教育活动的策划与实施过程中，组织合作伙伴、目标对象。组织与管理能力具体包括：

（1）领导能力，尤指在教育活动的策划和实施过程中的组织与协调。

（2）监督和管理能力，包括对相关人员、活动设施、活动材料的管理，以及预算、经费等在内的各项活动事宜的安排。

5. 创新能力

有能力不断设计和策划不同内容和形式的教育活动，并且贴近不同观众群体的需求。

6. 学习和研究能力

博物馆教育是一个理念和信息更新都较为迅速的领域，教育人员为了更好地履行自身职责，必须紧跟国内和国际趋势，了解社会和观众需求。学习能力和研究能力具体包括：

（1）学习能力，不断进行自身知识水平的提升，了解国内外博物馆教育的最新理论研究成果、理念革新情况和最佳做法，以及学校教育改革的最新动态及学校教学大纲内容，并与博物馆教育活动的内容、形式相融合。

（2）研究能力，包括观众调查和研究、教育项目评估、博物馆教育研究等内容。

7. 计算机及多媒体技能

对计算机技术、多媒体技术，尤其是与博物馆教育活动相关的一些软件和网站有较高熟悉度。

（二）学历水平和专业背景

就学历水平而言，基于目前我国博物馆教育人员需求量大的现实情况，不同级别的博物馆可作差异性要求。一般县级博物馆和地级市博物馆的教育人员应该具备大专及以上学历，省级博物馆和国家级博物馆的教育人员应该具备学士学位及以上学历。

就专业背景而言，应当具有与博物馆教育相关的专业背景，但并不仅限于此。具体可包括：

(1) 与博物馆教育相关专业：博物馆学、博物馆教育等。

(2) 与教育教学相关专业：教育学、心理学等。

(3) 与所在博物馆性质相关专业：历史、艺术史、美学、自然科学、人类学、社会学等。

(三) 工作经历

基于博物馆教育工作的实际需求，教育人员应当具有曾在博物馆、或文化/教育机构中工作的经历，尤以与观众服务相关工作为优。此外，教育人员最好具有在正规或非正规教育领域中的实际工作经历，包括课堂教学经历、课外活动经历等。

第八章
我国博物馆职业资格认证标准体系的建立

通过前文对博物馆核心业务人员职业资格的探讨,就建立认证制度的标准体系已经形成了一定的基础。标准体系是这一制度的核心组成部分,不仅涵盖了博物馆各个核心业务岗位的基本任职要求和职业素养标准,同时也明确了具体的认证方式,以及各方式所适用的基本范围。

第一节 标准体系的构建要素

明确标准体系构建要素,其意义主要在于:反映标准体系的基本构成;确保标准体系在建立和实施的过程中有基本的遵循依据和行为准则,并形成必要的认证伦理;明确认证者和被认证者的权利和义务,以及两者间的关系;预判环境因素对认证制度的影响,为降低影响程度制定相应的对策;等等。总之,其根本意义在于使得标准体系更具针对性、规范性和可控性。

一、认证目的与立足点

根据国家人力资源和社会保障部《关于大力推进职业资格证书制度建设的若干意见》中所提出的发展目标,结合我国博物馆从业人员现状和我国博物馆人才队伍建设的相关要求,我国博物馆职业资格认证标准体系建立的目标为:通过对博物馆核心业务岗位职业资格标准的设立,建立我国博物馆从业人员的职业资格评价体系,规范我国博物馆的选人用人标准,确保最终能够进入博物馆工作的人员在知识水平、专业技术水平和综合职业能力水平等方面都能够达到博物馆实际工作的需要,从而全面提升博物馆从业人员的职业素质,实现博物馆人力资源的优化配置。同时,促使博物馆人才发展环境进一步改善,让博物馆人才培养更具针对性,与博物馆实际工作的衔接更为紧密。在上述发展目标的实施基础上,最终实现加强我国博物馆人才队伍建设,促进我国文化遗产事业进一步发展的长远目标。

在上述目标下,建立标准体系的立足点就是博物馆各岗位工作的实际需求,以及我国博物馆从业人员和人才培养的现状。设立的标准必须符合博物馆各项工作的操作流程和规范,并且以文化遗产事业的整体发展方向作为评判与衡量的主要依据。

二、认证原则

认证制度的建立原则既强调这一制度在设立、实施和组织管理的过程中应当始终秉持合理合法合规的运行准则,同时也强调了这一制度应当在博物馆人才队伍建设的过程中发挥应有的作用,在权威制度的范畴内,为我国文化遗产事业鉴别出可用之才。具体的认证原则包括:

(一)依法构建原则

博物馆职业资格认证制度的建立和实施都应当以法律为准绳,形成科学规范的认证体系。相关法律法规和政策措施有助于使该制度的各环节工作都有章可循,不仅能够保障博物馆职业资格的法律地位和博物馆职业资格证书的法律效力,同时也能够为制度的制定、实施和监管做出必要的指导和规范。

(二)公开原则

资格认证所涉及的对象数量大、范围广,同时资格认证的目的是为博物馆选拔合适的岗位人选,也帮助博物馆从业人员得到必要的职业能力证明。因此,制度的认证规定、认证标准、认证流程和认证结果等各环节信息都应当具备公众的可及性,向公众公开,同时开通必要的投诉渠道,接受公众的监督和质询,即对于该认证制度而言,公众和监管部门应当具备知情权、选择权和监督权。

(三)平等公正原则

平等对待也是公正的根本支撑,认证制度应当对所有的资格认证申请者一视同仁,向满足申请条件的申请者提供均等的机会,避免特权和歧视,严格执行认证制度的相关规定和流程,防止徇私舞弊,保证认证结果确实符合资格认证所设立的标准。

(四)竞争择优原则

认证标准在设立时不宜过低,应当做到能够确实甄别资格认证申请者之间的差异性,同时也需要满足博物馆各类工作岗位的实际要求。认证标准应当充分结合博物馆对从业人员的学历水平、专业知识、专业技能和综合职业能力的要求,形成全方位的认证标准体系,并由此在申请者之中形成必要的良性竞争,建立淘汰机制。

(五)权威性原则

认证制度在草创阶段可视为一个参考性框架,但这一框架中所涉及的认证标准、认证方式、认证流程等各环节要素都应当以清晰的规章为基准,通过权威机构发布、实施和监管——保障资格认证的标准合理、流程清晰、执行规范,同时,在资格认证的实施过程中,依靠严格的组织管理体系,对资格证书的质量做严格的把控,最终在长期发展的过程中形成博物馆核心业务岗位任职所必要的资格证明。

(六)普适性原则

认证制度所针对的是博物馆主要业务岗位的从业人员,不存在地区差异性、博物馆规模与类型差异性、博物馆性质差异性,只存在不同业务岗位的岗位差异性。因此,认证标准应当适用于最广泛的博物馆从业人员,尤其是业务人员群体之中,不应区别对待,促使博物馆主要业务岗位的从业人员都能获得相应的职业资格。

三、认证主体与对象

一般而言,我国职业资格认证的主体包括国家人力资源和社会保障部、行业行政主管部门、行业协会等,就我国文博行业的这一制度而言,相应可作为认证主体的部门机构包括人力资源和社会保障部、国家文物局和中国博物馆协会等机构组织。这三者之中,国家人力资源和社会保障部具有最高的认证效力和权威性,统管全国各个行业的职业资格认证工作,具有丰富的管理和执行经验,其所颁发的职业资格证书具备最广泛的质量认可度,但是目前国家人力资源和社会保障部缺乏针对博物馆相关职业的国家标准,对博物馆的工作实际了解不深,这是人力资源和社会保障部在实施博物馆职业资格认证制度过程中存在的弱势;国家文物局领导、管理和指导全国的文博工作,对我国博物馆从业人员的情况和资格认证的建立基础都有最充分的把握,并且国家文物局的机构职责中就包括"负责文物和博物馆事务相关的资质资格认定的管理工作"[1],在国家文物局针对文博行业相关的资格认定工作中也具备了丰富的经验,但就认证效力和权威性而言,国家文物局与国家人力资源和社会保障部相比稍弱;中国博物馆协会(简称博协)是我国博物馆行业最权威的行业组织,但博协是相关组织和个人自愿结成的社会团体法人,不具备行政管理权力,其主要职能是辅助与促进文化遗产事业的发展,因此在上述三者之中博协认证效力和权威性最弱。此外,在近几年国务院所发布的关于取消一批职业资格许可和认定事项的相关通知中显示,国务院进一步取消由行业协会设定的职业资格认证事项。

---

[1] 国家文物局·机构概况·机构职能·主要职责,载国家文物局网,http://www.sach.gov.cn/col/col1020/index.html。

综上，无论是从权威性和实施效力角度来看，还是从对我国文化遗产事业发展情况的掌握程度来看，相对合适的认证主体可以是以国家人力资源和社会保障部为最高领导，委托文旅部及其下属的国家文物局为承办实施机构，负责组织、管理和实施我国博物馆职业资格的认证工作，同时各地的协办机构应当包括各级文物行政管理部门、博物馆职业资格鉴定中心等。

博物馆职业资格认证制度所针对的职业类型主要包括博物馆馆长、博物馆藏品保管人员、博物馆展览设计人员、文物保护与修复人员、博物馆教育人员等。而认证制度所面向的申请者，应当包括所有满足申请条件的在职博物馆及相关机构的从业人员、高校和职业院校博物馆相关专业的学生和毕业生，以及其他欲进入博物馆领域工作的人员。在认证制度建立的初期，需要同我国博物馆从业人员的现状和现行的博物馆人员评价体系实现合理过渡，因此，目前在职的博物馆及相关机构的从业人员应当是认证制度的主要对象之一，同尚未进入博物馆工作但有此意愿的人员并重，而在认证制度发展成熟后，制度所针对的认证对象的重点应当放在尚未进入博物馆及其他相关机构工作的人员，包括高校和职业院校的学生和毕业生，以及其他欲进入博物馆领域工作的人员等，使得认证制度真正成为进入博物馆工作的"准入门槛"。

四、认证的环境因素

认证制度的认证效果和认证质量会受到制度内外环境的影响。对内外环境影响因素的充分把握能够使制度更有序地施行，对可能出现的风险有预判和掌握，降低运行成本。环境因素可包括制度外的经济、文化、政治和法律环境因素，以及制度内的组织和个人等环境因素。

（一）制度外部环境因素

影响认证制度的外部环境因素指的主要是制度所处的宏观环境对制度建立和实施的影响，包括法律环境、政策环境、经济环境、文化环境、市场环境和国内外文化遗产事业发展情况等。法律环境是认证制度的最根本保障，也是认证制度建立和实施的最根本依据。制度的公正性、权威性、科学性、有序性的根源都来自法律制度的支撑。政策环境是认证制度建立和实施的风向标。政策以法律法规为依据，结合当下社会大环境和文化遗产事业的发展情况而制定发布，成为认证制度制定和实施的具体指导和引领。相较于法律环境的稳定性，政策环境的灵活性和不确定性更大。经济环境是认证制度的主要支撑，良好的经济环境意味着社会整体的有序和稳定，同时制度的实施也需要一定的资金保障，即资格认证的运行经费需要依靠政府的财政拨款。文化环境是认证制度的社会支持。文化环境中对于文化遗产事业发展的关注度和投入力度，会影响到整个社会对文化遗产事业的重视程度，并将进一步影响社会对于建立和实施认证制度的积极性和支持水平。市场环境和国内外文化遗产事业发展情况是认证制度建立和实施的依据所在，以及有效性检验的主要途径。市场环境中供求的实际情况和文化遗产事业发展的实际情况都决定了认证制度的必要性和可行性，在审视和研究这一外部环境因素时，也能不断地对制度进行完善，从而达到预期效果。上述外部环境的任何一个因素的变化都会对认证制度带来宏观影响，包括认证制度的指导方针、战略规划、长期目标、实施方式等都将随之改变。

（二）制度内部环境因素

影响博物馆职业资格认证制度的内部环境指的主要是制度内部的组织框架、人员配置、运行机制、资源配置等因素。组织框架主要指认证制度内部的组织管理结构，良好的组织框架能够确保各个层级的管理和执行部门做到分工明确、各司其职、相互协作和相互监督。人员配置是指在认证制度的管理和执行过程中的人力资源管理事宜。各环节工作都应当由专人负责，他们需具备必要的工作资格和执行能力，并且有良好的职业道德素养，以确保制度的公正性和有效性。运行机制是指在管理和执行认证制度的过程中所应当予以发挥制度功能的作用方式，运行机制应当以制度的实际目标和需求为根本依据,既需要维持制度的稳定性,也需要以完善制度为目的而不断创新,持续提升制度的工作实效。资源配置是指认证制度内部的物资、经费、信息和其他资源,以多元的获取途径和合理的分配方式得以充分利用。认证制度的内部环境因素决定了制度运行的组织成本、人力成本、经济成本等,以及制度运行是否流畅高效。

第二节　认证方式

博物馆职业资格认证方式是认证制度标准体系的重要组成部分之一,也是资格认证审查者和申请者都需要遵循的资格获取途径。长期以来,我国博物馆都未设立过职业资格认证制度,因此,新制度的建立必然需要将各方需求和实际情况都纳入考量,为了更好地在认证制度、博物馆从业人员现状和博物馆人才队伍建设工作之间建立起有效的衔接,认证制度应当参考其他国家和地区的已有经验,以及我国其他行业的已有经验,设立多种方式并存的认证方式,具体包括学历认证、资格考试认证、资格评估认证等,并在此基础上建立博物馆职业资格的认证流程。

一、认证方式的多元化需求

(一) 我国博物馆人才队伍建设的现状所需

第一,目前我国在职的博物馆从业人员的职业素养和职业能力水平存在着明显的良莠不齐现象,甚至有不少完全缺乏文博工作基本专业知识和专业技能背景的人员存在,总体上,我国博物馆从业人员的结构现状较为复杂,整体水平偏低。

第二,我国博物馆专业人才的培养和培训工作仍有较大的提升空间。专业人才的培养不能完全满足我国文化遗产事业发展的实际需求,仅仅依靠高校和职业院校的专业教育尚不能完全与博物馆实际工作相衔接。而学历和专业背景也不能成为评判博物馆从业人员职业素养和职业能力的唯一标准，不少从业人员出色的业务水平则是在日常的实践工作中慢慢积累的。

第三，目前我国博物馆主要是通过任命、社会招聘等方式聘用相关人员，而认证制度一旦建立，会对目前的选人用人方式和标准造成一定的冲击，这便要求认证制度需逐渐与现存制度之间完成过渡，不能一蹴而就。

从上述问题中可以得出，若认证制度只设立单一的认证方式，则必然会阻碍许多其他能满足博物馆实际工作要求的人员获得博物馆职业资格，而认证制度的最终目的是在最大范围内为博物馆切实甄别出能满足其核心业务岗位职业素养和职业能力要求的专业人员。因此，认证制度应当做到拓宽认证方式，但严把认证标准，即为申请者提供最广博的机会，同时对认证结果即通过率进行一定的控制。

(二)国际博物馆职业资格认证和我国其他行业职业资格认证的普遍做法

第一，国外的相关实践显示，职业资格的认证由多种方式共同组成。例如，日本的学艺员资格的获取方式就包括了学历认证、资格考试认证、资格审核认证等，为高校相关专业的学生、博物馆在职的工作人员，以及其他接受过相关学习和培训的人员提供了学艺员资格认证的机会。又如，英国的文物保护与修复人员资格的获取除了院校相关专业的培养，也能够通过PACR职业资格鉴定系统获得，不同的认证方式都具有同等的效力。

第二，国内其他行业的职业资格认证也都实行了多种认证方式。例如，我国教师资格认定的方式就包括学历和专业背景认定，以及教师资格考试认定等，不同的教师资格分别由不同的政府部门负责认定。这些成熟的认证系统都展示出了多种方式并行的成功经验，以及在实际认证操作中的可行性和广泛的适用性，也能够成为确立我国博物馆职业资格认证方式的重要借鉴。

鉴于目前我国博物馆人才队伍建设现状，以及可作为参考的国际和国内不同行业的相关经验，都显示了我国博物馆职业资格需要多种认证方式共同支撑，以为具备不同学历水平、专业背景、工作经历和职业素养的人员提供所需的认证途径，从而更全面地选出能够满足我国博物馆核心业务岗位工作要求的专业人员。基于上述探讨，目前较能适用于我国博物馆职业资格认证制度的认证方式包括学历认证、资格考试认证、资格评估认证等。

二、学历认证

学历认证，顾名思义是根据学校专业培养所获得的学历水平证明而通过职业资格认证的方式。学历认证是认证方式中最直接和最易于甄别的方式。根据国内外文博行业和其他行业的认证制度的已有经验来看，在多种认证方式并行的情况下，学历认证为最大部分人所采用，认证成本也最低。一般而言，学历认证标准的内容包括学历水平、专业背景、具体科目、对应学分数和各科目成绩等。在一些认证制度中，学历认证所要求研修过的科目包含必修科目和选修科目两大类型，针对每一个科目还会明确教学大纲和知识点的具体要求，选修科目的存在是让学生能够依据自身兴趣和知识结构特点有更多的选择。

许多国家的学历认证方式都与学校教育建立了衔接机制，尤其是与职业教育建立了联系，即所谓的"双证"——学历证书和职业资格证书的互融关系，这意味着学生在校期间达到了必要的课程研修要求，并获得学历证书之后，就可以直接获得相应的资格证书。同时，一些国家和地区还在终身教育的体系之中建立了"学分银行"制度，通过新型的学分管理制度实现在不同类型的教育形式中获得的学习成果的认证和互换，并获得相应的资格证书。但是学历证书与其他形式的证书若要形成有效对接，则必须依靠一些重要基础作为支撑，包括健全组织管理体系和认定标准、具备充足的学科培养后劲、确保院校教学培养水平达到必要的职业能力培养标准、完善课程教学体系和教学资源等。

因此，学历认证将由学校和行业资格认证机构共同作用，而这两者之中的主导倾向则由不同的学历认证情况和需求而决定,就本书所欲建立的认证制度而言,应当是以博物馆工作需求为出发点,即学历认证主要由资格认证主体进行主导,高校和职业院校予以辅助。

下文以日本学艺员认证制度中的学历认证方式和新西兰国家资格框架中的博物馆实践证书为案例进行研究,并从中汲取相应的成功经验。

(一)案例研究一:日本学艺员认证制度中的学历认证方式

日本《博物馆法》中对学艺员的认证条件予以了明确规定,其中有关学历认证的规定有两条,包括"(1)拥有学士学位,并根据文部科学省条例规定在博物馆相关科目中获得大学学分。(2)在大学学习两年以上,并在博物馆相关科目中获得 62 学分或更多学分,拥有 3 年以上的助理学艺员经验"①。《博物馆法》中指明了学艺员资格中学历认证的两条途径,第 1 条是针对学士及以上学历水平的人员,他们在高校所修的科目中必须包括相应的科目,并且科目所对应的学分也应当达到相应的要求;第 2 条是针对大学学习未满 4 年,但具备一定的助理学艺员工作经验的人员,这一方面能够帮助尚未获得学士及以上学历的人员能够有机会获得学艺员资格的认证机会;另一方面也是助理学艺员转为学艺员的重要途径之一。

根据日本《博物馆法》《博物馆法施行规则》相关规定,日本文部科学省又进一步明确了学历认证所要求修读完成的科目和学分,并在 2012 年时根据实际情况和需求做了修改,修改前后的对比情况可见表 8-1。由此可见,学历认证中所修科目必须包括:生涯学习概论,即对日本及国外社会教育和职业生涯规划的整体认识;博物馆概论,即对学艺员培养情况的了解,掌握学艺员的职责、相关法规、历史、研究史和组织体制等基础知识;博物馆经营论,即掌握博物馆管理运营和经营理念等相关知识,了解博物馆的行政、财务、组织、职员、设施管理等情况;博物馆资料论,即掌握博物馆资料的收

---

① 中国国家文物局、中国博物馆协会编:《博物馆法规文件选编》,科学出版社 2010 年版,第 180 页。

集、整理、保管和研究等内容;博物馆情报·媒体论(博物馆信息传播),即掌握博物馆展示传播过程中的视听特性,以及各种传播方法;博物馆资料保存论,即对保存博物馆藏品及其他资料的相关内容做进一步学习;博物馆展示论,即掌握博物馆展览的历史、方法技术、理念和其他相关知识;博物馆教育论,即掌握博物馆针对社会教育机关实施教育活动所需的相关知识;教育学概论,即掌握教育学相关理论和实践做法,理解教育的本质;博物馆实习,即通过实习了解学艺员职责范围内的业务工作。学生参加实习的地点要求是已注册的博物馆或具有同等设施和资源的机构,3个学分中1分是校内实习课的学分,另外2分是在博物馆和其他相关机构的实习学分。根据日本《博物馆法》的相关规定,实习总时长应不少于两周。从法定科目的要求来看,科目内容紧密遵循了学艺员的职责范围,保证以学历认证方式获得学艺员资格的人员对学艺员工作的方方面面都已有所掌握。

表8-1 学艺员资格学历认证所要求的科目及相应学分[1]

科 目	学分 变更前	学分 变更后
生涯学习概论	1	2
博物馆概论	2	2
博物馆经营论	1	2
博物馆资料论	2	2
博物馆情报论	1	
视听·教育媒体论	1	
博物馆情报·媒体论		2
博物馆资料保存论		2
博物馆展示论		2

[1] 张昱:《日本学艺员制度及其对我国建立博物馆职业资格认证制度的启示》,《博物馆研究》2014年第4期。

续表

科　目	学　分 变更前	学　分 变更后
博物馆教育论		2
博物馆实习（校外）	3	3
教育学概论	1	
合计必要学分	12	19

各个大学根据《博物馆法》《博物馆法施行规则》的相关规定，开设了针对学艺员培养的相关课程，以配合学艺员的资格认证。例如，日本爱媛大学就根据法定科目制定了相应的学艺员培养课程，可见表8-2。由表可知，日本高校所开设的课程与法定学艺员资格认证所必修的课程是紧密挂钩的，可见，日本高校有关学艺员的专业培养非常有针对性，囊括了法定的所有科目，并在此基础上衍生出了其他相关科目，由此做到了高校专业教育和学艺员职业资格的有效衔接。

表8-2　爱媛大学开设科目与法定科目的对比[①]

法　定　科　目　名	爱媛大学的对应科目	
生涯学习概论	生涯学习论·概论	大三下
博物馆概论	博物馆概论	大一上
博物馆资料论	博物馆资料论	大三下
博物馆经营论	博物馆经营论	大二上
博物馆情报·信息传播论	博物馆情报·信息传播论	大二下
博物馆教育论	教育本质论	大二上
博物馆教育论	博物馆教育论	大二上
博物馆资料保存论	博物馆资料保存论	大二上

---

① 内部资料：日本爱媛大学交流访问中的《日本学艺员资格取得课程》展示内容，2014年12月15日。

续　表

法 定 科 目 名	爱媛大学的对应科目	
博物馆展示论	博物馆展示论	大一下
博物馆实习	博物馆实习Ⅰ·Ⅱ	大　四

日本学艺员的学历认证是非常典型的职业资格学历认证方式，涉及了学历认证所要求的学历水平、研修科目、获得学分数等各个方面，并由这些方面共同决定申请者是否能够通过学历认证来获得学艺员资格。同时，通过学历认证标准的设立，能够有效帮助开设相关专业的院校建立更科学的课程教育体系、形成更以博物馆实际需求为导向的课程内容。教学大纲与博物馆职业需求的挂钩能够进一步建立学校专业教育与职业资格的衔接。此外，尽管学艺员的学历认证标准是在法律法规中明确规定的，但这并不意味着这一标准在长期内始终保持不变，其亦随着文化遗产事业发展的实际需求而不断进行完善和调整。

(二) 案例研究二：新西兰博物馆国家实践证书

国际上不少国家都设有国家资格框架体系，例如，英国的国家资格框架 (National Qualification Framework，NQF)、欧盟的欧洲资格框架 (European Qualification Framework，EQF)、澳大利亚的资格框架 (Australian Qualification Framework，AQF)，以及新西兰的资格框架 (New Zealand Qualification Framework，简称 NZQF) 等，这些资格框架都是由政府主导，并获国家认可的学历认证体系，旨在为构建终身学习型社会而确保个体都能获得较高质量的教育，并同职业资格建立衔接。在这些框架体系中都存在着针对博物馆工作的资格认证板块。以新西兰资格框架为例，NZQF 共将学历分为 10 个等级，10 级最高，1 级最低，具体等级与对应学历可见表 8-3。不同级别中都有涉及博物馆相关领域的板块，并对认证所需达到的学分数、课程级别、论文和其他要求做了明确规定。

表8-3 新西兰资格框架等级与学历对应①

资格框架等级	学 历 类 别
10级	博士学位(Doctoral Degree)
9级	硕士学位(Master's Degree)
8级	研究生文凭和证书(Postgraduate Diplomas and Certificates)、荣誉学士学位(Bachelor Honours Degree)
7级	学士学位(Bachelor's Degree)、本科文凭和证书(Graduate Diplomas and Certificates)
6级-5级	文凭(Diplomas)(与国内大专文凭相似)
4级-1级	证书(Certificates)(与国内技师证等职业资格证书相似)

新西兰资格框架4级中涉及博物馆实践(Museum Practice)和博物馆服务(Museum Service)等资格证书类型。以博物馆实践证书为例,4级博物馆实践证书所提出的博物馆所需的工作技能和知识要求,针对的是正在接受的职业训练,或正在新西兰博物馆中工作或担任志愿者的人员,岗位级别从入门级到中级。这一资格也可能被运用于博物馆专业领域内有资质的博物馆专家身上,以确保他们对特定的博物馆工作有广博的知识。博物馆实践的学历认证要求达到60学分,这一资格包含一项必修部分和两项选修部分。必修部分要求达到39学分,涉及与下列事务有关的重要技能和知识,包括:博物馆藏品维护;博物馆中与毛利族相关的知识;新西兰社会主义党内的博物馆其目的、职能和责任;处理和提出博物馆公众项目计划。(具体标准可见表8-4)选修部分由选修部分1和选修部分2两部分组成。选修部分1要求达到6学分,申请者可以在两种标准间选择,都涵盖了与博物馆观众接待或博物馆安全要求相关的技能和知识。(具体标准可见表8-5)选修部分2要求达到15学分,该部分又由A、B两组内容构成,只需满足其中任意一组要求

---

① New Zealand Qualifications Authority, *The New Zealand Qualifications Framework*,载新西兰国家资格认证机构网,http://www.nzqa.govt.nz/assets/Studying-in-NZ/New-Zealand-Qualification-Framework/requirements-nzqf.pdf, May 2016.

即可。A组要求申请者在博物馆藏品、博物馆公共服务两个方向的标准中满足其一。(具体标准可见表8-6)B组要求申请者可以在艺术史、毛利文化和观众传播等方向中达到至少15学分的标准。(具体标准可见表8-7)

表8-4 博物馆实践资格认证的必修课程标准

内　　容	级　别	学　分
阐释博物馆藏品管理的知识和技能	4	9
阐释博物馆中毛利族角色的知识	4	10
解释新西兰社会主义党内的博物馆的宗旨、职能和责任	4	10
阐释开发博物馆公众项目的知识和技能	4	10

表8-5 博物馆实践资格认证的选修部分1标准

内　　容	级　别	学　分
阐释接待博物馆观众的知识和技能	4	6
阐释博物馆安全和安保所要求的知识	4	6

表8-6 博物馆实践资格认证选修部分2的A组标准

博　物　馆　藏　品		
内　　容	级　别	学　分
阐释博物馆藏品发展知识	4	8
阐释公众接触博物馆藏品途径的知识	4	9
阐释博物馆中预防性保护实践的知识和技能	4	6
博物馆公共项目		
内　　容	级　别	学　分
开发博物馆公众项目计划	6	12
博物馆公众项目实施的管理	6	12
评估博物馆公众项目	4	6
博物馆展览安装的项目管理	6	14
阐释为博物馆展览计划巡展线路的知识	6	6

表 8-7　博物馆实践资格认证选修部分 2 的 B 组标准

艺　术　史		
内　　　容	级　别	学　分
评估艺术工作不断变化的接受度和阐释	4	4
调查艺术机构的职能及其社会关系	4	4
毛　利　文　化		
内　　　容	级　别	学　分
Whakamōhiotia, whakamāramatia te pānga o te Māori	4	6
Pānui i ngā whakapuakinga kōrero o ia rā, o ia rā	4	10
观　众　传　播		
内　　　容	级　别	学　分
发展和策划阐释性展览,并汇总反馈	4	10

新西兰资格框架通过科目控制、学分控制、板块选择等方式对博物馆从业人员和在校学生进行学历认证,使得他们能够依据自身的知识结构特点,达到博物馆不同工作所必要的专业知识水平。但是各国的资格框架基本都是从终身教育的角度作为标准设立的出发点,形成个人学历水平和专业知识水平的国家认证,同时在资格框架中实现学历证书和职业资格证书的衔接。这与本书所欲构建的资格体系有相似之处,也存在着明显不同。相似之处在于学历认证将是我国博物馆职业资格认证方式的重要组成部分,而资格框架体系中的学历认证包括了学科、学分、必修和选修等内容与方式,这些都能够为我国提供良好的借鉴。但不同之处在于,以新西兰资格框架为例,其资格证书的管理和颁发机构是新西兰资格管理局(New Zealand Qualification Authority),隶属于国家教育部,他们是以教育为出发点和落脚点的。但是我国的博物馆职业资格认证制度是以博物馆工作的实际需求为出发点的,是职业能力的认证,同时资格证书的管理和颁发机构应当是国家人力资源和社会保障部。因此,两者无论是在性质上还是在评判内容上都有明显的差异。

(三) 学历认证的可行性分析

认证方式是认证制度在实施层面的最核心组成部分,一定程度上,认证方式的可行性直接反映了认证制度的可行性。因此,对认证方式的可行性分析具有十分重要的意义。基于对有关学历认证基本信息的介绍和其他国家地区博物馆从业人员学历认证经验的探讨,下文将借以管理学中的SWOT模型探讨学历认证、资格考试认证和资格评估认证这三种认证方式的可行性。SWOT分别指Strength(优势)、Weakness(劣势)、Opportunity(机遇)和Threat(威胁),其中,优势和劣势主要来自分析对象的内部因素,机遇和威胁主要来自分析对象的外在因素。因此,SWOT模型能够综合分析会对对象产生影响的内外条件,形成较为全面的判断。学历认证可行性的SWOT分析可见图8-1。

	S	W
内部环境	1. 高校和职业院校都已设立一定数量的文博相关专业,并初步形成不同培养方向和不同学历层级的培养模式。 2. 学校积极探索新型教育模式,并不断更新教学内容。 3. 学校与文博单位不断建立合作关系,并初步探索学历证书和博物馆职业资格证书的衔接机制。 4. 学历认证标准的建立难度相对较低,评判依据清晰,可操作性强。	1. 缺乏文博专业各培养方向的课程大纲标准。 2. 部分文博专业的教学内容与博物馆事业发展需求脱节。
	O	T
外部环境	1. 博物馆学科建设受到广泛关注。 2. 博物馆专业人才培养成为国家相关部门的重点工作之一,并逐步提升政策和经费等方面的扶持力度。 3. 学历认证在其他国家和地区以及其他行业的职业资格认证制度中已被广泛运用,积累了不少可借鉴的成功经验。	1. 学历认证缺乏政策法规层面的保障。 2. 缺乏对各校文博专业教学质量的评估标准。 3. 对博物馆学科的认识程度和重视程度还需进一步提升。

图8-1 学历认证可行性的SWOT分析图

由图8-1可知,总体上,学历认证方式从内外因素看都具备了一定的建立条件,无论是学校层面,文博行业层面,还是政府层面都在积极推进博物馆学学科建设和人才培养的相关工作,同时其他国家和地区以及其他行业也具备了相对成熟的学历认证经验。而内外因素中的"劣势"和"威胁"主要存在于目前我国高校和职业院校文博专业的课程大纲、教学内容,以及授课方式与理念等方面,不过其中存在的问题基本都能够依靠"优势"和"机遇"中工作的开展予以克服和缓解。因此,学历认证的可行性较强,实施成本也相对较低。

(四) 我国博物馆职业资格认证制度之学历认证方式的发展对策

1. 制定学历认证标准

根据博物馆各职业的实际要求制定学历认证所需达到的各项要求,包括针对不同博物馆职业所需研修的科目名称和所需完成的学分数量等。若将标准进一步细化,则需要对每一个科目提出具体所要达到的知识点要求。科目可由必修科目和选修科目共同组成,必修科目包括了不同的博物馆专业人才类型所必备的专业知识和技能要求,选修科目主要在一定的学科范围内提供不同的科目选择,使得学生能在专业学习的过程中根据自身兴趣和知识结构特点而有所侧重。学分分配主要由课程课时所决定,一般而言必修课程的课时较长,被分配的学分也相应较多。学历认证的标准不是一成不变的,而是会随着文化遗产事业的发展和博物馆工作实际需求的变化不断地调整,所以标准是相对动态的,在调整过程中使标准更趋于合理。

2. 建立合理的院校文博人才培养体系

根据学历认证所设定的标准,可以建立院校专业培养课程设置的参考性框架,使得院校能够通过对职业资格学历认证标准和专业课程设置框架的了解,安排专业课程和教学内容,并设定合理的学分分配。参考性框架的建立一方面能够对院校文博专业的教学提供切实的指导,形成与博物馆实际工作需求相匹配的人才培养体系;另一方面也能够确保相关专业的学生能够研修认证所需的相关专业科目,获得必要的专业知识,提升职业能力。

3. 发布开设培养课程的院校名录

影响学历认证质量的最核心因素就是院校的专业培养质量。目前我国开设有文博相关专业的高校在120余所左右,职业院校为20余所,但是各院校之间的教学质量差异明显。因此,若要通过学历来判定相关人员是否具备博物馆从业资格,那么资格认证主体就首先需要明确教学质量符合认证要求的院校名单。认证主体需要就教学大纲、师资力量、教学资源等方面对院校进行资质审核,并制定名单的更新和退出机制。院校名录的发布能够敦促开设培养课程的院校保持较高的教学质量水平,进一步提升毕业生整体的专业知识和技能水平,从而保证学历认证的质量。

4. 在专业教育和职业资格之间建立有效衔接

基于上述发展对策,在确保院校专业培养质量和明确职业资格要求的情况下,尝试借鉴"双证制"经验,即将文博专业培养与博物馆职业资格建立挂钩。这也是学历认证在具体实施过程中的重要形式之一,"双证制"将博物馆工作导向的证书和学校教育导向的证书实现了融合,使得学校教育能够更满足于博物馆工作的实际需求,也降低了相关专业的学生获得职业资格的成本。

三、资格考试认证

资格考试认证对于博物馆从业人员对职业道德、专业知识和专业技能的掌握能够形成相对客观的检测。资格考试认证需要由多环节因素构成:

就资格考试认证成分的构成要素而言,主要包括资格考试主体,即资格考试的组织、实施和监管机构;资格考试客体,即资格考试所针对的考试对象;资格考试中介,即在资格考试主体和资格考试客体之间进行信息传播的媒介,在当前社会中,现代化的信息技术在信息传播过程中所扮演的角色越来越重要[1],也就意味着资格考试中介有趋于信息化、数字化和网络化的

---

[1] 吕忠民:《职业资格制度概论》,中国人事出版社2011年版,第51页。

趋势。

就资格考试的内容而言，需要明确针对各类博物馆职业的考试大纲、试题内容、内容权重、试卷长度、合格标准等要素。资格考试大纲有几种类型，包括知识点型考试大纲、实践问题型考试大纲、任务型考试大纲、知识-任务型考试大纲。[1] 知识点型考试大纲主要源自专业课程的教学大纲。实践问题型考试大纲主要源自解决实际操作中存在的问题需求。任务型考试大纲主要源自有别于实际任务的调查分析。知识-任务型考试大纲主要结合了知识型和任务型两类考试大纲，能够互相弥补两类考试大纲各自的缺陷。试题内容即根据考试大纲制定相应的试题，包括题型、题目内容等。内容权重的设定方式主要有两种，专家判断和统计分析[2]。专家判断相对主观，依赖于专家根据自身专业积累而做出的选择；统计分析相对客观，依赖于对实际操作结果的多维度分析，两者各有优劣之处。试卷长度的适用性已由各国专家研究出了不同的检测和设置理论，包括二项式理论、题目反应理论、信度理论、概化理论等，这些理论都涉及测试长度与考试信度及效用之间的关系，并提出了合理设定试卷长度的方法。以 Millman J. 提出的二项式理论为例，该理论就认为在试题长度为 9 时，能够最大限度满足测试质量，降低误差对测试结果的影响[3]。合格标准在部分资格考试中设立的是单一合格标准，在部分资格考试中设立的是多重区间合格标准，两者适用于不同的资格考试。鉴于我国博物馆职业资格制度是准入类职业资格，因此资格考试一般只需设立单一合格标准，不用多重区间的合格标准。就单一合格标准而言，设立的方法一般包括判断法、经验法和综合法三类[4]。判断法是根据接受测试的最低能力者的正确率作为依据设定合格标准的；经验法是根

---

[1] 赵世明：《资格考试的理论与实践》，上海社会科学院出版社 2007 年版，第 47—48 页。
[2] 同上，第 49 页。
[3] Millman J., *Passing scores and test lengths for domain-referenced measure*, Review of Educational Research, No.43, 1973.
[4] 赵世明：《资格考试的理论与实践》，上海社会科学院出版社 2007 年版，第 59 页。

据考试内容所涉及的外部情况,经过数据分析后而导出的推断;综合法,顾名思义即是前两者的结合,在参试对象和考试内容两者的共同影响下,借由充分的外在效标设定标准。在资格考试的内容得到初步设定之后,试题应当经过一定的审查,具体的审查项目可见表 8-8。

表 8-8　试题审核内容项目表①

序号	提要	审 核 内 容
1	内容覆盖	试卷结构分布是否合理,是否既有重点、又基本涵盖大纲各个部分
2	难易度	试卷总体难易程度是否适当,使用与备用试卷的等值(难易程度均衡)
3	观点规范	试题的提法、观点是否与引用的规范相一致,是否存在观点提法的错误等问题
4	实际相关度	考核点是否是比较重要的;应与实际工作相关程度较密切相关
5	知识结构	试卷中知识、理解、综合应用三种知识能力结构是否按命题方案要求加以配置
6	超纲边界	试卷中是否存在超纲的试题或偏题
7	提示关系	试卷中是否存在内容前后提示的试题
8	文字顺通	各类试题的文字表述是否准确通畅,是否避免引起歧义或误导
9	选择题目	题干是否包含了必要有意义的信息 选择题题干是否存在一些不相关的材料或内容 选择题题干有无可能暗示正确答案的线索 选择题的备选项是否在语法上基本相同 选择题备选项是否在词语长度和复杂性上基本相同 选择题表述的意义没有歧义,用词无遗未增 选择题的正摘答案是否都呈无规律排列
10	判断题目	是非判断题的内容是否做到了确切的是或非 是非判断题是否使用了像"经常地"之类模棱两可或程度数量不明确的术语

---

① 吕忠民:《职业资格制度概论》,中国人事出版社 2011 年版,第 69—70 页。

续表

序号	提　要	审　核　内　容
11	计算与案例题目	计算与案例分析题题干是否给考生提供了全面、充分的解题条件 计算与案例分析题是否都各自具有不同的针对性、复杂性和难易程度 计算与案例分析题的答案和评分标准是否按要点、步骤设置了分数 计算与案例分析题答题时间是否充裕（如有必要应在保密范围内试做）
12	其　他	是否有涉及民族性、性别、区域性等非公正、歧视性语言暗示或类似文字表述

就资格考试的组织管理而言，基本的考务工作流程可见图8-2，涉及非常庞杂的工作事项。从组织管理的实施阶段来看，可分为试前组织管理、试中组织管理和试后组织管理三个阶段。试前阶段的组织管理涉及发布考试计划和考纲、接受考试报名、命题和审核试题、印制和发放试卷、安排考务人员和考试时间及地点等工作。试中阶段的组织管理涉及实施考试和监督巡查等工作。试后阶段涉及批阅试卷、公布结果、资格审定、颁发证书、资格证书的后续管理及其他服务等工作。

在上文对资格考试基本信息了解的基础上，下文将以我国台湾地区公务员考试和日本学艺员资格考试为案例进行研究，并从中汲取相应的成功经验。

（一）案例研究一：台湾地区公务员考试之博物馆管理科目

根据台湾地区"公务人员考试法"的相关规定，台湾地区的公务人员考试，分高等考试、普通考试、初等考试三等，其中高等考试又可按学历分为一、二、三级。[①] 高等考试一级的应考者需具备博士学位，二级的应考者需具备硕士及以上学位，三级的应考者应为高校毕业者或普通考试相当类、科及格满3年者，普通考试的应试者应为高中及以上学历，初等考试的应试者应

---

① "台湾公务人员考试法"，载法律教育网，http://www.chinalawedu.com/falvfagui/fg23155/158101.shtml，2001年12月26日。

图 8-2　资格考试考务基本工作流程图[①]

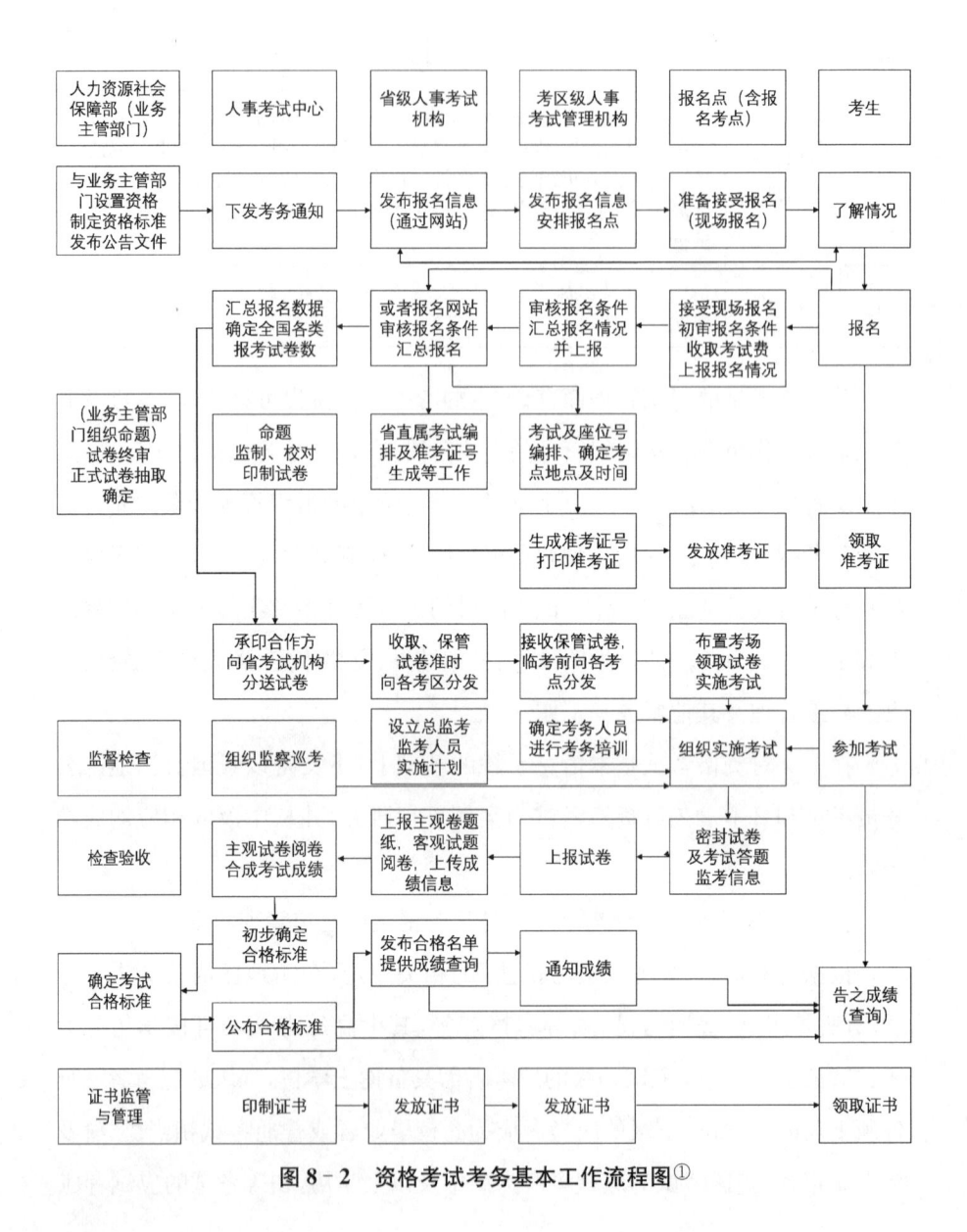

① 吕忠民：《职业资格制度概论》，中国人事出版社 2011 年版，第 76 页。

为年满18岁者。其中,高等考试三级和普通考试都设有博物馆管理职系的科类,考题与博物馆的工作相关性很大,除国文和法律知识与英文等共同科目外,高考三级的专业科目涉及博物馆学导论、台湾文化史、博物馆管理、社会教育理论与实务、世界艺术史等,普通考试的专业科目涉及博物馆学概要、社会教育概要、博物馆管理概要、台湾文化史概要等。高考三级的考试大纲可见附录4,普通考试的考试大纲可见附录5。从考试大纲来看,考试内容与博物馆管理工作实务紧密相关,涉及了对博物馆综合业务和组织架构的基本知识、社会教育理论、艺术史和文化史等内容的了解,高考三级的法定科目较普通考试多了一门世界艺术史,同时高考三级的应试要求也较普通考试更高,需要对相应知识具备更深入的了解。这样的考试科目的安排映照了博物馆管理岗位从业人员的素养要求和职责范围,即他们既需要对博物馆的各项经营管理工作有充分的认识,同时对博物馆的社会职能、机构性质也应当有深入的理解,在此基础上,对世界、中国及其台湾地区的艺术史和文化史的掌握也是相关人员自身文博素养和专业知识水平的反映。

就考试形式而言,台湾"公务人员考试法"中所规定的形式包括笔试、口试、测验、现场操作、审查相关成果和求学经历证明等。而博物馆管理科目的考试基本采用的是笔试形式,一般每年举行一次。公务员考试主要由台湾地区考试院负责组织和管理,并最终颁发资格证书,同时相关的办理试务机关会协助组织实施。

台湾地区公务人员考试的优势在于能够在当局主导的地区性统一考试中专门设立博物馆管理科目,形成相对固定和权威的博物馆管理岗位的认证考试制度,考试结果具备法律效力,也受法律保护,同时考试内容与博物馆管理岗位从业人员的职业资格息息相关,能够较为全面、客观地反映出应试人员的职业素养和职业能力。但是,其劣势在于公务人员考试原本门槛就相对较高,对应的博物馆工作科目也只有博物馆管理一个,主要针对的是博物馆的管理人员,无法面向更广泛的博物馆工作岗位,并且每年的通过率主要由每年所提供的岗位数量而决定,并非是设立了固定的合格标准。据相关统计,2016 年高考三级考试的博物馆管理科目所对应的岗位只有 1 个,但有 43 名人员报考,考试合格率仅为 3.57%[1]。可见公务人员考试的涉及面非常有限,通过率也较低。因此,台湾的公务人员考试与本书所欲建构的内容有根本属性上的差别,公务人员考试是趋向于人才选拔,而本书旨在设立博物馆整个行业的从业准入标准,但考试科目的设置和考试大纲的安排等方面的经验仍然有不少值得参考之处。

(二)案例研究二:日本学艺员认证制度中的资格考试认证方式

根据日本《博物馆法》相关规定,学艺员资格也能够通过国家统一的资格考试获得。日本文部科学省每年都会定期举行博物馆学艺员的资格认证考试。日本《博物馆法施行规则》中对学艺员资格考试的申请条件做了明确规定:

(1) 拥有学士学位。

(2) 在大学学习 2 年以上,至少获得 62 学分,并且获得助理学艺员资格两年以上。

(3) 拥有《教育职员免许法》第二条第一项规定的教育职员普通免许状,并且拥有 2 年以上从教经历。

(4) 获得助理学艺员资格 4 年以上。

(5) 经文部科学省大臣批准的与上文各条规定资格同等及以上的人员。[2]

学艺员资格考试采用笔试形式进行,考试科目由必考科目和选考科目

---

[1] 《105 年公务人员高等考试三级考试暨普通考试报考统计》,载台湾考选部网,www.moex.gov.tw,2016。

[2] 日本文部科学省:《博物馆法施行规则》,载日本文部科学省网,http://law.e-gov.go.jp/cgi-bin/idxselect.cgi?IDX_OPT=1&H_NAME=%94%8e%95%a8%8a%d9%96%40%8e%7b%8d%73%8b%4b%91%a5&H_NAME_YOMI=%82%a0&H_NO_GENGO=H&H_NO_YEAR=&H_NO_TYPE=2&H_NO_NO=&H_FILE_NAME=S30F03501000024&H_RYAKU=1&H_CTG=1&H_YOMI_GUN=1&H_CTG_GUN=1,1954 年 10 月 4 日。

两部分组成,具体科目可参见表8-9。从考试科目来看,学艺员资格考试的必选科目与学艺员学历认证的法定科目基本吻合,也是对学艺员职责范畴内所需的专业知识的全面考察,而选考科目的内容则兼顾了不同主题的博物馆,尤其是关注到了自然科技类博物馆的工作需求,也让应试者能根据自身特点有一定的选择空间,提升了资格考试的适用范围。

表8-9 学艺员资格考试科目[①]

考　试　科　目		考试认定的必要科目
必考科目	生涯学习概论	需要参加所有科目
	博物馆概论	
	博物馆经营论	
	博物馆资料论	
	博物馆资料保存论	
	博物馆展示论	
	博物馆教育论	
	博物馆情报·媒体论	
选考科目	文化史	选择其中的两个科目参加
	美术史	
	考古史	
	民俗史	
	自然科学史	
	物　理	
	化　学	
	生物学	
	地　学	

---

① 日本文部科学省:《博物馆法施行规则》,载日本文部科学省网,http://law.e-gov.go.jp/cgi-bin/idxselect.cgi?IDX_OPT=1&H_NAME=%94%8e%95%a8%8a%d9%96%40%8e%7b%8d%73%8b%4b%91%a5&H_NAME_YOMI=%82%a0&H_NO_GENGO=H&H_NO_YEAR=&H_NO_TYPE=2&H_NO_NO=&H_FILE_NAME=S30F03501000024&H_RYAKU=1&H_CTG=1&H_YOMI_GUN=1&H_CTG_GUN=1,1954年10月4日。

具体看学艺员资格考试的试题,附录 6 选择了 2015 年学艺员资格考试必考和选考的部分科目试题。就科目的命题范围而言,学艺员资格考试关注的重点在于:1. 对基本法律法规、国内外重要文件内容的掌握和理解;2. 对科目所对应领域的基本概念、理念、技术和方法的掌握和理解。考试内容主要都是各个领域基本且必须掌握的知识点和实践议题。就考试的题型而言,学艺员资格考试既包括主观题,也包括客观题,涉及填空题、选择题、选择填空题、简答题和议论题等,题型没有固定模式,主要依据试题内容而定。就试题的数量而言,必考科目的试题相对较多,在 4—5 道大题左右,选考科目的试题相对较少,在 2—3 道大题左右,但总体而言题量都不大。

此外,日本《博物馆法施行规则》中还规定,如果申请者已在大学期间研修了考试科目所对应的科目,并且达到了学历认证要求中所对应的学分数,则可免于这一科目的考试。为了便于申请者了解大学课程与学艺员资格考试科目的对应情况,一般开设有学艺员养成课程的大学都会将开设的课程与其所对应的资格考试科目向公众通告。申请者需要通过除免试科目外的所有考试科目,在考试合格后还需要获得至少 1 年的助理学艺员经历,才能向文部科学省大臣提出资格认证的申请。

与我国台湾地区公务人员考试相比,日本学艺员资格考试对我国更有借鉴作用。第一,日本学艺员资格考试是职业能力的鉴定考试,具有明确的合格标准。台湾地区公务人员考试是供职型考试,竞争上岗,没有明确的合格标准,公务员考试并不是一项职业资格。因此,在考试性质方面,日本学艺员资格考试与我国博物馆职业资格认证考试更贴合。第二,日本学艺员资格考试的年报考者数和合格率都在相对合理的范围内。根据 2015 年的相关统计数据显示,日本共有 110 人报考了学艺员资格认证考试,有 66 人合格,合格率为 60%。[1] 由于 90% 以上的学艺员是通过学历认证获得学艺

---

[1] 博物馆振兴系:《過去の試験結果》,载日本文部科学省网,http://www.mext.go.jp/a_menu/shougai/gakugei/1291360.htm,2015 年。

员资格的[1]，因此报考人数对于学艺员资格认证的整体来说是能够满足博物馆实际工作需求的，同时60%的合格率说明试题的难易程度合理，大部分的报考人员能够通过资格考试，但同时也淘汰了一批不合格人员。第三，日本学艺员资格考试的科目设置合理。日本学艺员资格考试的科目既包含了博物馆学艺员工作职责范围涉及的各个方面，也能够通过选考科目更有针对性地面向不同类型的博物馆和博物馆专业人才，在确保必要的知识得到考核验证之外，也确保了资格考试的灵活性和适用性。第四，资格考试还需要结合1年的助理学艺员工作经历才能最终获得学艺员资格。由此弥补了资格考试仅仅通过笔试而缺乏实践职业能力审核的缺陷，做到书面与实践相结合。

(三) 资格考试的可行性分析

基于上述有关资格考试基本信息的介绍和其他国家地区博物馆从业人员资格考试经验的探讨，我国博物馆职业资格考试可行性的SWOT分析可见图8-3。

可见，资格考试制度有其公正公平公开的优势，对应试者相关知识和技能水平的评判较为客观，受主观因素的影响较小。同时，我国资格考试早已有之，为博物馆职业资格考试积累了大量经验，政府层面的扶持和政府部门中已有的资格考试组织框架都增加了博物馆资格考试认证方式的可行性。"劣势"和"威胁"中的矛盾主要集中在对考试科目和内容标准的确定上，但这些矛盾能够通过"优势"和"机遇"中所提到的理论和实践资源、专家资源等要素而逐步予以缓解，并最终确定资格考试的范围。因此，职业资格考试的可行性也相对较高，只是实施的成本较学历认证更高，所需经历的调整和完善阶段也更长。

---

[1] 日本文部科学省、博物馆协会：《日本博物馆现状》，载日本文部科学省网，http://www.mext.go.jp/component/a_menu/education/detail/__icsFiles/afieldfile/2012/03/27/1312941_1.pdf，2008年。

内部环境	S 1. 资格考试有相对统一的评判标准，是较为公平公正公开的选拔方式 2. 我国各地都有教育考试院和职业能力考试院，能够组织和实施职业资格考试。同时，人社部、文旅部、国家文物局等管理部门可予以支持 3. 国家文物局有专家库成员，能够为资格考试的命题提供专家资源 4. 博物馆的核心业务岗位工作具有相对丰富的理论研究和实践基础，为命题范围和知识点的确定提供可能 5. 资格考试内容将由多科目、多模块构成，相对客观和全面地评价应试者的职业资格水平	W 1. 缺乏博物馆各职业类型所需具备的专业知识点和专业技能的统一标准 2. 缺乏博物馆职业资格考试的科目要求和考试大纲 3. 组织命题和实施考试需要较大的经费、人力和场地资源成本 4. 以笔试为主的考试形式难以全面反映应试者的职业能力
外部环境	O 1. 博物馆从业人员职业资格的审查受到广泛关注，越来越多的文博相关职业被纳入《国家职业分类大典》和《国家职业标准》 2. 政府层面不断加大对博物馆人才培养的扶持力度能够为资格考试提供必要的经费和人力支持 3. 资格考试在我国具有很长的历史，在其他行业中已经积累了大量的经验和教训，可予以借鉴	T 1. 缺乏对资格考试的政策法规层面的保障 2. 资格考试内容和合格标准需要依据市场需求的变化而进行适当调整 3. 资格考试的实施过程会受到徇私舞弊等不公正情况的影响，需提供必要的外部监管

图 8-3 资格考试可行性的 SWOT 分析图

（四）我国博物馆职业资格认证制度之资格考试认证方式的发展对策

1. 博物馆职业资格考试的主体、客体和中介的界定

博物馆职业资格考试的主体与认证制度的组织、实施和监管机构是紧密相连的，只是在具体职责划分时需要对资格考试作具体的安排。根据上文所述的认证主体，博物馆职业资格考试的主体也应当是由国家人力资源和社会保障部统管，文旅部、国家文物局都在实施的承办部门之列，同时还需要依靠考试院做具体的考务安排。博物馆职业资格考试的客体，即资格考试的申请对象，首先，根据不同的博物馆职业，申请对象也存在着一定的差异；其次，不同的申请对象也应当具备一定的共性，一般的基本要求是中华人民共和国公民，品行良正，同时具备一定的文博专业知识和职业能力，

即有相关的学历证明,或者充分的相关职业经历,或者具备同等的知识水平和职业能力,尽量降低考试本身具有的片面性所带来的对申请对象职业能力判断的片面性。博物馆专业资格考试的中介可以包括信息传播平台、考试培训系统和咨询服务系统等。信息传播平台能够及时发布考试的相关信息,包括资格考试的时间地点、申请条件和申请流程、考试参考资料、考试结果、投诉反馈和其他查询内容。考试培训系统可以由学校、博物馆、行业组织或第三方机构等共同构建,能够针对考生需求进行有针对性的培训和辅导,同时达到在培训过程中逐步提高我国博物馆从业人员职业能力水平的目的。咨询服务系统由在线和实体两部分组成,解决在考试管理的过程中出现的各种疑问和具体问题。

2. 考试科目和考试大纲的设定

根据本书所得结论,认证制度所针对的博物馆从业人员主要包括博物馆馆长、博物馆藏品保管人员、博物馆展览设计人员、文物保护与修复人员和博物馆教育人员等。那么相应的,职业资格考试的具体科目和考试大纲也需要针对上述对象分别设定。就考试科目而言,博物馆职业资格考试可以借鉴日本学艺员资格考试科目设置的经验,分为必考科目和选考科目。必考科目即各类博物馆职业的资格申请对象都必须参加的考试科目,包括博物馆职业道德与伦理、博物馆概论等,其中博物馆概论应当涉及博物馆经营、藏品保管、文物保护、展览设计和社会教育等各方面工作的基本知识。选考科目即各类博物馆职业的资格申请对象需要依据所选职业的类别选择相应的考试科目,包括博物馆经营管理、博物馆藏品保管、博物馆展览策划、文物保护与修复和博物馆教育等科目。就考试大纲而言,鉴于博物馆学本身并不是一门知识点十分明晰的学科,且实践操作性非常强,因此,根据前文对资格考试大纲类型的介绍,博物馆职业资格考试的大纲应当结合知识点和实践问题而设定,即设定考试大纲的两个出发点分别是各个博物馆职业必须掌握的基本专业知识和各个博物馆职业基本的工作实践需求。

3. 免试条件的设定

博物馆职业资格考试由于涉及各类博物馆理论知识和实践知识,因此考试科目较多。无论是根据其他国家和地区的博物馆职业资格考试经验,还是我国教师资格考试等其他行业的职业资格考试经验,我国博物馆职业资格考试可以设定一定的免试条件,主要是与高校和职业院校的专业课程建立联系,即若在学校中已经修读完成了与资格考试科目相对应的科目,并达到了必要的学分要求和成绩要求之后,便能免去相应科目的考试。职业资格考试和免试条件的设定一方面能够促使博物馆职业与专业教育之间建立更有效的衔接,也让学生能够形成更明确的职业目标;另一方面能够帮助博物馆学的学科建设,形成更科学合理的课程教学体系和更符合实际需求的教学内容。

4. 考试形式和考试试题的设定

就考试形式而言,以其他国家和地区博物馆职业资格考试的经验来看,基本采用了笔试形式,但是这些经验仍然只是针对某一个博物馆职业类型,而非各类博物馆职业。因此,在我国博物馆职业资格考试形式设定时需要根据不同博物馆职业类型而决定,例如,文物保护与修复人员的工作对实际操作的要求较高,考试形式就不应该局限于笔试这单一形式,可以附加现场操作等考试形式。又如,博物馆馆长的工作相对抽象,较难拣选出具象的操作任务,但是馆长的考核不应仅仅依靠书面的测试,而是需要对申请者的综合素养进行评估,应当有面对面审核的环节。因此,博物馆职业资格考试的考试形式可以包括书面考试(笔试和机考)、面试、情景模拟等。考试试题的设定需要覆盖各科目考试大纲的各个方面,由于认证制度主要是针对博物馆从业人员的"准入型"资格,且博物馆职业资格考试需要多门科目的考察,同时从上文所述的考试试题数量与考试效果的关系来看,博物馆职业资格考试的试题数量不宜过多,主要考察各个科目的基础的和工作实践中所必须掌握的知识点。题型由主观题和客观题共同组成,既包括对文博行业客观知识的掌握,也包括让考生对文博行业的相关议题提出自己的观点。命题人员主要由各科目相关的专家、学者构成,通过他们对专业知识和操作技巧的掌握,建立一定的试题库,并保持定期更新。在每一次资格考试的试题确定之后,职业资格考试的组织管理机构需要组织进行试题审核,审核标准可参见上文提及的审题项目。

5. 合格标准的设定

博物馆职业资格考试认证的合格标准,首先需要通过任意一类博物馆职业的资格考试所要求参试的所有科目。而具体到每一个科目的合格标准,需要根据实际考核的情况来决定,影响合格标准的因素包括考试内容、应试者样本分析和经验判断等。合格标准需要基于一定的实际分析才能最终确定,并在初创时期存在一定的调整阶段,在这一阶段中可利用"真分数理论"等管理学和心理学的理论与方法进行资格考试内容的检验。此外,我国博物馆职业资格考试也可以参照日本学艺员资格考试的经验,要求在考试后经过一定的工作积累,才能最终获得博物馆职业资格。这种工作经历的要求既包括工作时间,也包括工作岗位和工作内容,能够确保通过职业资格考试获得博物馆职业资格的相关人员也切实具备必要的职业能力。

6. 科目合格有效期限的设定

每一科目的合格成绩可以设定有效期限,例如 2 年,即允许申请者不一定在同一年通过所有的考试科目,成绩合格的科目可在有效期限内免予再试,若申请者在有效期内能够通过所有科目考试,则亦可获得博物馆职业资格;反之,则需重新参加相关科目的考试。

四、资格评估认证

资格评估认证有别于资格考试认证,其判断依据并不来源于申请者的现场测试结果,而是由申请者依据资格评估要求提供必要的资质申请材料,评估员通过面对面或远程审查的方式对申请者的职业资质进行评估。资格评估认证与人才测评有一定的相似性，因此，在管理学和心理学领域对人才测评理论与实践的研究成果，可以作为构建资格评估认证方式的重要参考依据。一般而言，人才测评的实施流程包括确定测评目的、制定测评方案、选择或研制测评工具、组织实施测评、处理测评结果、反馈结果信息等环节[1]。由此推导，资格评估的实施流程应当包括明确评估目的、制定评估内容与标准、制定评估方式、组织实施评估、处理评估结果、反馈评估信息等。此外，人才测评的标准主要由"测评指标""测评标准""测评标度和标记"等要素构成[2]，那么资格评估的标准也基本由"评估指标""评估标准""评估标度和标记"等要素构成。"评估指标"是指各项指标的名称，也是对这一测评部分核心内容的提炼。"评估标准"是指在各评估指标之下的具体标准要求，包括知识评估、素质评估、技能评估、胜任力评估、绩效考评等，可以通过与"胜任素质理论"和"职业选择理论"中相关模型的结合而最终确定。"评估标度和标记"是指对标准的外在形式划分，包括量词式、等级式、数量式、定义式和综合式等[3]。评估标度的选择主要依据具体的评估标准内容需要而决定，标度的形式需便于评估员对相应的评估标准做出评判。

评估员在职业资格评估认证方式中扮演着十分重要的角色。由于资格评估的最后结果基本依靠评估员的判断，因此，评估员自身对评估认证标准的理解、对相应职业的工作要求的理解、相关领域的知识技能水平、个人的道德素养和判断能力等因素都会对资格评估产生直接的影响，因此，无论是品行素养方面，还是学历和专业知识技能水平方面，评估员都需要满足一定的资格要求。评估员的职责范围可借鉴人才测评师的职责范围，他们两者在扮演的角色和承担的责任方面有一定的相似性，虽然也存在一定的差异。其中，人才测评师在测评活动中的职责和角色可见表 8-10。可见，人才测

---

[1] 苏永华：《人才测评概论》，中国人民大学出版社 2011 年版，第 153 页。
[2] 萧鸣政：《人员素质测评理论与方法》，北京大学出版社 2016 年版，第 69 页。
[3] 同上，第 68 页。

评师的职责范围涉及了测试前、中、后各阶段的工作,包括测评设计、测评命题、测评组织实施、测评反馈等环节,但是对于职业资格评估认证而言,合格的标准相对固定,标准并非考题,评估员不需要参与具体的命题工作,同时在评估结果确定后,不需要向申请者提供人才发展和人事决策建议。因此,评估员的职责和角色可以以人才测评师为基本框架,再做进一步调整。为了使测评员能够胜任测评工作,应当对他们予以一定的培训和指导,确保评估员能够了解评估的各个环节工作和每一项标准,同时懂得如何应对在评估过程中发生的突发情况。具体的培训和指导内容包括:评估纪律、评估流程、具体的操作方法、评估标准的判断依据,以及评估过程中突发事件的应对方法等。

表8-10　人才测评师在测评活动中的职责和角色[①]

人才测评阶段		人才测评师的职责	人才测评师的角色
测评前准备阶段	需求分析	1. 分析确定此次人才测评需达成的目标,并确定测评对象等	
	确定测评要素和内容(确定测评模型)	1. 根据拟任职位的工作性质、职责任务、难易程度、责任大小对人员的要求,确定要素项目 2. 根据不同测评要素的可测程度及与拟任职位要求的关联程度,确定其分数权重	命题人员(测评工具开发人员)
	测评题目和工具开发阶段	1. 获取面试、笔试、评价中心等测评工具开发所需的素材 2. 进行命题(可能包括:笔试、面试、情景模拟、评价中心等) 3. 设计评价标准和要点	
	测评实施流程设计阶段	1. 合理设计测评的组织实施程序和流程(人员、时间安排等) 2. 邀请内外测评专家或测评师参与测评	测评组织实施人员

---

① 苏永华:《人才测评概论》,中国人民大学出版社2011年版,第190页。

续　表

人才测评阶段		人才测评师的职责	人才测评师的角色
测评实施阶段	测评实施阶段	1. 测评场地布置 2. 测评师分工与组织安排 3. 测评对象动员会 4. 按之前设计的测评程序实施测评 5. 根据测评对象现场表现,进行测评评价和记录	测评组织实施人员面试和评价人员
	评价与结果分析阶段	1. 测评评价记录分析、汇总,形成测评评价结果 2. 撰写测评评价分析报告	面试和评价人员
结果应用阶段	结果反馈阶段	1. 向测评对象反馈个人测评结果,并给个人发展建议 2. 向所在组织反馈整体测评结果 3. 给出测评结果在组织内的应用建议	人才发展专家人事决策专家
	结果应用阶段	将测评结果用于人才管理的各个方面(比如人事决策、人才发展等)	

下文将对英国文物保护-修复人员职业资格认证框架和日本学艺员制度中的资格审查认证方式为案例进行研究,并从中汲取相应成功经验。

(一) 案例研究一: 英国文物保护-修复人员职业认证(PACR)

英国文物保护协会建立了以实践为基础的文物保护-修护人员的职业资格认证框架(the Professional Accreditation of Conservator-Restorers,简称 PACR)。PACR 建立了一个受行业公认的专业知识和能力水平的评判标准,要求申请者向评估员展示专业知识、实践技能和良好的职业判断力。PACR 的申请和评估决定由鉴定委员会统管,评估流程的管理由 PACR 鉴定管理中心进行。

就申请要求而言,PACR 要求申请者必须在文化遗产保护领域中工作,包括与可移动文物、不可移动文物、自然遗产及其所处环境相关的保护和考古工作。同时,申请者需要是文物保护协会(ICON)、档案和文献记录协会

(ARA)、英国钟表协会(BHI)这些专业机构之一的会员。

就评估的标准而言,主要由五部分组成,分别是:文化遗产的评估、保护方式和策略的选择、文物保护方法的选择、保护工作的组织与管理,以及持续性职业发展。每一部分又再做了细化的标准要求。在上述标准的基础上,英国文物保护协会又提炼了文物保护-修复人员所应当具备的职业道德标准,也作为PACR对申请者的资格要求之一(各项标准可见附录7)。针对上述各条标准,英国文物保护协会以"熟练度"显示申请者在各条标准所达到的程度,"熟练度"又分为"新手""初学者""胜任者""精通者""专家"这五个级别。各个级别对知识水平和工作能力的要求可见附录8。根据各级别的要求,PACR的评估员会依据申请者的实际情况对各条标准进行熟练度的审查和判断,评估表格可见附录9。

就评估员而言,在申请被鉴定委员会受理之后,申请者会被分派给两名评估员,他们都是具备合格资格的文物保护-修复人员。其中一名(主评估员)来自与申请者背景相关的文物保护专业,另一位一般会来自另一个专业,但至少一名评估员会有与申请者相似的工作背景。评估员需要申报任何与分配给他们的申请者之间存在的利益冲突,并且当他们认为自身判断可能会过多受这些因素的影响时应拒绝担任评估员。同样地,申请者也可以反对任何一名评估员,如果有理由认为他们会不公正地评估或存在潜在冲突。申请者需要陈述理由,交由PACR鉴定管理中心审核。

就资格评估的流程和形式而言,具体包括:

1. 安排访问

评估员审查了申请者的申请表之后,会与申请者联系约定评估访问的时间和地点。访问的时间大约会持续数小时,事前申请者需要准备好所有的实践证明,以及相关的物件、文档、记录和设备等,确保在访问过程中评估者能根据申请表的内容随时看到相应的资料。除了能力证明的相关材料之外,申请者还需要邀请熟悉自身工作的见证者向评估者做陈述。"见证者"

可以是申请者的指导者、其他的文物保护员、同事诸如策展人、档案保管员或建筑师,或申请者的委托人、职员或公众等。

2. 评估当天的安排

这包括:(1)简短的关于申请者工作和经历的讨论;(2)进一步深入讨论申请者在申请表中提到的项目/活动;(3)根据上述讨论中的一些疑问,会有一段实践的讨论和检测证明;(4)评估最后,两位评估员会进行私下讨论,确认是否有进一步的疑问。申请者也应提出在这一天的访问中的遗漏点;(5)访问后的一周内,申请者还能向评估者提供补充信息。

3. 结果和申诉

根据访问结果,评估员会标记出你的证明是否满足了职业文物保护-修复师的每一项标准。这些标记为:是(达到了标准中的"熟练者"级别),分界线(达到了标准中的"胜任者"级别),不(达到了标准中的"新手/初学者"级别),或者因为证明不充分而不做决定。如果申请者在各条要求中都获得了"是"或不多于一个"分界线"的评价,那么鉴定委员会会判定合格。但是,若在职业标准中有"分界线"的评价,或在任何领域有"不"的评价,都无法通过评估。"不决定"的出现一般是由于申请者没有向评估员提供充分的证明用于判断,鉴定委员会会要求申请者通过邮寄或安排再一次的、针对某一部分的重新评估来提供进一步证明。如果申请者有超过一个领域的"不决定"评价,那么可能无法再进行部分重新评估。

4. 申请结果反馈

在访问后的大约两周内,申请者会收到鉴定管理中心发出的评估员的调查结果和反馈概要。申请者可在一周之内向鉴定管理中心提交意见,这些意见和评定不会被评估员所看到。在考虑了申请者的申请和评估员的推荐之后,鉴定委员会的决定将是:推荐你获得合格资质;在做出决定前,要求进一步的证明或评估;不批准合格资质,并告之理由和反馈意见。

5. 申请合格之后,资格获得者需要积极从事文物保护修复工作

如果超过一年的时间不工作,需要申请"Time-out",这类申请需要获得所在机构的同意。在这种情况下,资格获得者会被终止合格文物保护-修复师的身份,由"合格的"转为"普通的",并且保持这样的记录直到合格资质被重新授予。

6. 持续性职业发展(CPD)

所有合格的文物保护-修复人员都会被要求对他们正在进行的学习和职业发展,以及专业贡献进行定期的回顾,并且制定进一步的发展规划。CPD回顾程序对于合格的文物保护-修复人员而言是强制性的,英国文物保护协会会不定期抽查,同时也要求合格者在获得合格资格满两年后向协会提交回顾报告。回顾程序一般被分为两个部分,反映和计划,即对过去和当前工作的回顾和总结,以及对未来五年的工作规划,两者同等重要。

PACR这一框架对我国非常有借鉴价值,尤其是主观评估的方式。一是PACR框架最核心的理念是以实践为基础。"实践"理念体现在不同的环节,包括设定明确的评估合格标准,每一条都与文物保护-修复人员的实际工作和职业道德要求紧密相关,且分层设定评估等级;进行实地和实际材料的评估,通过访问了解申请者的实际工作环境和操作水平。二是尽量降低主观判断对评估结果的影响。在评估员的选择方面,评估员与申请者有双向选择的机会,能够在存在利益冲突时提出相应的质疑,双方都努力做到以公正评价为前提;在评估结果的意见方面,申请者有一定的渠道进行申诉,能够获得主管机构的再一次审查,但申诉又有一定的次数限制,这是对职业资格和申请者双方权益的保护。三是资格评估关注到了在专业人员职业发展脉络中的承前启后作用。PACR框架对于文物保护-修复人员而言,首先,要求申请者已经是一些主要专业协会的会员,这便意味着申请者在文化遗产保护领域中已经有了一定的工作积累;其次,在资格获评合格之后,英国文物保护协会还会要求资格获得者定期向协会报告工作情况和未来的工

作计划,确保资格获得者能够持续在文化遗产保护领域中有较高的工作质量;再次,PACR还有资格取消机制,对若发生与职业要求相悖的情况可以有"退出"渠道。

(二)案例研究二:日本学艺员认证制度中的资格审查认证方式

日本《博物馆法》中还规定符合一定资格的人员可以无须经过资格考试而获得学艺员资格,即文部科学省每年会组织资格审查的认定。日本《博物馆法施行规则》对具体的资格审查标准进行了规定,可以通过审查的资格包括:①

(1)具有硕士学位或博物馆学位或专业职称学位,且拥有两年以上助理学艺员工作经历的人员。

(2)具有2年以上在大学讲习博物馆相关科目(《生涯学习概论》等公共课除外)工作经历的教授、准教授、讲师或助教,并且具有2年以上助理学艺员的工作经历的人员。

(3)具备下列任一资质的,同为日本都道府县教育委员会所推荐的人员。具体资质包括:

① 拥有学士学位,并且具有4年以上助理学艺员工作经历的人员。

② 大学学习2年以上,至少修满62单位学分,并且具有6年以上助理学艺员工作经历的人员。

③ 符合《学校教育法》所规定的大学入学资格,并且具有8年以上助理学艺员的工作经历的人员。

④ 其他具有11年以上助理学艺员的工作经历的人员。

(4)经文部科学大臣认定具有与前述各类同等资质的人员。

---

① 日本文部科学省:《博物馆法施行规则》,载日本文部科学省网,http://law.e-gov.go.jp/cgi-bin/idxselect.cgi?IDX_OPT=1&H_NAME=%94%8e%95%a8%8a%d9%96%40%8e%7b%8d%73%8b%4b%91%a5&H_NAME_YOMI=%82%a0&H_NO_GENGO=H&H_NO_YEAR=&H_NO_TYPE=2&H_NO_NO=&H_FILE_NAME=S30F03501000024&H_RYAKU=1&H_CTG=1&H_YOMI_GUN=1&H_CTG_GUN=1,1954年10月4日。

在满足上述审查条件之后,仍然不意味着申请者已经能够获得学艺员资格。在此基础上,为了确认申请者有成为学艺员的资格,文部科学省还会进行专门的面试,以检验申请者的学习能力和工作经验。面试一方面根据《博物馆相关学士和成果》进行审查,即申请者需要提供所拥有的与博物馆相关的著作、论文、报告、展示、讲演及其他实践经验的证明;另一方面将确认申请者对成为学艺员所拥有的意欲、态度和上进心。通过资格审查和面试的人员,才能被授予合格证以及学艺员资格。

通过资格审查而获得学艺员资格的人员数量在学艺员总人数中所占的比重并不是很高,以 2015 年的数据为例,有 65 人报名了学艺员的资格审查认定,有 35 人合格,合格率为 53.85%。[1] 资格审核认定的人数少于资格考试的人数,因此日本学艺员资格认证的不同方式之间,学历认证是最为普及的,随后依次是资格考试认证和资格审查认证,由此构成了较为系统的学艺员资格认证体系。

学艺员的资格审查主要基于学历、研究成果和助理学艺员工作经历等因素的考量,在法定资格审查条件之外,面试程序的设定能够确保文部科学省除了书面证明之外,更全面、更直接地了解申请者的素养品行和职业能力。但是这种资格审查方式也存在一定的缺陷,即缺乏对申请者实际工作能力的现场考察,这一方面是由学艺员的工作性质所决定的,学艺员的职责范围涉及各个方面,无法由短时间内、单一角度的实践操作进行审查评估;另一方面学历水平、研究成果和工作经历是较为直接的评判依据,在资格审查认定的过程中操作性较强。因此,学艺员资格认证的资格审查方式在一定程度上能够为我国提供借鉴作用,但由于我国这一制度所面向的博物馆职业类型更为广泛,工作性质也各有不同,在提供学历证明、研究成果证明和工作经历证明之外,部分操作要求较强的职业也需要结合现场的操作实

---

[1] 博物馆振兴系:《過去の試験結果》,载日本文部科学省网,http://www.mext.go.jp/a_menu/shougai/gakugei/1291360.htm,2015 年。

践来评估,以判别申请者的实际职业能力。

(三) 资格评估的可行性分析

基于上述有关人才测评方式和资格评估的基本信息的介绍,以及其他国家地区博物馆从业人员资格评估认证经验的探讨,我国博物馆职业资格评估认证可行性的 SWOT 分析可见图 8-4。

	S（优势）	W（劣势）
内部环境	1. 资格评估能够基于实践而对申请者的职业能力进行全面的判断 2. 资格评估相较其他认证方式,灵活度更大,可适用于不同类型的申请者 3. 全国范围内有不少文博行业的专家学者,以及资深人才,增加了评估员选拔的可能性 4. 博物馆核心业务岗位的职责范畴有理论研究和实践经验的基础,增加了设立评估标准的可能性	1. 缺乏评估员的选拔标准 2. 评估结果受评估员的主观判断的影响更大 3. 评估标准的设立难度较其他认证方式更大 4. 申请者的资质证明材料形式的控制难度大,使得资格评估的操作难度增加 5. 申请者对评估结果提出质疑的可能性更大
	O（机会）	T（威胁）
外部环境	1. 博物馆的经营管理体制和人事制度正在经历变革,各界专家积极探索新的博物馆从业人员资格评价方式 2. 国家文物局实施"金鼎工程"等文博专业人才培养计划,更注重博物馆从业人员综合职业能力的提升	1. 缺乏对资格评估的政策法规层面的保障 2. 可借鉴的经验有限 3. 在人员、经费和场地等方面,实施成本较大,需要的外部支持也更多

图 8-4 资格评估可行性的 SWOT 分析图

可见,资格评估在这三种认证方式中,实施难度和实施成本都是最大的,但资格评估也有其不可替代的优势,一方面为无法满足学历证明和资格考试的人员提供了认证途径;另一方面也弥补了学历认证和资格考试认证主要集中于书面审查而缺乏对职业能力进行实践判断的缺陷,对于博物馆学这一实践性要求较高的学科而言,这一点优势至关重要。资格评估的主要困难在于评估员的选择和评估标准的设立。评估员既需要具备充分的专业知识和专业技能,有丰富的工作经验,同时也需要具备良好的品行和出色的观察力及判断力。评估标准需要涵盖各个岗位工作所需的所有基本专业知识和专业技能,在这两者的基础上审视申请者的职业素养。如何要求申请者针对各项标准提供相应的资格证明材料,并由评估员对这些材料进行评判,这也是其中较难操作的环节。但是,如 SWOT 分析图中所述,基于实践的资格评估有其建立的内外条件,并且一定是博物馆从业人员职业资格认证未来发展的重要方向之一,只是在这一方式最终建立之前会有较长的一段摸索和完善的过程。

(四) 我国博物馆职业资格认证制度之资格评估认证方式的发展对策

1. 申请条件和评估流程的设定

我国博物馆职业资格评估的申请者应当已经具备一定的与相应职业相关的专业知识和技能水平,包括达到一定的学历要求和工作经历要求。首先,需要申请者提供足以证明自身专业知识水平、专业技能水平和个人素养能力水平的材料,包括著作、论文、报告、讲演经历、获奖情况和其他证明等,以及相关的见证者。其次,需要根据各职业的资格评估标准进行面对面的评估,包括申请者的自我陈述,对申请材料中所涉及的相关工作经历和成果的探讨,部分经历和成果的现场检测等内容。再次,根据申请者所递交的材料和评估现场的表现,就评估标准中涉及的各项要求进行评判,并做出最终的评估结果。

2. 博物馆职业资格评估标准的设定

从英国 PACR 框架和日本学艺员制度资格审查的经验来看,前者是基于专业知识水平和实践操作能力的资格评估,评估对象为文物保护与修复人员,后者是基于研究成果、工作经历和职称进行的资格评估,评估对象为学艺员。两者评估标准的设定角度不同,评估方式也不同,主要是由评估对象而决定的。本书所欲建立的制度所涉及的职业类型有多种,在设定资格评估标准时可以结合上述两种方式。因此,我国博物馆职业资格评估标准可以根据前文各章节中所得出的博物馆各职业所需的个人素养和才能、学历水平和专业背景,以及工作经历等方面要求,设定针对博物馆馆长、博物馆藏品保管人员、文物保护与修复人员、博物馆展览设计人员、博物馆教育人员等的资格评估标准,具体应当包括职业道德标准板块、专业知识水平板块、专业技术水平板块、职业素养与能力板块等,囊括各个职业每一方面的工作。对于各板块中所包含的各项标准,应当设定合理的标度,PACR 框架中以"熟练度"划分是个可借鉴的选择,也较为符合对博物馆各职业所需知识和技能的掌握程度的审查要求。

3. 博物馆职业资格评估员的相关要求

首先需要明确评估员在评估工作中的职责及其所扮演的角色,具体包括在评估前的准备阶段需要充分掌握评估工作的相关事宜,在评估实施阶段需要认真履行评估工作并形成客观的评估报告,在结果反馈阶段需要向申请者个体和资格认证组织实施部门进行信息反馈,具体可见表 8-11。

表 8-11 评估员在职业资格评估活动中的职责和角色

职业资格评估阶段		评 估 员 职 责	评估员角色
评估前准备阶段		1. 熟悉评估工作的流程 2. 熟悉资格评估的标准 3. 审阅申请者的评估材料,提炼其中有所疑问或资料不全之处	评估实施人员
评估实施阶段	评估实施阶段	1. 评估员分工与组织安排 2. 评估员对申请者进行职业资格评估,做必要记录	面试和评价人员
	评估与结果分析阶段	1. 评估记录的分析与汇总,形成评估结果 2. 撰写评估报告,交由主管部门审核	面试和评价人员
结果反馈阶段		1. 向申请者反馈个人评估结果,若评估不合格,则需要反馈不合格原因 2. 向评估主体反馈整体评估情况	面试和评价人员

根据上述评估员的工作职责要求,应当对博物馆职业资格评估认证的评估员做出一定的资格筛选,其中评估员所应具备的基本条件包括:

(1) 有高度的责任感。

（2）始终秉持公正的态度，尽可能降低主观评价对评估结果的影响。

（3）具有出色的独立思考和独立判断能力。

（4）具有丰富的文博知识，例如，具备与评估标准同等或更高的学历水平。

（5）具有文博行业丰富的实际工作经验。

一般而言，资格认证的评估员应当是博物馆的资深专业人员，对胜任各个岗位所应当具有的专业知识、专业技能和道德素养水平都有较为清晰的把握。在分配评估员时，理想的情况是能够根据申请者的工作背景，分配与其有着相似工作背景的评估员。

根据英国 PACR 的相关经验，每位申请者会分配到两位评估员，同时具体的评估员名单会在评估前告知申请者，申请者有权对存在不公正评判可能性的评估员申请调换。这种做法虽然能够降低评估员主观因素对评估结果的影响，但是也可能会导致在评估工作正式开始前发生一些徇私舞弊的情况。综上，我国博物馆职业资格评估的每一位申请者的资格评估也应当由两位评估员同时进行，在两者的评判都为合格时才能判定评估通过。但评估员的名单不宜在评估前提前告知，可以通过评估认证的组织主体与申请者确定评估时间和地点。此外，也应当为申请者提供申诉评估员的渠道，可以与评估结果出来后的申诉相结合。

4. 评估结果反馈和再评估环节的设定

在我国博物馆职业资格评估的结果中应当对申请不合格的材料注明不合格原因，并且向申请者提供一定期限内的材料补充机会，评估主体有义务在材料补充完毕后，对申请者进行再评估，一般再评估的评估员应当与第一次评估的评估员一致。在评估结果最终确定公布后，申请者可就评估员评估工作中存在的问题、评估过程中出现的问题和评估的最终结果提出自己的异议，并形成书面报告，向评估组织管理主体进行申诉。但申诉需要有一定的时间和次数限制，一般在结果公布后的两周内，并仅限一次。评估主体应当评判申诉的合理性。对于不合理的申诉予以驳回,维持原有的评估结果。对于合理的申诉,应当一方面处理工作中存在的问题,另一方面在不告知参与该申请者评估工作的评估员的情况下,组织其他评估员对申请者的职业资格进行再评估,以确定申请者是否满足了博物馆职业资格的相关要求。

五、博物馆职业资格认证流程

在上述认证方式探讨的基础上,能够初步勾画出整体的工作流程,可见图8-5。

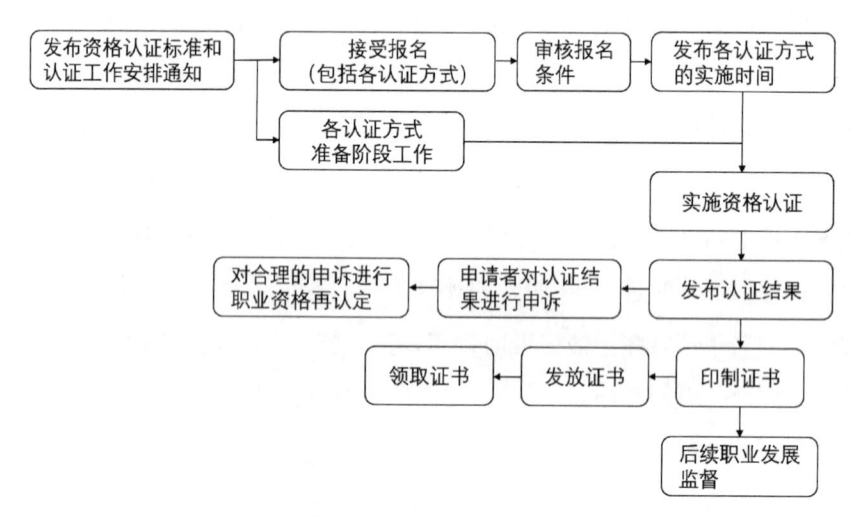

图8-5 整体认证流程图

在资格认证整体流程的基础上,可以进一步建立各个认证方式的工作流程:

(一)学历认证基本流程

图8-6显示的学历认证的整个流程中,最重要的环节就是提供证明资料和审核资料。学历认证需要提供的资料包括申请者的履历表、学历认证申请书、学历证、毕业证、成绩单等。

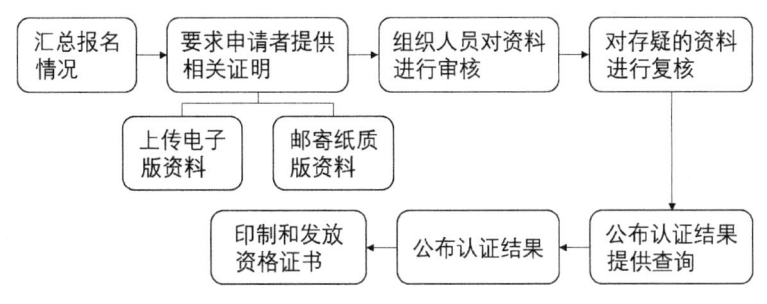

图 8-6　博物馆职业资格学历认证流程图

（二）认证考试基本流程

认证考试的流程主要由三阶段的工作构成，包括考试的准备阶段、考试的实施阶段和成绩公布阶段等，具体的工作细节可见图 8-7。

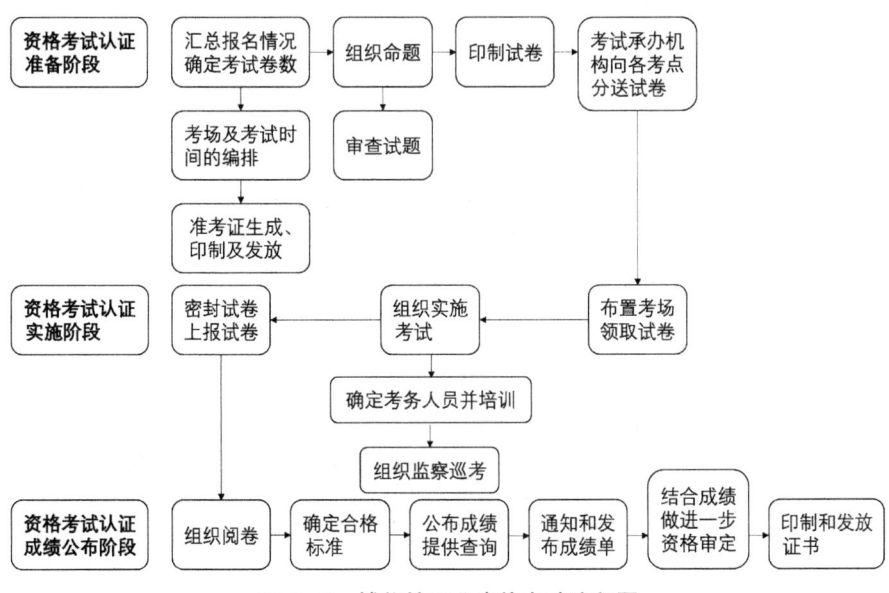

图 8-7　博物馆职业资格考试流程图

（三）资格评估认证基本流程

资格评估的流程主要由三阶段的工作构成，包括资格评估认证的准备阶段、资格评估认证的实施阶段和资格认证结果公布阶段等，具体的工作细节可见图 8-8。资格评估的重要基础也在于申请者资质证明资料的提供，资料类型根据申请者自身情况而定,包括与工作内容相关的著作、论文、报告、讲演和会议经历;主持或参与过的课题和项目证明;获得过的相关奖励和资格证书;其他成果证明等。

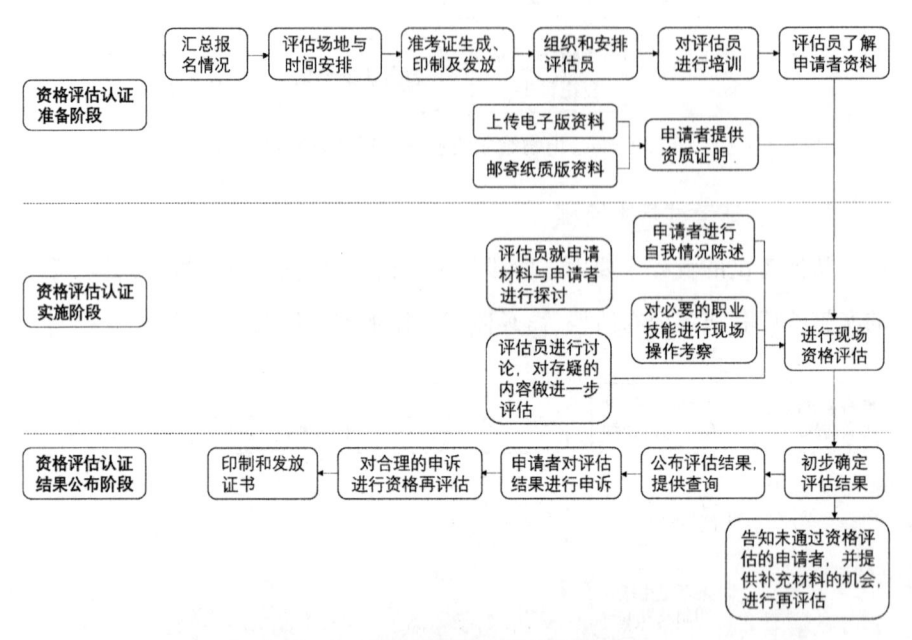

资格评估认证准备阶段：汇总报名情况 → 评估场地与时间安排 → 准考证生成、印制及发放 → 组织和安排评估员 → 对评估员进行培训 → 评估员了解申请者资料；上传电子版资料 / 邮寄纸质版资料 → 申请者提供资质证明

资格评估认证实施阶段：评估员就申请材料与申请者进行探讨 → 申请者进行自我情况陈述 → 对必要的职业技能进行现场操作考察 → 进行现场资格评估；评估员进行讨论,对存疑的内容做进一步评估

资格评估认证结果公布阶段：印制和发放证书 ← 对合理的申诉进行资格再评估 ← 申请者对评估结果进行申诉 ← 公布评估结果,提供查询 ← 初步确定评估结果；告知未通过资格评估的申请者,并提供补充材料的机会,进行再评估

图 8-8 博物馆资格评估认证流程图

(四) 资格认证实施的其他注意点

1. 资格认证实施时间

一般而言,应当每年进行一次资格认证,认证工作的最佳实施时间为每年的7—8月,因为这一时间一方面能够确保应届毕业生已获得相应的学历证书,便于在资格认证的过程中提供相关证明。另一方面对于资格评估这一认证方式而言,不少来自高校的专家学者若被聘为评估员,那么可以利用暑假开展认证工作。但是这一时间点也有其不利的一面,因为不少应届毕业生在毕业前就已经开始了应聘,甚至获得了一些单位的聘用意向,若是资格认证的时间在他们的毕业之际,可能会影响聘用单位对他们职业资格的判断。因此,为了平衡这一矛盾,用人单位可在相关人员入职后设置一定的

试用期,将获得博物馆职业资格作为通过试用期的标准之一。

2. 资格认证的申请限制

值得注意的是,各个认证方式的实施时间应当在同一时间段内同时进行,一般而言,每一位申请者每年只能申请一种认证方式。若在资格认证过程中,申请者出现了舞弊情况,则应当视情节轻重,予以不同程度的资格认证申请限制的处罚。

3. 资格认证的相关费用

(1) 基本认证费用,即不同认证方式都需缴纳的费用。

(2) 资格考试费用,依照申请者所报名的资格考试科目数量而定。

(3) 资格评估费用,即申请职业资格评估所需的费用,以及申请者进行申诉后进行再评估的费用。

(4) 资格证书补办费用等。

资格认证的费用不宜设置过高。日本《博物馆施行规则》中规定,一门资格考试的费用为 1 300 日元,即约 80 元人民币,资格评估的费用为 3 800 日元,即约 230 元人民币[①]。这一标准可作为参考,但是我国博物馆职业资格认证的费用标准还需要取决于认证实施所需的具体成本。认证制度的运行经费主要来自两个方面,即政府层面的拨款和申请者的报名费用。

第三节　认证标准的设立

在上文探讨的基础上,可以针对不同的博物馆职业类型设立各自的认证标

---

① 日本文部科学省:《博物馆法施行规则》,载日本文部科学省网,http://law.e-gov.go.jp/cgi-bin/idxselect.cgi?IDX_OPT=1&H_NAME=%94%8e%95%a8%8a%d9%96%40%8e%7b%8d%73%8b%4b%91%a5&H_NAME_YOMI=%82%a0&H_NO_GENGO=H&H_NO_YEAR=&H_NO_TYPE=2&H_NO_NO=&H_FILE_NAME=S30F03501000024&H_RYAKU=1&H_CTG=1&H_YOMI_GUN=1&H_CTG_GUN=1,1954 年 10 月 4 日。

准。认证标准的设立依据一方面来自前文各章对博物馆核心业务岗位人员的职业资格分析,另一方面来自资格认证方式的确立,两者共同构成了认证标准体系建立的基础。下文将就不同的认证方式,分别针对博物馆馆长、藏品保管人员、文物保护与修复人员、展览设计人员、博物馆教育人员建立初步的认证标准。

一、博物馆馆长职业资格认证标准

(一)学历认证标准

(1)学历水平或职称水平:大学本科及以上学历,以及学士及以上学位,或中级及以上专业技术职称。

(2)专业背景:

① 与博物馆经营管理相关专业:博物馆学、艺术管理、管理学、经济学等。

② 与博物馆类型相关专业:考古学、历史学、文化遗产学、文物保护与修复、艺术史、自然科学、民俗学等。

③ 与博物馆职能相关专业:教育学、传播学、心理学、社会学等。

(3)专业培训经历:具备文物行政管理部门委托或认可的博物馆管理干部培训经历,并取得结业证书。

(4)从业经历:有5年以上的文物、博物馆工作相关的从业经历,或10年以上相关工作的从业经历。

(二)资格考试认证标准

(1)考试科目(见表8-12)

表8-12 博物馆馆长资格考试科目

必 考 科 目	选考科目(与博物馆性质相关,任选其二)
博物馆概论	艺术史
博物馆经营管理	文化史
博物馆藏品管理 (藏品保管与保护)	考古学

续 表

必 考 科 目	选考科目(与博物馆性质相关,任选其二)
博物馆展览策划	民俗学
博物馆社会教育	文物保护与修复
/	自然科学
/	科技史
/	管理学
/	……

必考科目涉及博物馆的基本情况和重要的政策法规,以及经营管理、藏品管理、展览策划和社会教育等博物馆核心业务工作的基本知识和技能。作为馆长,需要考察对这些知识和技能有基本的了解和把握。选考科目涉及与各类型博物馆性质相关的内容,应试者应当结合自身特点在选考科目中选择两门,作为知识结构中专长的一面。

(2) 若在校期间选修过相关科目可免于对应科目的考试。

(3) 在通过所要求的所有科目考试的同时,需要具备5年以上的文物、博物馆工作的从业经历。

(三) 资格评估认证标准(见表8-13)

表8-13 博物馆馆长资格评估标准

资格评估指向的核心素质(即评估的主要目标)	1. 职业道德与伦理 2. 领导能力 3. 经营管理能力 4. 统筹沟通能力 5. 自我学习能力
标准1:职业道德与伦理	1.1 展现对文博行业有深入了解 1.2 掌握博物馆经营管理的国内外原则、理念和操作指南,以及文博领域内相关的政策与法规 1.3 理解有关博物馆经营管理和更广泛领域的职业道德,并且理解博物馆馆长工作的重要性,及其职责和义务 1.4 始终维护博物馆的根本利益,尊重和遵循博物馆的根本性质和宗旨,并始终以自然和文化遗产的利益为先 1.5 了解自身能力的优势及弱势所在

续　表

标准2：行政管理	2.1 2.2 2.3 2.4 2.5	熟悉博物馆运营方式和机构设置情况 主持和监管机构的战略规划的制定、执行和评估 主持制定机构的各项政策，以及各类工作的执行程序和实施标准 主持和审查机构预算的制定和分配，监管经费的使用、审计和其他相关事宜，并对外部政策保持密切关注 维系日常运营，包括部门工作的协调、人事管理等
标准3：项目管理	3.1 3.2 3.3 3.4 3.5	了解藏品保管和藏品发展事宜 了解展览计划的相关事宜 了解教育活动和其他项目的相关事宜 了解科学研究的相关事宜 了解博物馆出版物的编辑和出版情况的相关事宜
标准4：营销管理	4.1 4.2 4.3	具备文化产业创新意识 不断完善机构的公共服务水平 吸引不同的项目、人才和经费资源
标准5：对外传播与沟通	5.1 5.2 5.3	能够做清晰的工作总结和汇报 善于语言和文字沟通，具备良好的战略视野，建立必要的资源网络和合作关系 能够作为机构形象向外宣传理念和信息
标准6：专业知识水平与可持续性学习能力	6.1 6.2	始终保持对专业领域内相关变化以及与工作相关更广泛领域发展的了解 确保理念和知识的与时俱进

对每一部分中标准条款的评判可以引用英国PACR框架中的评价量度，即"熟练度"，可以根据掌握的程度分为"新手""初学者""胜任者""精通者""专家"这几个级别，各级别的分层标准可参见PACR框架。若要通过资格评估，则需要做到所有条款的评判中"新手"和"初学者"的出现总计不能多于一次，其余都达到了"胜任者"及以上水平。评估员的评判依据主要包括申请者提供的各类资质证明材料和评估当天的交流与审查情况等。

二、藏品保管人员职业资格认证标准

（一）学历认证标准

（1）学历水平：大学本科及以上学历和学士及以上学位。

(2) 专业背景：博物馆学、历史学、考古学、文化遗产学、计算机科学、文献学、档案学、自然科学、科技史、艺术史、民俗学等相关专业背景。

(3) 从业经历：有 2 年及以上藏品保管、文物保护、展览策划、文献档案管理等相关方向的从业经历。

（二）资格考试认证标准

(1) 考试科目（见表 8-14）。

表 8-14　藏品保管人员资格考试科目

必 考 科 目	选考科目（任选其二）
博物馆概论	历史学
博物馆藏品保管	文献学
/	档案学
/	考古学
/	文化遗产学
/	自然科学
/	科技史
/	艺术史
/	民俗学
/	计算机（笔试＋现场操作）
/	文物摄影（笔试＋现场操作）
/	……

必考科目包括博物馆概论和博物馆藏品保管，前者考察的是应试者对博物馆基本概念和情况的理解程度，后者考察的是应试者对藏品保管基本的职业道德与伦理、政策法规、理念与方法、操作流程和藏品数字化等内容的掌握程度。选考科目涉及与藏品保管工作相关的各个学科，应试者应当结合自身特点在选考科目中选择两门。

(2) 若在校期间选修过相关科目可免于对应科目的考试。

(3) 在通过所要求的所有科目考试的同时,需要具备 1 年以上博物馆藏品保管相关工作的从业经历。

(三) 资格评估认证标准(见表 8-15)

表 8-15 藏品保管人员资格评估标准

资格评估指向的核心素质(即评估的主要目标)	1. 职业道德与伦理 2. 藏品保管专业知识水平 3. 藏品保管实务操作能力 4. 团队合作和独立工作能力 5. 口头和笔头沟通能力 6. 学术研究能力
标准 1:职业道德与伦理	1.1 理解藏品保管的原则,并展现对专业领域有深入了解 1.2 熟悉与实践相关的国内外原则、理念和操作指南,以及相关政策法规的要求 1.3 理解藏品保管的意义,尊重和尽量保存藏品原貌,并为藏品的社会利用作出贡献 1.4 理解有关藏品保管工作和更广泛领域的职业道德,以及藏品保管职业的责任和义务,使得面对藏品的一切工作都在职业道德要求的范畴内 1.5 面对藏品保管问题时,需利用批判性思维和综合分析,并秉持严谨的科学态度 1.6 了解自身能力的优势及弱势所在
标准 2:参与制定藏品计划	2.1 了解机构宗旨与藏品间的关系 2.2 参与制定博物馆藏品管理政策 2.3 参与制定博物馆藏品发展规划
标准 3:藏品出入库管理	3.1 掌握藏品登录程序,主要包括藏品的入册登记、基本处理、编目、建档、标记和注销等环节 3.2 针对不同质地的藏品维持相应的保存环境,包括库房环境和展览环境等 3.3 监测藏品情况的变化,并及时做出基本判断 3.4 掌握藏品的出入库记录程序,保存原始凭证 3.5 掌握不同藏品的移动、包装和搬运要领 3.6 了解藏品相关的安全保障事宜,并制定应急方案 3.7 具有藏品信息数字化所需软件的基本操作能力
标准 4:藏品研究	4.1 对藏品本体进行研究 4.2 对藏品保管理念与技术进行研究

续 表

标准5：组织和管理	5.1 5.2 5.3	确保工作遵循相关的健康和安全规章指南，并且都在法律规定的范畴之内 在各环节工作中确保藏品安全 进行良好的团队协作，并能够进行基本的独立操作
标准6：专业知识水平与可持续性学习能力	6.1 6.2	始终保持对专业领域内相关变化以及与工作相关的更广泛领域发展的了解 确保实践做法、知识、技能和技术的与时俱进

评价量度和合格标准可参见"博物馆馆长资格评估"相关内容。

三、文物保护与修复人员职业资格认证标准

（一）学历认证标准

（1）学历水平：大学本科及以上学历和学士及以上学位。

（2）专业背景：有文物保护、考古学、博物馆学、化学、材料科学或与保护对象相关领域的专业背景。

（3）从业经历：有2年及以上文物保护等相关方向的从业经历。

（二）资格考试认证标准

（1）考试科目（见表8-16）。

表8-16 文物保护与修复人员资格考试科目

必 考 科 目	选考科目（与保护对象性质相关，任选其二）
博物馆概论	金属文物保护与修复（笔试＋现场操作）
文物保护与修复	木质文物保护与修复（笔试＋现场操作）
/	纸质文物保护与修复（笔试＋现场操作）
/	陶瓷保护与修复（笔试＋现场操作）
/	漆器保护与修复（笔试＋现场操作）
/	织绣保护与修复（笔试＋现场操作）
/	化学

续　表

必　考　科　目	选考科目(与保护对象性质相关,任选其二)
/	材料科学
/	考古学
/	美术(笔试＋现场操作)
/	建筑学
/	……

必考科目包括博物馆概论和文物保护与修复。后者主要考察应试者对文物保护重要的政策法规、职业道德与伦理、理念和原则、保护对象情况的判断,以及操作方法和材料、应急方法的选择等内容的掌握程度。选考科目包括了与不同保护对象相对应的科目,以及化学、材料科学、考古学、美术、建筑学等与文物保护工作息息相关的科目,应试者应当结合自身特点在选考科目中选择两门。

(2) 若在校期间选修过相关科目可免于对应科目的考试。

(3) 在通过所要求的所有科目考试的同时,需要具备1年以上的文物保护与修复相关工作的从业经历。

(三) 资格评估认证标准(见表8-17)

表8-17　文物保护与修复人员资格评估标准

资格评估指向的核心素质(即评估的主要目标)	1. 职业道德与伦理 2. 文物保护与修复的专业知识水平 3. 文物保护与修复的实务操作能力 4. 团队合作和独立工作能力 5. 口头和笔头沟通能力 6. 学术研究能力
标准1:职业道德与伦理	1.1 理解文物保护的原则,并展现对专业领域的深入了解 1.2 熟悉与实践相关的国内和国际原则、理念和操作指南,以及相关政策法规的要求

续　表

标准1：职业道德与伦理	1.3 理解文物保护的意义，尊重和尽量保存保护对象及其所处的文化、历史和精神环境的原貌 1.4 理解有关文化遗产和更广泛领域的职业道德，以及文物保护职业的责任和义务，能够在维护保护对象利益的基础上处理价值冲突和道德困境 1.5 面对文物保护问题时，需利用批判性思维和综合分析，并秉持严谨的科学精神 1.6 了解自身能力的优势及弱势所在
标准2：评估保护对象情况	2.1 理解保护对象的重要性和背景 2.2 评估保护对象的物理属性和所处状态 2.3 评估环境和其他潜在因素的变化对保护对象的影响 2.4 评估若不采取进一步保护措施会产生的影响 2.5 记录或报告评估结果，并初步提出可行的保护方案
标准3：选择保护方式和策略	3.1 甄别和评估不同的文物保护方式，比较不同方式的优劣之处及其产生的影响 3.2 针对不同选择制定相关的建议或策略，以及实施方案 3.3 制定备选方案
标准4：文物保护方法	4.1 传播和获取有关保存、保护和处理保护对象的合适做法 4.2 实行预防性保护或文物保护管理 4.3 确保使用的方法符合文物保护标准 4.4 监测和评估文物保护方法的有效性 4.5 保存文物保护方法和实施过程的详细记录 4.6 在超出专业知识范围时，为进一步分析、处理或预防性保护，推荐合适的资源
标准5：组织和管理	5.1 合理控制工作进程，确保工作顺利完成 5.2 确保保护工作遵循相关法律和合同要求 5.3 确保保护工作遵循相关的健康和安全规章指南，具备一定的风险评估能力 5.4 负责保护工作实施过程中保护对象的安全 5.5 有良好的人际交往和沟通能力
标准6：可持续性学习能力	6.1 始终保持对专业领域内相关变化以及与工作相关的更广泛领域发展的了解 6.2 确保实践做法、知识、技能和技术的与时俱进

评价量度和合格标准可参见"博物馆馆长资格评估"相关内容。

四、展览设计人员职业资格认证标准

（一）学历认证标准

（1）展览内容设计人员：

① 学历水平：大学本科及以上学历和学士及以上学位。

② 专业背景：历史学、博物馆学、艺术史、展览设计、传播学等专业，以及与展示对象相关的其他专业。

③ 从业经历：有2年及以上展览策划、文本撰写、藏品保管，或博物馆其他岗位的从业经历。

（2）展览形式设计人员：

① 学历水平：大学本科及以上学历和学士及以上学位。

② 专业背景：展览设计、艺术设计、室内设计、美术、工业设计、建筑学、博物馆学等专业背景，以及与展示对象相关的其他专业背景。

③ 从业经历：有2年及以上展览策划、设计规划、藏品保管、项目管理和公共关系等领域的从业经历。

（二）资格考试认证标准

（1）考试科目：

① 展览内容设计人员（见表8-18）。

表8-18 展览内容设计人员资格考试科目

必 考 科 目	选考科目（与展览类型相关，任选其二）
博物馆导论	艺术史
博物馆展览策划概论	文化史
博物馆展览内容设计	考古学
/	民俗学
/	自然科学

续 表

必 考 科 目	选考科目(与展览类型相关,任选其二)
/	科技史
/	美术/艺术设计
/	传播学
/	建筑学
/	……

必考科目涉及博物馆的基本情况、博物馆展览策划的基础知识和博物馆展览内容设计的必要知识。"博物馆展览策划概论"涉及展览策划的职业道德和伦理、展览策划相关的重要政策法规、展览策划的基本概念、展览策划的基本程序和方法等相关内容。"博物馆展览内容设计"涉及展览内容设计原则、展览主题提炼、展览内容结构设计、文本撰写的方法与技巧、展览内容设计与空间布局等。选考科目涉及与各类型展览相关的内容,应试者应当结合自身特点在选考科目中选择两门,作为知识结构中专长的一面。

② 展览形式设计人员(见表8-19)。

表8-19 展览形式设计人员资格考试科目

必 考 科 目	选考科目(与展览类型相关,任选其二)
博物馆导论	艺术设计(笔试+操作考试)
博物馆展览策划概论	计算机(操作考试)
博物馆展览形式设计	艺术史
	传播学
	建筑学
	……

必考科目包括博物馆导论、博物馆展览策划概论和博物馆展览形式设计。"博物馆展览形式设计"涉及博物馆展览形式设计原则、空间设计基础

知识、艺术设计基础知识、多媒体设计基础知识、人体工程学基础知识、博物馆展览传播的方法和技巧等。选考科目主要考察的是应试者对展览设计技术和展览传播理念的掌握程度,其中,"艺术设计"科目除笔试外,还需要有现场手绘设计的考察,"计算机"科目主要考察的是应试者对设计所需软件的掌握程度,包括基本的 Photoshop 和 AutoCAD 等软件,应试者应当结合自身特点在选考科目中选择两门。

(2) 若在校期间选修过相关科目可免于对应科目的考试。

(3) 在通过所要求的所有科目考试的同时,需要具备 1 年及以上博物馆展览策划等相关工作的从业经历。

(三) 资格评估认证标准

1. 展览内容设计人员(见表 8-20)

表 8-20　展览内容设计人员资格评估标准

资格评估指向的核心素质(即评估的主要目标)	1. 职业道德与伦理 2. 展览策划的专业知识水平 3. 展览内容策划的实务操作能力 4. 团队合作和独立工作能力 5. 口头和笔头沟通能力 6. 学术研究能力 7. 创新能力
标准1:职业道德与伦理	1.1　理解展览阐释的原则,并展现对专业领域的深入了解 1.2　熟悉与实践相关的国内和国际原则、理念和操作指南,以及相关政策法规的要求 1.3　理解展览内容设计的意义,合理剖析和组织展示内容,尊重展示对象和观众需求 1.4　理解有关展览策划和更广泛领域的职业道德,以及展览内容策划的责任和义务 1.5　面对展览主题和展览内容时,需利用批判性思维和综合分析,并秉持严谨的科学精神 1.6　了解自身能力的优势及弱势所在
标准2:展览主题和传播目的	2.1　参与展览团队的展览规划的制定 2.2　参与展览主题的确定 2.3　能够判别展览传播目的和目标观众,并进行必要的观众研究

续　表

标准3：展览内容研究	3.1 搜集与展览内容有关的各类资料 3.2 对资料进行研究，较好地把握展览的主要内容
标准4：展览内容文本	4.1 撰写展览内容大纲，具有合理清晰的逻辑结构 4.2 撰写展览内容文本，有良好的文字和语言表达能力
标准5：配合展览形式设计和配套活动设计	5.1 初步设想展览内容的呈现形式 5.2 初步设想上展文物和辅助展品 5.3 配合展览形式设计和教育活动设计
标准6：专业知识水平与可持续性学习能力	6.1 始终保持对专业领域内相关变化以及与工作相关的更广泛领域发展的了解 6.2 确保实践做法、知识、技能和技术与时俱进

评价量度和合格标准可参见"博物馆馆长资格评估"相关内容。

2. 展览形式设计人员（见表8-21）

表8-21　展览形式设计人员资格评估标准

资格评估指向的核心素质（即评估的主要目标）	1. 职业道德与伦理 2. 展览策划的专业知识水平 3. 展览形式策划的实务操作能力 4. 空间设计和计算机技能 5. 团队合作和独立工作能力 6. 口头和笔头沟通能力 7. 创新能力
标准1：职业道德与伦理	1.1 理解展览传播的原则，并展现对专业领域有深入了解 1.2 熟悉与实践相关的国内和国际原则、理念和操作指南，以及相关政策法规的要求 1.3 理解展览形式设计的意义，合理地展示内容，尊重展示对象和观众需求 1.4 理解有关展览策划和更广泛领域的职业道德，以及展览形式设计的责任和义务 1.5 面对展览形式展现时，需利用批判性思维和综合分析，并秉持严谨的科学精神 1.6 了解自身能力的优势及弱势所在
标准2：初步规划	2.1 研究展览内容文本，对展览结构和各部分内容有清晰的把握 2.2 依据展厅实际空间，进行展览内容的规划和评估

续 表

标准3：展览形式设计	3.1 3.2 3.3 3.4 3.5	概念设计，绘制草图和初步制图 深化设计，运用绘图软件对展览内容进行详细设计，包括展厅环境的详细制图、文字和图片的样式安排、展品陈列的方式、辅助展品的模型和样例制作等 以观众体验为出发点，运用不同的展览传播手段呈现展览内容 具有基本的人体工程学、力学和照明等领域的知识 最终设计，与展览团队进行反复沟通，对设计进行修改和完善
标准4：参与布展施工	4.1 4.2	参与展厅装修，辅助展具和辅助展品的制作 控制布展进程，及时解决出现的问题
标准5：开展后续工作	5.1 5.2	展览开展后进行必要的维护工作 协助其他部门的人员进行展览配套活动的设计
标准6：专业知识水平与可持续性学习能力	6.1 6.2	始终保持对专业领域内相关变化以及与工作相关的更广泛领域发展的了解 确保实践做法、知识、技能和技术与时俱进

评价量度和合格标准可参见"博物馆馆长资格评估"相关内容。

五、博物馆教育人员职业资格认证标准

（一）学历认证标准

（1）学历水平：大学专科及以上学历。

（2）专业背景：

① 与博物馆教育相关专业：博物馆学、博物馆教育等。

② 与教育教学相关专业：教育学、心理学等。

③ 与所在博物馆性质相关专业：历史、艺术史、美学、自然科学、科技史、人类学、社会学、文学等。

（3）从业经历：有1年及以上在博物馆或文化/教育机构中从事教育和观众服务等工作的从业经历。

（二）资格考试认证标准

（1）考试科目（见表 8-22）。

表 8-22　博物馆教育人员资格考试科目

必 考 科 目	选考科目（与博物馆性质相关，任选其二）
博物馆概论	历史学
博物馆教育	艺术史
/	文化史
/	考古学
/	民俗学
/	自然科学
/	科技史
/	教育学
/	心理学
/	传播学
/	……

必考科目包括博物馆概论和博物馆教育，后者主要考察应试者对博物馆教育相关的重要政策法规、职业道德与伦理、理念和做法、观众研究等内容的掌握程度。选考科目涉及与各类型博物馆性质相关的内容，以及与社会教育和传播相关的内容，应试者应当结合自身特点在选考科目中选择两门。

（2）若在校期间选修过相关科目可免于对应科目的考试。

（3）在通过所要求的所有科目考试的同时，需要具备 1 年以上博物馆教育相关工作的从业经历。

(三) 资格评估认证标准（见表 8-23）

表 8-23　博物馆教育人员资格评估标准

资格评估指向的核心素质（即评估的主要目标）	1. 职业道德与伦理 2. 博物馆教育的专业知识水平 3. 博物馆教育的实务操作能力 4. 组织与管理能力 5. 团队合作和独立工作能力 6. 口头和笔头沟通表达能力 7. 学术研究能力 8. 创新能力
标准 1：职业道德与伦理	1.1 理解博物馆教育原则，并展现对专业领域的深入了解 1.2 熟悉与实践相关的国内和国际原则、理念和操作指南，以及相关政策法规的要求 1.3 理解博物馆社会教育的意义，尊重传播的内容和观众需求 1.4 理解有关博物馆社会教育和更广泛领域的职业道德，以及博物馆教育职业的责任和义务 1.5 了解自身能力的优势及弱势所在
标准 2：教育活动的策划和实施	2.1 掌握观众研究的基本方法和实施策略 2.2 参与制定教育活动规划 2.3 具有创新能力，策划不同类型的教育活动 2.4 对教育活动所涉及的背景知识和目标观众进行研究 2.5 开发和维护教育活动所需的资料，包括出版物、藏品材料和设备等 2.6 协助其他工作人员进行教育活动外延工作的实施，包括展览策划、文化创意产品的开发、博物馆的社会宣传等 2.7 组织和实施不同类型的教育活动，及时解决存在的问题 2.8 教育活动的评估，能够总结经验和问题
标准 3：相关人员培训和管理	3.1 对教育活动的组织和参与者进行必要的培训，包括教育人员、讲解员、志愿者、教师等 3.2 会员服务 3.3 具有良好的文字和语言表达能力，建立和维系对外关系
标准 4：博物馆教育研究	4.1 掌握博物馆学、教育学等相关学科的基本理论 4.2 结合理论与实践，对博物馆教育有一定的自我认知
标准 5：专业知识水平与可持续性学习能力	5.1 始终保持对专业领域内相关变化以及与工作相关的更广泛领域发展的了解 5.2 确保实践做法、知识、技能和技术与时俱进

评价量度和合格标准可参见"博物馆馆长资格评估"相关内容。

第九章
推进与实施体系的配套建立

博物馆职业资格认证制度需要一系列的推进与实施体系作为支撑。所涉及的子体系包括：政策与法律体系，在政策层面予以支持和引导；培养与培训体系，在教育层面提供更优秀的博物馆专业人才储备；管理与保障体系，在执行和管理层面确保资格认证的公平性、有效性和合理性，并提供相应的职业咨询服务。

第一节　政策与法律体系

任何制度的建立和实施都必定需要依靠政策和法律的规范和支持。因此，在博物馆职业资格认证制度的推进与实施体系中首先需要建立政策与法律体系，主要包括法律法规支持系统和政策引导系统。由于我国尚未建立博物馆职业资格认证制度，因此一方面需要借鉴我国其他行业已有的相关政策法律支持情况；另一方面也需要借鉴国外一些国家已有的相关做法。

一、我国职业资格认证制度的政策与法规体系

我国职业资格认证制度始于20世纪90年代，1994年颁布的《职业资格证书规定》中就对职业资格的定义、主管部门、获取方式、管理要求、适用范

围做出了基本规定,这也是我国职业资格认证规范化工作的起步。同年,"国家实行职业资格证书制度"列入《劳动法》,这是我国在国家法律层面,首次出现该制度的相关条款。目前,上述两者仍然是我国职业资格认证的最基本和最主要的法律规范。因此,在我国文博行业这一制度建立的过程中,也需要将上述两者作为最根本的工作要求。

以上述法律规范为基础,我国无论是国家层面,还是地方政府层面都陆续颁布和印发了一系列的政策法规,促使认证工作更好地予以实施。国家层面,2003年国务院印发了《中共中央国务院关于进一步加强人才工作的决定》,其中提出了在各行业实行该制度的要求,以及构建扶持和指导体系的发展方向。① 这一文件明确了未来一段时期内这一制度的工作要求和目标。此后的若干年内,劳动和社会保障部职业技能鉴定中心、中国就业培训技术指导中心、人力资源和社会保障部职业技能鉴定中心等部门又先后印发了多个政策性文件(见表9-1),对相关工作的各个环节做了详细部署。

表9-1 职业资格认证相关文件

文　件　名	年　份
《国家职业技能鉴定专家委员会专业委员会工作规范》	2004
《职业技能鉴定国家题库工作计划(2007—2010年)》	2007
《关于进一步推进职业资格证书管理系统和鉴定咨询投诉系统建设与应用的通知》	2014
《国务院关于加快科技服务业发展的若干意见》	2014

---

① "全面推行专业技术职业资格制度,加快执业资格制度建设。积极探索资格考试、考核和同行评议相结合的专业技术人才的评价方法;发展和规范人才评价中介组织,在政府宏观指导下,开展以岗位要求为基础、社会化的专业技术人才评价工作。积极推进专业技术人才执业资格国际互认。"转引自《中共中央国务院关于进一步加强人才工作的决定》,载中华人民共和国中央人民政府网,http://www.gov.cn/test/2005-07/01/content_11547.htm,2003年12月26日。

在国家层面法律法规和政策的引导之下,各级地方政府和相关部门也针对相关工作制定了一系列政策。以上海为例,文件、政策和相关项目列于表9-2。

表9-2 上海职业资格认证相关政策文件

编号	年份	政策法规名称	主 要 内 容
1	1996	《上海市职业技能鉴定实施办法(试行)》	对职业技能鉴定的含义、对象、申请流程、内容与方式、组织管理、鉴定主体、鉴定试题等内容进行了规定
2	1999	《上海市专业技术职称(资格)评定与专业技术职务聘任相分离的暂行办法》	对专业技术职称(资格)专业技术职务聘任之间的区别和关系做了进一步界定
3	2004	《上海实施人才强市战略行动纲要》	明确提出要建立专业技术人才职业能力认证服务系统
4	2006	《上海市专业技术人才职业能力认证目录》	涉及115个职业,并根据这一《目录》搭建起上海市的职业资格认证框架,其中囊括的职称资格项目包含"文物博物"一项、专业技术水平认证项目中包含"文物经营"一项。
5	2004	《上海市文物博物系列高级专业技术职务任职资格审定(文物经营专业)试行办法》	对各级别人员的资格认证条件和认证流程做出了明确规定。
6	2015	《上海市文物博物系列高级专业技术职务任职资格审定办法(试行)的通知》	对各级别人员的资格认证条件和认证流程做出了明确规定。
7	2004	上海文化人才专业技术水平认证项目	涉及"文物经营"等文博考古领域工作人员,对考核合格人员颁发《上海市专业技术水平认证证书》

上文所述的国家到地方层面相关的政策与法规体系是任何一个行业实行认证制度的基础。具体到某一行业,虽然我国文博行业尚未建立起准入类的职业资格认证制度,但在2014年,由国家文物局作为实施部门,在文物保护领域率先建立了水平评价类的"文物保护工程从业资格"标准,其设定依据可见表9-3。

表 9-3　文物保护工程从业资格设定依据

年份	政　策　法　规
2003	《中华人民共和国文物保护法实施条例》
2003	《文物保护工程管理办法》
2003	《文物保护工程施工资质管理办法（试行）》
2005	《文物保护工程勘察设计资质管理办法（试行）》
2014	《文物保护工程监理资质管理办法（试行）》

虽然文博行业的职业资格认证制度尚处于草创阶段，但是其他行业的相关职业资格认证制度早已建立，其中，政策法规相关的经验，也能够为我国博物馆的这一制度提供有价值的参考。在诸多行业的认证制度中，教师资格认证制度建立较早，目前已形成较为成熟的制度体系，此外，教师行业和文博行业同属文化教育领域，因此，可以将教师资格认证的法律法规系统作为典型案例进行分析。

目前，我国教师资格制度的相关法律规范、政策规定可见表 9-4，为制度的实施提供了科学有效的规范和指导，在具体工作开展的过程中针对不同类型教师的资格认证工作都能够做到有据可循。

表 9-4　我国教师资格认证相关法律规范

年份	法律法规名称	主　要　内　容
1994	《中华人民共和国教师法》	具体内容涉及教师资格类型、教师资格条件、教师资格认定方式、教师资格考试、教师资格的取消等
1995	《教师资格条例》	
1995	《教师资格认定的过渡办法》	在教师资格制度建立初期帮助原有制度与现行制度进行融合，促进制度的顺利推行。
2000	《〈教师资格条例〉实施办法》	明确了教师资格的认定条件、资格申请流程、资格认定过程、资格证书管理等内容
2013	《中小学教师资格考试暂行办法》	明确了中小学教师资格考试的报考条件、考试的内容与形式、考试实施、考试安全与违规处罚、组织管理等内容。

续表

年份	法律法规名称	主 要 内 容
2013	《中小学教师资格定期注册暂行办法》	明确了中小学教师资格的注册条件、注册程序和罚则等内容。
2013	《宗教院校教师资格认定和职称评审聘任办法(试行)》	专门针对宗教院校的教师,明确了他们的职业资格认定条件、申请流程、职称评审和法律责任等

除上文已述的相关法律法规之外,国务院、教育部和地方各级教育主管部门又分别针对具体工作,提出了相应的指导意见和政策措施。国家层面先后发布了多个文件,其中分别详细叙述了教师资格认证的发展和教师队伍建设的工作要求。地方层面,各级政府和教育主管部门也陆续发布了针对地区情况的相关政策文件,都旨在针对相应地区的实际情况做出工作细节的规定,指导各地区教师职业资格认证制度的实行,具体文件名可见表9-5。

表9-5 有关教师资格认证的政策文件

	年份	文 件
国家层面	2012	《国务院关于加强教师队伍建设的意见》
	2011	《教育部关于大力加强中小学教师培训工作的意见》
	2001	《关于制定中小学教职工编制标准的意见》
	1999	《国务院关于印发〈关于新时期加强高等学校教师队伍建设的意见〉的通知》
地方层面（举例）	2015	《辽宁省中小学教师资格考试改革工作实施方案(试行)》
	2003	《辽宁省认定教师资格试行办法》
	2016	《云南省中小学教师资格考试和认定过渡办法》
	2013	《山东省中小学教师资格考试及认定制度改革工作实施办法》
	2015	《四川省中小学教师资格考试实施细则》
		……

教师职业资格的政策与法律体系为我国博物馆职业资格认证制度的政策与法规体系的建立提供了良好的借鉴作用,具体的经验借鉴包括:

(1) 以专门的法律作为基本规范。通过国家法律的形式为认证制度树立法律地位,同时体现该制度已得到法律的认可和保障。

(2) 以专门的资格条例作为基本工作指南。通过相应的法规条例,明确资格认证的工作要求和基本标准。

(3) 以实施细则作为开展具体工作的依据。根据相关法规条例,对实施层面的工作提出进一步要求,以显示在条例中未能明确的内容。

(4) 以配套的其他法规条例作为补充和完善。就实施过程中的问题和不足,提出相应的法规条例,包括针对不同类型职业资格的规定、针对认证各个环节工作的具体规定等。

(5) 以具体政策作为法律法规的实施助力。国家层面将政策作为实施认证制度的补充,并对未来工作的方向和细节制定相应的目标,并部署具体的工作,形成明确的规划。地方层面将政策作为法律法规在地方适用性问题上的调节,并出台相应的工作要求。

二、境外的政策与法律体系

除国内情况之外,其他国家和地区的相关政策与法律体系,尤其是与博物馆职业资格认证相关的政策法律中也有不少可以借鉴的经验。就国家整体制度而言,不少国家都有对相应工作进行规定的专门法律,主要法律可见表9-6。

表9-6 国外主要有关职业资格认证制度的法律[①]

国家	相关法律
日本	《职业训练法》
	《职业能力开发促进法》

[①] 中国就业培训技术指导中心:《国际职业资格体系概况(2010)》,中国劳动社会保障出版社2011年版,第54—59页。

续 表

国　　家	相　关　法　律
英　国	《职业训练法》
韩　国	《职业训练法》
	《国家技术资格法》
法　国	《终身职业培训和社会对话法》
德　国	《职业教育法》
	《培训者规格条例》
	《公共事业实训教师资格条例》
	《职业教育促进法》
	《职业培训的个人促进法》
	《各州学校法》
	《企业章程法》
	《青年劳动保护法》
	《工商业联合会权利暂行规定》
	《手工业条例》
	《培训条例》
	《考试条例》

这些政策法规保障了各国相关制度的顺利实施，也保障了资格认证的水平和质量，为国家培养和认证真正的专业技术人才提供了重要支持。

单就博物馆职业资格认证制度的法律法规系统而言，日本是其中非常典型的代表。目前日本已经形成相对完整的博物馆政策与法规体系，这些法律中针对博物馆理事会成员、博物馆馆长、学艺员、文物保护与修复人员的职业资格和工作职责都提出了明确的规定，具体的博物馆法律法规系统及彼此间的关系可见图9－1[1]。

---

[1] 生涯学习政策局社会教育课：《社会教育関係法令》，载日本文部科学省网，http://www.mext.go.jp/a_menu/01_l/08052911/005.htm，2009年。

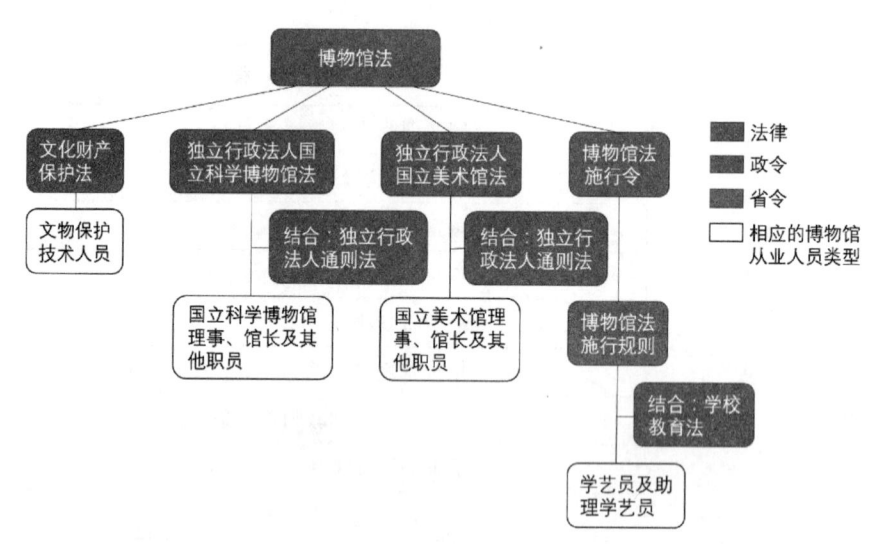

图 9-1 日本博物馆相关法律法规及对应的博物馆从业人员类型

由于日本实行严格的学艺员资格认证制度,因此,相关法律中对学艺员职业资格认证条件、认证方式等内容的规定更为详细。其中,《博物馆法》第四条至第七条分别对学艺员的定义、学艺员的职业资格、助理学艺员的定义、助理学艺员的职业资格等内容做出了相应的规定,而法条中有关学艺员学历和课程研修的要求又是建立在日本《学校教育法》的基础上提出的。同时,与之配套颁布的《博物馆法施行规则》专辟"学艺员的资格认定"一章,进一步对学艺员的资格认证时间、申请条件、认证方法及考试科目、资格认证流程、各环节工作的收费做出了明确规定。可见,日本学艺员的资格认证依靠了相对完善的法律法规系统,既有法律效力最高的法律作为根本要求,也有法律效力逐层递减的"政令"和"省令"作为具体的工作指南,使得各项工作的开展能够有明确的指引和规范要求,这一方面保障了申请者的权利,能够在公开、公平和公正的环境中获得职业能力的评估和证明;另一方面也保证了职业资格证书的质量和法律效力,切实为博物馆和文化遗产事业的发展输送高水平的专业人才。为了不断完善学艺员的职业资格认定工作和学艺员的培养培训体系，日本又陆续发布了一系列的方案政策。其中，比较重要的包括《社会教育主任、学艺员及馆员的培养、研修等相关的改善措施》(1996)[①]、《文部科学省综合评价书——应对地方期待的人力资源开发措施》(2003)[②]、《学艺员培养的改善措施》(2009)[③]。这些政策性文件的内容涉及对日本境内学艺员的现状分析、对目前学艺员培养与培训体系的现状与问题的描述、对学艺员培养和完善资格认证的意见和改善措施等，这不仅对学艺员资格认证本身做了进一步的探讨，也思考了学艺员后续培养的问题，形成了较为完善的体系。除日本之外，中国台湾地区也有专门的《博物馆法》，其中对博物馆专业人员的配置作出了一定的要求，此外台湾文建会也提出了《台湾博物馆专业人员聘任管理要点》，对博物馆中的研究员、副研究员、助理研究员和研究助理的评定标准及聘用管理和绩效评鉴标准进行了详述。

三、我国博物馆职业资格认证制度政策与法律体系的发展对策

由前文分析可知，政策法律体系的建立是一个不断细化的过程，也是一个通过职业资格的实施而不断完善的过程。根据上述内容，对我国博物馆职业资格认证制度形成的政策与法规体系可提出以下建议：

第一，尽早出台我国的《博物馆法》。在现有《博物馆条例》的基础上，进一步提升博物馆法规的法律效力，颁布我国博物馆行业的基本法律，并在具体条款中对博物馆从业人员和博物馆职业资格认证制度进行基本描述，具体包括

---

① 生涯学习审议会社会教育分科审议会：《社会教育主事、学芸員及び司書の養成、研修等の改善方策について》，载日本文部科学省网，http://www.mext.go.jp/b_menu/hakusho/nc/t19960424001/t19960424001.html，1996年4月24日。
② 日本文部科学省：《文部科学省総合評価書——地域社会の期待に応える人材育成方策》，载日本文部科学省网，http://www.mext.go.jp/a_menu/hyouka/kekka/030305.pdf，2003年3月。
③ 未来博物馆合作者会议：《学芸員養成の充実方策について——「これからの博物館の在り方に関する検討協力者会議」第2次報告書》，载日本文部科学省网，http://www.mext.go.jp/component/b_menu/shingi/toushin/__icsFiles/afieldfile/2009/02/18/1246189_2_1.pdf，2009年2月。

对博物馆主要职业的定义和职责范围、博物馆主要职业的资格要求等。

第二，配套出台我国的《博物馆法实施细则》。在《博物馆法》的基础上，针对相关条款所提到的内容做进一步明确，具体包括博物馆主要职业的资格认证实施和监管主体、资格认证的方法等。

第三，出台我国专门的《博物馆职业资格条例》。针对这一制度的具体工作，在结合我国相关法律法规的基础上，出台专门的法律规范，其中进一步明确制度实施过程中各环节工作的具体要求，包括：博物馆职业资格的分类与适用范围、资格认证各个途径所对应的具体要求、博物馆职业资格考试、资格认证的申请条件、资格认证的申请流程、资格认证的实施主体、资格证书的管理和取消等。

第四，配套出台《〈博物馆职业资格条例〉实施办法》。对《博物馆职业资格条例》中未能予以明确的内容做进一步界定，包括认证过程中各个环节的收费标准、资格考试的申请时间、资格考试的举办时间和频率、资格评估的申请时间、资格评估的实施时间和频率等。

第五，对具体工作环节出台相应的实施办法。具体包括：博物馆职业资格考试、博物馆职业资格证书的管理或者具体某一类博物馆职业的资格认定工作等，旨在引导具体工作的各个细节，并解决相应的问题。

第六，配合法律法规出台相应的政策。国家层面，出台相关政策，对这一制度的实施提出相应的发展目标和工作要求，并制定战略规划，同时针对博物馆专业人才的培养出台相应的政策。地方层面，出台相关政策，针对不同地区的实际情况就认证制度的各个环节工作制定更科学的实施方案和配套措施。

四、政策与法律体系的框架模型

综上，认证制度的政策与法规体系可归结为下表所述的框架模型（见图9-2）：

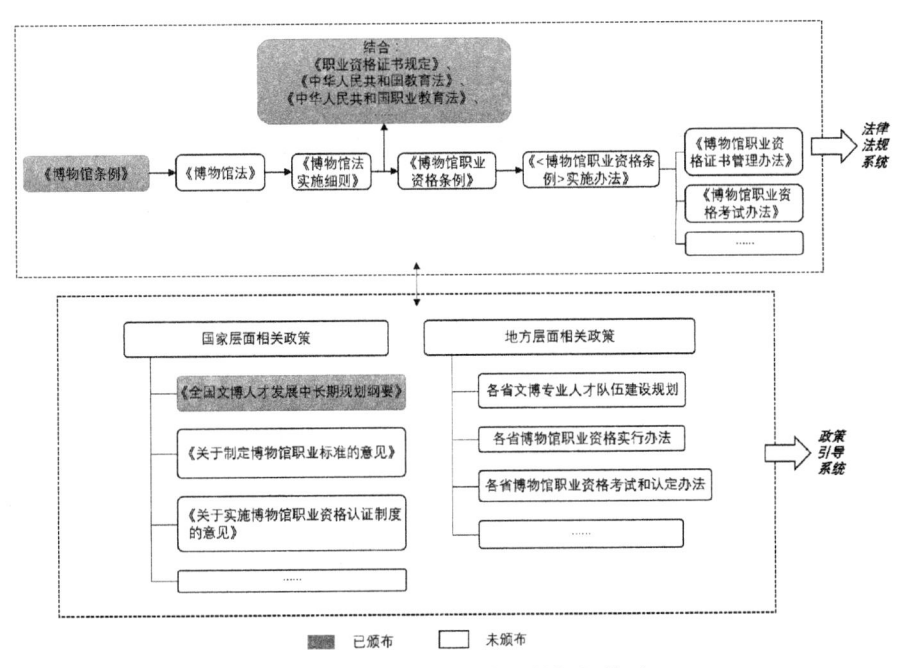

图 9-2 政策与法律体系的框架模型

第二节 培养与培训体系

认证制度的建立和实施,离不开文博人才培养与培训体系的强化和完善。国家文物局发布的《全国文博人才发展中长期规划纲要(2014—2020)》中提出了我国文博人才培养的发展目标。[①] 具体来看,我国文博人才的培养与培训体系应当主要由两大部分组成,包括正规教育系统和职业培训系统。

---

① "完善文博人才培养机制,建立开放多元的人才培养模式。健全院校文博人才培养体系……建立基于各区域文博资源禀赋特点的互补型人才培训开发体系……加强政、产、事、学、研紧密合作,建立'文博人才培养联盟'……建立基于重大项目的人才培养制度……建立师承制……"转引自国家文物局:《关于印发〈全国文博人才发展中长期规划纲要(2014—2020)〉的通知》,载国家文物局网,http://www.sach.gov.cn/art/2014/6/3/art_1330_98901.html,2014 年 6 月 3 日。

前者是文博人才培养的最根本方式,能够通过系统化的课程教育,培养各类文博专业人才,提升他们的专业知识和技能水平,激发他们的职业兴趣,为今后的职业发展打下最坚实的基础;后者是文博人才综合能力提升的重要渠道,能够通过更具职业针对性的培训方式与培训内容,帮助他们了解最新的行业发展动态,掌握实际工作的最佳做法,应对工作中的不足。两者相辅相成,才能形成文博人才培养和培训最有效的体系。就博物馆专业人才培养与培训新要求而言,国际博物馆协会《研究系列·博物馆专业教育与培训新导向》中提到,目前涉及两大转变,一是博物馆的运营管理方式由内部关注导向转变为了外部推动导向;二是越来越关注持续性和多样化的学习机会。这两大转变意味着博物馆专业培养与培训体系的未来发展必须以市场需求和实际工作需求为导向,不能闭门造车,同时也必须重视教育与培训的持久性和影响力,丰富形式和内容。基于这两个要求,下文将对我国博物馆专业人员的培养与培训体系的现状和未来发展进行论述。

一、专业教育培养系统

博物馆专业人才的专业教育培养系统主要依附于院校,包括本科和研究生教育,以及职业教育两大方向,其中本科和研究生的专业培养目前在我国已有一定的基础,但是职业教育仍处于起步阶段。具体而言:

(一)本科和研究生阶段的专业培养

根据调查与核实,目前我国共有 90 余所高校在本科或研究生培养阶段,开设了考古文博专业,具体培养方向包括考古学、博物馆学、文化遗产学、文物保护与修复、文物鉴定等。另有 20 余所高校在美术史、科学技术史、建筑学等专业中开设美术考古、科技考古和古建筑保护等相关培养方向,以及若干音乐考古、戏剧文物研究、纺织文物保护与修复等特色专业。总体而言,目前我国文博本科和研究生教育的现状和问题可概括为以下三点:

1. 文博本科和研究生教育的现状成果

(1) 本科和研究生教育的快速发展趋势逐步显现。一方面,2000年后,随着我国文化遗产事业的快速发展,社会对考古文博人才的需求日益强烈,每年都会有新的高校增设相关专业。尤其是2010年后,在目前的120余所高校中有近四成是在这一时期设立考古文博相关专业的①。另一方面,院校在全国范围内的分布基本均衡,除青海、宁夏两省区尚未有高校开设相关专业外,其他各省、区、直辖市均有涉及,中东部地区院校相对更集中。同时,办学高校中,"985""211"工程院校占三成左右,近几年新设考古文博相关专业的院校更多地向地方院校和职业院校倾斜,其中设立博物馆培养方向的高校数量在快速发展,尤其在2010年国务院学位办设立了"文物与博物馆学"专业硕士学位之后,每年都有这一学位的新增授权点。截至2020年年初,授权点总数已达48所。

(2) 培养方向不断细化,跨学科趋势日益显著。一方面,部分学科逐渐细化出新的分支学科,如文化遗产学细分出民族文化遗产、非物质文化遗产、文物产业经营等。同时,通过培养方向的细分,以体现不同院校的办学特色,例如东北师范大学历史文化学院与自然博物馆联合招收硕士研究生,培养自然博物馆高层次人才;北京科技大学突出"科技"特色,强化在科技考古、文物保护等领域的治学特长;浙江大学开设了科普教育方向等。另一方面,依靠跨院系、跨院校、跨机构合作,形成跨学科专业教育与研究的拓展。例如,复旦大学文物与博物馆学系与生命科学学院、现代物理研究所、历史地理研究所、古籍保护研究院等院系和科研机构合作,积极开拓科技考古教育与研究。又如,目前国内高校文化遗产相关专业可依托历史系、考古文博系、建筑系、艺术系等不同院系办学,体现出对研究对象的偏保护技术、偏结构修缮、偏艺术解读等不同面向。

---

① 数据来源:笔者针对高校考古文博专业的调查与统计。

（3）创新人才培养模式，强调实践训练。根据"双一流"建设的要求，高校必须坚持职业导向的专业教育理念，加强学生的创新能力和实践能力，以服务于国家创新驱动发展战略①。根据我国文化遗产事业发展的实际需求，一方面，强调依托校内外研究实践基地和国际交流等强化学生综合能力，并在培养方案中明确实践课程的学分和具体要求。相关高校中几乎全部都与校外各类机构建立了合作关系，主要模式包括：合作办学与联合培养、建立校外实训（实践）基地和行业培训基地、校企合作等。这些高校有五成左右拥有博物馆、美术馆、文物标本室，或文献资料室等，其中绝大部分是依托考古文博相关专业所设立的。另外，近四成拥有考古、文物保护与修复、文化遗产研究等学科方向的实验室和科研中心等。其中不乏与国外高校或科研机构联合创立研究平台，如吉林大学与西蒙菲莎大学合作组建了"生物考古联合实验室"、北京大学与英国伦敦大学学院（UCL）联合成立了"中国文化遗产保护与考古学研究国际中心（ICCHA）"等。部分院校还利用微信公众号、网站等网络平台，达到创新师生互动模式、分享研究与实践成果、校际或馆校互动、服务社会公众等目的，如北京大学考古文博学院的"源流运动"、西南民族大学的"博人工作坊"等。另一方面，2011年至今，已有40余所高校设立了"文物与博物馆"专业硕士点，旨在既鼓励在职人员修读研究生，提升专业素养；又强化职业导向的学生职业能力培养。在这一过程中，积极探索"双导师"和"双证书"制度，探索高校与职业的衔接。

（4）承担更多校外人才培训任务。作为应用性极强，并且与我国优秀传统文化保护与传承、文化交流等重大社会现实问题息息相关的学科，高校需要承担更多考古文博人才培养和行业服务任务。因此，一方面，许多高校与国家文物局、地方文物行政管理部门、行业协会、文博机构合作举办各类在职人员培训班，如复旦大学受国家文物局委托，先后培训了包括17届全

---

① 周光礼：《"双一流"建设中的学术突破——论大学学科、专业、课程一体化建设》，《教育研究》2016年第5期。

国文博干部专修班,1届省级文物局局长班,3届省级博物馆馆长班,1届国家一级博物馆馆长班,1届文物出口出境鉴定站站长班,1届国际博物馆馆长培训班等。[①] 高校的一些职业培训项目已经作为部分考古文博单位在录用和晋升相关人员时的必要条件之一,成为国家和行业认可的职业能力凭证。另一方面,许多高校教师也担任了考古文博机构的顾问专家,或考古文博机构相关人员的职业导师,承担了大量的考古发掘、博物馆展览策划、文化遗产保护与修复、文化遗产管理等课题与项目。

2. 文博教育存在的问题及原因分析

文博教育获得丰硕成果的同时,尚存在不少问题。总体而言,本科和研究生阶段的教育水平仍然滞后于我国文化遗产事业发展的现状,职业导向不充分。

(1) 所设的相关专业总量仍然不足,毕业生流失情况严重,不能满足行业对人才储备和培养后劲的需求。第一,总量不足表现在:一方面,考古文博专业的总体数量较少,与120余所高校数相比,日本仅开设学艺员养成课程的大学就有近300所,其中4年制大学有291所,短期大学有9所,学校性质包括国立大学、公立大学和私立大学等。[②] 另一方面,考古文博不同学科方向的专业数量不平衡,如博物馆学、文化遗产管理等相关专业数量偏少。就美国的情况而言,早在1906年美国博物馆协会成立之际,艺术、图书馆和博物馆的专业人员培训就已经成为许多大学的关注点。1908年,第一个博物馆培训项目在宾夕法尼亚博物馆的工业艺术学校建立。1921年,Paul J. Sachs 在哈佛大学的福格艺术博物馆中提供了名为"博物馆的工作和博物馆的问题"这一课程,标志着博物馆培训课程开始在美国的大学中开设。[③] 自此,美国

---

① 内部资料:《复旦大学文物与博物馆学系学科发展规划(2015—2020)》。
② 日本文部科学省:《学芸員養成課程開講大学一覧(平成25年4月1日現在)300大学》,载日本文部科学省网,http://www.mext.go.jp/a_menu/shougai/gakugei/04060102.htm,2013年。
③ Yi-Chien Chen, *Educating Art Museum Professionals: The Current State of Museum Studies Programs in The United States*, The Florida State University School of Visual Arts and Dance, 2004, pp.38-41.

高校的博物馆学专业逐步发展，据美国博物馆协会在 1973 年时的统计显示，1970 年全美共有 91 项博物馆研究课程（或项目）。[①] 此后，美国博物馆协会又于 1978 年和 1981 年先后发布了《专业博物馆培训项目最低标准》(Minimum standards for professional museum training programs)和《检验专业博物馆研究项目的标准》(Criteria for Examining Professional Museum Studies Programs)，在国家层面为博物馆专业培养的课程设置提出了具体要求。进入 21 世纪之后，美国博物馆学专业进一步发展，目前全美约有 155 个博物馆学的研究生项目。[②] 若将考古学、艺术史、文物保护、艺术管理、策展研究等相关专业再算入内，那么这一数字还将呈现数倍增长。第二，就生源而言，部分考古文博专业在高考时只招文科生，缺失了理科背景的生源。研究生培养阶段，面临希望报考学生有一定的跨专业背景，但不同专业背景的学生又缺失考古文博专业知识的两难境地。此外，文物与博物馆专业学位硕士研究生教育着重于提升在职人员的专业素养，但目前生源依然以应届毕业生为主，在职人员仅占生源总数的不足两成。第三，从毕业生的就业情况来看，一些高校的本科生毕业选择直接就业、国内继续深造和出国的分别约占总数的三分之一，30% 直接就业的学生中还有不少跨行业择业。研究生培养阶段，一般有六至七成左右的毕业生选择了文物机构、高校相关院系或文博文化企业从事相关工作。因此，高校每年实际为文物行业输送的毕业生约在 3 000 人左右，但是我国文物机构的总数目前已超过万个，这意味着平均每年向行业输送毕业生数与文物机构数之比约为 1∶3。

（2）本科和研究生教育总体仍倾向于综合性教育，不能满足多学科、专门化、应用型培养新趋势。第一，目前在考古文博学科建制中独立建院的仅有北京大学考古文博学院、中国社会科学院大学考古与文博学院、吉林大学考古学院、西北大学文化遗产学院、保定学院文物与博物馆学院、河北东方

[①] 朱懿：《美国高校博物馆专业人才培养的经验与启示》，《博物馆研究》2015 年第 4 期。
[②] 陆建松：《博物馆专业人才培养和学科发展》，《中国博物馆》2014 年第 2 期。

学院文物与艺术学院、安阳师范学院历史与文博学院等。更多的相关专业（培养方向）虽然有在人文学院、社会学院、民族学院、人类学院、美术学院、建筑学院、文学院、马克思主义学院、地球科学与资源学院和纺织学院等的不同隶属情况，但近7成开设在历史学院（系）下，历史学导向依然明显。第二，课程也多以历史学、文物学、考古学为主干，缺乏针对博物馆学、文化遗产管理、文物保护与修复等培养方向的完整的课程体系。以"文物与博物馆"专业硕士（简称专硕）为例，在目前所开设的30余所高校中，由培养方案可知，不少院校的课程是从必修的文物学基础、博物馆学基础、考古学基础起步，到专业选修的各时期各类型考古、各类文物研究等。从开设的课程总量来看，考古学相关课程、文物学相关课程、文物保护与修复相关课程、博物馆学相关课程、文物鉴定相关课程数量比约为2.5∶3∶1∶1∶1[①]，博物馆学明显薄弱，文化遗产管理的课程则涵盖在文物学相关课程和文物保护与修复相关课程之中。而学位所要求的学分数也从63分至22分不等。另外，在课程结构上与学术型硕士有很大的相似性，综合性强，却尚未通过课程内容的创新，以凸显对文博专硕应用能力的培养。第三，除部分院校已形成明显的办学特长外，许多院校的综合性教育很大程度上导致培养聚焦不足，尤其就跨学科而言尚未开拓更有效的培养方向。如科技考古专业与生命科学、历史地理、计算机科学等院系的校内合作仍然处于小范围的探索阶段。

（3）考古文博的实践实训教育仍待强化，不能满足行业对人才职业能力的实际需求。目前考古文博相关专业的实践实训形式主要包括：① 培养方案中专设"专业实践"学分，时长从3个月到6个月不等。② 在相关课程中安排实践课时。如田野考古、文物修复、文物摄影、展览策划等课程。③ 借助项目和课题平台，鼓励学生利用课余时间参与。如参与重大考古发掘、博物馆建设、文化遗产保护项目；利用社会实践项目、科研资助课题等让

---

① 数据来源：笔者对各高校"文物与博物馆"专业学位硕士研究生培养方案统计得出。

学生自主设计和研究；举办学生学术报告等。但是，第一类形式的主要问题在于院系所设的校外实践基地存在总量与类型的不足，并有"只挂名不出资源"的现象，学生难以找到心仪的、专业对口的实习单位，专业实践的质量难以保证。第二类形式的主要问题在于大部分设立考古文博相关专业的院系普遍存在经费不足、实验设备老旧、教学标本有限等情况，课堂所能提供的资源远远不能满足教学目标的实现，而更多情况下，授课教师会同校外考古文博机构沟通，举办课程讲座、合作课程实践作业等。但是，实践课程仍然十分有限，且实践成果的实务性转化较弱。第三类形式的主要问题在于重大课题与项目的资源极大地依靠于院系和相关教师，从而导致不同院校的资源差异巨大。而学生自主申请的项目由于学术积累有限，需要依靠专业教师和其他校内外资源的共同支持与辅导。

（4）专业教师缺口大，人才引进困难，不能满足多学科维度、理论与实践一体的教学需要。一方面，考古文博相关专业的专职教师总量偏少，近五成院校的相关专职教师数在10人以下，有些院校虽然开设了考古文博相关培养方向，但相配的专职教师仅1人，或若干兼职教师。而更突出的问题是专职教师专业背景单一，以历史学、考古学出身为多，而博物馆学、文物保护与修复、文化遗产管理等学科方向的专职教师紧缺，如部分院校文物学教师需另开设博物馆学课程，以补充博物馆学培养方向师资和课程不足的问题；部分院校由于博物馆学、文物保护与修复等培养方向仅1名教师，这名教师就必须承担该方向所有的专业课程教学任务。同时，不少教师是直接从高校毕业走向教职岗位的，自身也缺乏考古文博领域的实践经历。另一方面，校外导师聘用困难。高校往往要求校外导师有硕士及以上学历，以及副研究员及以上职称，不少行业专家无法达到高校的聘用标准，让院系非常为难。此外，院系经费有限，难以支持扩大校外导师聘用规模的现实需求。与此同时，已聘用的校外导师也未能充分发挥对学生的辅导作用。由于校外导师有自身的专职工作，工作地点也不在院校，不少院校尚未建立校外导师的管理规制,如参与学生辅导的时长、具体的学生辅导工作范畴等。

导致上述问题的原因,其一,与考古学相比,博物馆学、文化遗产学仍处于弱势地位,基础理论及实践结合研究较弱。两个学科尚未形成成熟的、具有中国特色的学科理论体系。目前,博物馆学为考古学下的二级学科,但国家社科基金又将博物馆学归在图书馆与情报学之下。而文化遗产学是否可称为一门真正的学科尚有诸多争议,直到2016年才经首都师范大学申报,将文化遗产本科专业纳入《普通高等学校本科专业目录》中。而法国、韩国等国早已有专门的文化遗产大学[①]。由此,直接导致许多经费、课题等资源薄弱的现象,招生规模也难以扩大。其二,教学标准未明,跨学科合作机制尚未广泛建立。目前,各个高校以自身办学资源为基础设定不同的培养方案,办学水平参差不齐。同时,考古文博专业教师的专业背景以人文社科类为主,自然科学背景的教师仍较为匮乏,同时在高校内部建立跨专业合作的模式尚不普遍,学科群的探索亟待强化。其三,行业未明确人才核心能力框架,缺失高校教育引导机制。行业内对考古文博人才的职业类型、职业素养和职业发展路径并未形成行业公认的标准体系,在高校培养寻求职业对标时存在困境。其四,考古文博专业受政府和高校投入较少,相应的教师队伍编制少,人才引进难。同时,专业教师的研究课题申请困难,行业核心学术期刊整体数量与历史类、文学类相比偏少,影响教师职称晋升。其五,考古学对口就业岗位有限,且增长缓慢;博物馆就业岗位的薪酬、职业发展难以满足毕业生要求,且往往休假为周日、周一,与家庭衔接存在困难。与此同时,考古文博机构也存在招不到优秀人才的困扰,毕业生职业能力不满足工作岗位需求。

3.考古文博本科及研究生教育的发展对策

新时代,文化遗产事业将实现功能进阶,成为中华民族复兴的重要组成部分、国家总体安全的基础与保障、中华文化走出去的重要推力。高校应当

---

① 仝艳锋:《文化遗产专业人才培养现状探讨》,《人文天下》2017年第7期。

服务国家发展战略,培养中国特色社会主义事业的建设者和接班人,配合行业职业道德建设,增强学生对中华优秀传统文化和"四个自信"的根本认同,培养适应文化遗产事业高质量发展的多元化人才,调整优化学科结构、专业设置,建立健全学科专业动态调整机制,加快考古文博一流学科建设,推进产学研协同创新,着重培养创新型、复合型、应用型人才。

(1)鼓励更多高校在本科和研究生培养阶段设立考古文博专业(培养方向),强调办学特色。高校专业的增减往往受外部行业发展需求的影响,当下文物行业发展态势与高校教育仍处于"外冷内热"的状态,专业设置空间依然较大。各高校应依托不同院系,依据办学条件,开办具有自身特色的相关专业,并进一步细化分支学科,如博物馆学可细分为博物馆管理、博物馆教育等。同时,针对目前考古文博专业(学科)鲜有各级别重点学科、重点科研基地或精品课程的情况下,要根据"双一流"建设的要求,对已开办考古文博专业(培养方向)的高校,强化内部绩效管理,加速推进校级、省市级、国家级重点学科和精品课程建设,充分整合资源,在师资队伍、科学研究、人才培养、国际合作与交流等方面不断提升自身综合实力,逐步争取多层级的人力、物力和政策的倾斜。

(2)适应跨学科转变,推进学科群建设。跨学科发展已成为考古文博领域新的学科生长点,为强化学科竞争优势,建立符合行业需求的知识体系,可积极探索考古文博学科群建设。世界一流大学的学科群往往由主体学科、主干学科、支撑学科和特色学科构成,突出学科特色。[1] 依照学科群结合的紧密程度,其组织形式包括实体型、紧密型和松散性[2]。根据目前我国考古文博本科和研究生教育的情况,学科群建设可从松散型起步,即依托重大科研课题研究而组织起学科群,群内学科可依据课题内容涉及考古文博各个学科,以及化学、信息科学、生命科学、历史学、地质学、建筑学、环境学、

---

[1] 翟亚军:《大学学科建设模式新解——基于世界一流大学的分析》,《学位与研究生教育》2009年第3期。
[2] 胡仁东:《论大学优势学科群的内涵、特点及构建策略》,《中国高教研究》2011年第8期。

管理学、法学等。另外,高校层面还应强调专业设置的动态性和自主性,如美国高校博物馆学可依托于文学院、科技学院、视觉艺术学院等,通过专业设置的不同也可实现跨学科融合的目的。

(3) 健全研究型与应用型课程体系,促进创新创业教育和专硕教育。

首先,研究型与应用型并重是考古文博本科和研究生教育的基本任务。美国早在 20 世纪就已形成了以福格艺术博物馆的 Sachs 课程为代表的高校训练和以纽瓦克博物馆 Dana 课程为代表的在职实践训练两种模式,两者拥有完全不同的培养路径。而就当前的美国高校博物馆学教育而言,他们更注重为学生的专业发展提供全方位的资源。课程内容不仅专注于博物馆的策展和研究等主要业务工作,也涉及财务、人事管理、公共服务等事务性工作;不仅专注于艺术、历史等类型博物馆的工作,也关注自然历史、科技类、专题类博物馆的工作;不仅重视自身研究,也通过与其他专业或机构的合作,增加资源使用率。以乔治华盛顿大学的博物馆学专业(Museum Studies Program)为例,它们的课程包括博物馆管理、博物馆人员管理、展览设计、展览策划、展览文本撰写、藏品管理、文物保护、博物馆数字化等,涵盖了博物馆工作的方方面面。更重要的是,该专业充分利用了华盛顿及周边地区的博物馆资源,授课地点可以在课堂中,也可以在博物馆中。学校和博物馆都为学生们提供了大量的博物馆实习实训的机会。乔治华盛顿大学博物馆学系的展览设计课与史密森尼博物学院的各大博物馆合作,优秀的课程作业能为博物馆提供优秀而有趣的小型展览,直接在博物馆展厅中展示。而博物馆领域或其他相关领域的专家学者也会经常被邀请至课堂,举办讲座或对话。学生们除了课堂学习之外,也会被要求阅读大量的文献资料、完成实践项目,以更充分地了解博物馆的实际工作情况。

其次,更细化课程设置,增加实践课程和职业生涯课程。第一,在国际博物馆协会《博物馆职业发展课程指南》中指出,博物馆从业人员的专业培养课程应当涉及以下几方面内容,包括一般素养、博物馆学素养、管理素养、公共项目素养、信息和藏品管理以及保护素养等。[①] 这一《指南》显示出博物馆的专业课程需要有通识的基础课程，也需要依据不同培养方向进一步细化。因此，我国博物馆专业也应当注重对学生的差异化培养，根据专业本身的教学资源，将博物馆专业具体的培养方向做细化改革，具体可设置：博物馆经营管理、博物馆展览策划与传播、博物馆藏品保管、博物馆藏品保护、博物馆教育、博物馆数字化、博物馆营销等，在每个培养方向之下，应当再依据不同类型的博物馆进行相关课程的安排，尤其是针对自然科技类博物馆的工作需求，而设立科学技术史、工业设计、标本制作和自然进化史等课程[②]，使得学生能够依据个人兴趣和特长，选择相应的发展方向，更有效地为未来职业发展服务。而根据国家文博专业人才培养计划的要求，在培养方向确定和课程设置的过程中，应当更注重对博物馆经营管理人才、创新型人才和技术性人才的培养。在建立了认证制度之后，考古文博专业的培养方向和课程设置便可以依据资格认证的相关标准，有的放矢。第二，设立职业生涯课程，融合职业道德教育，引导学生尽早认识和认同文物行业各岗位工作，帮助他们未来择业。第三，提升实践基地建设和实践课程比重，推进高校与国家文物局、文物行管部门、考古文博机构合作办学。第四，丰富新兴分支学科课程，充分体现分支学科的办学特色，如芬兰 Espoo-Vantaa 理工学院开设有海洋考古文物保存专业，有针对性地设计了水下考古、水下环境、水下材料分析等特色课程[③]。

（4）创新教师聘用制度，申请适当放宽兼职教师聘用条件。考古文博专业和招生人数要实现扩充，必须依靠更高质量、更大规模的教师数量。一方面，目前，高校各专业专职教师的编制相对固定，因此，增加兼职教师的聘

[①] The Smithsonian Center for Education and Museum Studies, *ICOM Curricula Guidelines for Museum Professional Development*，载国际博协网，http://icom.museum/fileadmin/user_upload/pdf/professions/curricula_eng.pdf, August 28th 2009.
[②] 郑念：《全国科技馆现状与发展对策研究》，《科普研究》2010 年第 12 期。
[③] 孙飞鹏、李家骏：《欧洲文物保护高等教育概况及对我国发展文物保护高等教育的借鉴》，载《第三届文物保护技术协会论文集》，紫禁城出版社 2005 年版，第 317 页。

用迫在眉睫。在美国,兼职教师的比例逐年上升,在一些私立或营利性大学,兼职教师已成为整个学校的教学主体[①]。因此,可以吸收文物行业专家、其他高校教师,甚至其他相关行业的专家来充实兼职教师和校外导师队伍,院系应制定更有效的管理机制,对其工作成效进行定期考核。另一方面,为了让专职教师有更好的职称晋升环境,应强化核心期刊建设和课题平台建设,具体包括鼓励有较强办学能力的院校创办和提升核心期刊建设;国家文物局为青年教师和青年研究员提供更多的课题申请机会;在各级哲社规划课题中提高文博课题的中标数等。

(5) 建立外部职教衔接保障。从标准角度而言,应当由国家人力资源和社会保障部以及文化和旅游部牵头,由国家文物局落实,加快推进更多文物行业的相关职业纳入《国家职业分类大典》,并建立职业标准,能够为考古文博的本科及研究生教育提供行业需求维度的职业能力培养框架。同时,参考英国、澳大利亚、新西兰等国的国家职业资格框架(NVQs),这些资格框架由政府主导,并获国家认可的学历认证体系,旨在为构建终身学习型社会而确保个体都能获得较高质量的教育,并同职业资格建立衔接[②]。以文物保护与修复人员为试点,建立职业资格认证制度,探索专硕、高职教育的"双证书"制度,并逐步向考古文博其他核心业务岗位拓展。与此同时,为更有效地保障"教育-职业"双向呼应,应当在国家和地方层面健全政策法规保障,如日本在《博物馆法》和《博物馆法施行细则》中明确规定学艺员的培养课程和学分及资格获取方式等[③]。

---

① 曹菱红、熊伟等:《中美高校兼职教师聘用机制的比较与探析》,《高等理科教育》2007年第6期。
② New Zealand Qualifications Authority, The New Zealand Qualifications Framework,载新西兰国家资格认证机构网,http://www.nzqa.govt.nz/assets/Studying-in-NZ/New-Zealand-Qualification-Framework/requirements-nzqf.pdf, May 2016.
③ 日本文部科学省:《博物馆法施行规则》,载日本文部科学省网,http://law.e-gov.go.jp/cgi-bin/idxselect.cgi?IDX_OPT=1&H_NAME=％94％8e％95％a8％8a％d9％96％40％8e％7b％8d％73％8b％4b％91％a5&H_NAME_YOMI=％82％a0&H_NO_GENGO=H&H_NO_YEAR=&H_NO_TYPE=2&H_NO_NO=&H_FILE_NAME=S30F03501000024&H_RYAKU=1&H_CTG=1&H_YOMI_GUN=1&H_CTG_GUN=1,1954年10月4日。

(二) 职业教育

我国文博行业的职业教育起步较晚,近年来才开始呈现进一步发展的态势。20世纪90年代末,文物鉴定与修复专业开始在职业院校中开设,从培养方向上看,主要侧重于文物鉴定。此后,随着文化遗产事业的发展和文博相关机构实际工作需求的变化,文物鉴定与修复专业的侧重点开始向文物修复方向转变,并在原有基础上依照文物类别而进一步细化培养方向,涉及古籍、书画、陶瓷、金属文物、石质文物等。据2013年相关统计数据显示,全国高等职业院校中共有18个文物鉴定与修复专业点,中等职业学校共有10个文物保护技术专业点。除文物鉴定与修复专业外,我国职业教育体系专业点数量较多的还有古建筑保护与修缮专业,截至2013年,共有10个高等职业院校专业点和8个中等职业院校专业点。[①] 近年来,考古类专业也逐渐开始在职业院校中设立,但目前设立数量较少。总体而言,依据2014年《全国文博人才教育教学体系研究》课题报告显示,全国开设文博专业的职业院校共有25家,包括陕西文物保护专修学院、南京金陵科技学院、北京国际职业教育学校、首都联合职工大学、四川艺术职业学院、浙江艺术职业学院、山东莱芜职业技术学院等,在校学生约2600余人,专业主要包括文物鉴定与修复类、古建筑保护与修缮类、田野考古类等[②]。

具体就上述专业的课程设置和教学资源来看,他们也在探索自身发展模式,不断优化资源配置和课程安排。课程设置方面,如陕西文物保护专修学校、南京金陵科技学院等院校相关专业的课程较成体系,能形成基础课程和专业课程融合的教学内容。此外,这些职业院校也越来越注重校外资源的利用,例如,北京国际职业教育学校与故宫博物院合作,成立了故宫学院,故宫博物院会利用自身的文化资源和专家资源为他们提供多重支持;又如,

---

① 高游:《文博职业教育培训的现状与问题》,载中国文物信息网,http://www.ccrnews.com.cn/index.php/Index/content/id/57529.html,2015年7月10日。
② 段清波、李伟、周剑虹:《构建多层次多类型的文博人才培养体系》,《中国文物报》2014年10月10日。

陕西文物保护专修学院也与陕西省文物局、西北大学等全国范围内的不同单位合作,为学生创造更丰富的教学资源和更多元化的实践机会。

与此同时,依据我国文博专业人才队伍建设的要求,国家文物局也出台了一系列的举措,引导和帮助职业教育实现良性发展。具体包括:

第一,国家文物局将文博行业职业教育纳入我国文博专业人才队伍建设的工作计划。在《全国文博人才发展中长期规划纲要(2014—2020)》中明确提出了加强培养技能型职业技术人才队伍的要求,并以中高等职业院校和行业实训基地作为培训基础。近期,国家文物局又开始在全国范围内进行了"关于开展文博行业技能人才需求调查",进一步了解技能人才的实际需求。此外,在国家文物局近几年的工作计划中也对相应年度文博行业的职业教育提出了明确的工作规划。

第二,国家文物局完成了《高等职业学校专业目录》文博相关专业的初步修订工作。2015年,《普通高等学校高等职业教育(专科)专业目录》中有文博相关专业3项,分别是文物修复与保护、考古探掘技术、文物博物馆服务与管理[1],其中文物修复与保护专业又进一步分为可移动文物修复和文物保护工程两个方向。"可移动文物修复"方向对应的职业是"考古及文物保护专业人员","文物保护工程"方向对应的职业是"文物保护作业人员","考古探掘技术"专业对应的职业是"考古及文物保护专业人员"和"文物保护作业人员","文物博物馆服务与管理"专业对应的职业是"考古及文物保护专业人员"和"旅游及公共游览场所服务人员"。

第三,国家文物局加强对文博相关职业院校教师的职业培训。2016年7月,国家文物局和中国文化遗产研究院共同举办了"文博相关职业院校骨干教师研修班"。[2] 这是文博行业与全国职业院校的专家和教师进行的第一

---

[1] 国家文物局:《完善文博人才培养体系 助力文博事业蓬勃发展》,载国家文物局网,http://www.sach.gov.cn/art/2015/12/24/art_722_127219.html,2015年12月24日。
[2] 《2016国家文物局文博相关职业院校骨干教师研修班在杭州正式开班》,载中国文化遗产研究院网,http://www.cach.org.cn/tabid/76/InfoID/1922/frtid/78/Default.aspx,2016年7月14日。

次面对面的交流与对话,这样的教师培训班还将在未来继续。

第四,国家文物局成立了"文物保护职业教育教学指导委员会",同时印发了《文物保护行业职业教育教学指导委员会章程》及《文物保护行业职业教育教学指导委员会秘书处工作细则》。这一委员会的成立能够为文物保护与修复专业的职业教育提供专业化指导、建立交流与合作平台,也标志着我国文博专业人才培养与职业教育正式建立了初步链接,为后续发展奠定了良好的基础。

第五,国家文物局将通过进一步努力,尽早在《国家职业标准》体系中增加文博行业相关的职业类型,并制定相应的职业标准。目前,《中华人民共和国职业分类大典》中已增设至9个与文博行业直接相关的职业类型,但是《国家职业标准》中与文博行业相关的职业类型仅有"陈列展览设计员""展览讲解员"等。因此,国家文物局也在积极推动"文物修复师""考古探掘师"的纳入计划[1]。2016年8月,国家文物局联合中国文化遗产研究院正式启动了《文物修复师职业培养标准》编制项目[2],进一步明确文物修复师的职业教育要求和职业标准。

事实上,职业教育能够让学生们接受到更具职业针对性的专业训练,是文博行业专业人才体系中重要的组成部分。因此,一直以来,将博物馆学纳入职业教育体系始终是各个国家的普遍做法,博物馆学科的学位教育和职业教育受到同等重视,在国外的各个博物馆中也可以发现有未获得专业学位而仅有相关学科职业教育背景的工作人员,他们在博物馆从业人员整体中所占比例并不低。例如,在美国40余万人的美国博物馆从业人员之中,学士学历以下的工作人员比重占到了61.9%,其中涉及诸多未通过大学专业教育而是接受了职业教育的人员。就国外博物馆学科的职业教育来看,

---

[1] 高游:《文博职业教育培训的现状与问题》,载中国文物信息网,http://www.ccrnews.com.cn/index.php/Index/content/id/57529.html,2015年7月10日。
[2] 《〈文物修复师职业培养标准〉编制项目启动》,载国家文物局网,http://www.sach.gov.cn/art/2016/8/19/art_1025_133027.html,2016年8月19日。

不少国家,尤其在一些文化遗产事业发展较快的国家之中,博物馆的职业教育已经形成较为成熟的体系。以英国为例,英国的职业教育体系主要分为学校职业教育系统和校外职业教育系统。其中,学校职业教育系统又可分为中等教育和继续教育两个阶段的职业教育,中等教育阶段包括 GCSEs 课程等,继续教育阶段包括 NVQ(National Vocational Qualifications,国家职业资格)课程和 GNVQ(General National Vocational Qualifications,国家普通职业资格)课程等,两者与普通教育之间的关系见表 9-7。

表 9-7 英国职业教育与普通教育等级比照

国家普通职业 资格体系(GNVQs)	国家职业资格 体系(NVQs)	普通教育体系(A.Q.)
	5 级(Level 5)	高级学位
	4 级(Level 4)	学士学位
高级(Advanced)	3 级(Level 3)	大学入学水平(GCE A Level)
中级(Intermediate)	2 级(Level 2)	中学毕业水平(GCSE A-C)
初级(Foundation)	1 级(Level 1)	中学在校水平(GCSE D-G)

其中,NVQ 相当于是职业路径,GVNQ 相当于中间路径,普通教育相当于学术路径。在 NVQ 系统中有文博行业相关的课程,修读完不同的科目并达到一定的成绩,便能获得相应的级别证书,职业资格证书与就业直接挂钩。英国博物馆协会认为博物馆从业人员需要达到 NVQ 的 2—5 级。此外,英国的文物保护与修复人员一般需要达到 3—4 级,甚至 5 级。[①]

就培养方向而言,国外博物馆学科的职业教育涉及博物馆学、文物保护与修复、博物馆展览设计、博物馆教育、博物馆管理、文化资源管理等,有不少院校提供了 Diploma(文凭)、Certificate(证书)和 Degree(学位)等不同的

---

① Stan Lester, *Qualifications in Professional Development: a discussion with reference to conservators in the United Kingdom and Ireland*, Studies in Continuing Education, No. 2, 2003.

博物馆学科项目(Programs)。每一个具体专业所要求修读的课程数不会太多，但课程都非常紧扣博物馆的实际工作，也十分强调学生的参与和实践，帮助他们形成对博物馆工作的个人理解。例如，美国加州大学东湾分校(California State University, East Bay)提供了艺术博物馆和美术馆研究证书(Certificate in Art Museum and Gallery Studies)，课程包括美术馆和博物馆展览、美术馆和博物馆理论与实践、博物馆专项研究、实习1和实习2等。美国约翰泰勒社区学校(John Tyler Community College)的博物馆学专业(Museum Studies)课程包括博物馆实践调研、博物馆学相关主题研究、博物馆教育、藏品管理、博物馆实习等。

除校内的职业教育系统之外，国外还有一些通过行业组织或其他相关机构举办的职业教育项目，最典型的是现代学徒制(Modern Apprenticeship)。现代学徒制度与传统模式相比，最大的不同在于学徒受教的"师傅"不再仅仅是单一个人，而更可能是某一个团队、机构或组织。现代学徒制在国外较为常见，尤其是在文物保护与修复领域中，包括英国、德国、爱尔兰等国，不过在博物馆不断发展的当下，学徒制也在向着规范化、科学化的要求持续改变和完善。此外，一些博物馆或研究中心也直接开设了职业教育和继续教育项目，例如美国的辛辛那提博物馆中心(Cincinnati Museum Center)和弗吉尼亚博物馆协会(Virginia Association of Museums)等。

在与国外情况的对比研究中可以发现，我国博物馆学科职业教育在发展过程中存有不少问题和困境，可在下述几方面进行进一步改善：

第一，加强对博物馆学科职业教育的扶持力度。在现有基础上，将文博行业的主要职业类型纳入《国家职业分类大典》之中，在国家层面予以认可。同时，根据这些职业类型编制相应的职业标准，纳入《国家职业标准》。在此基础上，出台博物馆学科职业教育政策法规，明确具体的发展目标和工作要求，并加大文博行业职业教育的资金投入，一方面增加政府拨款；另一方面鼓励社会资助。

第二，发展和完善博物馆学科职业教育专业课程体系。具体包括：

拓宽专业面向。国家文物局初步设定了职业院校文博行业3类相关专业，即文物保护与修复、考古探掘技术和文物博物馆服务与管理，在此基础上，做进一步的拓展和细分，尤其是文物博物馆服务与管理专业可细化为博物馆展览陈列技术、博物馆教育传播、博物馆藏品保管与登录、博物馆经营与市场营销、博物馆网络与多媒体设计、标本制作等。

改革专业课程体系。以国家职业标准和国内外文博行业发展趋势为导向，开发课程设置，并进行课程改革，力求课程具有较强的应用性、职业指向性、专业性和时代性。每单个专业的课程应当集中于文博领域内的某一项专业技能，深入而全面地进行教学，同时更注重学生在真实环境中职业技能的锻炼，能够受到产业和应用的驱动，既培养学生的职业能力，也培养学生的职业兴趣。

第三，加强教育教学基础建设，充实教学资源。具体包括：

一是编制出版职业教育教材。由教育部和国家文物局牵头，组织相关专家编写博物馆学科职业教育系列教材，主要包括博物馆基础理论、文物保护与修复、博物馆经营管理、博物馆陈列展览、博物馆教育传播、博物馆藏品保管、博物馆市场营销与文化创意产品设计等内容，既包括基础性知识，也包括发展趋势和实践案例。

二是加强教学基础设施建设。加快推进各个职业院校的信息化、数字化进程，确保每个相关专业都能具备一定的信息技术和多媒体的授课手段，使得教学内容的传达更准确生动。加大相关专业实践操作设备的投入，以及教学和研究所需的物件和标本等。

三是加强对专业教师的培养培训。一方面，依托行业组织和专业机构建立文博行业专业教师的职业培训基地，举办各类培训，要求教师每年进行一定的专业实践，培养和提升教师的综合素养和教学能力，同时鼓励教师加入行业组织，积极把握行业发展动向，并与行业内的专家增加交流。另一方面，吸引更多校外文博行业的专家或资深工作人员，甚至是其他行业的专家学者加入职业教育的教师队伍，强化文博行业的师资力量。通过上述两方面工作的推进，为职业教育中的文博相关专业建立"双师制度"，让学生能够拥有校内专业导师和校外实践导师。

第四，建立文博行业职业教育的人才培养衔接体系。具体包括：一是建立职业教育与普通高等教育的衔接，为学生的知识和能力进修拓宽渠道。一方面，要加强中等职业教育与高等职业教育的衔接；另一方面，要加强高等职业教育与普通高等教育的衔接，通过制度设计让职业院校的毕业生有机会进入高等院校研读，并获得相应学位。二是建立职业院校与外部机构的衔接，拓宽办学视野，丰富教学资源，真正形成"产、学、研一体化"的培养模式。首先，在相关院校中评选出示范性院校或示范性专业，通过办学经验的分享，让兄弟院校有所借鉴。同时，由国家文物局或地方文物主管部门建立"文博行业职业教育数据库"，搭建院校之间的沟通交流平台，增进相互了解。其次，加强职业院校与文博相关单位的交流，建立长期化、固定化的合作机制，利用他们的资源，为学生创造更多的实践机会。再次，加强与国外院校或文博行业相关机构与组织的交流，一方面了解先进的办学理念和前沿的文博工作做法；另一方面也帮助学生有机会进行访学或工作实践。三是建立职业教育与职业资格的衔接，使得学生的专业知识与技能能够获得相应的评判与认可。首先，应尽快建立文博行业职业标准和职业能力评价体系，建立文博行业的职业资格认证制度，明确职业资格证书的获取方式。其次，在标准建立的基础上，完成职业教育学历学位证书体系与职业资格证书体系的衔接，形成文博行业职业教育的"双证书"制度。四是建立职业实训基地。2005年，国务院印发了《中央财政支持的职业教育实训基地建设项目支持奖励评审试行标准》(简称《试行标准》)，其中提到了建立职业教育实训基地的具体要求，以及实训基地的主要功能和职责。[①] 在前文所述各方

[①] "在全国引导性奖励、支持建设一批能够实现资源共享，集教学、培训、职业技能鉴定和技术服务为一体的职业教育实训基地"。转引自国务院办公厅：《加快职业教育实训基地建设》，载中央政府门户网，http://www.gov.cn/ztzl/content_370747.htm，2006年8月27日。

衔接的基础上，文博行业也应当根据《试行标准》的相关要求，针对主要专业的培养方向，建立职业教育实训基地，将其作为教育资源、职业发展资源、职业服务资源的集合，为职业院校的师生搭建实践教学的平台。五是发展文博行业的"现代学徒制度"。在我国文博行业传统的人才培养模式中，尤其是文物保护与修复领域中，"师徒关系"早已有之。在文博行业职业教育未来的发展方向中，师徒间的言传身教依旧可以延续，并且范围和规模也应当进一步扩大，但同时，团队式的学徒模式也应当得到充分发展，帮助学生获得更多元化的实践经验。

二、职业培训系统

职业培训系统是博物馆专业人才培养和培训体系中又一个重要的组成部分，职业培训既能够帮助尚未进入博物馆工作的人员，通过实习和学徒等方式提前接触和熟悉博物馆的实际工作，也能够帮助刚进入博物馆领域的工作者尽快适应博物馆的实际工作，更能够帮助已有一定博物馆工作经验的人员进一步提升自身的综合能力，满足博物馆实际工作不断提升和变化的要求，及时掌握博物馆最前沿和紧迫的议题，以及各项工作中的最佳做法，以此增强博物馆工作的实际效果。因此，完善的职业培训系统对储备博物馆专业人才的后劲力量、提升博物馆专业人才的整体水平可以起到极为重要的作用。

（一）我国博物馆职业培训现状

随着我国文化遗产事业的不断发展，博物馆的专业人员培训愈发被重视，从国家文物局、中国博物馆协会，到地方文物行政管理部门和行业组织，再到各个博物馆，都通过各种形式开展了针对博物馆不同工作岗位的培训和进修项目，具体涉及的工作类型包括博物馆管理工作、文物行政执法与文物安全工作、文物与文化遗产保护工作、博物馆展览策划工作、博物馆藏品保管工作、考古工作、博物馆教育工作、文化创意产业工作、博物馆公共服务、博物馆数字化工作、文物鉴定工作、导览讲解工作、志愿者工作等。辐射人群既包括省级及以上博物馆的工作人员,也包括基层博物馆中的工作人员;既包括文化遗产事业发展较快地区的博物馆工作人员,也越来越注重为边远地区和文化遗产事业发展相对落后地区的博物馆工作人员提供更丰富的参训机会。2014 年,国家文物局印发了文博人才培养的重要战略规划性文件——《全国文博人才发展中长期规划纲要》(简称《规划纲要》),对 2014—2020 年文博人才培养作出了具体要求和工作部署,文件中提出,未来一段时期内文博人才培养和培训的重点对象是高层次文博领军人才、科技型技术人才、技能型职业技术人才和复合型管理人才等。[①] 国家文物局还正式启动了文博人才培养"金鼎工程",通过建立多层次、多元化的培养和培训体系,突出培养上述四类文博专业人才。依照《规划纲要》的要求,随着"金鼎工程"的逐步实施,近年来,国家文物局举办的文博领域培训项目逐年增加,并且增加速度显著(见图 9-4)。"十二五"期间,培训项目总数为 120 个,总参训人数超过 15 000 人次[②]。"十三五"期间,国家文物局计划举办相

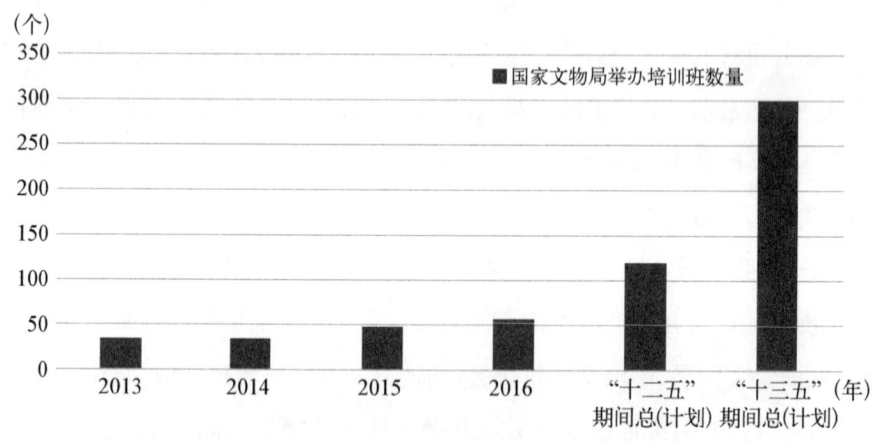

图 9-3 国家文物局近年举办文博领域培训班数量

[①] 国家文物局:《关于印发〈全国文博人才发展中长期规划纲要(2014—2020)〉的通知》,载国家文物局网,http://www.sach.gov.cn/art/2014/6/3/art_1330_98901.html,2014 年 6 月 3 日。
[②] 国家文物局:《完善文博人才培养体系 助力文博事业蓬勃发展》,载国家文物局网,http://www.sach.gov.cn/art/2015/12/24/art_722_127219.html,2015 年 12 月 24 日。

关培训 300 余个,总参训人数预计超过 18 000 人次,培训工作的规划中更强调了对文博行业领军人才、专业技术人才、技能型人才和贫困地区文博人才的培养①。同时,国家文物局也与全国范围内的多个机构建立了业务合作关系,共同实施培训计划,并且利用各个机构的资源不断优化培训效果,仅 2014 年一年,这样的合作机构就达到了百余个,并成立了 9 个文博人才培训基地。②

除此之外,近年来,国家文物局还设立了"文博人才与队伍建设"专项资金,不断加大经费投入力度;编写包括《考古现场保护概论》《纸制品保护修复概论》在内的系列教材,为人才培训夯实基础性工作;丰富授课形式,不仅包括课堂学习,也包括考察、研讨和在线课堂等,其中,"全国文博网络学院"就是在"互联网+"的时代趋势下应运而生的,主要目的是为全国文物博物馆系统干部整合资源、举办远程培训,并实施科学化管理,同时相关资源也对社会公众开放③;开设国际交流培训项目,包括在故宫博物院成立国际博物馆协会国际博物馆培训中心,该中心将整合国际资源,提供优质的国际博物馆培训项目④;与德国柏林国家博物馆、德国历史博物馆和德国德累斯顿国立艺术收藏馆合作,开展"中德博物馆管理培训学习班"等。这些培训班结束后,一般都会向学员颁发结业证书,作为参训证明,目前一些博物馆的某些岗位在招聘人员或在职人员晋升职位的过程中,会要求应聘者接受过正规的职业培训并有相关证明。

除了上述由行业主导的职业培训之外,一些高校还专门为博物馆在职人员提供了专业学习机会,在完成学业之后,能够获得相应的学历。一般而言,这样的培训旨在培养文博行业高层次和高素质人才,专业设置也基本在

---

① 国家文物局:《印发〈国家文物事业发展"十三五"规划〉》,载国家文物局网,http://www.sach.gov.cn/art/2017/2/21/art_722_137348.html,2017 年 2 月 21 日。
② 励小捷:《2014 年文物工作主要成绩》,载国家文物局网,http://www.sach.gov.cn/art/2014/12/25/art_1699_115584.html,2014 年 12 月 25 日。
③ 《全国文博网络学院简介》,载全国文博网络学院网,http://edu.sach.gov.cn/front/academyDetail.do。
④ 冯朝晖:《国际博协国际博物馆培训中心在故宫博物院成立》,《中国文物报》2013 年 7 月 3 日。

研究生阶段。例如,2014年国家文物局与西北大学、北京建筑大学共同设立考古学、文物与博物馆、建筑遗产保护三个专业,针对在职人员培养硕士研究生,推进"高层次文博行业人才提升计划"。[①] 此外,博物馆学科的专业硕士学位目前也已经在各个高校推行,旨在更具实践针对性地进行专业人才培养,而学生中也有不少已有博物馆工作经历。

上述数据表明,以国家文物局为首的各级文物管理部门都积极加强对各类型文博专业人才的培养,在培训班的数量、类型、质量、辐射范围等方面都有了实质性的突破,并呈现快速发展的态势。尽管如此,目前我国文博人才的培训体系仍然处于快速发展的初期阶段,许多工作存在较大的提升空间。

(二)国外博物馆职业培训

为了将培训体系进一步完善,国际经验可以为我们拓宽思路,寻求到更好的实践做法。尤其是文化遗产事业发展较为成熟的国家,他们对博物馆从业人员的职业培训非常重视,无论是培训类型、培训组织、培训内容形式,还是主讲人员、参与群体,都形成了一定的体系,并在这样的体系中继续保持更新和完善,旨在为博物馆从业人员提供切实的指导和有效的交流。具体的做法和经验可由下述几方面进行阐述:

1. 培训类型

博物馆从业人员的职业培训类型非常丰富,既包括对博物馆从业人员职业能力的培训,涉及职前培训、在职培训和后期职业发展等环节,也包括对博物馆从业人员专业工作的全方位支持,涉及专家资源、经费资源、研究材料资源、场地设施资源等,帮助博物馆从业人员在相应的工作环境中更好地参与和完成工作任务,同时也帮助博物馆从业人员提升独立工作与研究的能力。以英国博物馆协会为例,其提供的博物馆职业培训包括各类培训班、实习、学徒、博物馆预备会员(AMA)、持续性职业发展计划(CPD Plus)、

---

① 国家文物局:《完善文博人才培养体系 助力文博事业蓬勃发展》,载国家文物局网,http://www.sach.gov.cn/art/2015/12/24/art_722_127219.html,2015年12月24日。

研究奖学金(Fellowship)等。[①] 其中 AMA 被视为得到行业认可的职业发展规划,是英国博物馆协会的会员制度,具体包括博物馆工作的个人经验、资格认证和委任等。申请者需要至少有 70 小时的实践经历,并且要花费 2—3 年才有可能成为 AMA,其目的在于帮助博物馆从业人员能够在有经验的行业顾问的协助下更好地承担工作职责。持续性职业发展计划是完成 AMA 后的职业发展规划。申请者需要每年进行并记录至少 35 小时的职业发展活动,并在每年年末向博物馆协会提交报告,由此可获得一份证书。研究奖学金是针对高层和资深博物馆职员的资助奖学金,旨在凸显和鼓励更高层次的职业贡献、发展和成果。除国内的职业培训之外,各国也十分注重博物馆从业人员的对外交流,鼓励他们走出在职机构、走出国门,与更广范围内的从业人员相互学习,例如日本的文部科学省会定期组织一批学艺员进行在外派遣研修,有 3 个月的长期项目、1 个月的短期项目和 1 周的特别项目等,研修机构包括博物馆或相关机构,研修的主题包括博物馆实践活动、博物馆学艺员培养研究、博物馆教育活动策划、博物馆经营管理、自然史博物馆藏品管理、藏品数字化、馆校合作、博物馆政策动向等。

2. 培训组织

国际上有很多针对博物馆从业人员职业培训而成立的组织机构,通过专业化的运作,进行职业培训的组织、管理、联系和综合服务。其中,最重要的国际性组织当属国际博协下设的国际人员培训专业委员会(International Committee for the Training of Personnel),其不仅仅为博物馆从业人员提供职业培训和职业发展的机会,同时也制定相关的职业规范和职业标准,为全球范围内的博物馆从业人员提供指导和服务。不少国家有专门的博物馆培训机构或组织,有些是政府性质的、有些是行业性质的,也有一些是民办

---

① *Professional development*,载英国博物馆协会网,http://www.museumsassociation.org/professional-development.

的。例如,英国设有文化遗产国家培训机构(Cultural Heritage National Training Organization)、法国博物馆服务部设有博物馆人力管理办公室(Bureau des réseaux professionnels)和著名的卢浮宫学院(Ecole du Louvre)、美国博物馆协会下设专业培训委员会(Committee on Museum Professional Training of AAM)、加拿大著名的班夫中心(Banff Centre for Arts and Creativity)和魁北克博物馆协会(Société des musées du Québec)等,这些机构为博物馆职业培训提供了多种多样的项目和资源,更重要的是,他们以较为成熟的组织形式确保了博物馆职业培训的长期化、系统化和规范化,从而能够惠及更广范围的博物馆从业人员。

3. 培训内容与形式

针对博物馆不同的职业类型,职业培训所采用的培训内容与形式也会形成相应的变化。除相对常见的专业会议、研讨班、讲习班和课程进修等之外,国外还有一些我们并不常见的培训内容与形式。其中,不少国家和我国台湾地区的高校开设了不少针对在职博物馆从业人员的培训课程。例如,台湾地区的高校针对博物馆工作人员开设了博物馆经营管理、诠释沟通、公共服务及行销、典藏维护、文化创意产业 5 个方向的培训课程,通过非学分课程、研习活动、推广教育学分课程、随班附读课程等形式,并达到一定的时限和学分要求,最终授予结业证书。不少国家利用网络和多媒体平台,开发了诸多在线课程,部分课程提供免费下载或在线观看,为更广范围的博物馆从业人员提供了远程学习和自我提升的机会。例如,美国博物馆协会的在线课程涉及观众研究与评估、人员招聘、展览项目开发,以及网络图书馆等。导师制(Mentorship)和学徒制(Apprenticeship)是两种人对人的定向培训方式,在欧美国家较为常见,无论是博物馆馆长,还是策展人、文物保护与修复人员等,他们都可以通过这两种方式获得个人职业辅导。导师制一般由博物馆从业人员自己寻找对自身职业发展有所帮助的人员建立辅导关系,一般情况下这种关系是非正式的,但一些机构也开发了正规的导师项目,例如美国纽约大都会艺术博物馆、美国国家艺术画廊和美国印第安纳波利斯儿童博物馆等，由此建立固定的指导关系。学徒制较常出现在博物馆应用技术型岗位上，徒弟能够一边参与博物馆的实际工作，学习和提升自身的职业技能，一边也能获得一定的收入，在专业人员和专业团队的辅导之下快速进益。此外，国外不少博物馆提供的培训课程其理念及目的始终是通过培训，更大程度地接触博物馆实际工作，例如美国宾州大学博物馆（Penn Museum）文物保护实验室在文物保护培训方面名声远扬，其向参训人员提供了接触考古和人种志等方面的物件机会，这些物件分属于不同时期，从琥珀到鸵鸟蛋，种类繁多。

4. 主讲人员

国外博物馆培训的主讲人员来自不同领域，甚至不直接与文博行业相关，他们会依据自身的专业背景和工作经历进行授课，参训人员能够从不同角度对相关议题进行思考，加深对问题的理解。例如，美国盖蒂领导力学院（Getty Leadership Institute）是专门为馆长或博物馆高层管理人员提供职业培训的机构，其主讲人员来自国际上顶级的机构与组织，既包括文博行业著名的专家学者，也包括一些服务业、商业、领导管理领域的专家，他们将不同领域的内容与博物馆的管理工作相结合，为学员提供更广阔的思路。

5. 参与群体

博物馆职业培训体系较为成熟的国家，对培训对象的群体划分十分详细。若以工作时长划分，可分为在校学生、新进人员、普通人员、中层人员和高层人员等；若以工作岗位划分，可分为文物保护与修复人员、策展人员、高层领导和管理人员等；甚至会以博物馆的类型划分，包括历史类博物馆工作人员、古建筑博物馆工作人员、艺术类博物馆工作人员、自然类博物馆工作人员、科技类博物馆工作人员、儿童博物馆工作人员、纪念类博物馆工作人员等。培训对象的细化使得培训在内容安排上能够更有针对性，对他们的职业发展提供更实际的帮助。

(三) 我国博物馆职业培训的发展对策

2010年,国务院印发了《关于加强职业培训促进就业的意见》,就职业培训的形式、质量、资金支持力度、组织管理等内容提出了具体要求。在该意见基础上,依据上文所述我国博物馆职业培训的现状,并结合境外相关经验,笔者对未来我国博物馆职业培训的发展归结出以下建议:

(1) 加强职业培训需求的调研。一方面,对职业培训要进行一定的前置研究。进行博物馆职业培训的前置研究能够了解整个行业的实际需求、发展动向和薄弱环节,更有针对性地对博物馆从业人员培训进行预判,包括培训主题的选择、授课人员的安排、培训内容与形式的设计、目标学员类型与参与规模等。另一方面,对职业培训要进行一定的追踪调查。即在职业培训结束后,要展开总结性评估,了解学员对培训内容与形式安排的反馈,同时对学习效果进行跟踪,了解学员在培训后的实际专业知识技能和职业能力的变化,获悉培训效果与预期之间存在的差距,包括哪些预期效果未能实现、出现了哪些意料之外的正面或负面的效果、学员对下一阶段的培训有何期许等。根据评估结果,找出不足,并对后期培训进行调整和完善。

(2) 丰富培训的形式与内容。依据我国博物馆职业培训发展的现状和职业培训的实际需求,博物馆职业培训的形式可以包括短期培训和长期培训。短期培训目前在我国较为常见,通过文物管理部门、行业组织和博物馆等机构举办研讨会、讲习班、社会考察等,这类培训应当持续举办,并利用周期较短的特点,不断制定新的培训主题,紧跟行业的发展方向和实际工作需求,惠及更多的博物馆从业人员。长期培训目前在我国相对较少,包括学徒制、导师制、高校教育项目、实习和对外交流等,这类培训往往对提升博物馆从业人员职业能力能起到更有效的作用。因此,在未来博物馆从业人员的职业培训过程中应当发展此类培训项目,尤其需要为博物馆从业人员提供更多国外交流的机会,了解国外文化遗产事业发展动向和最佳做法。就培训内容而言,不同的职业培训会有不同的培训内容,彼此之间差异性很大,但是所有的培训内容都应当以博物馆的实际工作作为出发点,帮助参训人员了解最佳的工作做法,并且接触工作实务,在理念和实践能力方面得以提升。

(3)增加授课人员的多样性。博物馆职业培训的过程中,进行培训班授课或参与研讨会的成员,他们的知识背景和工作经历越丰富,对于学员思路开拓和创新启迪越有益处。因此,在进行博物馆职业培训的过程中,除邀请文博行业相关的专家和学者外,也应适当邀请其他领域的专家和学者。例如,在对博物馆馆长或中高层管理人员进行培训时,可以邀请在管理、商业、公共关系等领域具有丰富经验的专家和学者,以及国外相关领域的资深人员;在对博物馆展览设计人员进行培训时,可以邀请在观众研究、心理学、教育学、美学、建筑学等领域具有丰富经验的专家和学者,以及国外相关领域的资深人员。培训者除了主动授课和演讲外,也需要提供一定的时间和机会与学员进行沟通和交流,了解学员的实际需求,帮助他们解答实际工作中的困惑。

(4)进一步扩大学员范围。目前我国文博行业的工作人员超过10万,但每年接受博物馆职业培训的学员数量只在几千人,不足总人数的1/10。因此,首先,在总数方面,应当进一步增加每年参与职业培训的博物馆从业人员的数量。其次,在工作岗位方面,应当先集中于博物馆核心业务岗位工作人员的职业培训,具体包括博物馆馆长、博物馆藏品保管人员、博物馆展览设计人员、博物馆教育人员、文物保护与修复人员、博物馆研究人员等,同时加强对博物馆日常工作有较大影响的其他岗位工作人员的培训,包括文化创意产品设计人员、网络多媒体设计与维护人员、观众服务人员、安全保卫人员等。再次,在人员分布方面,一方面注重对县级博物馆等基层单位工作人员的培训;另一方面更注重对边远地区和欠发达地区博物馆工作人员的培训,指导他们更有效地开展相关工作,帮助他们与文博领域中的其他工作人员建立联系,促进交流和发展。

(5)成立专门的职业培训组织。除了国家文物局、各级文物主管部门、文博行业组织、博物馆和其他机构等现有的培训主体之外,还应当成立专门的文博行业职业培训组织,以促使博物馆职业培训形成长效和稳定的发展模式。在国家层面,国家文物局可以设立职业培训和职业发展部门;中国博物馆协会可以成立人员培训专业委员会,专门开展职业培训和职业发展相关工作,包括制定相关政策、统筹全国资源、建立机构和专家数据库、组织相关活动、引导地方文物管理部门或行业组织开展相关工作、搭建沟通交流平台等。地方文物管理部门和行业组织可以依据地方历史文化特色和文化遗产事业发展现状,建立相应的职业培训组织,负责所在区域的博物馆从业人员的职业培训。此外,一些博物馆或研究机构也可以利用自身的文化资源、专家资源和其他硬件设施,成立职业培训机构,提供职业指导、职业培训、职业咨询、职业交流等服务。

三、人才培养与培训体系的框架模型

根据上文对我国文博行业人才培养与培训体系发展对策的思考,可将这一体系的框架模型归结如图9-4所示:

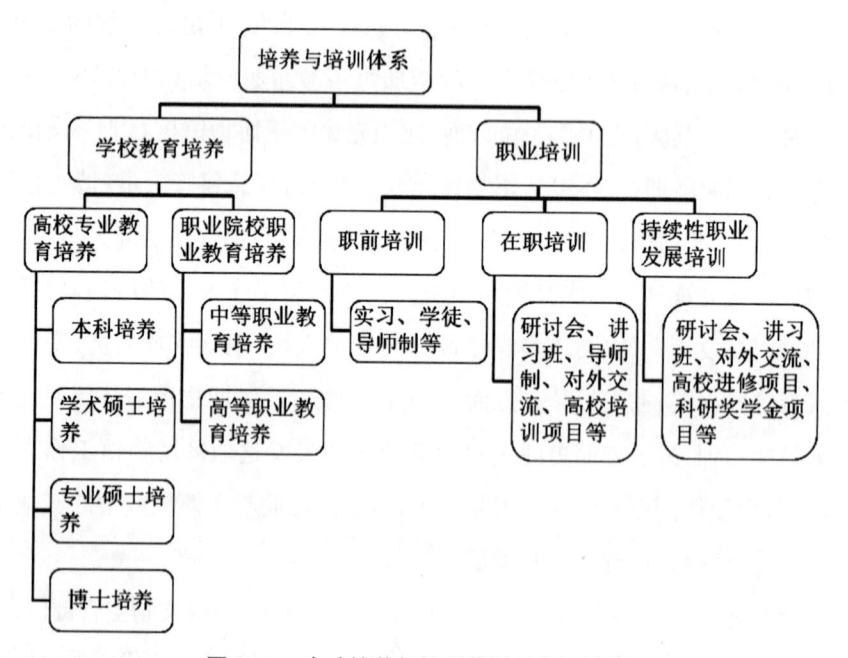

图9-4 人才培养与培训体系的框架模型

第三节 管理与保障体系

在制定和推行政策法规的基础上,为保障认证制度的有序管理和高质量水平,应当同时建立管理与保障体系。管理与保障体系既是认证制度顺利推行和发展的重要基础,也是认证制度真正发挥为我国文化遗产事业选择高素质专业人才的重要保障。在这一体系中包含组织与管理系统,负责资格认证的管理和监督;质量保障与反馈系统,负责资格认证的社会反馈研究,以及职业资格的更新和取消等;技术支持与服务系统,负责资格认证的咨询服务和鉴定支持。

一、组织与管理系统

组织与管理系统的主要功能定位是,对认证制度构建有效的组织管理框架,明确制度的组织主体、管理主体、执行主体,界定各个主体之间的关系和各自的职责范围,有助于认证制度形成常态化、规范化的工作机制,并不断完善工作措施,同时统筹政府机构、行业协会和专业组织等不同单位在资格认证工作上的良性合作。

近年来,国家职业资格的组织与管理系统也在不断完善。目前我国国家职业资格管理的实施机构框架如图9-5所示:

其中,以国家人力资源和社会保障部为一级实施机构,负责职业资格管理相关一切事务的总管;以人力资源和社会保障部职业能力建设司和人力资源和社会保障部职业技能鉴定中心为二级实施机构,分别负责拟定相关政策与标准,完善职业技能资格制度,以及负责就业服务和职业培训的指导、相关信息的搜集和分析、《国家职业分类大典》相关事务性工作等;以地方职业技能鉴定中心、行业职业技能鉴定中心、军队技术兵职业技能鉴定系

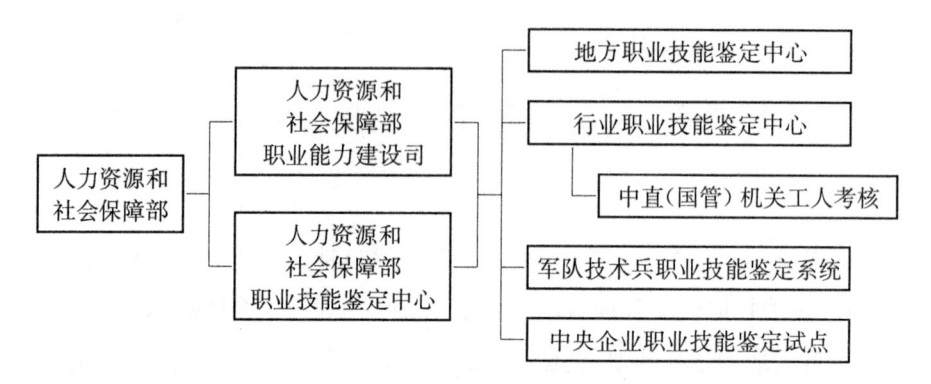

图 9-5　国家职业资格管理的实施机构①

统、中央企业职业技能鉴定试点为三级实施机构。其中,地方职业技能鉴定中心负责本地区的职业技能鉴定工作,以及相关的培训和咨询工作;行业职业技能鉴定中心参与本行业职业标准的制定,负责相关职业技能鉴定和培训工作、研究和咨询工作等事务。在国家职业资格管理实施机构框架之外,针对不同的职业资格,又有相应的实施承办部门或机构,包括发展改革委员会、教育部、民政部、司法部、财政部、环境保护部、住房城乡建设部、水利部等。例如,教师职业资格的管理由教育部承办,并形成各级政府主管教育的行政部门配合组织管理的体系。此外,人力资源和社会保障部还建立部分职业资格考试的题库,而职业资格考试全国统一考试也经由人力资源和社会保障部批准实施,并委托各级、各行业的主管部门进行管理。例如,上海以上海职业能力考试院为核心,辅以各个行业主管部门、行业组织和学术机构,形成了资格考试管理体系和人才认证体系。② 就单一职业如教师等的资格考试而言,则由教育部管理,同时各省份也有相应的管理机构,例如河北省教育考试院、河北省教师资格认定指导中心等,分别负责教师资格考试的笔试和面试工作。

国际上不同国家针对各自的国情,对认证制度也有相应的组织管理体

---

① 图片来源:人力资源和社会保障部国家职业资格管理网,http://ms.nvq.net.cn/htm/2/index.html。
② 吕忠民:《职业资格制度概论》,中国人事出版社 2011 年版,第 37 页。

系。例如，英国这一制度的组织与管理体系由国家职业资格委员会、教育与就业部、资格和课程委员会、职业标准制定机构、产业指导机构、证书机构和鉴定站等部门构成；[1]德国为了确保认证工作各环节的公正性，实行从学校教学、职业培训，到资格考试命题和实施、资格证书颁发、人员聘用等各个环节相互独立的方式，负责各环节工作的机构或单位之间能够彼此监督，认证运作的具体实施机构是经政府授权的行业联合会；[2]美国对职业资格的管理可分为政府监管和民间监管两大体系。政府监管体系包括联邦政府监管体系和地方政府监管体系，在这两个体系监管之下的职业资格和相关规定都具有强制性，而在民间监管体系下的职业资格和相关规定则趋于公民自主的意愿，没有强制性（见图9-6）。[3] 除国家整体认证制度的组织和管理系

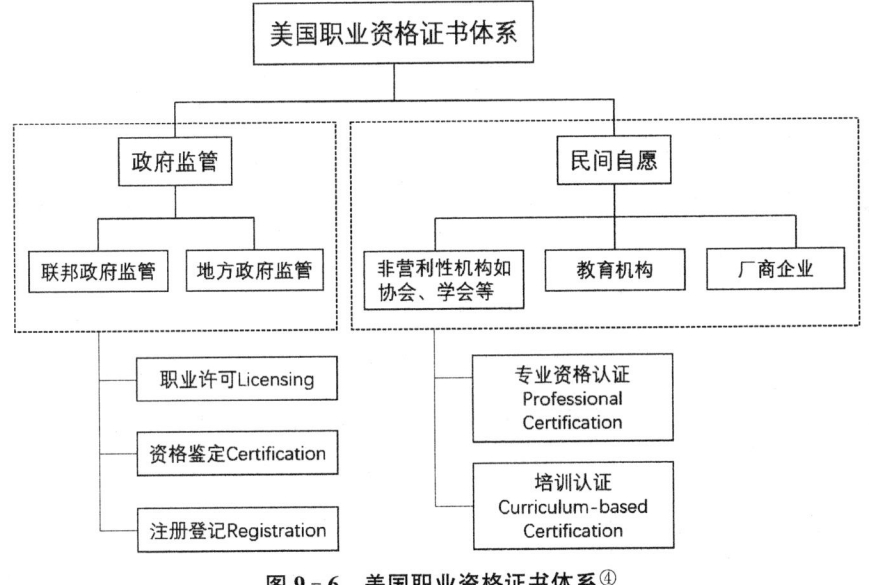

图9-6 美国职业资格证书体系[4]

---

[1] 中国就业培训技术指导中心：《国际职业资格体系概况(2010)》，中国劳动社会保障出版社2011年版，第6—7页。
[2] 同上，第51页。
[3] 同上，第102页。
[4] 图片来源：中国就业培训技术指导中心：《国际职业资格体系概况(2010)》，中国劳动社会保障出版社2011年版，第102页。

统之外，就文博行业相关的职业资格而言，仍然以日本学艺员制度为例。日本对学艺员资格认证有严格的组织和管理系统，文部科学省总负责学艺员资格的认定工作，独立行政法人国立文化财机构、地方公共团体的教育委员会、生涯学习政策局社会教育课会协助工作的开展。

二、我国博物馆职业资格认证制度的组织与管理系统的发展对策

基于目前我国认证制度的组织管理现状，以及国外的组织管理经验，我国博物馆职业资格认证制度的组织与管理系统的发展对策可归为如下几点：

第一，以人力资源和社会保障部为最高组织管理部门。通过国家人力资源和社会保障部的组织与管理，明确博物馆职业资格认证的基本制度框架和组织管理层级，并通过人力资源和社会保障部职业能力建设司对博物馆职业资格培训规划、教育方针、职业分类和国家标准做出明确规定，以及通过人力资源和社会保障部下属的职业技能鉴定中心对博物馆职业资格对文博行业就业进行技术性指导，并将博物馆的核心职业纳入国家职业分类大典。

第二，以文旅部为承办部门。具体的认证工作主要依靠文化部进行承办和实施，文旅部需对日常工作的开展进行组织和管理，文旅部人才中心负责对博物馆职业资格认证工作的具体指导，以及资格证书的管理和发放等工作。

第三，以国家文物局和地方文物行政主管部门为实施协办机构。国家文物局作为我国文博领域的主管机构，对博物馆从业人员职业资格要求和我国博物馆从业人员现状的把握应当是最为全面的。国家文物局应当负责制定博物馆从业人员的职业资格标准、职业资格认定条件及途径、认证流程等工作实务要求，并上报文旅部与人力资源和社会保障部审核。国家文物局可专设博物馆职业资格考试中心和博物馆资格认定指导中心等分支机

构。前者负责博物馆职业资格全国统一考试的组织和管理,以及命题等工作;后者负责对资格认证的公众咨询和技术支持。此外,各地的文物行政主管部门应当发挥辅助作用,开展本地区的资格认证工作。

第四,以地方职业能力考试院和职业能力鉴定中心为考核鉴定机构。地方职业能力考试院负责对该地区认证考试的组织、管理和实施,职业能力鉴定中心负责组织该地区博物馆职业资格申请者职业能力的鉴定,两者都须接受上级管理部门的监督,同时将考试和鉴定结果交上级管理部门审核。

三、质量保障与反馈系统

质量保障与反馈系统的主要功能是为认证制度起到监督和资格变更作用,明确制度的监督主体、职业资格的更新和取消、市场的反馈信息等,有助于制度能够在一个更为公开、公平和公正的环境中予以推行,并且保证认证的"含金量",也为资格认证制度的完善提供必要的市场信息。

就我国职业资格认证制度的质量保障和反馈系统而言,目前已形成了一定的发展成果,相关的政策文件名可见表9-8。其在国家层面为认证制度完善了质量保障和反馈系统,尤其是针对职业技能鉴定机构的建设、职业技能鉴定考务秩序的规范、职业技能鉴定的考评人员和质量督导人员的管理、职业资格证书的核发与管理、职业技能鉴定的收费管理等方面,提出了明确的要求和工作规范。同时,这些文件中也体现出,职业资格质量监管工作,主要的实施机构包括国家人力资源和社会保障部及各承办机构、地方劳动部门和人力资源部门、地方职业技能鉴定中心等。

表9-8 质量保障相关文件

年份	文件
2003	《职业技能鉴定考评人员管理工作规程(试行)》
2003	《关于加强职业技能鉴定质量管理有关工作的通知》

续表

年份	文　　件
2003	《职业技能鉴定质量督导工作规程》
2005	《关于扩大职业技能鉴定机构质量管理体系认证试点工作的通知》
2005	修订《职业技能鉴定机构质量管理体系标准》
2005	《职业技能鉴定机构质量管理体系认证工作流程》

除上述质量保障的规范性文件之外，我国目前已建立了"国家职业资格证书管理系统"和"职业技能鉴定咨询和质量投诉举报系统"，后者通过网络平台向全社会提供了国家和地方用于职业技能鉴定投诉和监督的管理部门及其联系方式。另外，在国家职业资格工作网上设有"国际证书监管平台"，对引进的国际职业资格证书进行监管，包括组织机构、资格考试、申请者信息、证书管理、数据分析等；"国家题库反馈修正系统"让认证工作的实施者和社会公众能够有渠道提出对国家职业资格考试题库和试题的意见和建议；"质量督导人员信息管理系统"为监督和管理督导人员的相关工作提供了平台；"质量督导工作平台——检举监督系统"使得认证工作的实施者和社会公众能够通过官方渠道就相关问题进行检举和投诉。就某一个行业而言，相应的工作也建立了一定的监管和投诉机制。例如，教师资格目前虽没有设定资格年限，但是在《教师资格条例》中，规定了教师资格撤销和惩处的情况和具体操作流程，这种撤销机制对资格获得者能够产生一定的约束作用。

从国外的情况来看，各国为了确保认证的质量也纷纷采取了不同的措施。其中，美国行业质量标准体系的认证机构有国家认证机构委员会（National Commission for Certifying Agencies）创设的卓越认证机构（Institute for Credentialing Excellence）、美国国家标准学会（American National Standards Institute）等，通过认证标准体系的建立为职业资格证书颁发机构，尤其是民间机构提供质量标准认证服务。澳大利亚制定了培训质量框架（The Australian Quality Training Framework，AQTF），具体由注册基本标准、州和领地注册机关标准、认证课程标准、州和领地课程认证机关标准等几套国家标准组成[①]，AQTF 在全国范围内提供了统一的高质量的职业资格评估框架。新西兰对职业技能鉴定的质量保障由三方面组成，即职业技能鉴定标准的质量、职业技能鉴定测评员的质量和教育培训机构的质量，为职业技能鉴定构建起一个多维度的质量保障系统，并形成相互监督和协调的工作模式。此外，一些国家还设立了职业资格的撤销机制，例如韩国《资格基本法》明确规定了撤销职业资格的情况及操作流程。

四、我国博物馆职业资格认证制度的质量保障与反馈系统的发展对策

基于目前我国相关制度的质量保障现状，以及国外的相关经验，我国博物馆职业资格认证制度的质量保障与反馈系统的发展对策可归为如下几点：

第一，由国家人力资源和社会保障部为最高的质量监察部门。在人力资源和社会保障部的管理之下，文旅部和国家文物局对资格认证的常态化质量监管工作起主要负责作用，并建立质量督导员队伍，对各地相关工作的开展进行定期督察。

第二，由地方行政主管部门和职业技能鉴定中心进行本地区工作的质量监管。地方劳动行政部门和文物行政主管部门主要担负地方认证工作的监管责任。各地的博物馆职业资格鉴定中心配合行政管理部门的相关工作，并执行具体操作，包括负责考评人员的培训与考核、严格查处职业技能认证过程中的违法违规行为等工作。

第三，建立资格退出机制。具体包括：机构资格退出机制、考评人员退

[①] 中国就业培训技术指导中心：《国际职业资格体系概况（2010）》，中国劳动社会保障出版社 2011 年版，第 174—175 页。

出机制、职业资格获得者的资格退出机制等。一方面,各级博物馆职业资格鉴定机构和考评人员须定期接受主管部门的考核,对工作中出现的问题做到及时整改,若整改后仍无法达到相关要求的则予以撤销相应资格。另一方面,博物馆职业资格获得者的职业资格也需要设定一些撤销条款。在制度成熟后,还应当根据实际需求设定职业资格期限,制定资格更新规定。

第四,建立数字化平台。通过建立网上"博物馆职业证书监管平台""博物馆职业资格认证质量投诉举报系统""博物馆职业资格证书质量督导人员信息管理系统""博物馆职业资格证书质量督导工作平台""博物馆职业资格考试认证题库反馈修正系统"等数字化平台,向公众和工作人员提供多元化的监督和投诉渠道,让这一制度能够在全社会的监督之下不断完善。

五、技术支持与服务系统

技术支持与服务系统的主要功能是为博物馆职业资格认证制度建立信息咨询、职业能力鉴定服务和对该制度的研究等,具体包括提供博物馆相关行业的就业信息、认证制度的相关信息、个人职业技能和职业能力的测试与鉴定服务、认证制度的指导等,有助于为相关目标群体提供有价值的参考意见,形成更高效的认证工作。

就目前我国职业资格认证制度的整体情况来看,随着制度在推行过程中的不断完善,职业资格制度的技术支持与服务系统也已得到了一定的发展。

首先,在职业资格制度的实施机构框架中就显示出国家人力资源和社会保障部就设有职业技能鉴定中心,各实施承办部门也有对应不同职业技能鉴定的指导中心,例如教育部设有教师资格认定指导中心等,而各地和各行业也分别设有职业技能鉴定中心。这些职业技能鉴定中心的主要职责可归纳如下:

(1) 对不同职业进行就业指导服务。掌握就业市场信息,提供政策解读和实施的工作指导,以及咨询服务。

(2) 对职业培训机构进行辅导。指导各职业培训中心制定相关培训形式、培训课程大纲、培训课程内容、培训技术、培训设备等。

(3) 对职业技能考评人员进行培训。对职业技能鉴定工作的具体组织者和实施者进行必要的指导与培训,使得职业技能鉴定的结果更客观准确。

(4) 对职业技能鉴定的相关领域进行必要的信息搜集和处理工作,并进行相关研究。在对职业技能鉴定相关信息采集、整理、分析、处理的基础上,对目前该制度和职业技能鉴定工作进行研究,提炼所存在的问题,并提出相应的对策方案。

(5) 管理职业资格证书。组织、管理和发放相应的职业资格证书,并提供查询服务。

为了提高组织管理的效率和公众查询的便捷度,人力资源和社会保障部陆续建立了多个数字化平台。其中,"国家职业资格工作网"是综合性的咨询网站,提供了全国范围内有关职业资格工作的各类信息;"国家职业资格证书管理系统"的功能见图9-7,包括职业资格证书管理的各个环节工作,主要针对职业资格证书的申请者和获得者,以及相关管理机构,不提供普通公众的查询服务。"国家职业资格管理数据库"的功能框架基本包含了国家职业资格管理工作各个环节的信息(见图9-8),包括职业分类和职业标准所在的基础资源、题库和实施机构所在的组织实施信息、职业资格的质量监督信息、职业资格证书查询,以及职业资格相关的政策法规等内容;"职业技能鉴定咨询和质量投诉举报系统"结合了信息咨询和质量投诉两大功

证书申报 → 证书审核 → 证书发放 → 证书出入库 → 证书调换 → 证书销毁 → 证书统计 → 证书流向

图9-7 国家职业资格证书管理系统的功能框架

能，目前系统主要提供国家主要相关部门，以及各省份相关管理部门的电话，如有所需，可依照系统中显示的联系方式进行咨询或投诉。同时，各地、各行业也相继建立了职业资格鉴定服务的网络平台，例如江苏省职业技能鉴定服务网、上海市职业技能鉴定网、通信行业职业技能鉴定网等。

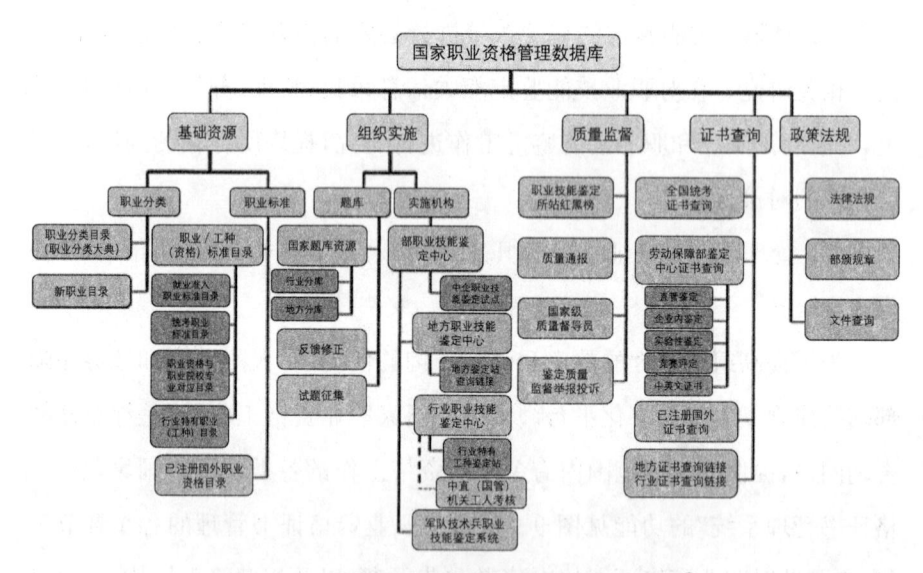

图 9-8 国家职业资格管理数据库功能架构[1]

从国外情况来看，各国在职业资格查询、咨询服务、技术支持等方面也做了大量的工作。例如，欧洲 14 国共同建立了在线跨国职业指导项目，提供了这些国家各个行业的就业市场信息和最新政策走向，利用网络平台让信息传递更为及时，也能惠及更多的受益者。此外，一些国家也建立了职业资格指导中心，开展各类咨询、指导和培训服务。例如，美国职业与技术教育协会（American Career and Technical Education，ACTE）旨在对高中生、大学生和成人进行职业指导和职业能力培训，涉及的行业包括经济管理、信

---

[1] 图片来源：人力资源和社会保障部国家职业资格管理网，http://ms.nvq.net.cn/siteApp/jsp/template/t_nvqms/xtgs.html。

息技术、制造业、公共管理、艺术传播、农业等。[①]

六、我国博物馆职业资格认证制度的技术支持与服务系统的发展对策

基于目前我国的咨询服务现状,以及国外的咨询服务经验,我国博物馆职业资格认证制度的技术支持与服务系统的发展对策可归为如下几点:

第一,以博物馆职业技能鉴定中心为主要的技术支持与服务机构。国家层面,在人力资源和社会保障部、文旅部等的监管之下,由国家文物局设立博物馆职业资格认定指导中心。地方层面,首先由省级文物行政主管部门设立博物馆职业资格鉴定中心,其次可按需在地级市或县级市建立博物馆职业资格鉴定中心。通过这些机构,为这一制度搭建起最基本也是最核心的指导、咨询、培训和技术支持系统。

第二,以数据库和网络平台作为必要的咨询查询手段。通过建立博物馆职业资格管理系统等数字化平台,及时发布博物馆职业资格相关政策法规、博物馆行业就业市场的最新信息、认证工作的最新动向、博物馆职业资格证书的查询和管理,同时这些平台也可以提供在线论坛和课程等培训与交流资源。通过数字化平台,更便于公众进行相关资讯的查询,与资格认证实施机构建立直接沟通,同时也更便于实施机构对认证工作的管理。

第三,以学校和行业组织为支持机构(单位)。通过学校、博物馆协会等组织,开发良好的职业资格培训项目,根据资格认证的具体要求,更有针对性地对相关人员进行辅导。相关人员包括资格认证的申请者、资格认证的考评人员、资格认证的组织管理人员等。

[①] 中国就业培训技术指导中心:《国际职业资格体系概况(2010)》,中国劳动社会保障出版社2011年版,第13页。

七、管理与保障体系的框架模型

根据上文对对管理和保障体系发展对策的思考，可将这一体系的框架模型归结如图 9-9 所示：

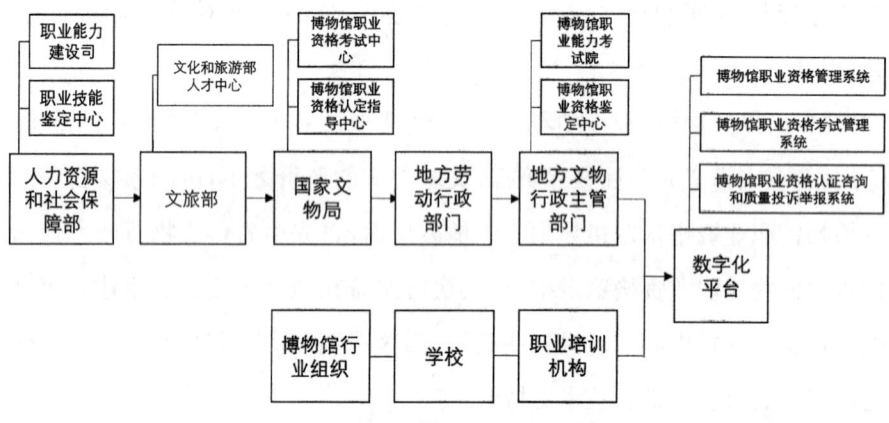

图 9-9 管理与保障体系的框架模型

结　语

　　人才是我国博物馆事业发展重要推动力，博物馆人才队伍建设也是近几年和未来很长一段时期内我国博物馆发展的重点工作之一。而博物馆职业资格认证制度既是博物馆人才队伍建设的组成部分，也是促进博物馆人才队伍建设的手段之一，对于博物馆从业人员整体水平的提升和规范博物馆各岗位的入职要求都具有深远意义。目前，越来越多的博物馆专家学者都通过博物馆事业战略规划、提案、研究论著等方式提出了建立这一认证制度的需要，但是实质性的研究和探索仍然十分有限。

　　本书通过分析我国博物馆从业人员队伍现状和博物馆从业人员资格评估现状，结合其他国家和地区的已有经验，着重针对我国博物馆核心业务人员中的馆长、藏品保管人员、文物保护与修复人员、展览设计人员和教育人员的职业资格进行了详细探讨，最终以资格标准体系和推进与实施体系两大部分共同构建起我国博物馆职业资格认证制度的模型框架，面向的是我国博物馆核心业务人员的整个群体，真正建立博物馆从业人员的入职"门槛"，这也是本书希望实现的最终研究目标。

　　但不可否认的是，建立"人"的标准对于任何领域而言都是一件极为困难的事，其中所涉及与文化遗产事业发展实际的动态契合、与现有博物馆人事管理制度的冲突与融合、与博物馆核心业务岗位工作需求的匹配度以及在当下人才培养与培训体系中的可行性等诸多问题。因此，本书不免在资料搜集、认证框架模型的有效性检验等方面存在着一定的局限性，现阶段仅为基于目前所掌握的资料而做出的分析研究,所涉问题无法仅仅依靠单一研究而尽述,所得结论也多有初创阶段的不尽如人意之处。期冀本书能够为这一制度的建立和推进发挥"抛砖引玉"之作用,此后能有更多的博物馆同业为此努力,逐步将该制度赋以实形。

下一阶段的研究内容可以包括:

在研究视角方面,基于本书的研究成果进一步拓展至博物馆职业道德与伦理的研究、对博物馆人才培养体系的研究、对博物馆职业认知的研究等。

在研究资料方面,应当更充分地掌握我国博物馆从业人员队伍构成的现状及存在的问题、我国博物馆从业人员的资格评估方式、我国博物馆各岗位的任职要求及馆际之间的差距、其他国家和地区有关资格认证的研究成果和实践经验等。

在研究对象方面,本书分别针对博物馆馆长、藏品保管人员、文物保护与修复人员、展览设计人员和教育人员进行了职业资格的研究分析,但是研究对象仍然相对笼统,进一步的研究可以集中在对不同类型的博物馆中各核心业务人员职业资格的分析比较上,以确定建立统一标准是否合适。此外,可以进一步思考对博物馆核心业务人员中的博物馆研究人员是否应当纳入认证制度之中,以及如何界定博物馆研究人员及其类型等。

附　录

1.《博物馆馆长专业资格条件(试行)》[①]

为了提高博物馆管理和业务水平,国家文物局日前颁布了《博物馆馆长专业资格条件(试行)》,全文如下：

为加强对博物馆的宏观管理和业务指导,提高博物馆馆长的素质,发挥博物馆在社会主义精神文明建设中的作用,依据国家有关法律法规和博物馆工作的实际,特制定本条件。

一、拥护中国共产党的领导,认真学习马列主义、毛泽东思想和邓小平理论,深入学习和实践江泽民同志"三个代表"的重要思想,遵守国家宪法和各项法律、法规,正确贯彻执行党的路线、方针、政策。以实事求是的思想作风和严谨科学的工作态度,全心全意为人民服务,为社会主义现代化建设服务。

二、热爱文物、博物馆事业和本职工作,模范执行《中华人民共和国文物保护法》等文物法律法规,恪守《中国文物、博物馆工作人员职业道德准则》。作风民主,联系群众,勤政廉洁。

三、掌握博物馆管理的理论、原则和方法,具有较强的行政和业务管理

[①] 国家文物局：《博物馆馆长专业资格条件(试行)》,《中国文物报》2001年4月4日。

能力,能有效组织和领导博物馆开展各项工作。具有一定的社会知名度和社会活动能力。

四、一般应从事文物、博物馆工作五年或相关工作十年以上。

五、具有一定的博物馆学及与本馆性质、任务相关的人文社会科学、自然科学等专业知识。省级(含)以上博物馆馆长除应具有博物馆学及与本馆相关学科的专业知识外,还应对其中的一两门学科有较高水准的学术成果。

六、熟悉与本馆业务相关的人文、自然历史和文物标本的状况及特点,掌握历史、考古文献和其他相关学科的基础知识。省级(含)以上博物馆馆长除应具有与本馆业务相关学科的基础知识外,还应对其中的一两门学科有较深的造诣。

七、省级(含)以上博物馆馆长应具有文物、博物馆或相关专业大学本科以上文化程度和文博或相关系列高级专业技术职务;地(市)县级博物馆馆长应具有文物、博物馆或相关专业大学专科以上文化程度和文博或相关系列中级(含)以上专业技术职务。

八、省级(含)以上博物馆馆长应具有国家文物行政管理部门委托或认可的博物馆管理干部培训经历并取得结业证书;地(市)县级博物馆馆长应具有省级(含)以上文物行政管理部门委托或认可的博物馆管理干部培训经历并取得结业证书。

2.《文物保护工程施工资质管理办法(试行)》(部分)[①]

二、专 业 人 员

第七条 文物保护工程施工专业人员是指经过文物保护工程施工的相关培训,并通过考核,取得相应类别和从业范围证书的专业人员。

第八条 文物保护工程施工专业人员分为文物保护工程施工技术人员和责任工程师。

文物保护工程施工专业人员不得同时受聘于两家或两家以上文物保护工程资质单位。

第九条 文物保护工程施工技术人员包括各专业工种技术人员、资料员、安全员等。

第十条 文物保护工程施工技术人员应当参与文物保护工程施工相关专业技术工作 3 年以上,或者具有文物保护工程施工相关专业的初级技术职务。

第十一条 文物保护工程施工实行责任工程师负责制。责任工程师应当全面负责所承担的文物保护工程项目施工的现场组织管理和质量控制,并对文物安全和工程质量负直接责任。

责任工程师不得同时承担 2 个或 2 个以上文物保护工程项目施工的管理工作。

第十二条 文物保护工程责任工程师应当具备以下条件:

(一)熟悉文物保护法律法规,具有较强的文物保护意识,遵循文物保

---

① 国家文物局:《文物保护工程施工资质管理办法(试行)》,载国家文物局网,http://www.sach.gov.cn/art/2014/5/20/art_1036_69206.html,2014 年 5 月 20 日。

护的基本原则、科学理念、行业准则和职业操守。

（二）从事文物保护工程施工管理8年以上。

（三）主持完成至少2项工程等级为一级，或至少4项工程等级为二级，且工程验收合格的文物保护工程施工项目；或者作为主要技术人员参与管理至少4项工程等级为一级，或至少8项工程等级为二级，且工程验收合格的文物保护工程施工项目。

（四）近5年内主持完成的文物保护工程施工中，没有发生文物损坏或者人员伤亡等重大责任事故。

近5年内，主持完成的文物保护工程施工或相关科研项目因工程质量、管理创新、科技创新，获得国家级、省部级奖项的专业人员，申请担任文物保护工程责任工程师的，可适当放宽前款（二）、（三）项标准。

第十三条　文物保护工程责任工程师的从业范围分为古文化遗址古墓葬、古建筑、石窟寺和石刻、近现代重要史迹及代表性建筑、壁画等五类。

第十四条　省级文物主管部门负责组织开展文物保护工程施工专业人员的培训和继续教育工作。

文物保护工程施工专业人员的培训内容应当包括文物保护的法律法规、保护原则、标准规范等相关专业知识，培训时间不得少于40课时。

第十五条　文物保护工程责任工程师由全国性文物保护行业协会组织考核。经考核合格的人员，由全国性文物保护行业协会颁发文物保护工程责任工程师证书，并将名单向社会公布，同时报国家文物局备案。

前款所指的全国性文物保护行业协会由国家文物局向社会公布。

省级文物主管部门或受其委托的专业机构负责组织文物保护工程施工技术人员考核，考核合格的人员由国家文物局公布的全国性文物保护行业协会颁发文物保护工程施工技术人员证书。

第十六条　省级文物主管部门对本地区长期从事文物保护工程施工，

熟练掌握传统工艺技术,经文物保护工程施工专业人员培训、年龄在50周岁以上的老工匠,可决定免予考核,由国家文物局公布的全国性文物保护行业协会颁发文物保护工程施工技术人员证书。

3. 国家职业标准——陈列展览设计人员[①]

1. 职业概况

1.1 职业名称：陈列展览设计员

1.2 职业定义：从事陈列研究、展览设计的专业人员

1.3 职业等级：

本职业共设三个等级，分别为：陈列展览设计员（国家职业资格三级）、陈列展览设计师（国家职业资格二级）、高级陈列展览设计师（国家职业资格一级）。

1.4 职业环境：室内外，常温。

1.5 职业能力特征：

职业能力	非常重要	重 要	一 般
学习能力	√		
表达能力		√	
计算能力		√	
空间感觉	√		
肢体能力		√	
色 觉	√		
手指灵活性	√		

1.6 基本文化程度：大专毕业（或同等学历）

1.7 培训要求：

1.7.1 培训期限

全日制职业学校教育，根据其培训目标和教学计划确定。晋级培训期

[①]《陈列展览设计人员》，载国家人力资源和社会保障部国家职业资格管理网，http://ms.osta.org.cn/nvqdbApp/htm/fenlei/ecGzs_Zy-6421.html。

限：陈列展览设计员不少于250标准学时；陈列展览设计师不少于250标准学时；高级陈列展览设计师不少于150标准学时。

1.7.2　培训教师

培训陈列展览设计员的教师应具有本职业陈列展览设计师及以上职业资格证书；培训陈列展览设计师的教师应具有本职业高级陈列展览设计师职业资格证书2年以上或相关专业中级以上专业技术职务任职资格；培训高级陈列展览设计师的教师应具有本职业高级陈列展览设计师职业资格证书3年以上或相关专业高级专业技术职务任职资格。

1.7.3　培训场地设备

理论知识培训应在标准教室进行；技能操作培训应在具有必要的工具和设备的场所进行。

1.8　鉴定要求

1.8.1　适用对象

从事或准备从事本职业的人员。

1.8.2　申报条件

——陈列展览设计员（具备以下条件之一者）

（1）经陈列展览设计员正规培训达规定标准学时数，并取得结业证书。

（2）连续从事本职业工作4年以上。

（3）大专以上本专业或相关专业毕业生，连续从事本职业工作2年以上。

——陈列展览设计师（具备以下条件之一者）

（1）取得本职业陈列展览设计员职业资格证书后，连续从事本职业工作3年以上，经本职业陈列展览设计师正规培训达规定标准学时数，并取得结业证书。

（2）取得本职业陈列展览设计员职业资格证书后，连续从事本职业工作5年以上。

（3）连续从事本职业工作7年以上。

（4）取得本职业陈列展览设计员职业资格证书的高级技工学校本职业

(专业)毕业生,连续从事本职业工作满3年。

（5）取得本职业或相关专业大学本科毕业证书,连续从事本职业工作5年以上。

（6）取得本职业或相关专业硕士研究生学位证书,连续从事本职业工作2年以上。

——高级陈列展览设计师(具备以下条件之一者)

（1）取得本职业陈列展览设计师职业资格证书后,连续从事本职业工作5年以上,经本职业高级陈列展览设计师正规培训达规定标准学时数,并取得结业证书。

（2）取得本职业陈列展览设计师职业资格证书后,连续从事本职业工作5年以上。

（3）取得本职业或相关专业大学本科毕业证书,连续从事本职业工作8年以上。

（4）取得本职业或相关专业硕士研究生学位证书,连续从事本职业工作5年以上。

1.8.3　鉴定方式

分为理论知识考试和技能操作考核。理论知识考试采用闭卷笔试方式,技能操作考核采用现场实际操作方式进行。理论知识考试和技能操作考核均实行百分制,成绩皆达60分及以上者为合格。陈列展览设计师、高级陈列展览设计师还须进行综合评审。

1.8.4　考评人员与考生配比

理论知识考试考评人员与考生配比为1∶20,每个标准教室不少于2名考评人员;技能操作考核考评员与考生配比为1∶5,且不少于3名考评员。综合评审委员不少于5人。

1.8.5　鉴定时间

理论知识考试时间不少于180分钟,技能操作考核时间不少于360分钟,综合评审时间不少于 30 分钟。

1.8.6　鉴定场所

理论知识考试场所为标准教室,技能操作考核场所应具有必备的工具和设备。

2. 基本要求

2.1　职业道德

2.1.1　职业道德基本知识

2.1.2　职业守则:

(1) 遵纪守法,为人民服务。

(2) 严格自律,敬业诚信。

(3) 勇于创新,团结协作。

2.2　基础知识

2.2.1　展示设计基础知识:

(1) 中外建筑及室内设计简史。

(2) 展示设计史概述。

(3) 视觉传达概论。

(4) 中外美术简史。

2.2.2　艺术设计基础知识:

(1) 展示艺术设计实务。

(2) 设计方法与程序。

(3) 平面、立体、色彩构成的基础知识。

(4) 环境艺术知识。

(5) 美术字及书法基础知识。

2.2.3　人体工程学基础知识

2.2.4　绘图基础知识

2.2.5　应用文写作基础知识

2.2.6　计算机辅助设计基础知识

2.2.7　相关法律、法规知识：

　　（1）劳动法的相关知识。

　　（2）环境保护法的相关知识。

　　（3）著作权法的相关知识。

　　（4）建筑内部装修防火规范的相关知识。

　　（5）合同法的相关知识。

　　（6）建筑法的相关知识。

　　（7）产品质量法的相关知识。

3. 工作要求

本标准对陈列展示设计员、陈列展示设计师和高级陈列展示设计师的技能要求依次递进，高级别涵盖低级别要求。

3.1　陈列展览设计员

职业功能	工作内容	技 能 要 求	相 关 知 识
一、设计准备	（一）设计调研	1. 能对业主委托项目的各项要求进行了解 2. 能完成展览场地勘测 3. 能协助完成展品调研	1. 现场勘测知识 2. 调查研究知识 3. 建筑结构及材料知识
	（二）设计草案	1. 能根据设计任务书的要求做出草图方案 2. 能准确进行方案比较	1. 设计程序知识 2. 书写、绘图表达知识
二、设计表达	（一）方案设计	1. 能根据方案要求绘制三视图和透视图 2. 能为用户讲解设计方案 3. 能写出设计报告书	1. 三视图和透视图绘图知识 2. 空间造型的尺度与比例知识 3. 手绘透视效果图方法

续表

职业功能	工作内容	技 能 要 求	相 关 知 识
二、设计表达	（二）深化设计	1. 能协助设计师深化设计 2. 能与相关专业人员协调、配合	1. 装修工艺知识 2. 道具使用知识 3. 图案与装饰知识 4. 陈列艺术知识 5. 照明、视听知识 6. 生态与绿化知识 7. 文物保护知识
	（三）绘制表现图与施工图	1. 能绘制陈列、展示空间的透视效果图 2. 能绘制规范的施工图及节点大样图	1. 装修构造知识 2. 广告与传媒的基本知识
三、设计实施管理	（一）施工制作	1. 能完成材料的选样工作 2. 能对施工现场进行质量监督和技术指导 3. 能对外协加工进行质量监督	1. 陈列展览材料知识 2. 陈列展览材料工艺常识 3. 施工质量标准和检验知识
	（二）组装与竣工	1. 能协助完成竣工验收 2. 能协助完成组装和竣工现场的实测 3. 能协助绘制竣工图并整理存档图文资料	1. 验收标准知识 2. 现场实测知识 3. 竣工图绘制知识

3.2 陈列展览设计师

职业功能	工作内容	技 能 要 求	相 关 知 识
一、设计定位	（一）收集信息	能收集国内外相关展览的图文信息	1. 人际沟通常识 2. 功能分析常识 3. 环境心理常识 4. 设计文案知识 5. 陈列展览采光知识
	（二）功能定位	能根据业主的要求进行准确的功能定位	
	（三）制定纲要与形式定位	能根据目标观众心理与展示环境，确定形式风格	

续 表

职业功能	工作内容	技 能 要 求	相 关 知 识
二、设计创意	（一）创意方案	能完成创意草图	1. 方案设计知识 2. 设计美学知识
	（二）设计方案	1. 能编制完整的设计方案 2. 能用图形语言完成平面分区、展示动线、展位视觉形象的量化分析	1. 设计意图推介方法 2. 评价文字写作知识 3. 设计文件编辑知识
三、设计表达	（一）综合表达	1. 能编制系统设计文件 2. 能分别用文字、语言、图形全面表达设计意图 3. 能对设计方案进行评价和优化选择	1. 多种媒体表达方法 2. 图形表现知识 3. 陈列展览的相关设计规范
	（二）审图	1. 能识读建筑图、产品图、装修施工图、大样图并完成审核 2. 能根据审核中出现的问题提出合理的修改方法	1. 陈列展览设计施工图知识 2. 专业技术审核知识
四、设计实施管理	设计及施工指导	1. 能制定细目规范和局部艺术标准 2. 能指导具体设计 3. 能完成施工项目的竣工验收 4. 能进行技术资料汇总并整理存档 5. 能够对陈列展览设计员进行业务培训	1. 陈列展览的设计施工技术指导知识 2. 技术档案管理知识 3. 专业指导与培训知识

3.3 高级陈列展览设计师

职业功能	工作内容	技 能 要 求	相 关 知 识
一、设计定位	设计总体规划	1. 能完成大型展览会的总体规划设计 2. 能设计大型项目实施程序和方法 3. 能进行项目总标准的制定	1. 陈列展览的总体规划设计知识 2. 设计程序知识
二、设计创意	概念定位和形象创意	能进行总体功能和空间形象调控	1. 创意思维与设计方法知识 2. 设计宏观调控知识

续 表

职业功能	工作内容	技能要求	相关知识
三、设计表达	技术与艺术风格定位	1. 能正确运用各类设计方法进行设计 2. 能运用相关技术标准进行设计 3. 能运用各类艺术风格进行设计定位	1. 建筑规划与标准知识 2. 造型美学知识
四、设计管理	(一) 组织协调	1. 能合理组织设计制作人员完成综合项目 2. 能在设计中与各方面进行协作	1. 管理常识 2. 公共关系知识
	(二) 进度控制与监督审核	1. 能根据标准与规范进行监督审核 2. 能按要求进行进度控制	1. 项目主持人相关知识 2. 专业技术规范与技术审核知识 3. 专业培训的相关知识
	(三) 设计指导与培训	1. 能进行总体图纸的绘制 2. 能对各级别设计师进行技能培训	
	(四) 预算计划	能够提出合理的预算计划并确保完成	工程造价预算知识
五、设计评价	(一) 功能与艺术质量评价	能进行项目功能性评价和艺术评价	综合评价知识
	(二) 设计总结与存档	能够指导完成技术资料汇总并整理存档	

4. 比重表

4.1 理论知识

项 目			陈列展览设计员(%)	陈列展览设计师(%)	高级陈列展览设计师(%)
相关知识	基本要求	职业道德	5	5	5
		基础知识	15	10	5

续 表

项 目			陈列展览设计员(%)	陈列展览设计师(%)	高级陈列展览设计师(%)
相关知识	设计定位	功能定位	—	30	—
		收集信息	—		—
		制定纲要与形式定位	—		—
		设计总体规划	—	—	10
	设计准备	设计调研	15	5	—
		设计草案	5	—	—
		形式定位	—	—	5
		制定规范	—	—	5
	设计创意	创意方案	—	10	—
		设计方案	—	10	—
		概念定位和形象创意	—	—	10
	设计表达	方案设计	10	—	—
		深化设计	20	—	—
		绘制表现图与施工图	15	—	—
		综合表达	—	10	—
		审 图	—	10	—
		技术与艺术风格定位	—	—	10
	设计实施管理	施工制作	10	—	—
		设计及施工指导	—	10	—
		组装与竣工	5	—	—
	设计管理	组织协调	—	—	15
		设计指导与培训	—	—	15
		进度控制与监督审核	—	—	
		预算计划	—	—	10
	设计评价	功能与艺术质量评估	—	—	10
		设计总结与存档	—	—	
合 计			100	100	100

4.2 技能操作

项目			陈列展览设计员（%）	陈列展览设计师（%）	高级陈列展览设计师（%）
技能要求	设计定位	功能定位	—	10	—
		收集信息	—	5	—
		制定纲要与形式定位	—	10	—
		设计总体规划	—	—	15
	设计准备	设计调研	10	—	—
		设计草案	15	—	—
		形式定位	—	—	5
		制定规范	—	—	5
	设计创意	创意方案	—	20	—
		设计方案	—	20	—
		概念定位和形象创意	—	—	15
	设计表达	方案设计	20	—	—
		深化设计	20	—	—
		绘制表现图与施工图	20	—	—
		综合表达	—	20	—
		审图	—	5	—
		技术与艺术风格定位	—	—	10
	设计实施管理	施工制作	10	—	—
		设计及施工指导	—	10	—
		组装与竣工	5	—	—
	设计管理	组织协调	—	—	10
		设计指导与培训	—	—	10
		进度控制与监督审核	—	—	5
		预算计划	—	—	10
	设计评价	功能与艺术质量评估	—	—	10
		设计总结与存档	—	—	5
合计			100	100	100

4. 我国台湾地区公务人员高等考试三级考试命题大纲[①]

● 博物馆学导论

适 用 考 试 名 称	适用考试类科
公务人员高等考试三级考试	博物馆管理
公务人员升官等考试荐任升官等考试	博物馆管理
特种考试地方政府公务人员考试三等考试	博物馆管理
公务人员特种考试原住民族考试三等考试	博物馆管理
专业知识及核心能力	一、理解博物馆学相关专业知识与理论 二、理解博物馆类型与发展历史 三、具备分析博物馆研究、典藏、展览、教育等功能与其相关议题的能力与运用 四、具备分析博物馆学与当代社会文化发展议题的知能。

命题大纲

一、博物馆发展与趋势
  （一）博物馆学的范畴
  （二）博物馆学与国内外博物馆发展历史
  （三）博物馆发展与当代趋势

二、博物馆机构与研究
  （一）博物馆机构的类型与特性
  （二）博物馆的研究功能
  （三）博物馆相关议题研究

三、博物馆典藏与物件
  （一）博物馆学对象定义与范畴
  （二）博物馆的收藏伦理、制度与方法
  （三）博物馆对象研究、保存与维护

---

① 台湾地区考选事务主管部门：《公务人员高等考试三级考试暨普通考试行政类科命题大纲汇编目录》，载台湾地区考选事务主管部门网，www.moex.gov.tw，2016 年 4 月 1 日。

续 表

四、博物馆展览与展示规划
   （一）博物馆展览功能
   （二）博物馆展示计划
   （三）策展、诠释与沟通
   （四）展品处理、展示与安全

五、博物馆教育与推广
   （一）博物馆教育功能
   （二）博物馆教育活动的种类、规划、推广与执行
   （三）博物馆各项评量
   （四）博物馆与社会发展
   （五）博物馆与文创产业

备 注	表列命题大纲为考试命题范围之例示，惟实际试题并不完全以此为限，仍可命拟相关之综合性试题

- 社会教育理论与实务

适 用 考 试 名 称	适用考试类科
公务人员高等考试三级考试	博物馆管理
公务人员升官等考试荐任升官等考试	博物馆管理
特种考试地方政府公务人员考试三等考试	博物馆管理
专业知识及核心能力	一、具备社会教育及终身学习理念、终身学习政策 二、具备社会教育理论知识 三、具备社会教育方案规划的知能 四、具备社会教育机构经营的知能

命题大纲

一、终身教育理念与政策
   （一）终身学习理念、终身学习文化
   （二）全球终身教育法规与政策
   （三）终身教育发展趋势
   （四）终身教育发展议题
   （五）终身教育专业化

续 表

二、社会教育与终身学习理论 　　（一）终身教育理念 　　（二）成人学习理论 　　（三）社会教育理论	
三、社会教育方案规划与实施 　　（一）社会教育参与者特性 　　（二）不同族群与特殊族群学习需求评估 　　（三）社会教育与成人教育方案规划 　　（四）社会教育方案实施 　　（五）社会教育参与者学习成效评估	
四、社会教育机构经营 　　（一）社会教育营销 　　（二）社会教育机构经营方法 　　（三）社会教育机构之资源运用 　　（四）社会教育机构解说导览方案 　　（五）社会教育机构与学校、小区发展 　　（六）社会教育机构志工培训与经营	
备注	表列命题大纲为考试命题范围之例示，惟实际试题并不完全以此为限，仍可命拟相关之综合性试题

● 博物馆管理

适 用 考 试 名 称	适用考试类科
公务人员高等考试三级考试	博物馆管理
公务人员升官等考试荐任升官等考试	博物馆管理
特种考试地方政府公务人员考试三等考试	博物馆管理
公务人员特种考试原住民族考试三等考试	博物馆管理
专业知识及核心能力	一、理解博物馆管理理论与策略的知能 二、理解博物馆行政组织与架构知能 三、具备博物馆营运管理、对象管理及掌握相关议题的知能 四、理解博物馆与其他领域的应用能力

续 表

命题大纲	
一、博物馆管理与策略 　　（一）博物馆的定义、宗旨、目标与功能 　　（二）博物馆经营理念与策略 　　（三）博物馆规划与现况分析	
二、博物馆行政组织与架构 　　（一）博物馆行政组织特色与发展 　　（二）行政组织的编制与执掌 　　（三）博物馆专业人员任用与训练 　　（四）博物馆政策、法规与执行	
三、博物馆营运管理 　　（一）博物馆营运的策略与方法 　　（二）博物馆管理与专业伦理 　　（三）博物馆管理与人事、财务、募款 　　（四）博物馆建筑、空间、设施管理与安全评量	
四、博物馆对象管理与运用 　　（一）博物馆对象管理原则与方法 　　（二）博物馆藏品管理与运用 　　（三）博物馆展品来源、借出、借入管理与运用 　　（四）博物馆环境监控	
五、博物馆管理与其他领域运用 　　（一）博物馆管理与科技运用 　　（二）博物馆管理与营销 　　（三）博物馆管理与社会资源运用 　　（四）博物馆与文化资产运用 　　（五）博物馆与文化观光、文创产业或其他跨界合作	
备 注	表列命题大纲为考试命题范围之例示，惟实际试题并不完全以此为限，仍可命拟相关之综合性试题

- 世界艺术史

适 用 考 试 名 称	适用考试类科
公务人员高等考试三级考试	博物馆管理
公务人员升官等考试荐任升官等考试	博物馆管理
特种考试地方政府公务人员考试三等考试	博物馆管理
公务人员特种考试原住民族考试三等考试	博物馆管理

续表

专业知识及核心能力	一、具备不同时代与区域之世界艺术史基础知识 二、具备归纳与分析世界艺术史发展脉络之能力 三、能理解各时代艺术作品所反映之时代内涵

命题大纲

一、世界艺术史概说
 （一）以宏观视野审视与理解世界艺术史
 （二）比较世界艺术史在发展历程与特征上之异同

二、中国艺术史
 以中国为主体之史前至现代艺术发展历程之各种知识与议题
 （一）史前与三代
 （二）汉唐时期
 （三）宋元时期
 （四）明清时期
 （五）20 世纪以后

三、西洋艺术史
 以欧洲为主体（包含地理大发现以后扩张之区域）之史前至现代艺术发展历程之各种知识与议题
 （一）史前时期
 （二）希腊罗马时期
 （三）中古时期
 （四）文艺复兴时期
 （五）18 世纪至现代

四、台湾艺术史
 以台湾为主体之史前至现代艺术发展历程之各种知识与议题
 （一）史前时期
 （二）10 世纪至清代
 （三）20 世纪前半
 （四）现代艺术

五、世界其他区域艺术史
 世界其他地理区域（中国大陆、欧洲、中国台湾地区以外）之艺术发展之知识与议题
 （一）亚洲艺术
 （二）美洲艺术
 （三）非洲艺术
 （四）大洋洲艺术

备注	表列命题大纲为考试命题范围之例示，惟实际试题并不完全以此为限，仍可命拟相关之综合性试题

- 台湾文化史

适 用 考 试 名 称	适用考试类科
公务人员高等考试三级考试	博物馆管理
特种考试地方政府公务人员考试三等考试	博物馆管理
专业知识及核心能力	一、了解重要传统文化范畴 二、熟悉主要传统文化艺术内涵 三、熟悉台湾重要相关博物院重点馆藏内容 四、了解近代台湾文化艺术内涵

命题大纲

一、重要传统文化范畴
　　（一）战国诸子百家思想的兴起
　　（二）道教的产生与佛教的传入
　　（三）明清西学的东渐

二、传统文化艺术内涵
　　（一）历代陶瓷发展史
　　（二）商周铜礼器
　　（三）源远流长的玉器文化，含卑南文化中的玉器文化
　　（四）漆艺七千年，含近百年台湾地区漆艺发展
　　（五）书法发展史
　　（六）绘画发展史

三、台湾重要相关博物院重点馆藏内容
　　（一）台湾"故宫博物院"之毛公鼎、散氏盘、宗周钟、鹰纹圭、人面纹圭、翠玉白菜等；台湾"历史博物馆"之九层千佛石塔等；台湾"中央研究院"历史语言研究所之牛方鼎、鹿方鼎、水路攻战图鉴、大理石虎首人身立雕、大理石枭形立雕等
　　（二）五代与宋元重要画迹：台湾"故宫博物院"之南唐赵干江行初雪、北宋范宽西山行旅图、北宋郭熙早春图、北宋李唐万壑松风图、南宋马远雪滩双鹭、南宋马麟静听松风、南宋夏圭西山清远、元代赵孟頫鹊华秋色、元四家黄公望、吴镇、倪瓒、王蒙等
　　（三）六朝、隋唐与宋代重要书迹：台湾"故宫博物院"之东晋王羲之快雪时晴帖、唐颜真卿祭侄文稿、北宋苏轼寒食帖、北宋米芾蜀素帖、宋徽宗书法艺术等
　　（四）历代名窑：定窑、汝窑、官窑、成化斗彩、清代珐琅彩等

四、近代台湾地区文化艺术内涵
　　（一）台湾交趾陶与叶王烧
　　（二）台湾近代资深西画名家，如李梅树、颜水龙、杨三郎等人习画渊源
　　（三）台湾近代水墨画发展，包括渡海三家、林玉山等人

备注	表列命题大纲为考试命题范围之例示，惟实际试题并不完全以此为限，仍可命拟相关之综合性试题

5. 我国台湾地区公务人员普通考试命题大纲[①]

● 博物馆学概要

适 用 考 试 名 称	适用考试类科
公务人员普通考试	博物馆管理
特种考试地方政府公务人员考试四等考试	博物馆管理
公务人员特种考试原住民族考试四等考试	博物馆管理
公务人员特种考试身心障碍人员考试四等考试	博物馆管理
专业知识及核心能力	一、理解博物馆学的基本概念 二、理解博物馆发展历史的知能 三、具备博物馆研究、典藏、展览、教育等功能与相关知识的能力 四、具备博物馆与当代社会文化发展关系的知能

命题大纲

一、博物馆发展与趋势
  （一）博物馆学的基本概念
  （二）国内外博物馆的发展历史
  （三）博物馆的发展与趋势

二、博物馆的研究与类型
  （一）博物馆的研究功能
  （二）博物馆的类型
  （三）博物馆的任务与目标

三、博物馆的典藏概要
  （一）博物馆的典藏概要
  （二）博物馆的典藏制度与方法
  （三）博物馆收藏与对象的保存与维护

[①] 台湾考选事务主管部门：《公务人员高等考试三级考试暨普通考试行政类科命题大纲汇编目录》，载台湾考选事务主管部门网，www.moex.gov.tw，2016年4月1日。

续表

四、博物馆的展览概要 　　（一）博物馆的展览功能 　　（二）博物馆展览规划 　　（三）展示设计概要 　　（四）展场与安全	
五、博物馆的教育与推广 　　（一）博物馆的教育功能 　　（二）博物馆教育的种类与方法 　　（三）社会人力资源的运用	
备注	表列命题大纲为考试命题范围之例示，惟实际试题并不完全以此为限，仍可命拟相关之综合性试题

● 社会教育概要

适 用 考 试 名 称	适用考试类科
公务人员普通考试	博物馆管理
特种考试地方政府公务人员考试四等考试	博物馆管理
公务人员特种考试原住民族考试四等考试	博物馆管理
公务人员特种考试身心障碍人员考试四等考试	博物馆管理
专业知识及核心能力	一、理解终身学习理念 二、了解终身学习法规 三、具备社会教育方案规划的知能 四、具备社会教育机构经营的知能

命题大纲

一、终身教育理念与法规
　　（一）终身学习理念
　　（二）台湾终身教育法规与政策
　　（三）社会教育机构的教育功能

二、成人学习特性与学习方法
　　（一）成人学习特性
　　（二）成人学习方法
　　（三）经验学习与体验学习
　　（四）情境学习

续 表

三、终身教育实施与推广 　　（一）终身教育机构参与者特性和需求 　　（二）社会教育方案规划 　　（三）社会教育方案之学习成效评估	
四、社会教育机构经营 　　（一）社会教育营销概要 　　（二）社会教育机构解说导览 　　（三）社会教育机构与小区学习 　　（四）社会教育机构与学校学习	
备注	表列命题大纲为考试命题范围之例示，惟实际试题并不完全以此为限，仍可命拟相关之综合性试题

● 博物馆管理概要

适 用 考 试 名 称	适用考试类科
公务人员普通考试	博物馆管理
特种考试地方政府公务人员考试四等考试	博物馆管理
公务人员特种考试原住民族考试四等考试	博物馆管理
公务人员特种考试身心障碍人员考试四等考试	博物馆管理
专业知识及核心能力	一、认识博物馆管理基本知识 二、具备理解博物馆行政组织与架构的知能 三、具备协助执行博物馆营运管理、对象管理与运用的能力 四、理解博物馆与其他领域资源的运用

命题大纲

一、博物馆管理基础理论
　　（一）博物馆的定义
　　（二）博物馆的功能与目标
　　（三）博物馆经营管理的概念

二、博物馆的行政概要
　　（一）博物馆的政策、制度与法规
　　（二）博物馆行政组织编制与职掌
　　（三）博物馆专业人员与从业伦理

续　表

三、博物馆管理实务概要 　　（一）博物馆分工与整合 　　（二）博物馆典藏知识与实务概要 　　（三）博物馆展览、教育知识与实务概要 　　（四）博物馆建筑、空间、设施与安全管理实务	
四、博物馆对象管理 　　（一）博物馆藏品管理实务 　　（二）博物馆藏品保存维护制度与方法 　　（三）博物馆展品管理与展示管理	
五、博物馆管理与其他领域实务概要 　　（一）博物馆与科技应用 　　（二）博物馆与营销应用 　　（三）博物馆与社会资源应用 　　（四）博物馆与文化资产、观光、文创产业等合作应用	
备　注	表列命题大纲为考试命题范围之例示，惟实际试题并不完全以此为限，仍可命拟相关之综合性试题

- 台湾文化史概要

适 用 考 试 名 称	适用考试类科
公务人员普通考试	博物馆管理
特种考试地方政府公务人员考试四等考试	博物馆管理
公务人员特种考试原住民族考试四等考试	博物馆管理
公务人员特种考试身心障碍人员考试四等考试	博物馆管理
专业知识及核心能力	一、了解基础传统文化范畴 二、熟悉基本传统文化艺术内涵 三、熟悉台湾重要相关博物院重点馆藏内容 四、了解近代台湾文化艺术内涵

命题大纲

一、基础传统文化范畴
　　（一）战国诸子百家思想的兴起
　　（二）道教的产生与佛教的传入
　　（三）明清西学的东渐

续　表

二、基本传统文化艺术内涵 　　（一）闻名中外的陶瓷 　　（二）商周铜器以礼器为中心，兵器与车马器为辅 　　（三）源远流长的玉器文化，含卑南文化中的玉器文化 　　（四）漆艺七千年，含近百年台湾地区漆艺发展 　　（五）举世无双的书法艺术 　　（六）由写实到写意的绘画	
三、台湾重要相关博物院重点馆藏 　　（一）台湾"故宫博物院"之毛公鼎、散氏盘、宗周钟、鹰纹圭、人面纹圭、翠玉白菜等；台湾"历史博物馆"之九层千佛石塔等；台湾"中央研究院"历史语言研究所之牛方鼎、鹿方鼎等 　　（二）五代与宋元重要画迹：台湾"故宫博物院"之南唐赵干江行初雪、北宋范宽西山行旅图、北宋郭熙早春图、北宋李唐万壑松风图、南宋马远雪滩双鹭、南宋马麟静听松风、南宋夏圭西山清远、元代赵孟頫鹊华秋色、元四家黄公望、吴镇、倪瓒、王蒙等 　　（三）六朝、隋唐与宋代重要书迹：台湾"故宫博物院"之东晋王羲之快雪时晴帖、唐颜真卿祭侄文稿、北宋苏轼寒食帖、北宋米芾蜀素帖、宋徽宗书法艺术等 　　（四）历代名窑：定窑、汝窑、官窑、成化斗彩、清代珐琅彩等	
四、近代台湾文化艺术内涵 　　（一）台湾交趾陶与叶王烧 　　（二）西画名家，如李梅树、颜水龙、杨三郎等人 　　（三）台湾近代水墨画发展，包括渡海三家、林玉山等	
备　注	表列命题大纲为考试命题范围之例示，惟实际试题并不完全以此为限，仍可命拟相关之综合性试题

6. 2015年日本学艺员资格考试试题（择选）[①]

一、生涯学习概论

1. ① 在谈到"整合"的含义时，请简单解释保罗·兰格兰在1965年提倡的"终身教育"。② 该提倡对于日本的学校教育、社会教育有怎样的影响。结合①和②，在800字以内进行论述。（30分）

2. 教育基本法第1条规定："教育必须以完善的人格为目标，以培养和平民主国家的国民为目标，帮助他们养成相应的资质和身心健康。"

另外，第12条规定，"国家和地方政府必须鼓励为满足个人和社会需要而在社会中提供教育。"基于上述内容，请在400字以内简述政府提供的学习机会及所要求的学习内容。（15分）

3. 从以下各项中选择两项，分别在200字以内解释。请务必使用每项后的2个关键词进行说明。（各10点）

① OJT（关键词：企业内教育、非正式）

② ビブリオバトル（比布里欧挑战）（关键词：书评、投票）

③ Self-directed learning（自主学习）（关键词：成人教育，自立的学习者）

4. 请从下面的ア～エ中选择最适合以下各文章①～⑦中（ ）内的语句。（各五点）（同一个号码的地方插入相同的语句。）

（1）继1947年颁布了《基本教育法》之后，1949年制定了（①）。之后，1950年（②）、1951年（③）被制定，1990年（④）被制定。

（2）根据（①）社会教育的负责人是被分配给（⑤）的人员。

[①] 博物馆振兴系：《平成27年度学芸員資格認定試験問題》，载日本文部科学省网，http://www.mext.go.jp/a_menu/shougai/gakugei/1374067.htm，2016年7月。

(3) 在现行的社会教育管理领域中,居民的参与,例如(⑥)的公民馆,以(⑦)的设置形式出现。

① a. 关于振兴终身学习制度的促进法律　b. 学校教育法　c. 公民馆法　d. 社会教育法

② a. 图书馆法　b. 社会教育法　c. 关于振兴终身学习制度的促进法律　d. 家庭教育法

③ a. 图书馆法　b. 博物馆法　c. 关于振兴终身学习制度的促进法律　d. 家庭教育法

④ a. 公民馆法　b. 家庭教育法　c. 关于振兴终身学习制度的促进法律　d. 文化中心成立促进法

⑤ a. 学校　b. 青少年教育设施　c. 公民馆　d. 教育委员会的事务局

⑥ a. 国立　b. 都道府县立　c. 市町村立　d. 独立行政法人立

⑦ a. 公民馆委员会　b. 公民馆运营审议会　c. 公民馆协议会　d. 公民馆运营评议会

二、博物馆概论

1.《博物馆法》第3条规定以下项目为"博物馆项目"。请在( )中选出最合适的语句,完成下列段落内容。(各2点)

4 进行有关博物馆资料的专业性、(①)性的调查研究。

5 关于博物馆资料的(②)和(③)等进行(①)的研究。

6 制作并分发关于博物馆资料的指南、手册、(④)、(⑤)、(⑥)、研究报告等。

7 主办和协办博物馆资料相关的(⑦)、讲习会、放映会、研究会等。

11 协助学校、(⑧)、研究所、(⑨)等教育、学术或(⑩)相关的机构设施,支持其活动。

剧场 图录 年报 纪要 修复 演讲会 模型 科学 化学 文化 艺术 试行 幼

儿园 保管 要览 公民馆 教育 展示 技术 目录 图书馆 研讨会

2. 关于明治时代国立博物馆的变迁,请从( )中选出最合适的语句,完成下列段落内容。(各2点)

明治新政府接受了维也纳的世博会的邀请,并进行准备,于1873年(明治6年)创立(①),并合并了文部省博物馆、博物馆、书店(②)。维也纳世博会后的1875年(明治8年),为收集相关资料,(③)建立了博物馆。此后,文部省的博物馆、书店、(②)也被分离了,再次回到了文部省。但是,文部省博物馆完全没有资料,重新开始收集资料的同时,在(④)的主导下(⑤)于1877(明治10)年再次出发。这促成了现在的(⑥)。(③)博物馆成为农商务省博物馆,1886(明治19年)被移管到(⑦),之后又被改名为(⑨),逐渐向文化财产系的博物馆转变。这促成了(⑩)。

巴黎 内务省 国立科学博物馆 田中不二磨 博览会事务局 帝室博物馆 民部省 东京国立博物馆 帝国博物馆 町田久成 小石川药园 宫内省 教育博物馆

3. 根据2011年的社会教育调查,引入指定管理者制度的公立博物馆数量达到了约1200家,占总数的四分之一以上。请在200字以内简述公立博物馆指定管理者制度的优缺点。(20分)

4. 在欧美的博物馆里,各类专业人员都具备学艺员所需要的知识、技术和能力。请选择以下①—③中的2个,分别在100字以内说明职务内容。(各10点)

① 藏品登录人员(Registrar)

② 文物保护人员(Conservator)

③ 博物馆教育人员(Museum Educator)

5. 在对博物馆进行分类时,文部科学省的社会教育调查以征集资料的范围作为分类基准,将博物馆分为"综合博物馆""科学博物馆""历史博物馆""美术博物馆""野外博物馆""动物园""动植物园""植物园""水族馆"

9个类别。除此之外，请设定两个分类标准，根据各自的标准，具体分类日本的博物馆。（20分）

三、文化史

1. 从以下(1)—(4)中选择一个问题进行解释。针对每个问题，请使用（ ）内的历史术语进行陈述。指定的历史术语必须打下划线。（40分）（回答2道以上时视为无效。）

(1) 关于伊斯兰文明的特征

（希腊文明，阿拉伯语，古兰经，伊本·哈尔登，阿拉伯之夜）

(2) 关于印加帝国的社会和文化

（印第安人，库斯科，马丘比丘，冶金术，保持）

(3) 关于日本大众文化的出现及其特征

（第一次世界大战，大正民主，岩波文库，大众小说，广播）

(4) 关于17—18世纪西欧的文化特质

（科学革命，培根，近代哲学，自然法思想，康德）

2. 请从下面的(1)—(10)中选择4道题，简要论述。（各15分）

(1) 托尔斯泰；(2)《骑士道物语》；(3) 密宗；(4) 贺茂真渊；(5) 塔吉·玛哈尔；(6) 耶稣会；(7)《徒然草》；(8) 卡尔·马克思；(9) 博洛尼亚大学；(10) 朱熹

四、自然科学史

1. 请从a~d中选择最适合下面(1)—(6)事件的年代。对于不同事情，可以回答同一年代的记号。（各4点）

(1) 相对论的提倡；(2) 血液循环的发现；(3) 电信的发明；(4) 进化论的提倡；(5) 显微镜的发明；(6) 氧的发现

a. 17世纪(1601—1700年)　b. 18世纪(1701—1800年)

c. 19 世纪(1801—1900 年)　d. 20 世纪(1901—2000 年)

2. 请从以下 a—j 中选择与以下(1)—(9)人物关系密切的事项或著作。但是,有一个事项不适用于任何人。(各 4 点)

(1)约翰·道尔顿;(2)卡尔·冯·林奈;(3)托勒密;(4)北里柴三郎;(5)玛丽·居里;(6)托马斯·亨特·摩根;(7)文艺·笛卡尔;(8)马蒂亚斯·雅各布·施莱登;(9)汤川秀树

a. 血清疗法　b. 维生素　c. 果蝇　d. 动植物的学名(二名法)　e. 细胞说　f. 天动说　g. 解析几何　h. 原子论　i. 中间子　j. 放射能

3. 请从以下事项中选择两项,分别在 200 字以内进行主要内容和科学史意义的说明。(各 20 件)

(1)蒸汽机的发明;(2)阐明 DNA 的双螺旋结构;(3)发现行星的椭圆轨道;(4)制作日本沿海地图

7. 英国文物保护-修复人员职业认证标准[①]

标准1：评估文化遗产。 要求申请者展现评估文化遗产的能力，涉及复杂的文化遗产保护问题。具体的要求包括：

1a. 理解所要评估的遗产其重要性和背景，以及提示可行的潜在保护方式。

1b. 评估遗产的物理属性和所处状态。

1c. 评估环境和其他潜在因素的变化对遗产的影响。

1d. 评估若不采取进一步保护措施会产生的影响。

1e. 记录或报告评估的调查结果。

标准2：选择保护方式和策略。 要求申请者在出现复杂的工作环境的情况下选择评估方式，以及协商实施措施。具体的要求包括：

2a. 辨识和评估文物保护方式的选择。

2b. 针对不同选择制定相关的建议、推荐或政策。

2c. 开设或协商一个合理的实施行动课程。

标准3：文物保护方法。 要求申请者掌握文物保护的各种方法，包括其使用范围、作用效果和会产生的影响等。具体要求包括：

3a. 传播在保存、保护和处理文化遗产方面合适的做法。

3b. 实行预防性保护方法或文物保护管理办法。

3c. 确保使用的方法符合公认的文物保护标准。

3d. 监测和评估文物保护方法的有效性。

[①] Institute of Conservation，*PACR Guide*，载英国文物保护协会网，www.icon.org.uk，December 2011.

3e. 保存文物保护方法的记录。

3f. 在超出专业知识范围时，为进一步分析、处理或预防性照管，推荐合适的资源。

标准 4：组织和管理。 要求申请者具备一定的组织管理能力，并良好的评判和道德水平。具体要求包括：

4a. 组织和管理相关工作，确保其合理地完成。

4b. 确保工作实践和晋升遵循于相关法律和合同要求。

4c. 确保你的工作实践和你所负责的领域都遵循于相关的健康和安全规章和指南，将风险降到最低程度，具备一定的风险评估能力。

4d. 负责照料影响范围内的文化遗产。

4e. 在处理和顾客、同事及其他利益相关者方面遵循良好的交易或内部做法。

4f. 确保保存了充足的和可接触的记录。

4g. 有效地传达推荐和建议。

标准 5：持续性职业发展（CPD）。 要求申请者能够通过持续性职业发展，以积极维持和提升专业知识水平。具体要求包括：

5a. 始终保持对专业领域内相关变化以及与工作相关更广泛领域发展的了解。

5b. 确保你的实践做法、知识、技能和技术与时俱进，包括在一般层面和与个人项目及实施任务相关的领域。

5c. 展现在实践中所反映出或学到的能力。

5d. 在专业领域和工作范畴内不断获得知识，并通过非正式或正式的途径予以传播。

5e. 为普通观众和专业观众提升对文化遗产的保护和照管，包括其他涉及文化遗产或所建立的环境的专家。

职业道德标准（J&E）：

1. 理解文物保护原则，并且展现对你所践行的专业领域有深入的了解。

2. 熟悉与你的实践相关的国内和国际原则、理念和操作指南。

3. 理解更广泛的发展文物保护的意义,以及在这一环境内各个措施和方法的潜在影响。

4. 在面对文物保护问题和研究解决方式时,充分利用批判性思维、分析及综合考量。

5. 有意识并且准备好与你的实践相关的备选方案和有充分根据的方式方法。

6. 理解对于文化遗产和更广领域的职业道德,以及文物保护职业的责任义务。

7. 理解和考察你的专业机构的道德伦理和实践准则。

8. 考察法律要求和义务,包括与健康和安全、雇佣和合同,以及国际协议相关的内容。

9. 负责在你的影响范围内的文化遗产的照管。

10. 与公众、雇主、委托人和同事接触过程中,始终具备责任心和道德意识。

11. 始终对物件和部件的文化、历史和精神环境存有保存意识,并予以尊重。

12. 能够在维护文化遗产利益的基础上处理价值冲突和道德困境。

13. 了解你自己的理解力和能力的限度,并在这一范围内工作。

8. 英国 PACR"熟悉度"各级别要求[①]

	知识水平	工作标准	自主能力	复杂问题的适应性	对环境的觉察力
1. 新手 Novice	最小程度，或"教科书"知识，尚未联系实际	很难令人满意，除非在严密的监督下完成	需要严密的监督或指导	对复杂问题仅有有限的判断力	孤立地看待各个操作
2. 初学者 Beginner	工作实践中主要方面的知识	基本完成任务，并达到可接受的标准	能凭借自身判断完成部分步骤，而对于整体任务仍需监督	在复杂情况下有一定的辨别力，但仅有解决部分问题的能力	可将各个操作看作一系列的步骤
3. 胜任者 Competent	对实践领域有良好的工作和背景知识	能按照目标完成，尽管可能仍缺乏细节的完善	能够运用自身判断完成大多数任务	能够通过谨慎的分析和计划来应对复杂的情况	至少根据部分更长期的目标来看待各个操作
4. 精通者 Proficient	对实践相关的学科和领域有深入的了解	以充分可接受的标准完成任务	能够完全对自己的工作负责（或适当情况下对他人的工作负责）	能够更自信地应对复杂情况和制定决策	能宏观思考，知道个人行为如何适用于该范畴
5. 专家 Expert	掌握这一学科的权威知识，及深入理解跨领域的实践	相对轻松地出色完成任务	能够对超越现行标准的行为负责，并作出自己的解读	对复杂情况有完全的了解，在凭直觉和分析所得出的方法间轻松切换	能宏观思考，并做好替代方法的准备；并预见到可能发生的情况

[①] Institute of Conservation，*PACR Guide*，载英国文物保护协会网，www.icon.org.uk，December 2011.

9. 英国 PACR 评估表[①]

Project/activity title:						
		Novice	Beginner	Competent	Proficient	Expert
J&E	Professional standards					
	1. Assessment of objects, collections and sites	1a. 1b. 1c. 1d. 1e.				
	2. Conservation options and strategies	2a. 2b. 2c.				
	3. Conservation measures	3a. 3b. 3c. 3d. 3e. 3f.				
	4. Organisation and management	4a. 4b. 4c. 4d. 4e. 4f. 4g.				
	5. Professional development	5a. 5b. 5c. 5d. 5e.				
	Professional judgement and ethics (J&E)					

[①] Institute of Conservation, *PACR Guide*, 载英国文物保护协会网, www.icon.org.uk, December 2011.

10.《日本博物馆法》中与学艺员相关的条款[①]

馆长、学艺员和其他职员

第四条 1. 每个博物馆应设置一名馆长。

2. 馆长应主持博物馆综合事务,监督其工作人员,并努力实现博物馆的职能。

3. 博物馆应设置学艺员和专业人员。

4. 学艺员应负责博物馆资料的收集、保管、展览、调查、研究等专业事宜以及相关业务的其他事宜。

5. 博物馆可以在馆长和学艺员之外设置助理学艺员和其他人员。

6. 助理学艺员应协助学艺员工作。

学艺员资格

第五条 1. 学艺员应符合下列任一条件:

(1) 拥有学士学位,并根据文部科学省条例规定在博物馆相关科目中获得大学学分。

(2) 在大学学习两年以上,在上文规定的博物馆相关科目中获得62学分或更多学分,拥有3年以上的助理学艺员经验。

(3) 经文部科学省大臣(以下简称"大臣")批准的与上文两款规定的学术能力和经验或文部科学省条例规定的学术能力和经验相等或具有更高水平的人员。

[①] 日本文部科学省:《博物馆法》,载日本文部科学省网,http://law.e-gov.go.jp/htmldata/S26/S26HO285.html,2014年6月4日。

2. 在上述第(2)款中提到的助理学艺员也同样指在公共机构、学校和社会教育机构(包括与博物馆具有相似职能的机构)拥有相同或更高职位的人员,如社会教育主任、图书馆员以及大臣指定的其他职位。

助理学艺员资格

第六条 根据《学校教育法》(1947年法律第26号令)第56条第1款的规定符合大学入学资格的人。

学艺员与助理学艺员培训

第七条 大臣和地方教育委员会应提供必要的培训,以提高学艺员和助理学艺员的能力。

参考文献[①]

中 文 文 献

一、连续出版物

[1] [美]梅丽萨·贝蒂莫斯:《博物馆如何跟上变革的时代》,《世界》2012年第1期。
[2] [美]屈志仁、[中]毛颖:《博物馆策展人:学者 艺术鉴赏家 展览组织者——屈志仁专访》,《东南文化》2011年第1期。
[3] 毕靖华:《对我国自然类博物馆陈列形式的回顾与展望》,《中国博物馆》2003年第3期。
[4] 蔡琴:《博物馆职业道德研究的若干问题》,《中国博物馆》2014年第2期。
[5] 陈恭:《上海文博类人才开发刍议》,《人才开发》2009年第3期。
[6] 陈恭:《国际文化大都市建设语境下上海文博人才发展战略思考》,《科学发展》2013年第4期。
[7] 单霁翔:《关于新时期博物馆功能与职能的思考》,《中国博物馆》2010年第4期。
[8] 杜显震、王建浩:《试谈博物馆馆长的作用与选任》,《中国博物馆》1985年第2期。
[9] 段勇:《关于我国博物馆若干概念的思考》,《中国博物馆》2010年第1期。
[10] 龚良:《文物保护科技的传统与现代》,《东南文化》2012年第6期。
[11] 国家文物局:《中央财政大力支持文物保护工作》,《中国财政》2014年第6期。
[12] 何流:《文物保护标准化体系构建的探讨》,《东南文化》2013年第3期。
[13] 侯八五:《博物馆职业生涯管理的理论探索》,《文物世界》2004年第3期。
[14] 胡丹:《新时期保管人员结构与素质思考》,《中国博物馆》1998年第4期。
[15] 胡继高:《当前文物保护科技发展中人才培养问题》,《中国文物科学研究》2006年

---

① 资料均按字母排序。

第 1 期。
[16] 黄日强、邓志军：《英国国家职业资格证书制度在我国的引进》，《中国职业技术教育》2004 年第 24 期。
[17] 蒋晓旭、郭雪梅：《完善中国职业资格认证与管理制度的思考》，《中国高教研究》2006 年第 2 期。
[18] 晋宏逵：《当前不可移动文物保护急需的人才》，《东南文化》2010 年第 5 期。
[19] 李发明：《浅谈新时期博物馆工作对管理者的要求》，《文物世界》2008 年第 1 期。
[20] 李红卫：《国内学者职业资格证书制度研究综述》，《教育与职业》2012 年第 6 期。
[21] 李红卫：《我国职业资格证书制度与职业教育关系研究综述》，《职教论坛》2012 年第 7 期。
[22] 李莎：《浅谈博物馆社会教育队伍构建——以国家博物馆为例》，《博物馆研究》2012 年第 4 期。
[23] 李文琪：《对藏品及藏品保管工作的再思考》，《中国博物馆》2013 年第 1 期。
[24] 黎巍巍：《现代博物馆信息化建设的人才需求》，《科学咨询：科技·管理》2010 年第 31 期。
[25] 梁吉生：《旧中国博物馆历史述略》，《中国博物馆》1986 年第 2 期。
[26] 梁吉生：《中国博物馆藏品保管》，《中国文化遗产》2005 年第 4 期。
[27] 刘洪：《博物馆馆长应具备的四种管理意识》，《文物春秋》2006 年第 1 期。
[28] 刘洪：《博物馆人力资源开发与管理的若干思考》，《博物馆研究》2007 年第 1 期。
[29] 楼锡祜、李春兰：《博物馆社会教育部门的合理结构》，《中国博物馆》1991 年第 1 期。
[30] 卢冰：《关于组织职业生涯三维路径的思考》，《中国市场》2010 年第 48 期。
[31] 陆建松：《博物馆展示需要更新和突破的几个理念》，《东南文化》2014 年第 3 期。
[32] 陆建松：《博物馆专业人才培养和学科发展》，《中国博物馆》2014 年第 2 期。
[33] 陆建松：《关于我国博物馆学研究及其学科建设的思考》，《东南文化》2009 年第 6 期。
[34] 陆建松：《论新时期博物馆专业人才培养及其学科建设》，《东南文化》2013 年第 5 期。
[35] 陆寿麟：《我国文物保护理念的探索》，《东南文化》2012 年第 2 期。
[36] 吕建昌：《试论博物馆人员的基本素质和知识结构》，《中国博物馆》1988 年第 1 期。
[37] 牛继曾：《谈谈博物馆管理人才的重要性》，《中国博物馆》1985 年第 2 期。
[38] 宋德辉：《博物馆馆长的四个理念》，《博物馆研究》2007 年第 1 期。

[39] 宋向光：《博物馆陈列的性质与价值取向》，《中国博物馆》2005年第2期。
[40] 宋向光：《博物馆职业道德是博物馆发展的思想保障》，《中国博物馆》2014年第2期。
[41] 宋向光：《当代美、英等国博物馆馆长的职责与任职条件》，《中国博物馆通讯》2003年第1期。
[42] 苏东海：《保护文化遗产，博物馆的特殊价值在哪里？》，《中国文化遗产》2004年第1期。
[43] 苏东海：《什么是博物馆——与业内人员谈博物馆》，《中国国家博物馆馆刊》2011年第1期。
[44] 王凌：《从职称制度的弊端论职业资格认证制度的实施》，《图书与情报》2009年第6期。
[45] 王霞：《"文物保护的传统与现代"专题研讨会综述》，《东南文化》2013年第6期。
[46] 王永平：《现代文物保护与相关人才培养》，《南京工业大学学报》2004年第4期。
[47] 文峰、凌文辁：《从人职匹配理论到人组织匹配理论——职业生涯理论发展浅探》，《商场现代化》2005年12月（下）。
[48] 萧鸣政：《人才评价机制问题探析》，《北京大学学报（哲学社会科学版）》2009年第5期。
[49] 谢勇：《如何成为优秀的博物馆陈列策展人》，《学理论》2010年第16期。
[50] 徐湖平：《博物馆人才问题散论》，《东南文化》1989年第Z1期。
徐娟：《论文物保护业务能力培养和人才队伍建设》，《学理论》2014年第13期。
[51] 许振国：《简论博物馆人员素质》，《东南文化》1992年第Z1期。
[52] 阎瑞平：《试论博物馆藏品保管人员的素质要求》，《文物世界》2010年第4期。
[53] 杨何生：《论提高博物馆馆长的领导水平》，《北方文物》1994年第4期。
[54] 张晓：《在国际合作中探索人才培养之路——访中国文化遗产研究院文物保护修复培训中心主任詹长法》，《国际人才交流》2008年第4期。
[55] 张雄：《我国职业资格证书制度的变迁与路径依赖》，《商业时代》2010第27期。
[56] 张昱：《日本学艺员制度及其对我国建立博物馆职业资格认证制度的启示》，《博物馆研究》2014年第4期。
[57] 郑念：《全国科技馆现状与发展对策研究》，《科普研究》2010年第12期。
[58] 郑旭东：《培养反思性实践者：博物馆教育工作者专业发展的现实与未来》，《现代教育技术》2015年第7期。
[59] 郑奕：《论教育工作者在博物馆策展团队中的作用》，《东南文化》2013年第5期。

［60］中华人民共和国科学技术部政策法规与体制改革司：《中国科普统计2010》，科学技术文献出版社2010年版。

［61］中华人民共和国文化部：《中国文化文物统计年鉴2014》，国家图书馆出版社2014年版。

［62］中华人民共和国文化部：《中国文化文物统计年鉴2015》，国家图书馆出版社2015年版。

［63］中华人民共和国文化部：《中国文化文物统计年鉴2016》，国家图书馆出版社2016年版。

［64］中华人民共和国文化部：《中国文化文物统计年鉴2017》，国家图书馆出版社2017年版。

［65］中华人民共和国文化部：《中国文化文物统计年鉴2018》，国家图书馆出版社2018年版。

［66］周丽婷、贺丽莉：《论博物馆陈列设计人员应有的职业素养》，《现代装饰：理论》2012年第7期。

［67］周耀华：《国外的职业资格制度》，《教育与职业》1994年第6期。

［68］朱懿：《美国高校博物馆专业人才培养的经验与启示》，《博物馆研究》2015年第4期。

［69］庄智一、王欣、胡芳、王小明：《自然科学类博物馆人才队伍培养方案实践研究报告》，《自然科学博物馆研究》2016年第1期。

二、报刊

［1］单霁翔：《博物馆应设立职业资格认证制度》，《中国文化报》2010年3月10日。

［2］段清波、李伟、周剑虹：《构建多层次多类型的文博人才培养体系》，《中国文物报》2014年10月10日。

［3］冯朝晖：《国际博协国际博物馆培训中心在故宫博物院成立》，《中国文物报》2013年7月3日。

［4］国家文物局：《博物馆馆长专业资格条件（试行）》，《中国文物报》2001年4月4日。

［5］钱进：《博物馆人才培养是事业发展的关键——从吉林省博物院工作实践谈起》，《中国文物报》2012年3月21日。

［6］宋向光：《建设正义、热情、高水平的专业队伍——博物馆职业能力建设谈》，《中国文物报》2017年1月31日。

［7］苏同林：《文博专业职称评审工作探讨》，《中国文物报》2016年2月2日。

［8］习近平：《让文物"沃土"滋养民族心灵》，《人民日报》2016年4月13日。

［9］张柏：《创新培训机制 努力适应博物馆事业建设发展的需要》，《中国文物报》2010年1月12日。

三、报告

［1］励小捷：《励小捷局长在2013年全国文物局长会议上的讲话》，载国家文物局网，http：//www.nach.gov.cn/art/2014/1/3/art_1585_139576.html，2014年1月3日。

［2］励小捷：《2014年文物工作主要成绩》，载国家文物局网，http：//www.sach.gov.cn/art/2014/12/25/art_1699_115584.html，2014年12月25日。

［3］励小捷：《在国家文物局文博人才培训示范基地暨文物保护专业教育教学指导委员会工作会议上的讲话》，载国家文物局网，http：//www.sach.gov.cn/art/2015/12/10/art_1629_126693.html，2015年12月10日。

［4］励小捷：《文化部副部长、国家文物局局长励小捷在2012年全国文物局长会议工作报告》，载国家文物局网，http：//www.nach.gov.cn/art/2012/12/27/art_1585_69719.html，2012年12月27日。

［5］刘玉珠：《刘玉珠在2016年"5.18国际博物馆日"中国主会场活动开幕式上的讲话全文》，载文化产业网，http：//cnci.sznews.com/content/2016-05/19/content_13377460.htm，2016年5月19日。

［6］刘玉珠：《在新一届全国文博专业学位研究生教育指导委员会第一次会议上的讲话》，复旦大学，2016年9月1日。

四、电子文献

［1］《公务人员高等考试三级考试暨普通考试报考统计》，载台湾地区考选事务主管部门网，www.moex.gov.tw，2016。

［2］《2016国家文物局文博相关职业院校骨干教师研修班在杭州正式开班》，载中国文化遗产研究院网，http：//www.cach.org.cn/tabid/76/InfoID/1922/frtid/78/Default.aspx，2016年7月14日。

［3］高游：《文博职业教育培训的现状与问题》，载中国文物信息网，http：//www.ccrnews.com.cn/index.php/Index/content/id/57529.html，2015年7月10日。

［4］国家文物局：《关于印发〈全国文博人才发展中长期规划纲要（2014—2020）〉的通知》，载国家文物局网，http：//www.sach.gov.cn/art/2014/6/3/art_1330_98901.html，2014年6月3日。

［5］国家文物局·机构概况·机构职能·主要职责，载国家文物局网，http：//www.sach.gov.cn/col/col1020/index.html。

［6］国家文物局：《印发〈国家文物事业发展"十三五"规划〉》，载国家文物局网，http：//

www.sach.gov.cn/art/2017/2/21/art_722_137348.html,2017 年 2 月 21 日。

［7］国务院：《关于取消一批职业资格许可和认定事项的决定》,载中华人民共和国中央人民政府网,http：//www.gov.cn/zhengce/content/2015-07/23/content_10028.htm,2015 年 7 月 23 日。

［8］国务院办公厅：《加快职业教育实训基地建设》,载中央政府门户网,http：//www.gov.cn/ztzl/content_370747.htm,2006 年 8 月 27 日。

［9］何娟：《文物的预防性保护》,载河南博物院网,www.chnmus.net/wwbh/2012-01/05/content_38368.htm,2012 年 1 月 5 日。

［10］勿日汗、姜潇、周润健、蒋芳、冯国：《我国 85％博物馆免费开放 每年约 7 亿人次参观》,载新华网,http：//news.xinhuanet.com/shuhua/2016-05/19/c_128996062.htm,2006 年 5 月 19 日。

［11］金瑞国：《文博职业资格规范管理的探索——文物修复师资格考试大纲、标准讨论会侧记》,载汉唐网,http：//www.wenwu.gov.cn/contents/259/4887.html,2005 年 12 月 20 日。

［12］栾东达：《关于实行文物博物系列专业人员职称评审模式改革的建议》,载上海市委统战部网,http：//www.shtzb.org.cn/node2124/node2143/node2194/u1ai789950.html,2015 年 1 月 6 日。

［13］罗兰贝格咨询管理公司：《中国博物馆的价值重塑》,载罗兰贝格网,www.rolandberger.com.cn/publications/publications_in_Greater_China/think_act/2013-04-12-Chinese_Museums.html,2013 年 4 月 12 日。

［14］潘婧瑶：《习近平谈文物工作的三句箴言》,载人民网,http：//politics.people.com.cn/n1/2016/0413/c1001-28273470-2.html,2016 年 4 月 13 日。

［15］《全国文博网络学院简介》,载全国文博网络学院网,http：//edu.sach.gov.cn/front/academyDetail.do。

［16］人力资源和社会保障部：《人力资源社会保障部关于减少职业资格许可和认定有关问题的通知》,载中华人民共和国人力资源和社会保障部网,http：//www.mohrss.gov.cn/SYrlzyhshbzb/ldbk/rencaiduiwujianshe/zhuanyejishurenyuan/201408/t20140814_138388.htm,2014 年 8 月 13 日。

［17］岁寒石：《完善文博人才培养体系 助力文物事业蓬勃发展》,载国家文物局网,http：//www.sach.gov.cn/art/2015/12/24/art_1865_127263.html,2015 年 12 月 24 日。

［18］台湾地区考选事务主管部门：《公务人员高等考试三级考试暨普通考试行政类科

命题大纲汇编目录》，载台湾地区考选事务主管部门网，www.moex.gov.tw，2016年4月1日。

[19] 王丽娟：《我国公共博物馆馆长的现状分析》，载今日头条网，http://www.toutiao.com/i6293678269820568065/，2016年6月8日。

[20]《〈文物修复师职业培养标准〉编制项目启动》，载国家文物局网，http://www.sach.gov.cn/art/2016/8/19/art_1025_133027.html，2016年8月19日。

[21] 文物保护与考古司：《关于文物保护工程专业人员有关工作的通知》，载国家文物局网，http://www.sach.gov.cn/art/2014/5/30/art_2318_23529.html，2014年5月30日。

[22] 张金凤：《进一步探讨陈列的内容设计与形式设计》，载中国博物馆协会陈列艺术委员会博物馆陈列艺术网，http://www.clys.net.cn/plus/view.php?aid=125。

[23] 张硕：《全国"金鼎工程"联络员工作会议在京召开》，载国家文物局网，http://www.sach.gov.cn/art/2015/3/30/art_722_117900.html，2015年3月30日。

[24] 赵颖、吉哲鹏，《调查显示：中国博物馆从业人员专业素质普遍偏低》，载新华网，http://news.xinhuanet.com/politics/2009-07/29/content_11793731.htm，2009年7月29日。

[25]《中共中央国务院关于进一步加强人才工作的决定》，载中华人民共和国中央人民政府网，http://www.gov.cn/test/2005-07/01/content_11547.htm，2003年12月26日。

五、标准

[1]《陈列展览设计人员》，载国家人力资源和社会保障部国家职业资格管理网，http://ms.osta.org.cn/nvqdbApp/htm/fenlei/ecGzs_Zy-6421.html。

[2] 国家文物局：《博物馆藏品管理办法》，载安徽博物院网，http://www.ahm.cn/newsdetail_324.jsp，2012年4月23日。

[3] 国家文物局：《文物保护工程施工资质管理办法（试行）》，载国家文物局网，http://www.sach.gov.cn/art/2014/5/20/art_1036_69206.html，2014年5月20日。

[4] 国家文物局：《文物局关于印发〈文物保护工程勘察设计资质管理办法（试行）〉、〈文物保护工程施工资质管理办法（试行）〉、〈文物保护工程监理资质管理办法（试行）〉的通知》，载中华人民共和国政府网，http://www.gov.cn/gongbao/content/2014/content_2729584.htm，2014年4月8日。

[5] 国务院：《中华人民共和国国务院令第659号〈博物馆条例〉》，载中国政府网，http://www.gov.cn/zhengce/content/2015-03/02/content_9508.htm，2015年3

月2日。

［6］劳动部人事部：《劳动部人事部颁发〈职业资格证书规定〉》，《职业技能培训教学》1994年第2期。

［7］"台湾公务人员考试法"，载法律教育网，http：//www.chinalawedu.com/falvfagui/fg23155/158101.shtml，2001年12月26日。

［8］文化部、中央职称改革工作领导小组：《文物博物专业职务试行条例（1986）》，载甘肃省人力资源和社会保障厅网，http：//www.rst.gansu.gov.cn/show/1102.html，2004年4月3日。

［9］中国博物馆协会：《中国博物馆协会关于博物馆陈列展览设计施工资质管理办法（试行）》，载中国博物馆协会网，http：//chinamuseum.org.cn/a/xiehuigonggao/20140217/4815.html，2014年1月1日。

［10］中华人民共和国国务院：《中华人民共和国文物保护法实施条例》，载中华人民共和国政府网，http：//www.gov.cn/zwgk/2005-05/23/content_153.htm，2005年5月23日。

［11］《中华人民共和国文物保护法》，载中华人民共和国国务院新闻办公室网，http：//www.scio.gov.cn/xwfbh/xwbfbh/wqfbh/2015/33065/xgbd33074/Document/1440173/1440173.htm，2015年7月6日。

六、专著、译著和编著

［1］［英］帕特里克·博伊兰主编：《经营博物馆》，黄静雅、韦清琦译，译林出版社2010年版。

［2］北京博物馆学会：《百年传承　创新发展——北京地区博物馆第六次学术会议论文集》，中国书籍出版社2013年版。

［3］北京博物馆学会：《博物馆藏品保管工作指引》，中国书籍出版社2012年版。

［4］北京博物馆学会：《博物馆藏品保管学术论文集——北京博物馆学会保管专业第四—八届学术研讨会论文选编》，中国林业出版社2009年版。

［5］北京博物馆学会保管专业委员会：《博物馆藏品保管学术论文集》，北京燕山出版社2004年版。

［6］单霁翔：《从"数量增长"走向"质量提升"——关于广义博物馆的思考》，天津大学出版社2014年版。

［7］单霁翔：《浅谈博物馆陈列展览》，故宫出版社2015年版。

［8］高红清：《博物馆临时展览工作基础实务》，北京燕山出版社2016年版。

［9］湖南省博物馆学会：《湖南省博物馆学会博物馆学文集7》，岳麓书社2011年版。

[10] 梁裕楷、袁兆亿：《人才资源管理学》，高等教育出版社 2006 年版。

[11] 刘英、张浩达：《数字博物馆的生命力》，中国传媒大学出版社 2007 年版。

[12] 陆建松：《博物馆展览策划：理念与实务》，复旦大学出版社 2016 年版。

[13] 吕忠民：《职业资格制度概论》，中国人事出版社 2011 版。

[14] 彭志忠、王水莲：《人才测评学》，山东大学出版社 2006 年版。

[15] 齐玫：《博物馆陈列展览内容策划与实施（修订版）》，文物出版社 2015 年版。

[16] 苏永华：《人才测评概论》，中国人民大学出版社 2011 年版。

[17] 孙婧、谢艳春：《陕西公共文化服务体系现状与发展研究》，陕西人民出版社 2014 年版。

[18] 萧鸣政：《人员素质测评理论与方法》，北京大学出版社 2016 年版。

[19] 姚安：《博物馆 12 讲》，科学出版社 2015 年版。

[20] 张彬彬：《人才素质测评理论与实务》，中国人事出版社、中国劳动社会保障出版社 2013 年版。

[21] 张健：《中国国际友谊·第七卷》，文物出版社 2010 年版。

[22] 赵世明：《资格考试的理论与实践》，上海社会科学院出版社 2007 年版。

[23] 郑奕：《博物馆教育活动研究》，复旦大学出版社 2015 年版。

[24] 中国博物馆学会陈列艺术委员会编：《谛听陈列艺术的脚步声——新世纪陈列艺术发展趋势》，湖南人民出版社 2004 年版。

[25] 中国国家文物局、中国博物馆协会编：《博物馆法规文件选编》，科学出版社 2010 年版。

[26] 中国就业培训技术指导中心：《国际职业资格体系概况（2010）》，中国劳动社会保障出版社 2011 年版。

[27] 中国科普研究所：《科普惠民 责任与担当——中国科普理论与实践探索——第二十届全国科普理论研讨会论文集》，科学普及出版社 2013 年版。

英 文 文 献

一、连续出版物

[1] David Ebitz, *Qualifications and the Professional Preparation and Development of Art Museum Educators*, Studies in Art Education, No.2, 2005.

[2] David McClelland, *Testing for Competence Rather than for Intelligence*, American Psychologist, January 1973.

[3] Debbie Sharp, *Blockbusters and Flops: Exhibit Development*, Museum, July/

August 2010.

[4] Elsa B. Bailey, *Researching Museum Educators' Perceptions of Their Roles, Identity, and Practice*, The Journal of Museum Education, No.3, 2006.

[5] Hugh Gunz, *Reviewed Work: The Competent Manager: A Model for Effective Performance*, Strategic Management Journal, No.4, 1983.

[6] Jeremy Hutchings, Susan Corr, *A Framework for Access to the Conservation-restoration Profession via the Mapping of Its Specialist Competencies*, High Education, June 2012.

[7] John L. Holland, *Making Vocational Choices: A Theory of Vocational Personalities and Work Environments*, Prentice-Hall, No.1, 1985.

[8] Marsha L. Semmel, *Museum Leadership in A Hyper-Connected World*, Muesum, May/June 2015.

[9] Millman J., *Passing scores and test lengths for domain-referenced measure*, Review of Educational Research, No.43, 1973.

[10] RL Russell, *Designing Exhibits That Engage Visitors: Bob's Ten Points*, Informal Learning, November-December 2000.

[11] Sherene Suchy, *Grooming New Millennium Museum Directors*, Museum International, Vol.52, No.2, 2000.

[12] Stan Lester, *Qualifications in Professional Development: a discussion with reference to conservators in the United Kingdom and Ireland*, Studies in Continuing Education, No.2, 2003.

[13] Tom Klobe, *The Concept of an Exhibition*, Museum, March/April 2013.

二、电子文献

[1] AIC, Defining the Conservator: Essential Competencies, 载美国文物保护协会网, www. conservation-us. org/docs/default-source/governance/defining-the-conservator-essential-competencies.pdf, 2003.

[2] American Association of Museums, The Museum Workforce in the United States (2009), 载美国博物馆联盟网, http://www. aam-us. org/docs/center-for-the-future-of-museums/museum-workforce.pdf?sfvrsn=0, November 2011.

[3] Angelika Ruge, Museum Professions-A European Frame of Reference,载国际博协网, http://icom. museum/fileadmin/user _ upload/pdf/professions/frame _ of _ reference_2008.pdf, 2008.

[4] Australian Bureau of Statistics，Australian Standard Classification of Occupations（ASCO）Second Edition，载澳大利亚统计局网，http：//www.abs.gov.au/ausstats/abs@.nsf/66f306f503e529a5ca25697e0017661f/5c244fd9d252cfc8ca25697e00184d35!OpenDocument，July.31st 1997.

[5] Bureau of Labor Statistics：Standards Occupational Classification，载美国劳动统计局网，http：//www.bls.gov/soc/2010/soc_alph.htm♯M，2015.

[6] Elizabeth Merritt，Setting the Stage，Center for the Future of Museums. Building the Future of Education-Museums and the Learning Ecosystem，载美国博物馆联盟网，http：//www.aam-us.org/docs/default-source/center-for-the-future-of-museums/building-the-future-of-education-museums-and-the-learning-ecosystem.pdf?sfvrsn=2，2014.

[7] Robbie Bruens，Children's Museum Educator：Career Outlook and Requirements，载波特兰康考迪亚大学网，https：//education.cu-portland.edu/blog/teaching-careers/childrens-museum-project-coordinator/，October 4th 2012.

[8] Committee on Education，Museum Education Principles and Standards，载美国博物馆联盟网，http：//www.aam-us.org/docs/default-source/accreditation/committee-on-education.pdf?sfvrsn=0，2005.

[9] ICOMOS，International Charter for the Conservation and Restoration of Monuments and Sites，载国际古迹遗址理事会网，www.international.icomos.org，1964.

[10] Institute of Conservation，PACR Guide，载英国文物保护协会网，www.icon.org.uk，December 2011.

[11] Institute of Dynamic Educational Advancement，Collection Management Systems：Museums and the Web 2011，载IDEA技术教育网，http：//www.idea.org/blog/2011/04/07/collection-management-systems-museums-and-the-web-2011，April 19th 2014.

[12] Kari Jensen，Paul Orselli，Margaret Kock，Green Exhibit Checklist：Incorporating Sustainability into Exhibit Development，载美国博物馆联盟网，https：//www.aam-us.org/programs/resource-library/education-and-interpretation/exhibit-conservation/，2013.

[13] Leah Jachimowicz，Take Exhibits from Concept to Reality with a Museum Design Career，载艺术职业网，http：//www.theartcareerproject.com/museum-exhibit-designer/1277/.

[14] Museum Education Officer Job Description, 载最佳职业描述案例网, www. bestsamplejobdescription. com/education-job-description/museum-education-officer-job-description/, November 18th, 2011.

[15] New Zealand Qualifications Authority, *The New Zealand Qualifications Framework*, 载新西兰国家资格认证机构网, http://www.nzqa.govt.nz/assets/Studying-in-NZ/New-Zealand-Qualification-Framework/requirements-nzqf.pdf, May 2016.

[16] The Smithsonian Center for Education and Museum Studies, *ICOM Curricula Guidelines for Museum Professional Development*, 载国际博协网, http://icom.museum/fileadmin/user_upload/pdf/professions/curricula_eng.pdf, August 28th 2009.

[17] World Heritage Committee, *Convention Concerning the Protection of the World Cultural and Natural Heritage*, 载联合国教科文组织网, http://whc.unesco.org/archive/nara94.htm, November 21st 1994.

[18] Working at the Smithsonian, 载史密森尼博物馆协会网, http://www.si.edu/OHR/workingsi.

[19] 爱尔兰毕业求职网, https://gradireland.com.

[20] 新加坡人力资源部门就业指南网, http://www.careercompass.gov.sg.

[21] 新西兰国家就业中心网, http://www.careers.govt.nz.

[22] 英国博物馆协会网, http://www.museumsassociation.org.

[23] 英国国家毕业生就业网, https://www.prospects.ac.uk.

[24] 英国国家就业服务网, https://nationalcareers.service.gov.uk.

三、专著、译著和编著

[1] Salvador Munoz Vinas, *Minimal Intervention Revisited*, A Bracker, A Richmond. *Conservation Principles*, *Dilemmas and Uncomfortable Truths*, London: Elsevier Ltd, 2009.

[2] Anna Johnson, Kimberly A, Huber, *The Museum Educator's Manual*, Plymouth: AltaMira Press, 2009.

[3] Dana J.C., *The New Museum: Selected Writings by John Cotton Dana*, W.A. Peniston, 1999.

[4] Ellen Cochran Hirzy, *Excellence and equity: Education and the Public Dimension of Museums*, Washington D.C.: American Alliance of Museums Press, 1992.

[5] Gaynor Kavanagh, *Museum Provision and Professionalism*. Routledge, 2005.

[6] Graeme Talboys, *The Museum Educator's Handbook*, Aldershot: Ashgate Publishing Co., 2005.

[7] Greg Stevens and Wendy Luke, *A Life in Museums-Managing Your Museum Career*, Washington D.C.: The AAM Press, 2012.

[8] L. M. Spencer & S. M. Spencer, *Competence at Work: Models for Superior Performance*, Hoboken: John Wiley & Sons, 1993.

[9] N. Elizabeth Schlatter, *Museum Careers: A Practical Guide for Students and Novices*, California: Left Coast Press, 2008.

[10] Nancy Moses, *Lost in the Museum: Buried Treasures and the Stories They Tell*, Maryland: AltaMira Press, 2007.

[11] Patricia Morris, *Museum Collection Management Handbook Volume II: Practice and Procedure*, California: California State Park, 2004.

[12] Paul Joseph DiMaggio, *Manager of the Arts*, California: Seven Locks Press, 1988.

四、学位论文

[1] Hannah Freece, *"A New Era for Museums": Professionalism and Ideology in the American Association of Museums 1906–1935*, Wesleyan University, 2009.

[2] Kristin Bruch, *An Analysis of Art Museum Directors 1990–2010*, The College of Arts and Sciences of American University, 2011.

[3] Yi-Chien Chen, *Educating Art Museum Professionals: The Current State of Museum Studies Programs in The United States*, The Florida State University School of Visual Arts and Dance, 2004.

日 文 文 献

一、电子文献

[1] 未来博物馆合作者会议：《学芸員養成の充実方策について——「これからの博物館の在り方に関する検討協力者会議」第 2 次報告書》，载日本文部科学省网，http://www.mext.go.jp/component/b_menu/shingi/toushin/_icsFiles/afieldfile/2009/02/18/1246189_2_1.pdf，2009 年 2 月。

[2] 博物馆振兴系：《過去の試験結果》，载日本文部科学省网，http://www.mext.go.jp/a_menu/shougai/gakugei/1291360.htm，2015 年。

[3] 博物馆振兴系：《平成 27 年度学芸員資格認定試験問題》，载日本文部科学省网，

http://www.mext.go.jp/a_menu/shougai/gakugei/1374067.htm，2016 年 7 月。

［4］日本文部科学省、博物馆协会：*Present Status of Museum in Japan*，载日本文部科学省网，http://www.mext.go.jp/component/a_menu/education/detail/__icsFiles/afieldfile/2012/03/27/1312941_1.pdf，2008 年。

［5］日本文部科学省：《文部科学省総合評価書——地域社会の期待に応える人材育成方策》，载日本文部科学省网，http://www.mext.go.jp/a_menu/hyouka/kekka/030305.pdf，2003 年 3 月。

［6］生涯学习审议会社会教育分科审议会：《社会教育主事、学芸員及び司書の養成、研修等の改善方策について》，载日本文部科学省网，http://www.mext.go.jp/b_menu/hakusho/nc/t19960424001/t19960424001.html，1996 年 4 月 24 日。

［7］生涯学习政策局社会教育课：《社会教育関係法令》，载日本文部科学省网，http://www.mext.go.jp/a_menu/01_l/08052911/005.htm，2009 年。

［8］日本文部科学省：《学芸員養成課程開講大学一覧（平成 25 年 4 月 1 日現在）300 大学》，载日本文部科学省网，http://www.mext.go.jp/a_menu/shougai/gakugei/04060102.htm，2013 年。

二、标准

［1］日本文部科学省：《博物馆法施行规则》，载日本文部科学省网，http://law.e-gov.go.jp/cgi-bin/idxselect.cgi?IDX_OPT=1&H_NAME=％94％8e％95％a8％8a％d9％96％40％8e％7b％8d％73％8b％4b％91％a5&H_NAME_YOMI=％82％a0&H_NO_GENGO=H&H_NO_YEAR=&H_NO_TYPE=2&H_NO_NO=&H_FILE_NAME=S30F03501000024&H_RYAKU=1&H_CTG=1&H_YOMI_GUN=1&H_CTG_GUN=1，1954 年 10 月 4 日。

［2］日本文部科学省：《博物馆法》，载日本文部科学省网，http://law.e-gov.go.jp/htmldata/S26/S26HO285.html，2014 年 6 月 4 日。

图书在版编目(CIP)数据

中国博物馆职业资格认证制度研究 / 张昱著 .— 上海：上海社会科学院出版社，2020
ISBN 978-7-5520-3196-6

Ⅰ. ①中… Ⅱ. ①张… Ⅲ. ①博物馆—职业技能—资格认证—研究—中国 Ⅳ. ①G269.2

中国版本图书馆 CIP 数据核字(2020)第 100354 号

中国博物馆职业资格认证制度研究

著　　者：张　昱
责任编辑：熊　艳
封面设计：夏艺堂艺术设计
出版发行：上海社会科学院出版社
　　　　　上海顺昌路 622 号　邮编 200025
　　　　　电话总机 021-63315947　销售热线 021-53063735
　　　　　http://www.sassp.cn　E-mail: sassp@sassp.cn
排　　版：南京展望文化发展有限公司
印　　刷：上海龙腾印务有限公司印刷
开　　本：720 毫米×1000 毫米　1/16
印　　张：32
插　　页：1
字　　数：442 千字
版　　次：2020 年 8 月第 1 版　2020 年 8 月第 1 次印刷

ISBN 978-7-5520-3196-6/G·939　　　　定价：118.00 元

版权所有　翻印必究